U0602591

记住
马卡连柯

集体教育的思想与实践

徐 俊

著

上海教育出版社
SHANGHAI EDUCATIONAL
PUBLISHING HOUSE

献给践行集体教育的人们。

目 录

序　言　集体教育模式探索（黄向阳）　1

前　言　23

第一部分　故　事

第一章　一位教育工作者与一项历史使命　3

第一节　苦难与新生的年代　3

第二节　一位优秀的教师与校长　7

第三节　要用新方法培育新人　16

第二章　教育的诗篇：高尔基工学团的教育实践　23

第一节　集体的萌芽　26

第二节　幸福时代　67

第三节　完全的胜利　92

第三章　作家马卡连柯：奔命与战死的悲歌　127

第一节　马卡连柯的写作之路　128

第二节　马卡连柯与高尔基　131

第三节　难以估量的损失　141

第二部分　理　论

第四章　集体、集体主义教育与集体教育　147

第一节　什么是集体　148

第二节　集体主义与集体主义教育　152

第三节　什么是集体教育　159

第五章　"高尔基工学团–捷尔任斯基公社集体"研究　168

第一节　"高尔基工学团–捷尔任斯基公社集体"的结构　173

第二节　"高尔基工学团–捷尔任斯基公社集体"的功能　196

第三节　"高尔基工学团–捷尔任斯基公社集体"的特征　216

第六章　马卡连柯集体教育思想述要　247

第一节　原则一：自由与纪律相平衡　249

第二节　原则二：尊重与要求相结合　272

第三节　原则三：个人与集体同时作用　298

第三部分　回　响

第七章　社会主义教育的一面旗帜　323

第一节　马卡连柯与儿童学的恩怨　324

第二节　具有世界意义的卓越教育家　334

第三节　马卡连柯在中国　341

第八章　再思马卡连柯与集体教育　349

第一节　马卡连柯究竟解决了什么问题　349

第二节　那些迟来百年的理论依据　356

第三节　集体教育：社会主义国家的教育珍奇　361

后　记　370

序言　集体教育模式探索

一

2015 年秋季开学那一天，我去拜见陈桂生先生。一见面，陈先生就询问我暑假在忙什么，我嗫嚅着说电脑和硬盘被盗，近 20 年积累的所有文稿、译稿和资料尽失，我整个假期都在疯狂地写东西，以补救损失于万一。陈先生扼腕痛惜，也责备我做学问靠电脑而不靠人脑，但他并未深究我写了什么。陈先生转而兴奋地告诉我，上海师范大学一位青年才俊最近发表了一篇颇有水平的论文。他从案头找出一本杂志，翻开来指给我看："要写就该写这样的论文！"我很好奇：究竟是什么高论让陈先生欣赏到拿来鞭策我？凑上前一看，我惊呆了，原来是徐俊写的一篇探讨个体个性化与个体社会化关系的论文。[①] 幸好陈先生没有注意到我一脸尴尬，他继续评论道，从这篇文章可以看出，这个徐俊不但认真研读过他的文章，对苏联教育也相当了解。我赶紧接话："是的，他的硕士学位论文就专门研究苏联的集体教育思想[②]，在攻读博士学位时还发表过个体社会化方面的论文[③]。"我告诉陈先生徐俊是魏贤超老师指导的博士生，但没有坦白此子硕士学位论文的指导老师便是在下。我可不敢当着自己老师的面没羞没臊地揩自己学生的油。

[①] 徐俊 . "个体个性化"与"个体社会化"究竟是什么关系——兼论学校的教育功能 [J]. 上海教育科研，2015(08)：18-21.
[②] 徐俊 . 蒙尘的遗产——苏联集体教育理论述评 [D]. 上海：华东师范大学，2012.
[③] 徐俊 . 个体化社会中的教育使命 [J]. 教育发展研究，2014(Z2)：35-41.

徐俊是 2009 年考入华东师范大学教育学系教育伦理学专业攻读硕士学位的。当时，我是这个专业研究生招生的面试主考官。鉴于面试的考生仅有 6 位，我就没按平常的套路出题。我先给考生们播放了一集 40 多分钟的视频——香港凤凰卫视节目《一虎一席谈》2008 年 6 月 7 日有关"先跑老师该不该受到指责"的电视辩论，然后请他们当场对电视辩论的观点进行综述和评析。[①] 我没点名，让考生们自己决定答题的先后顺序。这种安排显然对后回答的考生有利——不但有更多的时间准备，而且可以参考先回答者的观点。就在考生们沉思之际，徐俊自告奋勇，第一个发言。待所有考生都作答之后，我又请他们评论彼此的发言。几乎所有考生都很谦虚，纷纷对他人发表的某些观点及分析表示肯定和欣赏，唯独徐俊针对他人的一些观点提出了不同意见。第三轮，我请考生们回应别人对自己观点的评论。那几个受到质疑的考生对徐俊的质疑要么予以澄清或反驳，要么表示接受并修正自己的观点。考生们在这场非同寻常的集体面试中表现都不错，其中徐俊最为主动，而且敢于质疑。我印象最深的是他发言时饱含激情，说到动情之处眼噙泪花。

　　没想到这个情感丰富、激情澎湃的大个子男孩会选我做他的指导教师，更没有想到他在攻读硕士学位期间会迷上教育戏剧。他早早地表示要以此作为硕士学位论文的选题。我眼界狭隘，从未接触教育戏剧这个话题，更缺乏理论想象力，想不出教育戏剧跟教育伦理学专业有什么关系，因此建议他考虑另选论题。过了一段时间，徐俊又来说学位论文准备研究教育戏剧。既然他这么坚持，就只好顺了他的意：那你就试试吧。可能是感觉到我态度暧昧，到了要正式确定学位论文选题时，他特地来我办公室说要考察和重述苏联集体教育的成就。呵呵，咱俩所见略同，这可有意思了！

　　当时，上海中小学和谐校园与温馨教室建设如火如荼。我应邀给一本杂

---

① 参考答案见：黄向阳. 师德的边界——兼评电视辩论"先跑老师该不该受到指责？"[J]. 河南教育学院学报 (哲学社会科学版), 2010(6): 63-68.

志写一篇文章，以推进这项颇具人道关怀的教育改革行动。但是，我目睹了不少违背初衷、华而不实的做法，感觉就像是人们精心于住宅（house）装修，却荒疏于家庭（home）建设。我认为，与其搞这么花哨的温馨教室建设，不如老老实实抓好班级集体建设。于是，借温馨教室建设这个话题，我谈起课堂生活的重建问题。在我看来，温馨教室首先是安全的教室，没有危险，没有伤害，师生的人身安全有保障；没有欺侮，没有歧视，每个学生都受尊重和重视；没有窘迫，没有拘束，学生在课堂活动中乐于尝试，敢于探险。温馨教室还是舒适的教室，不求豪华气派，但求设施实用，方便师生开展课堂活动。但我更强调，温馨教室应洋溢着积极的道德氛围。在我看来，上海的和谐校园和温馨教室建设，与美国近 3C 年来品格教育运动中的一项努力颇为相似，着力于改善教室中的人际关系，营造关怀、体谅、尊重的课堂生活氛围，把课室建设成为"关怀共同体"。但我认为这并不是课堂生活重建的唯一选项，因而推荐了温馨教室建设的其他路向：

在杜威学校，课室就是工作坊。儿童在里边"做中学"，呈现出参与、合作、共享、互惠的社会精神。这是杜威为儿童精心打造的"民主共同体"。在夏山学校，宿舍即课室。学生们自由出入，自己决定是留在教室里学习，还是到户外游玩。或立，或坐，或卧，悉听学生方便。师生之间无话不谈，相互打趣，时常开无厘头式的玩笑，甚至允许说程度轻微的脏话。这是尼尔为饱受不当教养之害的孩子专门设计的"自由共同体"。这种课堂环境看上去非常另类，不成体统，却对心灵扭曲的孩子颇具治疗作用。在美国若干中学，科尔伯格及其追随者把学校中的"调皮捣蛋分子"集中在一起办"校中校"。上课之余，学生们就在"校中校"里开展各种活动，经常就团体生活中发生的实际问题（如"同学的钱被偷了怎么办"等等）展开讨论，采取行动。这是科尔伯格和学生们共同建设的"正义共同体"。学生们吵吵嚷嚷，在各种形式的会议和辩论中，逐渐学会了使用正义取向的思维方式。

……在高尔基工学团和捷尔任斯基公社里，少年儿童结成一个个班队。他们在班队生活中相互监督，相互约束，相互帮助，共同提高。马卡连柯为战争遗孤营造的这种"教育集体"，使流浪儿童和违法少年在集体中并通过集体受到集体主义教育，成为社会主义事业的建设者和接班人。①

我认为，我们着力重建的课堂生活不一定要贴上"自由共同体""民主共同体""正义共同体""关怀共同体"的标签，但营造自由、民主、正义、关怀的氛围当是温馨教室建设的题中之义、关键议项。我还特别强调："我国长期深受马卡连柯集体教育模式的影响，且在班集体建设上形成了自己的传统与特色。当前的温馨教室建设，应该是对班集体建设传统的继承与发展，而不应该是撇开传统的一种'创新'或'创举'。教育的成就与特色靠长期的努力和积累。经验的积累，传统的形成，委实不易，弥足珍贵，宜备加珍惜。"②

我很欣慰，自己的这番言论鼓舞了徐俊，他将硕士学位论文选题转向了苏联集体教育实践与理论研究。翻开他这部著作，才发现自己多情了。就像这部著作开篇所述，恰恰是上述那套有关西方学校"道德共同体"（"民主共同体""自由共同体""正义共同体""关怀共同体"）建设的话语刺激了徐俊，令其下定决心要给蒙尘多年的社会主义国家通过集体教育个体的传统接风洗尘，从理论上推动这一社会主义教育传统在新时代发扬光大。他的硕士学位论文分别考察了克鲁普斯卡娅（Надежда Константиновна Крупская, 1869—1939）、马卡连柯（Антон Семёнович Макаренко, 1888—1939）和苏霍姆林斯基（Василий Александрович Сухомлинский, 1918—

---

① ② 黄向阳 . 温馨教室建设的路向 [J]. 思想理论教育，2010(22): 31–32.

1970）的集体教育思想。[①]而现在这部著作则专论马卡连柯的集体教育思想与实践，这是他跟随魏贤超教授攻读博士以来进一步研究所取得的成果，可以说是 10 余年潜心研究和积累的一次输出。

二

马卡连柯的集体教育模式与夸美纽斯（Johann Amos Comenius, 1592—1670）的班级授课制一脉相承，与洛克（John Locke, 1632—1704）、卢梭（Jean-Jacques Rousseau, 1712—1778）等近代思想家的教育主张大异其趣。洛克的绅士教育理论[②]以及卢梭的自然主义教育主张[③]可谓近代西方教育史上两座思想高峰，教育界向来津津乐道，赫尔巴特（Johann Friedrich Herbart, 1776—1841）却颇不以为然。他在《普通教育学》开篇就嘲讽洛克宣扬有钱人不惜一切代价雇用一个具有良好德性的稳重的人随时随地对他们的子弟进行个别教育，还批评卢梭要求牺牲教育者自己的整个生命，作为儿童的永久陪伴献给他们。赫尔巴特认为"这种教育的代价太昂贵了"。[④]

罗素（Bertrand Russell, 1872—1970）深以为然。随着教育的普及，罗素敏锐地觉察到 20 世纪的教育理论从"贵族教育学"转向"平民教育学"或"穷人教育学"的重大变化。[⑤]其 1926 年出版《教育与美好生活》一书中，第一章开头就承认洛克和卢梭是 19 世纪以前最负盛名的两位教育理论改革家，同时指出他们在各自努力的方向上"均未达到现代教育家的境界"。例如，他们"都倾向于自由主义和民主主义"，但两人思考的却只是

---

① 徐俊. 蒙尘的遗产——苏联集体教育理论述评 [D]. 上海：华东师范大学，2012.
② 〔英〕洛克. 教育漫话 [M]. 杨汉麟，译. 北京：人民教育出版社，2006.
③ 〔法〕卢梭. 爱弥儿：论教育 [M]. 李平沤，译. 北京：商务印书馆，2001.
④ 〔德〕赫尔巴特. 普通教育学 [M]. 李其龙，译. 北京：人民教育出版社，2015: 1-2.
⑤ 黄向阳. 穷人的教育学 [R]. 上海：华东师范大学校庆报告，2005-10-12.

"需要一个人花费其所有时间去专心从事的贵族子弟教育"。罗素一针见血地指出：

> 即使这种制度的成效可能超凡出众，但凡具有现代眼光的人均难给予认真的关注，因为每个儿童都占有一个成年家庭教师的全部时间，仅从数学的角度考虑，就是不可能的。因此，只有特权阶层才能采用这一制度；在一个公正的社会里，这一制度绝无存在的可能。①

我们可以从一些电影中领略个别教育的"超凡出众"。正如《简·爱》呈现了洛克式教育的一个变式，《音乐之声》实为卢梭式教育的一种演绎。这样的个别教育令人艳羡，却太过奢侈，仅适用于特权阶层。这种贵族化教育遗存至今，并且为精英教育拥趸所向往和推崇，但它满足不了学校教育普及至全体适龄儿童的现代化需求。在以罗素为代表的现代教育思想家看来，一种教育制度或方法若不具备普遍适用性，就不是一种令人满意的制度或方法。因此，教育理论亟待找到一种措施，使教育向所有儿童开放，或者至少每个有能力从教育中获益的人都能受到教育。罗素断言，这种"理想的教育制度必定是民主的"，乃是一种能够为男女儿童都提供享受现在最佳机会的制度。罗素同时又表示，这种教育制度"不会立即成为现实"，预计"将来才能产生"。②

其实不然。罗素所追求的这种面向所有儿童的教育制度早在 17 世纪就已经萌生，并且在他出版《教育与美好生活》的那个时代又有新的突破。1620 年 11 月布拉格白山一战，捷克军队被天主教联盟军击败，捷克从此失国，捷克人惨遭清洗、驱逐、流放。夸美纽斯作为捷克兄弟会牧师忧心忡忡，生怕捷克民族在颠沛流离中逐渐泯灭。为了保存本民族的文化和传统，

---

① ② 〔英〕罗素.教育与美好生活[M].杨汉麟，译.石家庄：河北人民出版社，2001：7-9.

　　　　　　　　　　　　　　　记住马卡连柯：集体教育的思想与实践

为了使捷克孩子（无论是富家子弟还是平民子弟）都能使用本民族的语言文字，夸美纽斯潜心钻研适用于平民的教育——"把一切事物教给一切人类的全部艺术"。他大胆尝试，革新教育，研发出世上第一本图文并茂的初级教科书《世界图解》，让贫家小儿也爱不释手，从看画读图中学会识文断字。他还在教导捷克子弟中摸索出一种"一个教师一次能够教一大群学生"的新型教学组织形式，让"教员可以少教"，"学生可以多学"。1632年（也就是洛克出生那一年），夸美纽斯用捷克文写成《大教学论》（1657年以拉丁文正式出版），系统阐述了他摸索和总结出来的"班级授课制"。他在书中主张，将全体学生分成班级，实施集体教学，让全班学生学习同样的内容，得到同样的练习；而教师在班级里面对一大群学生实施教学时，则须摒弃因材施教的陈规陋习，像太阳普照万物那样面向全体学生。

他绝对不进行个别教学，不在学校以外私下地进行，也不在学校以内公开进行，而只同时一次去教所有的学生。因此，他决不应该走近任何一个学生，或让任何一个学生单独走到他跟前，他只应坐在他的座位上面，让所有的学生全都看得见，听得清，如同太阳把光线照在万物的身上一样。①

无独有偶，17世纪我国也有类似"班级授课制"的尝试。我国自古以来，无论官学或私学，均实行个别教学或个别辅导。一个学馆无论学生多寡，先生均是逐个施教，其弊端在明末清初文教发达、学童众多的江浙地区日益显现。如清初唐彪（1640—1713）曾任浙江会稽、长兴、仁和等地的训导，在杭州担任学官期间还课徒讲学。长期任官学训导以及在家塾教学

---

① 〔捷克〕夸美纽斯 . 大教学论 [M]. 傅任敢，译 . 北京：人民教育出版社，1984：140.

的经验令其痛感个别施教的弊端，他在《家塾教学法》①一书中，对"已冠、童蒙同一馆，而先生兼摄两项学徒"的手慌脚乱和"少慢差费"有过详细的描述和分析：

> 经、蒙兼摄，既要解四书，解小学，解文章，选时艺，改会课，又要替童子把笔作对，写字样，教认字，教读书，听背书，虽有四耳目、四手足者，亦不能矣！况今时有习武一途，馆中或间一二习武者，更增解武经、选策论诸事矣。而犹未尽也，先生与试者，又要自己读书，则虽有八耳目、八手足者，亦不能完诸课程矣。于是，先生尽置大小学生课程于度外，亦势不得不然也。是以学生虽至二三十岁，或已进学而本经未及解，安望其学有成就乎？至于诸经、通鉴、古文诸要书，学生益未经目睹可知矣。②

鉴于个别施教方式的疲敝和低效，唐彪解职回归故里后，在浙江金华专心办学，试行"经蒙分馆"，教学效果立现，学馆面貌焕然一新。一方面，"经师无童子分功，得尽心力于冠者之课程，故已冠者多受益"；另一方面，"蒙师无冠者分功，得尽心力于童蒙之课程，故幼童亦受益"。在分级设学"经蒙分馆"基础上，唐彪还实行了同馆"同解、同听"的集体教学形式。就像夸美纽斯通过这种教学组织形式让"教员可以少教"而"学生可以多学"，唐彪也借此确保"先生讲解简省"而"学生受益良多"：

> 凡同馆所读之书文，一半相合，则诸人可以同解、同听，先生自然工夫有余；若所读之书文，人人各异，每人需一番讲解，则不特先生工

---

① 此书留存于今的是 1698 年复刻本。但作者在书中提及其长子 9 岁时恰逢靖南王耿精忠在福建起兵造反，据此可以推断《家塾教学法》早于 1674 年成书。

② 〔清〕唐彪. 家塾教学法 [M]. 赵伯英，万恒德，选注. 上海：华东师范大学出版社，1992：8.

夫无暇，即力量亦有所不及。然此必先生虚心细察，与有学识者商量，确知何书何文当读、当解，宜先宜后，确有成见，然后使学生课程不甚参差，庶几讲解简省，而学生受益多也。①

此论显露出集体教学制度在我国的萌芽，也预示课程概念在我国的初立。根据当今课程的多维概念，②可以说，唐彪所言"当读、当解"书文的择定属于课程的领域或空间维度（scope），而所择定书文"宜先宜后"的安排则属课程的时序维度（sequence）。集体教学制度解放了教师，使教师摆脱了个别施教制度下那种繁重而低效的重复劳动，得以有时间和精力细察课程和教学问题；班级授课制颠覆了传统的师生关系，使教育活动及其研究的重心从学生的"学"转向了教师的"教"，教育言论因而也从"以学为本"的话语体系逐渐转变为"以教为本"的话语体系。③人们聚焦于教师的教，最终促使教育学的诞生。

以班级授课制为代表的集体教学制度，是教育史上最具颠覆性的重大变革。但它在诞生之后长期不受待见，蒙尘两百余年，直到世界各地普及义务教育才重见天日，逐渐成为学校教育的中流砥柱。很难想象，若不实行班级授课和集体教学，各国何以能够确保全体适龄儿童接受一定年限的学校教育。19世纪以来，世界各国陆续放弃人类千百年来惯用的个别施教方式，纷纷改用班级授课制，主要的考虑就是要将教师的教育力量发挥到极致，以最为经济有效的方式对全体儿童普及学校教育。正如夸美纽斯所言：

　　一个教师同时教几百个学生不仅是可能的，而且也是要紧的；因为，

---

① 〔清〕唐彪. 家塾教学法 [M]. 赵伯英，万恒德，选注. 上海：华东师范大学出版社，1992: 10.
② 黄向阳. 论课程改革实施中的价值整合 [J]. 南京社会科学，2010(11): 120-127.
③ 黄向阳. "教育"一词的由来、用法和含义 [M]// 瞿葆奎，主编. 元教育学研究. 杭州：浙江教育出版社，1999: 107-128.

对教师，对学生，这都是一种最有利的制度。教师看到跟前的学生数目愈多，他对于工作的兴趣便愈大（正同一个矿工发现了一线丰富的矿苗，震惊得手在发抖一样）；而且，教师自己愈是热忱，他的学生便愈会表现热心。……一个面包师搓一次生面，热一次火灶，就可以做许多面包，一个砖匠一次可以烧许多砖，一个印刷匠用一套活字可以印出成千成万的书籍，所以，一个教师也应该能教一大群学生，毫无不便之处。[①]

殊不知夸美纽斯还从学生方面阐述了班级授课和集体教学的优越性。在他看来，"在学生方面，大群的伴侣不仅可以产生效用，而且也可以产生愉快"。之所以产生愉快，是"因为人人乐于劳动的时候有伴侣"。之所以产生效用，是"因为他们可以互相激励，互相帮助"，"一个人的心灵可以激励另一个人的心灵，一个人的记忆也可以激励另一个人的记忆"。[②] 可惜很少有人真的将学生视为一种教育力量在班级教学中加以利用，直到1920年秋天马卡连柯开始他充满激情和智慧的探索。

1920年秋，马卡连柯受命将一所废弃的教养院改建为"少年违法者工学团"，收容和管教战争遗孤、无家可归的流浪儿、无人看管的小混混、小地痞。出于对孩子们的尊重，对高尔基的崇敬，马卡连柯后来将"少年违法者工学团"改名为"高尔基工学团"。马卡连柯举办高尔基工学团8年，成效斐然，其独特的管教思路和方法受到重视，他被委派组建和领导一个新的儿童劳动公社——"捷尔任斯基公社"。马卡连柯呕心沥血16年，将3 000多名流浪儿和违法少年改造、教育成社会主义的建设者，其中不乏出色的工程师、教师、医生、科学家，有的还成了战争英雄和劳动模范。

马卡连柯及其同事取得如此不可思议的成绩，主要不是因为他们自己作为教师有多么强大的教育力量，反而是因为他们深知仅靠自己根本无力转

---

①② 〔捷克〕夸美纽斯. 大教学论 [M]. 傅任敢，译. 北京：人民教育出版社，1984：139.

记住马卡连柯：集体教育的思想与实践

变这帮小混混、小地痞、小流氓，因而不得不诉诸这些流浪儿和违法少年自身的力量。于是，他们致力于将收容的少年儿童转变成团结向上的学生集体，进而将学生集体培养成了一种教育力量，在学生集体中通过学生集体教育学生个体。马卡连柯实现了两百年前夸美纽斯的学生在共同学习中相互激励的设想，并且超越或突破他的想象，将集体教学推进到集体教育，为现代教育贡献了一种全新的教育模式。

三

马卡连柯因其集体教育上的探索、创新和成就，在社会主义阵营里享有崇高声望和地位。他的"在集体劳动中培养学生集体""通过学生集体教育学生个体"的思想和实践模式，与偏重文化学习的夸美纽斯班级授课制相融合，成就了社会主义国家学校教育的一个鲜明特色。

马卡连柯及其教育思想和实践模式在西方教育界也享有盛誉。澳大利亚著名教育学者康纳尔（William Fraser Connell, 1916—2001, 又译"康内尔"）在其专著《二十世纪世界教育史》（1980）的目录中提及两位现代教育家，一位是美国的杜威，另一位就是苏联的马卡连柯。康纳尔在这部历史著作中分别设专章考察杜威的"民主主义教育"思想与实践（第三章）以及马卡连柯的"集体主义公社教育"思想与实践（第八章），显示出马卡连柯在现代教育史中与杜威并驾齐驱的历史地位。[①] 从教育的发展趋势看，20世纪是个人本位向社会本位转变的世纪，将马卡连柯的集体教育和杜威的民主教育视为这个世纪教育改革的杰出代表，是颇具见识的。

康纳尔作为一名西方学者对马卡连柯的工作和成就给予高度评价，据他自己的解释，原因有几方面：

[①] 所以，徐俊对于最近20年来社会主义国家的教育学者奢谈杜威却避谈马卡连柯表示困惑，其实是发人深省的。

第一，他在二三十年代致力于对许多被遗弃、被忽视儿童的教育，并成功地为这些儿童提供了极其令人满意的教育方案，使几千名这样的儿童恢复了正常的社会生活。这个方案也在其他教育机构中得到了有效运用。

第二，在培养流浪儿具有新的社会态度的过程中，他逐步形成了十分适合苏维埃新社会的教育观点和教育方法。他在实践和理论中都以实例展现了应该如何教育集体中的人。这是马卡连柯的最主要兴趣。这是共产主义教育的具有重大创新意义的贡献，也被证明是共产主义教育所作出的最杰出贡献。

第三，他不仅展现了一种适合于集体主义社会的教育，而且还指出了设计一种新的非宗教道德和新生活方式的必要性，并展示了适当的教育进程。因此，他以更有价值的办法满足了新社会的需要。

马卡连柯就这样为苏维埃生活提供了适合于新情况的教育基础，即被公认的与崛起的苏维埃国家的需要和抱负有密切联系的一套基本理论、一个目标和一套步骤。[1]

然而，马卡连柯在西方学者 1980 年书写的现代教育史上获得如此崇高的地位，是经历了一段相当有意思的历史变故的。马卡连柯早在 20 世纪 50 年代初就在我国如雷贯耳，但在当时的西方世界却几乎默默无闻。一个明显证据是，马卡连柯的《教育诗》早在 1951 年就以《通往生活之路》为题出版了英译本，[2] 可是从当时欧洲各地战后重建工作看，马卡连柯的高尔基工学团和捷尔任斯基公社非但没有成为西方收养和教育"二战"遗孤的社会实验样板，反而被一些西方人斥责为"较具专制色彩"的组织。[3] 直到

---

① 〔澳〕康内尔. 二十世纪世界教育史 [M]. 张珐琨，方能达，李乐天，等，译. 北京：人民教育出版社，1990: 485-486.

② MAKARENKO A S. The Road to Life[M]. Moscow: Foreign Languages Publishing House, 1951.

③ 〔法〕布雄，加尔代，吕沙. 小孩共和国：二战遗孤的社会实验 [M]. 马雅，陈秋含，译. 广州：广东人民出版社，2023: 4.

1957 年苏联人造卫星上天，震惊美国朝野乃至整个西方世界。美国政客及民众纷纷将冷战中这种处境不利归咎于教育的落伍，有人想起早几年就有的一种困惑：为什么约翰尼不会阅读？[①] 进而追问：伊凡学会的东西，为什么约翰尼没有学到？这种困惑引发美国人对苏联教育发自内心的好奇。

1960 年，美国心理学会组团赴苏联进行学术访问，[②] 康奈尔大学布朗芬布伦纳（Urie Bronfenbrenne, 1917—2005）教授是访问团的一员。这次参观访问时间不长，虽似走马观花，但苏联少年儿童的精神面貌给布朗芬布伦纳留下了深刻的印象，他禁不住问："为什么西方的孩子比苏联的孩子更有可能在学校作弊，更有可能拿不属于自己的东西，更有可能忽视其他需要帮助的孩子？"[③] 为了解开心中这个谜，布朗芬布伦纳申请到一项基金会资助，作为公共卫生方面的交换访问学者于 1961 年再度访问苏联。布朗芬布伦纳拜访了当时俄罗斯教育科学院许多德高望重的教育学者，更与该院多位像诺维科娃（Людмúла Ивáновна Новикова, 1921—2004）这样年富力强的中青年研究员有过深交。正是诺维科娃将自己主持编写的一本名为《学校中的社会主义竞赛》[④] 的培训手册赠送给布朗芬布伦纳，使得这位困惑而好奇的美国学者打开了一扇观察和探究苏联学校德育的大门。

1962 年，布朗芬布伦纳在《美国心理学》杂志发表了题为《苏维埃品格教育方法的若干研究启示》的论文，郑重介绍马卡连柯的教育思想和论著以及当时苏联学校的集体教育模式。布朗芬布伦纳在这篇论文中详细描述和分析苏联 20 世纪 50 年代的学校品格教育的方法，所依据的主要就是

① FLESCH R. Why Johnny Can't Read[M]. New York: Harper & Row, Publishers, Inc., 1955.
② BAUER R A. Some Views of Soviet Psychology[M]. Washington, D.C.: American Psychological Association, 1962.
③ 此话印在了布朗芬布伦纳 10 年后出版的专著《两个世界的童年：美国和苏联》的勒口上。(BRONFENBRENNER U. Two Worlds of Childhood: US and USSR[M]. New York: Simon & Schuster, 1970.)
④ НОВИКОВА Л И. Социалистическое соревнование в школе[M]. Москва: Гос. учебно-педагогическое изд-во, 1959.

诺维科娃主编的《学校中的社会主义竞赛》。此书的首版据说早在 1950 年就已经发行，是 20 世纪 50 年代苏联发行最为广泛的一本师范教材和师资培训手册。布朗芬布伦纳以这本培训手册为研究对象，考察苏联学校集体中的社会化过程，运用当时的社会心理学原理，来阐释以马卡连柯集体教育模式为代表的苏联学校品格教育的指导原则，进而阐明其对美国的启示。①

　　根据这项研究，1964 年布朗芬布伦纳在美国国会举行的一次听证会上发表了与众不同的见解。当时美国的主流观点认为儿童发育纯粹是一个生物学过程，因而将对问题幼儿的干预重点放在医疗保健上。布朗芬布伦纳却表示，儿童发育也受到个人经历及所处环境的影响，进而主张将对问题幼儿干预的重点放在家庭、社区参与及干预工作上，致力于为他们创造更好的发展环境。在布朗芬布伦纳等人的倡导和推动下，1965 年美国各地陆续开始实施"启蒙计划"（Project Head Start，又译"开端计划"），为问题幼儿的家庭免费提供家庭支持、家庭访问及亲子教育辅导等方面的服务。②布朗芬布伦纳本人则对这类帮助问题幼儿的环境干预措施加以检验和系统化，还将美国的措施与苏联进行比较，从一般意义上揭示两国儿童生活在不同的世界。③基于这方面的实验和比较研究，布朗芬布伦纳于 1977 年提出了一种新颖的人类发展研究范式——实验生态学。④

　　1979 年，布朗芬布伦纳出版了他一生中最为重要的学术专著《人类发展生态学》，系统阐述其有关人的发展的生态系统理论（ecological systems

① BRONFENBRENNER U. Soviet Methods of Character Education: Some Implications for Research[J]. American Psychologist, 1962(8): 550–565.
② FOX M. Urie Bronfenbrenner, 88, an Authority on Child Development[N]. The New York Times, 2005-09-27.
③ BRONFENBRENNER U. Two Worlds of Childhood: US and USSR[M]. New York: Simon & Schuster, 1970.
④ BRONFENBRENNER U. Toward an Experimental Ecology of Human Development[J]. American Psychologist，1977(7): 513–531.

theory）。[1] 他在前言中追溯了关于人的发展生态学思想的来源，提及他对苏联、东欧、中国、以色列等地的访问以及相关的跨文化研究。布朗芬布伦纳虽然并未明言，但相信他的在天之灵愿意承认，他的生态系统理论是受到以马卡连柯为代表的社会主义国家集体教育的启发的。

四

布朗芬布伦纳不但从马卡连柯式的集体教育的阐发中构建了人类发展的生态系统理论，他对苏联学校德育的推介和分析也深深刺痛了他的美国同行。由于冷战，西方对苏联以及整个东方阵营学校教育的细节既无兴趣，也知之甚少。布朗芬布伦纳的《苏维埃品格教育方法的若干研究启示》一文，特别是其中选译的一个教例，成为西方学者观察和评论苏联学校德育的一个窗口：

> 三年级乙班只是一个普普通通的班级，其纪律并不是特别好，也不是特别勤奋。这个班的成员有的懒散，有的负责任；有的文静，有的活泼；有的胆大，有的害羞，有的则不那么谦逊。
>
> 老师带这个班至今已有三年，作为一个权威已经从她的学生那里获得了爱戴、尊重和承认。她的话对于他们就是法规。
>
> 上课铃响过了，老师却还没到。为了检查这个班是如何管理自己的，她刻意迟到。
>
> 课堂上所有的人都很安静。喧闹的课间休息之后，你要调动自己并且平息内心的不安，可不是那么容易的！两个班长在桌旁默默地观察着整个班级。他俩的脸上显示出他们正在执行的任务的高度重要性和严肃

---

① BRONFENBRENNER U. The Ecology of Human Development: Experiments by Nature and Design[M]. Cambridge, MA: Harvard University Press, 1979.

性。但是他们无需训斥：少年们都在愉快而自豪地维护着严谨的纪律；他们为自己的班级以一种值得教师信任的方式管理自己而自豪。当教师进来轻声说叫他们坐下时，大家都明白，她是在有意忍住不表扬他们安静有序，因为在他们班上不可能不这样。

在上课的过程中，教师格外重视小队之间的集体竞赛（小队是这个年龄层的共产主义青年组织的最小单位）。整堂课中，少年们都不断地听到哪个小队功课准备得最好，哪个小队做的功课最多，哪个小队最守纪律，哪个小队交上的作业最好。

最好的小队不仅得到口头的肯定评价，还在休息时有权优先离开教室，有权让教师优先检查他们的笔记本。结果，这些小队得到了集体教育、共同负责和相互帮助的好处。

"你到处游荡什么？你在拖整个小队的后腿了。"科利亚在准备功课时对他的邻桌低声道。课堂休息时，他教她怎样把背包里的书本和便笺簿理得更好。

"仔细算一算！"奥种娅对她的女同伴说，"看，今天就因为你，我们小队落后了。你来找我，我们一起在家里算吧。"[①]

这是马卡连柯集体教育模式下典型的课堂情境。我读这则教例也备感亲切。它描述的虽然是 20 世纪 50 年代苏联某校某班的日常生活情境，我却感到相当熟悉——记忆中我的中学时代差不多就是这么度过的！马卡连柯在高尔基工学团和捷尔任斯基公社创立的集体教育模式，并不只是一种针对问题青少年的特殊教育模式，也是社会主义学校的普通教育模式。它不但为苏联中小学所继承，也在我国中小学运用，并发展成为颇具中国特色的班集体建

---

① 源自：НОВИКОВА Л И. Социалистическое соревнование в школе[M]. Москва: Гос. учебно-педагогическое изд-во, 1959. 引自：BRONFENBRENNER U. Soviet Methods of Character Education: Some Implications for Research[J]. American Psychologist, 1962(8): 550-565.

设传统。遗憾的是，这种传统在逐渐褪色。在 20 世纪 90 年代末的中小学课堂上，我还不时听见老师们以学生集体（班级或学习小组）为对象点评学生们的课堂表现，但在最近 20 年里，课堂上的一个典型情境是，某学生代表小组报告本组发言，老师们随后的点评通常指向发言学生本人的表现，鲜有老师将点评指向该生所在小组的学习表现。这种转变意味深长，意味着我国中小学正在放弃将全班学生建设成为一个教育集体、通过学生集体教育学生个体、对学生个体的教育即对其所在集体的教育这一社会主义学校教育传统。总的来说，马卡连柯式的集体教育传统在我国有一个由盛转衰的历程。

西方则恰恰相反。尽管西方学者对它颇有微词，甚至冷嘲热讽，却暗中吸收其精义精华。例如，科尔伯格从布朗芬布伦纳那里了解到了苏联学校教育的一般做法和具体教例，但他当时将其解读成一种有效的社会控制形式，而非道德发展形式：

> 教师系统地使用同辈群体作为道德灌输和道德制裁的代理人。全班被分成一个个相互竞争的合作小组。如果小组的一个成员行为不当，教师就会贬低或制裁整个小组，然后小组接下来就会去惩罚那个犯过的个人。这当然是一种极其有效的社会控制方式，却非道德发展方式。①

虽然科尔伯格后来不得不承认苏联学校的做法也是德育，但他在 1970 年前后发表的多篇文章里把苏联的集体教育模式同涂尔干（Émile Durkheim, 1858—1917）的道德教育观点归为一类，称之为"道德教育的传统模式"，并作为他主创的发展性德育模式的对立面加以批判：

---

① KOHLBERG L. Moral Education in the Schools: A Developmental View[J]. The School Review, 1966(01): 1-30.

涂尔干的分析清楚地表明，道德教育的传统模式强调为了遵守规则而遵守规则，因此其最根本的前提假设是集体主义的——也就是假定团体及其规则总是正确的……这当然也是苏联教育的前提假设。[1]

科尔伯格还专门引用前面那个"三年级乙班"的材料作为一个例子，阐明他对"隐蔽课程"的一种新的理解。但他毫不留情地指责它既不道德，也违背法律：

不用我多说就能看出来，涂尔干和俄国人是知道怎么让隐蔽课程变得清楚和有效的。并且，涂尔干显然……认定遵守集体纪律对道德品质有直接的促进作用。然而，这个思路逻辑上指向的是一种旨在维护国家集体纪律的道德教育概念，而这个概念在我们大多数人看来既不符合道德的理性标准，也同美国的宪法传统相违背。[2]

然而，可能连科尔伯格本人也没有想到，他对集体教育的这种观感很快就发生了微妙的变化。科尔伯格高中毕业后并没有立即上大学，而是先当了两年水手，协助船老大将他的犹太同胞从欧洲偷运到以色列。1969年夏天，科尔伯格受邀访问以色列。他在访问一所以色列集体农庄（Kibbutz，音译"基布兹"）的中学时惊讶地发现，这所中学强调集体优先于个人、敬畏集体纪律和规则、建立个人与集体的归属感、培养集体责任感，等等，实行的正是他不以为然的"涂尔干式的"道德教育。[3]科尔伯格对这所中学的

---

① KOHLBERG L, TURIEL E. Moral Development and Moral Education[M]//LESSER G S. Psychology and Educational Practice. Glenview: Scott, Foresman and Company, 1971: 410–465.
② KOHLBERG L. The Moral Atmosphere of the School[M]//OVERLY N V. The Unstudied Curriculum: Its Impact on Children. Washington, D.C.: Association for Supervision and Curriculum Development, 1970: 104–127.
③ POWER F C, HIGGINS A, KOHLBERG L. Lawrence Kohlberg's Approach to Moral Education[M]. New York: Columbia University Press, 1989: 47–48.

学生进行了道德认知发展水平的评估，发现他们的得分显著高于同地区城市里的青少年。这个测评结果促使科尔伯格反思自己先前对"涂尔干模式"的看法，开始正视涂尔干的道德教育学说，修正自己的道德发展与道德教育理论，最终将涂尔干的一些基本观点整合进他后来提出的"正义共同体"（just community）理论。"涂尔干的社会心理学为科尔伯格修正他理论中因为过于聚焦个体道德发展而产生的不平衡提供了一种工具。"[1] 从 1970 年到 1979 年，科尔伯格开始在监狱、青年之家以及学校中实践"正义共同体"模式并取得了成功。

科尔伯格倡导的"正义共同体"，在我国有一个更流行的译名，叫"公正团体"或"公正团体法"。这种团体的组织结构一般包括五部分，即团体（全体）会议、小组会议、顾问小组、纪律委员会和师生协商会。从一开始，规则就是一个人，一张选票。教师、学生和一小部分顾问在每周的团体会议中，都处于平等的位置。在团体会议中，参与者决定大部分规则和政治决议。有两种讨论会先于团体会议召开，一种是顾问、教师和学生之间的讨论会，每周一个晚上召开；另一种是小规模的学生群体之间的讨论会，在团体会议之前的那天召开。在前者的讨论会中，参与者在其他事情中，讨论发展公正团体的程序、上周的团体会议和下周的议程。[2] 稍作比较就不难发现，"正义共同体"的这个结构同本书第五章所描述的马卡连柯的集体结构何其相似。但细究下去又会发现，"正义共同体"围绕实际问题开起会来的情形和早期科尔伯格组织学生围绕虚拟的道德两难问题开展的小组讨论并没有多少相似性，反倒是非常神似高尔基工学团里的会议。由此看来，科尔伯格最终还是以一种非常隐晦的方式光大了苏联以马卡连柯为

---

① POWER F C, HIGGINS A, KOHLBERG L. Lawrence Kohlberg's Approach to Moral Education[M]. New York: Columbia University Press, 1989: 50.
②〔美〕里德. 追随科尔伯格：自由和民主团体的实践 [M]. 姚莉，等，译. 哈尔滨：黑龙江人民出版社，2003: 215.

代表的集体教育模式——尽管他本人从未承认过这一点，只愿意说自己是整合了涂尔干和杜威的道德教育主张。

五

马卡连柯的集体教育模式已经在其自身的实践中被证明是有效的，从"正义共同体"在某种意义上可以视为集体教育的一种变体来看，这种教育模式似乎具有相当广泛的适用性。然而，时至今日，这一重要的教育模式并没有实现真正意义上的理论化。从马卡连柯留下的论著来看，他只是完成了对自己教育经验相对完整的初步提炼，并没有建构出一种真正意义上的教育理论。造成这种情况的原因是复杂的。

首先，马卡连柯从事理论工作的时间受到外部环境的极大制约。他长期在高尔基工学团和捷尔任斯基公社主持工作，每天都要处理集体内外的各种事件乃至"危机"，本来就很少有时间从事理论研究。只有在捷尔任斯基公社后期以及转为职业作家以后，这种情况才有所好转。彼时他在苏联教育界已经成名，捷尔任斯基公社也已在国际上声名远播，于是马卡连柯经常会收到来自各种机构的演讲邀约和报刊约稿，而刚刚辞职且已婚的马卡连柯也的确需要做这些事来获得收入。这就是为什么我们在《马卡连柯全集》里能看到那么多讲稿和报刊文章。这些演讲和文章的主题五花八门，而撰写这些讲稿和文章也在很大程度上挤占了马卡连柯从事理论研究的时间。正如徐俊博士在本书第一部分所指出的，马卡连柯转为职业作家的时间总共也只有两年多。考虑到其间还充斥着各种社会事务，马卡连柯在去世前没能将自己的思想提升至足够的理论高度确实情有可原。

其次，马卡连柯本人的性格和志趣也使他对理论建构兴致不高。少年时期的马卡连柯就有一个文学梦，虽然后来成了一名教育工作者，但这个文学梦一直埋藏在他心底。高尔基在他生命中的出现再次将这个梦点亮。

这就是为什么马卡连柯最重要的作品并不是理论专著，而是《教育诗》和《塔上旗》这两部长篇小说——除此之外他还创作了许多中短篇小说和剧本。马卡连柯很早就意识到自己的教育实践具有重要价值，但他首先想到的并不是从实践中建构出一套所谓的"教育理论"（尤其是在苏联教育理论界常年对他进行各种歪曲和否定的情况下），而是在高尔基的鼓励下把这些实践创作成小说。同时，作为一名教育家，马卡连柯本人更关心的是当时整个苏联教育的使命——"如何培养出真正的苏维埃人"，而不是"如何建构一种集体教育理论"。这也是为什么他晚年会花大量的时间研究家庭教育并撰写了《父母必读》——因为他发现许多青少年违法犯罪问题都可以追溯到家庭教育的某种偏误或缺失。对马卡连柯本人来说，这件事显然比"建构集体教育理论"更重要也更迫切。

最后，正如徐俊博士在本书最后一章提到的，马卡连柯所处的时代尚缺乏建构集体教育理论所需的那些"科学依据"。从历史上来看，教育学理论的建设和突破往往需要建立在其他学科尤其是心理学的进步之上：赫尔巴特的教育理论就是根据他自己的心理学研究发展出来的，杜威的教育理论是建立在他对当时生物学（尤其是进化论）和实验心理学、机能心理学的理解基础上的。更早时代的夸美纽斯、卢梭和洛克虽然也留下了伟大的教育思想，但从"理论品质"的角度来看，明显不及赫尔巴特和杜威，主要原因可能就在于此。因此，马卡连柯没能把他的教育实践充分理论化，除了前面提到的时间不够、兴趣不大以外，缺乏理论资源可能也是一个重要的因素。我们甚至可以大胆猜想，即使马卡连柯当时写出了一本《集体教育论》，其理论高度估计也难以达到杜威的水平，内容也很难符合当代"教育科学"的标准。只要将马卡连柯的《父母必读》同当下任何一本（建立在现代儿童心理学基础之上的）《家庭教育学》做一下对比，即可确证这一点。

由此看来，徐俊博士这本著作至少有以下三点贡献：其一，围绕"集体教育"这一核心概念来重新梳理马卡连柯的教育思想，为当前我们理解马卡连柯提供了新的视角，同时也在马卡连柯本人没时间也没兴趣做（但其实很有价值）的"集体教育的理论化"问题上做出了难能可贵的尝试。其二，徐俊博士对马卡连柯作品的熟悉和喜爱，使他在写作过程中最大程度地保留了马卡连柯使用的概念、术语乃至叙事风格，同时又尝试立足当代视角对马卡连柯的教育实践进行细致的解剖和分析，做到在不曲解马卡连柯原意的前提下，减少了当代读者理解马卡连柯的障碍。比如他所强调的"作为教育手段的集体"就突破了原先"在集体中通过集体为了集体"的苏联传统说法，算是成功地将马卡连柯的话语转译为"现代话语"。其三，在本书最后一章，徐俊博士尝试用当代社会心理学（比如群体社会化、群体动力学等）来解释马卡连柯集体教育实践的功效和原理，篇幅不多，却开了一个好头。实际上，除了徐俊博士提到的理论，还有许多社会心理学理论（比如认知失调理论）都可以为我们理解那些孩子何以珍视高尔基工学团这个集体提供新的角度。问题在于，当代社会学和心理学研究领域的划分是很细的，这就导致不同的理论往往是在相对独立的不同的概念、框架和公理基础上建构的，基于这些不同的理论来解释集体教育如何能在概念和逻辑上实现彼此贯通而不相互矛盾，这可能是徐俊博士以及其他未来试图建构集体教育理论的研究者需要解决的问题。

黄向阳

2024 年 9 月

前　言

　　安东·谢苗诺维奇·马卡连柯（Антон Семёнович Макаренко，1888—1939）是苏联时期一位享誉世界的教育实践家、思想家和作家。中国教育工作者对这位以集体教育和工读教育闻名于世的教育家并不陌生：早在 1950 年 4 月，《人民日报》曾用大幅版面介绍了马卡连柯的生平与教育学说，并由此开启了一个全国范围内翻译出版、学习和研究马卡连柯的高潮。[①] 时至今日，马卡连柯的许多教育观点，比如"平行教育影响""尊重与要求相结合""前景路线"等，依然为广大中小学教师所耳熟能详。顾明远教授曾说："马卡连柯是伟大的，他不仅完成了自己的历史使命，为创建社会主义教育学作出了不朽的贡献，而且他的教育思想还在现实的教育实践中起作用。"[②]

　　然而，自 20 世纪 80 年代末以来，我国教育界对马卡连柯的关注度持续走低——其受欢迎程度远不如同为苏联教育家的苏霍姆林斯基（Василий Александрович Сухомлинский, 1918—1970）——这多少有些令人唏嘘，因为其实苏霍姆林斯基在许多方面都被认为是马卡连柯的继承者，他自己也曾说："我们是安东·谢苗诺维奇·马卡连柯的伟大事业和整个思想财富的继承者。"[③] 苏霍姆林斯基在逝世前不久还写道："我完全相信，我全

[①] 吴式颖. 马卡连柯在中国[M] // 全国比较教育研究会，全国教育史研究会. 马卡连柯教育思想研究论文集. 北京：北京师范大学出版社，1988: 299-305.
[②][③] 顾明远. 马卡连柯教育思想的普遍意义——纪念马卡连柯诞辰 100 周年[M] // 全国比较教育研究会，全国教育史研究会. 马卡连柯教育思想研究论文集. 北京：北京师范大学出版社，1988: 1-8.

部的生活和创造，我们学校所有的一切，都是马卡连柯的产物。"①不仅如此，马卡连柯的集体教育模式在我国衍生出的"班集体建设"传统也在近几十年里逐渐失去了往日的光彩。不得不说，这其实是一件非常可惜的事。

大约在 2010 年，正在攻读硕士学位的我在学习历史上教育名家的德育理论时发现，涂尔干、杜威、科尔伯格等人的理论有一个共同的"核心"——他们都非常强调良好的群体生活对个体道德发展的积极影响。彼时，我国学者在讨论相关问题时采用的主要是一种源自西方的"共同体"概念以及"社群主义"的理论框架，比如主张在学校建构所谓的"学习共同体""生活共同体"或"道德共同体"。我当时对此感到十分困惑：强调集体（群体）对个人的影响本来不就是我们社会主义国家所熟悉和擅长的吗？为什么当时鲜有人从社会主义教育的角度出发来讨论这些问题呢？正是在这种困惑和与之相伴的好奇心的驱使下，我尝试对苏联集体教育理论（主要包括克鲁普斯卡娅、马卡连柯和苏霍姆林斯基这三位教育家）进行了一次全面的梳理，并最终完成了 20 万字的硕士论文《蒙尘的遗产——苏联集体教育理论述评》②（本书就是在我硕士论文第二章、第三章部分内容的基础上修改和扩充完成的），也由此误打误撞地走进了马卡连柯的世界。

坦率地说，刚开始我不过是带着读小说的闲适心情翻开了马卡连柯《教育诗》（又译《教育诗篇》）的第一页，结果一下子就被马卡连柯史诗般的教育实践和充满辩证性的教育思想深深地震撼了。这种震撼感在读完《塔上旗》和《马卡连柯教育文集》后有增无减，于是就干脆把七卷本的《马卡连柯全集》通读了一遍。从此之后，我就成了一名马卡连柯的"铁杆粉丝"，并且确立了一个至今都没有改变的观点：马卡连柯的教育思想与实践

---

① 顾明远.马卡连柯教育思想的普遍意义——纪念马卡连柯诞辰 100 周年[M]// 全国比较教育研究会，全国教育史研究会.马卡连柯教育思想研究论文集.北京：北京师范大学出版社，1988：1-8.
② 硕士论文标题里的"蒙尘"两个字，或多或少表明了自己当时对这个问题的看法。

的价值被大大低估了。

2018年，我国许多教育和科研机构举办了隆重的苏霍姆林斯基诞辰100周年纪念活动，然而却鲜有人记得：这一年也是马卡连柯诞辰130周年。因为总想为传播马卡连柯的思想多做些事情，我当时写了一篇纪念文章《重温马卡连柯集体教育的三大原则》，结果却找不到愿意发表的期刊。2019年又逢马卡连柯逝世80周年，除了新版《塔上旗》的译者诸惠芳老师在《教育史研究》上发表了该书的译者前言以外，我国教育学术界似乎没有多少人想起这件事。那年的我看着自己硕士论文的书脊上已然蒙尘的"蒙尘"二字，终于明白，"给马卡连柯在中国续命"这件事，如果自己这个"铁杆粉丝"不去做的话，其他人想必是不会想到要去做的。于是乎才下定决心重启本书的写作计划。

现如今，距离自己硕士毕业已经过去十多年，虽然这十多年里自己其实一直在"集体教育"和"教育戏剧"这两个问题领域之间"反复横跳"，个人生活和聘期考核方面也多有分心——因而决不敢标榜什么"十年磨一剑"，但现在摆在读者面前的这本书确实包含了我在攻读博士学位、从事博士后研究和工作以来不同阶段对马卡连柯的认识和思考，以及对本书内容"持续添砖加瓦，多次推倒重来"的艰辛创造。

本书主要由三部分构成："故事""理论"和"回响"。

第一部分"故事"主要介绍马卡连柯的生平和教育实践，第一章至第三章基本对应马卡连柯的三个人生阶段：早期生活、教育诗篇（详细梳理和解读高尔基工学团的故事，简单介绍捷尔任斯基公社的情况）和作家生活（离开捷尔任斯基公社以后直到逝世）。

第二部分"理论"是对马卡连柯和集体教育的理论探索，包括集体教育相关概念分析（第四章）、对马卡连柯培养的集体"高尔基工学团-捷尔任斯基公社集体"的研究（第五章）以及对马卡连柯集体教育思想的系统梳理（第六章）。

第三部分"回响"是从外部视角"观看"马卡连柯的产物，包括马卡连柯的历史地位和影响（第七章）以及我对马卡连柯和集体教育的一些粗浅看法（第八章）。

尽管从头到尾的阅读体验一定是最完整的，但不同的读者在阅读本书的过程中也可以各取所需：只对教育家的故事和实践（马卡连柯是怎么工作的）好奇但对理论兴趣不大的读者可以只看前三章；希望尽快了解马卡连柯集体教育思想精髓的读者可以直接读第六章，只需要在其中提到第二章里的教育案例时回看一下相关内容就行了；如果读者感兴趣的重点不是马卡连柯而是"集体教育"这一主题，那么可以把第四章和第六章作为阅读重心；如果读者的时间相对充裕，希望能够对马卡连柯的教育思想与实践获得深层次和多角度的理解，那么强烈建议把第二章、第四章、第五章和第六章作为一个整体来阅读；对马卡连柯逝世后的遭遇和教育史上一些可能快被遗忘的细节感兴趣的读者可以看一下第七章；如果读者首先关心的是"集体教育有没有过时""马卡连柯的理论有什么用""我为什么要知道马卡连柯"这类比较直接和实际的问题，那么也可以先去第八章了解一下我对这些问题的浅见，再决定是否要走近这位苏联教育家。

作为"铁杆粉丝"，自然也希望借这个机会表达自己对这位"偶像"的一些"特殊感情"——同我国教育界以往对马卡连柯的研究相比，本书的若干出发点可能稍显独特。了解这些出发点，有助于读者理解书中一些看似"奇怪"的内容安排。

首先，我认为，脱离了高尔基工学团和捷尔任斯基公社这两个（其实是一个）集体的历史，是不可能真正理解马卡连柯的。为此，我甘愿冒着被批评"搬运原作"的风险，在第二章用比较多的篇幅述评《教育诗》的主要内容。我在这一章试图追求一种类似金圣叹点评《水浒传》的阅读体验，尤其是对精选出的 20 个教育案例，在呈现原文（而不是由我来缩写转述）

后附加点评，对于读者来说才是最友好的。这样做的另一个好处是，后面提到这些教育案例时只需要给出案例的编号，读者就可以很方便地找到前文中对应的位置。

其次，我主张，"集体教育"是马卡连柯教育思想体系的核心，也是最有价值的内容。本书的主要使命就是要把这个核心讲清楚。为此，我专门写了第四章作为理解马卡连柯集体教育思想的基础和阶梯，同时为了避免其他内容对这个核心的干扰，我放弃了在内容上求全，舍去了马卡连柯教育思想中与集体教育关联不大的内容，比如他在智育、美育、家庭教育和教育技术等方面的思考。不仅如此，我还以集体教育为核心，重新调整了马卡连柯教育思想中绝大多数内容的逻辑位置，通过集体教育的"三大原则"，建构起一个新的在我看来也是更合理的"马卡连柯集体教育思想体系"（第六章）。

最后，我相信，马卡连柯的教育实践具有超越时代的价值。这里的"超越时代"有三层意思：其一，马卡连柯超越了他所处的苏联社会的理解力——为此我们会提到马卡连柯生前身后在苏联受到的质疑（参见第七章第一节）；其二，马卡连柯超越了几乎整个20世纪的教育学和心理学的理解力——直到20世纪90年代才出现了能够部分解释其二作原理的心理学理论（参见第八章第二节）；其三，马卡连柯很可能依然超越了我们所处的这个时代（21世纪初期）的理解力——因此本书对马卡连柯的分析和研究也一定是不完善的，再加上定稿时间和个人水平所限，书中必然有很多错漏和缺憾，希望各位读者不吝批评指正。

徐俊

2024 年 4 月

写于上海师范大学

lupinx@foxmail.com

第一部分

故　　事

第一章 一位教育工作者与一项历史使命

我们这些在 1905 年开始劳动生活的人，是通过马克思主义学说、列宁和布尔什维克党的斗争培养了我们的思想和意志的。[①]

——马卡连柯

马卡连柯主要生活在 19 世纪末到 20 世纪初，也即苏联成立前后的乌克兰（他直到逝世前两年才迁居莫斯科）。这一时期的乌克兰社会历经 1905 年俄国革命、第一次世界大战、十月革命、苏联成立、大饥荒、苏联肃反运动等重大历史事件，用命运多舛来形容绝不为过。为了更好地理解马卡连柯教育思想形成的时空背景，有必要先对这一特殊历史时期的乌克兰社会进行一番简要的回顾。

第一节 苦难与新生的年代

从历史上看，乌克兰与俄罗斯这两个民族（以及国家）的命运是彼此交

[①]〔苏〕马卡连柯 . 马卡连柯教育文集：下卷[M]. 吴式颖，等，编 . 北京：人民教育出版社，1985：321.

织在一起的。乌克兰人、俄罗斯人和白俄罗斯人是东斯拉夫人的分支——这三个民族都将13世纪前横跨欧亚大陆的基辅罗斯公国视为自己的源头。1240年，基辅罗斯公国被蒙古鞑靼人征服，基辅罗斯公国的大部分地区被蒙古金帐汗国（又称"钦察汗国"）统治，但处于西南部的加利西亚和沃伦没有被蒙古金帐汗国征服，这两个独立公国在当时就被称为"乌克兰"，意为边陲之地。14世纪初，蒙古金帐汗国逐渐失去了对乌克兰的控制。从那时起一直到17世纪60年代，乌克兰全境先是分别处于立陶宛与波兰的统治之下，后来则归属1569年成立的波兰-立陶宛王国。到了17世纪，由于民族、阶级和宗教矛盾的不断加深，乌克兰哥萨克首领鲍格丹·赫梅利尼茨基于1648年率众起义，在遭到波兰军队残酷镇压后，他被迫向当时的强邻俄国求援。1654年，俄国与乌克兰签订《佩列亚斯拉夫尔条约》，乌克兰并入俄国。从此之后，俄国开始了与波兰长达13年的战争。俄波战争结束之后，乌克兰的大部分地区（东乌克兰）归属俄国。此后直到1917年，乌克兰都在沙皇俄国的统治之下。

马卡连柯生于19世纪末期，其早年生活是在最后两位沙皇亚历山大二世和尼古拉二世在位期间度过的。这个时期的俄国同其他许多欧洲国家一样，封建制度逐渐瓦解，资本主义制度得到发展。到了19世纪中期，俄国的农奴制与生产力之间的矛盾已经发展到了异常尖锐的程度，农民反抗农奴制的起义势头也逐渐增强。然而，直到俄国在克里米亚战争中惨败，为了挽救岌岌可危的俄国封建统治，亚历山大二世才被迫选择自上而下的改革。1861年3月，亚历山大二世正式签署了《废除农奴制的特别宣言》，然而这份宣言是非常不彻底的——政府并没有完全废除地主的土地，而是采取了以异常苛刻的条件让农民进行土地"赎买"。用列宁的话说，这是一场"由农奴主实行的资产阶级的改革"①。当时的俄国诗人和革命家奥加辽夫

---

① 列宁全集：第二十卷[M].中共中央马克思恩格斯列宁斯大林著作编译局，编译.北京：人民出版社，2017: 174.

（Николай Платонович Огарёв, 1813—1877）尖锐地指出："代替旧农奴制的是新农奴制。总之，农奴制并没有废除。人民被沙皇骗了。"[1] 到了 1900 年，乌克兰农民人均土地面积与 19 世纪 60 年代相比不仅没有增长，反而减少了一半。乌克兰的大多数耕地被 5 000 个贵族庄园占有，许多农民被迫成为贵族庄园的雇工。[2]

为了反对沙皇的土地政策，乌克兰农民掀起了此起彼伏的起义浪潮，乌克兰无产阶级开始登上历史的舞台。1905 年俄国革命爆发，乌克兰许多地区的农民、工人组织起来抗议沙皇政府，马卡连柯当时也参加了许多革命活动。他后来回忆起这一年时曾说："1905 年是我们进行英勇斗争和我们感到无比愤怒的年头。"[3] 尽管这场革命最终遭到沙皇政府镇压，但是包括乌克兰在内的整个俄国的劳动人民对沙皇统治的不满依旧处于不断积累之中，人民与当局之间的矛盾日益激化。马卡连柯在回忆当时如火如荼的革命运动时说："1905 年监狱里有八万六千人，可是到 1912 年就已达到十八万二千人。1905 年被判处苦役的有六千人，到了 1913 年达到了三万二千人。也可以说，劳动人民参加'社会'活动的数目就这样增长了。"[4]

1914 年夏天，第一次世界大战爆发。乌克兰由于夹在俄罗斯帝国与奥匈帝国之间，成了俄奥之间主要的交战地区，其原本归属于奥匈帝国的加利西亚地区更是成了东线规模最大也最血腥的战场。在这场战争中，无论是奥匈帝国还是俄罗斯帝国，都对乌克兰人造成了巨大的伤害，间接促使乌克兰民族自我意识的发展，其要求建立独立国家的愿望也变得越来越迫

---

① 〔苏〕瓦·普罗科菲耶夫.赫尔岑传[M].罗启华，童树德，李鸿敦，等，译.哈尔滨：黑龙江人民出版社，1987：386.
② 〔美〕库比塞克.乌克兰史[M].颜震，译.北京：中国大百科全书出版社，2009：66.
③ 〔苏〕马卡连柯.论个人与社会[M]//〔苏〕马卡连柯.马卡连柯全集：第七卷.陈世杰，邓步银，等，译.北京：人民教育出版社，1959：34.
④ 同上：37.

切。与此同时，俄罗斯帝国的农奴制经济渐渐承受不了前线的持续战事，国内经济崩溃、工厂倒闭、失业率暴增，最后导致二月革命爆发，沙皇被推翻，俄罗斯帝国土崩瓦解。然而，随后建立的资产阶级临时政府并没有退出"一战"，并且在国内经济政策方面偏袒资本家。临时政府的内外政策虽比沙皇时代有所前进，但却不能满足人民对和平、土地、面包、民族自治的迫切要求。[①]人民的处境并没有得到多大的改善。

1917 年，十月革命爆发，列宁领导的以布尔什维克为核心的苏维埃力量掌握了俄国的政权，同时宣布退出第一次世界大战。在民族问题上，《俄罗斯各族人民权利宣言》确认了生活在俄罗斯的各民族的民族自决权，并提出了处理民族问题的四项原则：（1）俄罗斯各族人民的平等和独立自主；（2）俄罗斯各族人民的自由自决乃至分立并组织独立国家的权利；（3）废除任何民族的和民族宗教的一切特权和限制；（4）居住在俄罗斯领土上的各少数民族与民族集团的自由发展。[②]

十月革命之后到苏联成立之前，是乌克兰建立独立国家的重要历史机遇。然而，从 1917 年到 1920 年，有数个自称为独立乌克兰国家的政治实体登上历史的舞台，但这一时期是异常纷繁混乱的，革命、对外战争和内战不断，并没有建立真正强有力的中央政权。[③]在短短三年之内，乌克兰境内先后有俄国临时政府地方机关、中央拉达、执政内阁、苏维埃中央执行委员会等政权建立了自己的势力范围，可谓混乱到了极点。这种政治上的混乱也对马卡连柯早年的生活产生了影响，比如他就曾拒绝来自中央拉达的工作任命。

经过激烈的武装斗争后，布尔什维克苏维埃最终确立了自己的领导地

---

① 陈之骅.苏联史纲[M].北京：人民出版社，1991：11.

② 中国社会科学院苏联东欧研究所，国家民族事务委员会政策研究室.苏联民族问题文献选编[M].北京：社会科学文献出版社，1987：4.

③〔美〕库比塞克.乌克兰史[M].颜震，译.北京：中国大百科全书出版社，2009：89.

位。1917 年，乌克兰苏维埃社会主义共和国成立。1920 年，乌克兰与俄罗斯签订了联盟条约，宣布两国在政治、军事、经济、交通、邮电部门实行一体化管理。也正是在这一年，马卡连柯正式创办高尔基工学团。1922 年底，乌克兰与俄罗斯、白俄罗斯、外高加索联邦一起组成苏维埃社会主义共和国联盟。

苏联成立伊始，在民族自决原则和对乌克兰自治的支持下，乌克兰的政治主要由乌克兰共产党领导，当时的经济可以用"百废待兴"来形容。在颓靡的经济状况下，乌克兰境内各项事业的发展遭遇重重阻碍，这种经济上的困顿也间接地体现在高尔基工学团最初几年的物质匮乏上。总之，正是在这样一个政治上刚刚稳定而经济发展尚未完全起步的乌克兰社会，一代教育家马卡连柯登上了历史舞台。

第二节　一位优秀的教师与校长

安东·谢苗诺维奇·马卡连柯于 1888 年 3 月 13 日（俄历 3 月 1 日）生于乌克兰哈尔科夫省苏姆斯克县的别洛波里镇。马卡连柯的父母并不是本镇居民，而是 1881 年从克留可夫（又译"克留柯夫"）镇搬来的。父亲谢明·格里高里耶维奇·马卡连柯后来成为别洛波里镇一个铁路工厂油漆部的技术工人。马卡连柯的父亲虽然文化程度不高，但非常喜欢动脑筋，并且有着进步思想，曾经参加过 1905 年的革命运动：

> 据安东·谢米昂诺维奇说，他父亲是个瘦高条儿，很严厉的人，劳苦了一辈子。他一身本领非凡，但没受过任何教育。他单凭他那好钻研的头脑，去搜索许多问题的答案，然而这些答案只有在书本中才能找到。同时他的职位——起先是当油漆匠头，后来是油漆车间的技师——也需要

识字。于是谢明·格里高里耶维奇·马卡连柯读起识字课本来，那时他已经是三十岁的人了。他每天晚上做功课，常常做到深更半夜。他学会了浏览，就订阅田野杂志和它所有的副刊，并且把这些刊物从头读到尾。[①]

马卡连柯的母亲塔齐亚娜·米哈伊洛夫娜是一位贤惠的家庭主妇，"持身待人都很谨严，是令人敬爱的贤妻良母"，[②] 主要负责操持家务和照料屋子旁边的菜园。马卡连柯的母亲是一位非常善良的人，但她同马卡连柯的父亲一样对儿子有着严格的要求，而"儿子对母亲的敬爱也不亚于对父亲"。[③] 马卡连柯对自己的母亲谈论得较少，不过在领导高尔基工学团时期，马卡连柯曾把母亲接到教养院同住，学童们都亲切地称马卡连柯的母亲为"奶奶"，在《教育诗》中，马卡连柯专门用一段文字描写了母亲在集体中的生活：

> 在我那简陋的宿舍里也有客。现在我的母亲，一位高龄的老太太，跟我住在一起。她的生命像河水似的在静静地流过笼罩着透明宁静的暮霭的最后几个河湾。……在大会上不会有人说话反对奶奶。在奶奶身旁永远有几个孩子围绕着。他们有时替她到冈察罗夫卡办点小事，不过总设法做得不让我看见。如果确实知道，我有事一时不会回家，就会有两三个孩子坐在奶奶的桌旁喝茶或是"肃清"煮水果，那是奶奶替我煮了而我又没有空去吃的。[④]

从资料中我们知道马卡连柯还有一个姐姐，但对她的情况知之甚少，只知道这位姐姐早年因为没有文化而生活惨淡，而这直接促使马卡连柯的父

母下定决心要让儿子上学："父亲和母亲经常私下里谈论儿子的前途，最后他们决计尽量让孩子受正式教育。大女儿没有念书而受苦的例子，在父母看来，是一种经常的谴责。"①

父亲作为油漆工的收入是家里唯一的生活来源，因此马卡连柯的家庭在当时无疑处于社会经济的最底层。尽管如此，马卡连柯从小就显露出对书籍和文学的兴趣。父亲在工作的时候经常让马卡连柯待在身边当助手，但马卡连柯并没有表现出对油漆工作的兴趣——一旦把父亲吩咐的事情做好，马卡连柯立刻就会捧起一本书来阅读。正是这种从小就表现出来的对于学习和阅读的兴趣，使马卡连柯的父母更加坚定了让他去上学的决心——这对马卡连柯所处的社会阶层来说并不寻常，因为他们几乎所有的邻居都早早地把孩子送去各种小手工作坊当学徒，除了马卡连柯——整个街坊只有他这一个孩子在上学。

进入本地小学后，马卡连柯在学习上十分刻苦努力，小学期间的成绩总是第一名。②1900 年，马卡连柯父亲所在的铁路工厂从别洛波里镇搬迁到了波尔塔瓦省克列勉秋格（又译"克列门丘格"）市附近的克留可夫镇，也就是马卡连柯母亲的故乡。马卡连柯这时已经小学毕业，这次搬家不仅使家庭的经济状况得到一些改善（谢明在克留可夫的工资比在别洛波里高），也使马卡连柯拥有了与城里孩子上同样学校的机会。通过自己的努力，12 岁的马卡连柯考取了克列勉秋格的一所四年制的市立学校，在这所学校就读的学生大多是城市里商人、小官吏、小市民的子女。谢明在为儿子顺利升学高兴的同时，也对他提出了更高的要求："市立学校不是为我们设立的，你应该好好努力。要能够得到四分……最好不是四分！要得五分！明白吗？"③马卡连柯牢记父亲的叮嘱，在校期间各科成绩都拿到了五分。但高强度的学习使他在上学期间患上近视眼，甚至曾有一个月完全不能看书。

---

①②〔苏〕费列．我的老师[M]．方予，译．上海：新文艺出版社，1957：138-139．
③〔苏〕米定斯基．马卡连柯的生平和教育学说[M]．杨慕之，译．北京：人民教育出版社，1955：14．

1904 年，马卡连柯以优异的成绩从这所四年制城市学校毕业。像每一个初中毕业生一样，马卡连柯对自己未来的职业并不能完全确定。他询问父亲：自己以后该走怎样的职业道路？谢明早已再三思索过这个问题，他的回答非常干脆："继续读书，将来做个教师。"[①] 父亲的主张同马卡连柯内心的倾向不谋而合。在城市学校就读期间，教马卡连柯俄罗斯语言和文学的教师卡明斯基对他产生了巨大的影响。根据马卡连柯的回忆，卡明斯基"是个观点进步的人，深通俄罗斯文学，能把对文学的爱好传给自己的学生"。[②] 马卡连柯常常把自己想象成卡明斯基那样的人，从而也萌生了对教师工作的热爱。

　　就这样，16 岁的马卡连柯进入一年制师资训练班接受师范教育。这个师资训练班的主要任务是培养小学教师，而在班里负责文学教学的正是马卡连柯熟悉和敬慕的卡明斯基。卡明斯基看出了马卡连柯在文学和教育上的才能，在马卡连柯身上倾注了很多心血。在卡明斯基的引领下，马卡连柯在这一时期涉猎了很多俄罗斯古典文学作品，尤其是果戈里、屠格涅夫、柯罗连科等人的作品。很多年以后，卡明斯基回忆道："我很清楚地记得起马卡连柯这个学生。学习成绩非常优良，具有卓越的才能和青年人所有的惊人的坚毅。考试的时候，成绩经常是最优等。"[③] 也正是在这一时期，马卡连柯接触到了后来对他个人成长乃至整个人生都产生重大影响的高尔基（Максим Горкий, 1868—1936）的作品。

　　1905 年，17 岁的马卡连柯从师范训练班毕业，获得教师资格。由于"当时家庭的物质条件，是不允许他进大学的"，[④] 毕业后的马卡连柯接受了学校的分派，到父母工厂所在的克留可夫铁路小学担任第二班（高小学段）的教师。"依照普通的情形说，不仅由市立学校附设的师资训练班，甚至由

---

① ②〔苏〕费列 . 我的老师[M]. 方予，译 . 上海：新文艺出版社，1957：141.

③〔苏〕米定斯基 . 马卡连柯的生平和教育学说[M]. 杨慕之，译 . 北京：人民教育出版社，1955：14-15.

④〔苏〕费列 . 我的老师[M]. 方予，译 . 上海：新文艺出版社，1957：142.

高一级的师范学校毕业的青年教师，也只能在初级小学（三年或四年制）里任教。年轻的马卡连柯一开始就被任命为高级小学的教师，也可以说明这位有才能的学生，在开始教师生活时，已经得到很高的估价了。"①克留可夫铁路小学的资源和待遇同周边其他小学相比是比较好的——铁路局有充足的经费支持，教学楼和各种设备一应俱全。除了一般学科外，学校里还开设了木工、铁工和旋工等劳动课程。

1905 年恰逢俄国第一次资产阶级民主革命，马卡连柯所在的学校受到革命情绪的感染，在校长康姆潘却夫的带领下，教职员工与铁路工厂的工人们一起组织和参与了许多革命活动。马卡连柯后来曾回忆当时的情况："在我教过书的那个铁路小学里，比其他的地方，空气是无比地纯洁；工人阶级的、真正无产阶级的团体牢固地把这个学校掌握在自己手里……这个学校曾培养出许多布尔什维克。"②青年马卡连柯与罢工工人们一起集会，并且表达了对沙皇政权各种暴行的愤怒。与此同时，参与这场革命的过程也使马卡连柯接触到了不少布尔什维克的宣传单和小册子，唤起了他对马克思主义的兴趣。"我们这些在 1905 年开始劳动生活的人，是通过马克思主义学说、列宁和布尔什维克党的斗争培养了我们的思想和意志的。"③

当然，沙皇当局对这所铁路小学的革命"先觉"并不欢迎，国民学校总监很快就把该校校长康姆潘却夫调走了，换了一位对当局政策完全顺从的新校长，但这名新校长是个贪污受贿之徒。1911 年，马卡连柯揭发了这位新校长的种种劣迹，并且在法庭上给出了其贪赃枉法的确凿证据。从这件事可以看出，马卡连柯从年轻的时候开始就是个非常善于斗争的人。尽管如此，同流合污的当局官员只是将那人调往另一所学校继续担任校长了事，反倒是马卡连柯因为这件事和之前参与革命活动而被当局要求离开克

① 〔苏〕米定斯基.马卡连柯的生平和教育学说[M].杨慕之，译.北京：人民教育出版社，1955：14-15.
② 〔苏〕马卡连柯.论共产主义教育[M].刘长松，杨慕之，译.北京：人民教育出版社，1981：21.
③ 〔苏〕马卡连柯.马卡连柯教育文集：下卷[M].吴式颖，等，编.北京：人民教育出版社，1985：321.

留可夫铁路小学。之前调任梅尔逊省某铁路小学校长的康姆潘却夫得知后，及时向自己的"老部下"抛出了橄榄枝，马卡连柯得以在康姆潘却夫的学校里继续工作，一直执教到1914年他去读大学为止。同马卡连柯之前任教的克留可夫铁路小学相比，梅尔逊省的这所小学各方面的条件都比较落后，马卡连柯在回忆这段经历时写道：

> 那时我在梅尔逊的一个小枢纽站的铁路学校里当教员。车站和车站附近的村镇可以一览无余。我们四周是平坦、单调而寂寞的大草原……学校是为线路服务人员（线路和交叉路口的巡查员、小站和信号站的转辙员）的子弟们开办的。我们还收了许多孤儿。我的学生大多数都住在学校附设的宿舍里。这一切都是按照"孤儿院"风格组织起来的——穷困、陈旧、阴沉和死板。我们这些教师（一共八个人）的全部时间都是跟孩子们一起度过的。说老实话，我们也的确没有别的出路可以走。于是，我们也就按照教师的老传统，沉溺在美妙的幻想中了：播下永恒的理智和善良的种子，年复一年地送出毕业生，高高兴兴地把小伙子和姑娘们培养成人。其实，并没有什么值得高兴的，因为并没有给我们的学生开辟任何特殊的生活道路。他们仍然一个个到小车站和信号站去，继续着自己的父亲们所做的那种草原上的繁重劳动。[①]

在这所小学任教的过程中，马卡连柯在工作中遇到了瓶颈，"他遇到了庞大的儿童集体的种种组织问题时，才明白他对于解决复杂的教育问题的一般的和专门的修养还十分不够"。[②] 这类体验使马卡连卡感到一种继续学习和提升自我的需要。除此之外，我们可以十分合理地猜想：作为一名有理想有才华的年轻人，马卡连柯也确实希望能有更好的个人出路。总之，经过一番

---

① 〔苏〕马卡连柯. 马卡连柯全集：第七卷[M]. 陈世杰，邓步银，等，译. 北京：人民教育出版社，1959：60.
② 〔苏〕费列. 我的老师[M]. 方予，译. 上海：新文艺出版社，1957：144.

紧张的复习备考，26 岁的马卡连柯于 1914 年通过了波尔塔瓦师范学院的入学考试，进入了这所专门培养高级小学教师的高等学府，成了一名大学生。

在波尔塔瓦师范学院就读期间，同当时许多工人阶级的大学生一样，马卡连柯一边读书一边做兼职来维持生活。当时他曾得到一个机会：到波尔塔瓦省省长包哥伍德的家里做一段时间的家庭教师，这段经历后来被他写进了一篇政论文章：

> 1914 年我在波尔塔瓦城，由于特殊的机遇受聘到波尔塔瓦省省长包哥伍德家中做家庭教师。如果在这种情况下一般会感到高兴的话，那么我差不多是高兴了的。这个家庭教师的职务能使我得到优厚的报酬，此外，我还想见识一下 1812 年的英雄之一，在塔鲁金牺牲的包哥伍德将军的后代，因为列·尼·托尔斯泰曾称赞过这位。可是我的打算落空了。我教了省长的侄子几个月，但是除了这个笨头笨脑的极不讨人喜欢的侄子以外，省长家里的其他任何人也没有看见过。我只遇到过一些仆役、食客和一个类似外籍家庭教师的人，都是像我一样的雇佣劳动者。他们要我从后门到省长的家里去，他们跟我讲价钱，并且不允许我从高贵的雇主那里多取分毫。他们按月交给我一个信封，里面根本没有因为我对省长家庭的帮助而写几句谢辞，只装着议定的十五个卢布。我的道路跟贵族包哥伍德一家的道路处在两个完全不同的方面，包哥伍德一家甚至不愿意听我对他们家庭的成员——我的学生——的才能和学业的意见。[①]

1916 年，马卡连柯的父亲逝世，这对整个家庭造成了巨大的打击，马卡连柯担负起了赡养母亲的责任。时年正值第一次世界大战，马卡连柯在 10 月应征入伍，半年后由于高度近视得以复员，继续自己落下的学业。这

---

① 〔苏〕马卡连柯.劳动人民的选举权[M]//〔苏〕马卡连柯.马卡连柯全集：第七卷.陈世杰，邓步银，等，译.北京：人民教育出版社，1959: 31.

段经历至今看来依然是马卡连柯一生中最大的侥幸——如果他的近视度数不是那么高，那么很可能他的生命就定格在了第一次世界大战的战场上，而世界教育史上也就失去了一位伟大的教育家。

尽管中间有许多的波折，马卡连柯依然通过在波尔塔瓦师范学院的学习，"一方面积累了教育、教学经验，另一方面奠定了比较扎实的文化科学、哲学、心理学与教育学的知识基础"。[①] 多年后，马卡连柯在申请进入中央教育行政学院学习的申请书中提到自己"曾在师范专科学校获得各种科目的系统知识"，包括数学（尽管他对数学特别不感兴趣）、自然科学、历史、政治经济学、心理学、哲学、文学等，"在我的专业——教育学——方面，我曾读过很多，也思考过许多"。[②] 与此同时，波尔塔瓦师范学院的校长亚历山大·康士坦丁诺维奇·伏尔宁对马卡连柯也产生了非常重要的影响。马卡连柯后来在一所中学的纪念会上曾提到这位校长使自己"获得了最主要的原则和精神修养"，"我从他那里吸取了我的教育信念的主要原则：尽量多地要求一个人，也尽可能多地尊重一个人"。[③] 伏尔宁也对马卡连柯印象深刻，并写下了这样一段话：

> 马卡连柯是师范专科学校教育学讨论会的积极参加者。他的历次讲话的优点，不仅说理分明，立论有据，而且言词优美，委婉动听。他能完全左右逢源地运用口语，特别惊人的是以乌克兰的腔调，用纯粹的俄罗斯标准语讲得十分流利，这是我在我的任何一个乌克兰学生中所没有见过的。他有一定的特别才能。在两三点钟的讲话里，他能完全用俄罗

---

① 吴式颖，方苹.马卡连柯和他的教育思想体系[M]//全国比较教育研究会，全国教育史研究会.马卡连柯教育思想研究论文集.北京：北京师范大学出版社，1988：10.
②〔苏〕马卡连柯.入中央教育行政学院申请书[M]//〔苏〕马卡连柯.马卡连柯全集：第七卷.陈世杰，邓步银，等，译.北京：人民教育出版社，1959：417-420.
③〔苏〕马卡连柯.在雅罗斯拉夫铁路第一中学纪念会上的演说[M]//〔苏〕马卡连柯.马卡连柯全集：第七卷.陈世杰，邓步银，等，译.北京：人民教育出版社，1959：490.

　　　　　　　　　　　　　　　　　　　记住马卡连柯：集体教育的思想与实践

斯标准语作报告，有时夹杂着自己擅长的乌克兰人的幽默语句，总是能使听众聚精会神，毫无倦容。[①]

1917年6月，29岁的马卡连柯从波尔塔瓦师范学院毕业，并且因为成绩卓越以及他在校学习期间写的论文《现代教育学的危机》而获得金质奖章。可以说，马卡连柯在波尔塔瓦师范学院的学习不仅牢固地奠定了他此后从事教育工作的知识基础，也使他最终确立了坚定不移的马克思主义教育观。波尔塔瓦师范学院颁发给马卡连柯的鉴定书上这样写道："马卡连柯在才能上，知识上和爱好劳动上，都是优秀的学生；对教育学和人文学科特别感兴趣。……在各科教学上，一定是很好的教师，特别是历史和俄语两科教学上。"[②] 自此之后，除了1922年10月至11月这段时间在俄罗斯联邦教育人民委员部的教育行政干部研究院进行过短暂进修外，马卡连柯就没有其他的正规学习经历了。

马卡连柯刚从师范学院毕业时，恰逢乌克兰政权落入反革命组织中央拉达之手，在这一政治形势下，早已对马克思主义心悦诚服的马卡连柯拒绝了当局的工作委任状，而是请求院长派自己去莫斯科大学。遭到拒绝后，马卡连柯选择回到克留可夫陪伴母亲，并从1917年9月起担任克留可夫站车厢制造厂附设的高级铁路职工子弟学校的校长。一个月后，十月革命爆发，苏维埃政权在乌克兰建立。在新政权下，马卡连柯先是担任了督学兼克留可夫国民教育委员会委员，后来又于1919年9月调任波尔塔瓦市立第二小学的校长，并在这个职位上一直工作到1920年9月受省人民教育委员会指派创办流浪与违法儿童教养院（即后来的高尔基工学团[③]）为止。

---

① 〔苏〕米定斯基. 马卡连柯的生平和教育学说[M]. 杨慕之，译. 北京：人民教育出版社，1955：17-18.
② 何国华，燕国材. 马卡连柯教育思想研究[M]. 长沙：湖南教育出版社，1986：269.
③ 也称高尔基教养院。"教养院"是旧式的称呼，暗示对违法儿童的改造，"工学团"则带有社会主义建设的先进色彩。当地居民一般称之为高尔基教养院，学童们则喜欢自称高尔基工学团。

在担任小学校长的这段时间里，马卡连柯开始尝试实践自己在师范学院的学习积累，并初步摸索出了组织儿童集体的基本方法。在学校里，马卡连柯组织学生们从事农业劳动，将学生分成若干个小组在花园和菜圃里工作。参加工作的学生根据任务的内容，用袖章的不同图案标明自己所负责的部分，比如樱花、胡萝卜、苹果等。苏联教育学者米定斯基（Евгений Николаевич Медынский，1885—1957，又译"麦丁斯基"）指出，从马卡连柯担任小学校长这几年的工作中，"不难看出马卡连柯以后在高尔基工学团组织学生时所应用的那些方式的胚胎"。[①]

第三节　要用新方法培育新人

在马卡连柯所处的时代（俄罗斯帝国末期到苏联成立初期），乌克兰的教育在宏观上主要受到两股历史力量的影响：一个是乌克兰民族漫长而曲折的不断追求自身文化认同与民族意识的努力，另一个是十月革命以后俄共（布）中央对整个俄国（也包括后来并入苏联的乌克兰）的教育进行的改造。在苏联成立初期，这两股力量的目标是基本一致的，于是就形成了一股强大的合力，乌克兰本民族的文化教育事业得到了长足的发展。

沙俄帝国曾经有意识地压制乌克兰的民族认同，并且在很长一段时间里称乌克兰人为"小俄罗斯人"。沙皇政府认为，"大俄罗斯人"和"小俄罗斯人"在语言和文化上都非常相近，因此主张通过一种潜移默化的方式使自己统治下的东乌克兰即"小俄罗斯"逐渐融入"大俄罗斯"的整体。到了19世纪70年代，文化教育领域的"俄罗斯化"倾向达到了顶峰，当时的

[①]〔苏〕米定斯基. 马卡连柯的生平和教育学说[M]. 杨慕之, 译. 北京：人民教育出版社, 1955: 20.

教育部部长甚至宣称："住在我国境界内的所有异族人教育的最终目的，无疑应当是使他们俄罗斯化和与俄罗斯民族融合。"[①]1870年颁布的《对居住在俄国的异族人教育的措施》把所有非俄罗斯民族分为三类，其中乌克兰人被归为"已相当俄罗斯化的民族"，乌克兰人被要求在学校里只能采用俄语教学。这一系列极端的俄罗斯化政策在包括乌克兰在内的少数民族聚集地区遭到了强烈的反抗，许多教育工作者"在少数民族聚居地区开展了反对学校俄罗斯化、争取实行本民族语教学的斗争"[②]。这些斗争和反抗与后来的农民起义潮、工人罢工潮相结合，最终，沙俄政府在民族地区的"俄罗斯化"政策彻底失败。

十月革命成功后，俄共（布）中央对整个俄国（包括后来并入苏联的乌克兰）的教育进行了根本改造。在民族问题上，为了消除沙俄推行的强制"俄罗斯化"政策对以乌克兰为代表的少数民族造成的伤害，1917年就发布了《俄罗斯各族人民权利宣言》，强调俄罗斯各民族的平等地位，同时基于民族自决权理论和《宣言》的内容推动各少数民族的"本土化"。1919年，俄共（布）第八次党代表会议上通过《关于乌克兰苏维埃政权的决议》，其中提出："乌克兰的俄国共产党员，应切实实现劳动群众用民族语言进行学习，及在一切苏维埃机关用民族语言交谈的权利。……苏维埃一切机关里要有足够数量熟悉乌克兰语言的工作人员，今后还要使一切工作人员能以乌克兰语言交谈。"[③]

当时整个苏联在文化教育领域最重要的任务之一是扫除文盲，提高识字率。在民族问题"本土化"政策的背景下，扫盲运动中使用的文字既可以是俄语，也可以是本族语，甚至很多时候是本族语优先，这就为乌克兰本

① 〔苏〕康斯坦丁诺夫. 苏联教育史[M]. 吴式颖，周蕖，朱宏，译. 北京：商务印书馆，1996: 330.
② 吴式颖. 俄国教育史——从教育现代化视角所作的考察[M]. 北京：人民教育出版社，2006: 240.
③ 俄国共产党（布）中央委员会在全俄第八次党代表会议上通过的关于乌克兰苏维埃政权的决议（节选）[M]// 中国社会科学院苏联东欧研究所，国家民族事务委员会政策研究室. 苏联民族问题文献选编. 北京：社会科学文献出版社，1987: 16.

民族的语言、文化和教育发展提供了重要的推力。乌克兰政府积极推广在教育、文化和艺术领域使用乌克兰语。到 1929 年，83% 的小学和 66% 的中学使用乌克兰语教学，几乎所有的乌克兰裔学生都能够学习乌克兰语，乌克兰人的识字率也得到了大幅度的提升。与此同时，乌克兰境内的大部分书籍和报纸开始使用乌克兰语，乌克兰语的文学艺术也得到了一定程度的复兴。

除了文盲问题之外，当时包括乌克兰在内的整个苏联社会的另一大教育问题就是随处可见的流浪儿童。第一次世界大战以前，沙皇俄国共有无人照管的流浪儿童 250 万名以上。受第一次世界大战、国内战争以及 1921 年大饥荒的影响，1922 年全苏联的流浪儿童已经达到 700 万人。这些无家可归的儿童基本上都处于极度贫困、疾病缠身与道德败坏的境况。为了解决这一问题，1921 年 2 月苏联成立了全俄中央执行委员会改善儿童生活委员会，由捷尔任斯基（Феликс Эдмундович Дзержинский, 1877—1926）任主席，开始在全国广泛建立儿童之家。儿童之家不仅收容流浪儿，而且还安排劳动并授以职业技能。1921 年初，苏联全国建立了 5 000 多所儿童之家，收容儿童 26 万名。到 1923 年，儿童之家收容的少年儿童已经达到 80 万人左右。

在儿童之家收容的流浪儿中，有过犯罪经历的儿童，即所谓"违法犯罪少年儿童"的收容矫正工作很棘手，这项工作在沙俄时期主要是由一些名义上称为"教养院"而实际上就是儿童监狱的机构来承担的。马卡连柯在《教育诗》中记录了他对沙俄时期"童犯教养院"的一些了解：

> 童犯教养院里主要的教师都是些老粗，多半是些退伍的下级军官。他们的责任是寸步不离地监视学童们在工作时和休息时的行动，夜里就睡在他们隔壁的房间里。听了邻近农民的话，可以断定这些老粗的

教育方法并不特别复杂。它的外部表现无非是像棍子那样简单的工具而已。①

苏联成立以后，一方面必须对这些有犯罪前科的少年儿童进行收容教育，使他们成为合格的社会公民；另一方面又不能完全采用旧社会那种简单粗暴的体罚管教方式，而要找到一种适合新社会的收容教养方法。尽管为此成立的机构最初依然沿袭了"教养院"的旧称，但如何以符合共产主义要求的方式管理和教育这些"失足的孩子"，实际上成了摆在全苏联教育工作者面前的一个难题。

正是在这样的背景下，1920 年 9 月，波尔塔瓦省教育人民委员会需要为本省新办的教养院物色一名院长，这一历史使命最终落在了 32 岁的马卡连柯身上。

前面已经介绍过，马卡连柯 17 岁就参加工作，他在 1920 年前的从教经验包括：1905—1911 年，六年高级小学教师生涯；1911—1914 年，三年在梅尔逊的小学教师生涯（积累了管理和教育孤儿的经验）；1914—1917 年，在波尔塔瓦师范学院求学时的兼职教师经历；1917—1920 年，三年担任两所小学校长的经历。也就是说，这时的马卡连柯已经有超过 10 年的教育工作经验——他不仅熟悉当时乌克兰普通小学的教学工作，也有一定的教育管理经验，可以说是承担这一任务的最佳人选。然而，马卡连柯最初对上级部门派下来的这项任务是有顾虑的。在《教育诗》的开头，他用文学的手法再现了当时省人民教育委员会主任同自己的对话：

"……现在我到处在找人，这里有一个很重要的问题：这些流浪儿童越弄越多，街上简直走不过去了，而且他们还随便往人家里闯。有人

---

① 〔苏〕马卡连柯.教育诗[M].磊然,译.北京：人民教育出版社,2011: 6.

对我说：这是你们人民教育委员会的事……怎么样？"

"什么'怎么样'？"

"就是这件事呀！我无论跟谁说，无论怎样跟他们好说歹说，谁也不愿意干。他们说，这简直是要他们的命。像你们这班人，最好是给你们一个舒舒服服的小书房和几本你们爱读的书……再像你这样戴上眼镜……"

我笑了起来："您看，连眼镜也碍了事了！"

"我原是这么说：你们最好一天到晚捧着书本，要是给你们一个活人，你们就要说，活人要我的命了。唉，知识分子！"

省人民教育委员会主任用他那双乌黑的小眼睛生气地盯着我，从他那尼采式的口髭下面向我们全体做教员的同人喷出责备的话。但是他这位省人民教育委员会主任说得并不对。

"请您听我说……"

"嗳，什么'请您听我说'、'请您听我说'？你能说出个什么道理来？你无非是说：这个……如果能像在美国那样就好啦！我最近读过一本有关这方面的小册子，是人家偶然给我的。叫什么感化……哦，对了！叫感化院。这样的东西我们目前还没有。"

"不，请您听我说。"

"好吧，我就听你说。"

"革命以前，不是也处理过这些流浪儿童吗？有过童犯教养院……"

"那可不同，你知道……革命前的不一样。"

"对啊。可见现在要用新方法造出新人来。"

"用新方法，这一点你说得对。"

"可是谁也不知道怎么着手。"

"你也不知道？"

"我也不知道。"

"可是在我的这个……省人民教育委员会里，倒有人知道……"

"可是他们不愿意做这件事。"

"这些混账东西，他们是不愿意干，这一点你说得对。"

"不过要是我来做的话，他们又要把我弄得走投无路。我无论怎么做，他们都要说，这样不对，那样不对。"

"他们这些畜生是会这样说的，你说得对。"

"而且您也会相信他们，不相信我。"

"我才不会相信他们，我会对他们说：'你们应该自己来干！'"

"不过，要是我真的把事情搞糟了呢？"

省人民教育委员会主任用拳头在桌子上一捶："你怎么老跟我说：搞糟了，搞糟了！搞糟了就搞糟了，你希望我怎么样？你以为我不懂吗？你去搞吧，事情反正是要做的。搞到哪里算哪里。最重要的是这个……不要什么童犯教养院，你该明白，要的是社会教育……我们需要的是这样的人……要我们自己的人！你去把他们造出来。反正我们大家都需要学习。你也需要学习。你肯当着我的面承认你不知道，这种态度很好。的确很好。"

…………

"哦，好吧。"我如释重负地说，因为那时候我觉得，没有比省人民教育委员会里的这些办公室更可怕的东西了。

"这样才是个好汉！"省人民教育委员会主任说："去进行吧！这是神圣的事业！"[①]

以上这段对话使我们得以一窥马卡连柯"出发"时（或者说是他后来回忆自己"出发"时）的"心境"：首先，马卡连柯对这项事业的探索性和严

---

① 〔苏〕马卡连柯.教育诗[M].磊然，译.北京：人民教育出版社，2011：3-6.

峻性有着清醒的认识，他明确知道自己即将接受的是一个"谁也不知道怎么着手"的，也没有任何先例可循的任务；其次，马卡连柯当时已经能够预见到省人民教育委员会里那些"知道怎么干却又不愿意干"的人[①]未来可能会给自己带来的阻挠，并且也有意识地试图提前获得领导对自己的支持，这也为《教育诗》后文中马卡连柯成功地利用这种支持与"那些人"斗智斗勇埋下了伏笔；最后，尽管"前路茫然艰险"且"多有豺狼虎豹"，马卡连柯还是毅然决然地领下了这个任务，因为他同时也充分意识到这份"不易讨好而又容易讨嫌"的工作背后所承载的社会价值和历史使命——"要用新方法造出新人来"。正是带着这样的觉悟，刚刚踏入而立之年的马卡连柯结束了自己小学校长的生涯，踏上了一条注定遍地荆棘而又最终使他名垂青史的教育实践之路。

---

① 马卡连柯在这里讽刺的是省人民教育委员会里那些纸上谈兵的"教育理论家"，更具体来说是当时盛行一时的"儿童学"的拥趸（参见本书第二章和第七章第一节的相关内容）。对话中提到的"他们知道怎么做"并不是说这些人"真的知道怎么做"，而是指这些人会从他们的理论出发对如何解决教育问题提出"头头是道"的看法，却压根不把自己的观点放到教育实践中去检验，也从来"不屑于"从事真正需要面对活生生的人的教育工作。

第二章　教育的诗篇：高尔基工学团的教育实践

> 有一些书，是永久性的、永垂不朽的。马卡连柯的《教育诗篇》，
> 就是属于这一类的书。①
>
> ——维格多洛娃

马卡连柯的教育思想是在特殊的教育环境，具体来说就是高尔基工学团和捷尔任斯基公社的集体环境中生成的。要全面准确地理解马卡连柯的教育思想，必须将其置于具体的教育实践，结合这两个受教育者集体的具体情况。不仅如此，马卡连柯的许多经典案例之所以能够成功，很大程度上也是因为集体的存在——是集体的权威、制度、作风、传统和意志在无形中发挥着重要的作用，这一点无论是对马卡连柯还是对身处集体中的个人来说都是显而易见的。脱离了具体的集体背景，把马卡连柯的某一个教育案例单独拿出来检视一番，最后把案例里的教育成就简单地归因为马卡连柯个人的某种"教育艺术"是一种非常草率的做法。要想真正准确地理解马卡连柯的教育思想，就必须先深入了解与熟悉其教育实践，这意味着我

---

① 〔苏〕维格多洛娃.宝贵的遗产[M]//〔苏〕维格多洛娃，等.论马卡连柯的教育学遗产.维加，天浪，译.北京：中外出版社，1952：1.

们首先必须知道高尔基工学团和捷尔任斯基公社是怎样的集体，必须了解这两个集体经历过怎样的苦难、斗争和新生。

马卡连柯分别在 1920—1928 年、1927—1935 年领导高尔基工学团和捷尔任斯基公社（中间有一年在两个集体之间来回奔波）。我们原本是无法穿越回过去现场观察马卡连柯是如何工作的，但幸运的是，马卡连柯用小说的形式——主要是《教育诗》《塔上旗》《1930 年进行曲》和《费捷电钻第一型》这四部小说——尽可能完整地保留了其教育实践的现场。一般而言，作为一种文学体裁，小说或多或少都有虚构的成分，但马卡连柯的这四部作品是对两个教育机构中集体生活的真实描写，是一种高质量的"教育叙事"。正如他的同事兼好友费列（即《教育诗》中园艺师谢烈的原型）所言："马卡连柯把实际存在的那些人，写进了他的著作，常常只改换他们姓名中的一两个字。"[①]马卡连柯的学生卡拉巴林在回忆自己的这位导师时也说："在他优秀的著作《教育诗篇》里所描写的人物，并不是虚构的。这本书里所有的人物，都是生活在阿·马·高尔基工学团里的。作者只是改变了某些人的名字。"[②]马卡连柯本人更是明确说过："无论在《教育诗篇》里，还是在《塔上旗》里，都是没有虚构的，除了个别姓名和个别场合。"[③]

如果我们认可这四部小说中的故事情节基本上是两个集体中真实发生过的事，那么这些小说——从质性研究的视角看——就成了我们得以了解和研究马卡连柯教育实践的最佳材料。

由四部小说的时间线索可知：《教育诗》描述的是高尔基工学团 1920 年9 月到 1928 年 7 月的集体历史；《1930 年进行曲》描述的是捷尔任斯基公社1927 年到 1930 年的集体生活；《费捷电钻第一型》和《塔上旗》描述的是

---

① 〔苏〕费列. 我的老师[M]. 方予，译. 上海：新文艺出版社，1957: 卷首语 7.

② 〔苏〕卡拉巴林. 马卡连柯是怎样教育我们的[N]. 何国华，王晋清，译. 光明日报，1956-03-05(3).

③ 〔苏〕马卡连柯. 马卡连柯教育文集：上卷[M]. 吴式颖，等，编. 北京：人民教育出版社，1985: 206-207.

捷尔任斯基公社 1930 年到 1932 年的集体生活。[①]

接下来，我们将对马卡连柯最有代表性的作品《教育诗》的主要情节进行梳理，并对其中我们认为最重要的 20 个教育案例进行分析，以使读者对马卡连柯的教育实践获得一种"沉浸式"的感受和认识。[②]《教育诗》的"三部曲"在时间上彼此接续，将高尔基工学团的历史划分为三个时期。

第一部描写的是集体的初创阶段，也称"第一教养院"时期。在这一部里，马卡连柯试图说明"一个没有经验甚至犯了错误的我如何由迷途落后的人中创造出一个集体来"[③]。工学团早期的物质条件极其艰苦，集体的主要精力都放在了维持生计上，直到接管了特烈普凯农庄（即"第二教养院"）后，学童们的生活才得到了一些改善。在艰难求生和修缮农庄的过程中，工学团的集体渐渐形成了，著名的"分队制度"也是在这个时候确立的。1923 年 10 月，工学团全体搬进了修整一新的第二教养院，从此进入了一个新的阶段。

第二部描写的是高尔基工学团的"幸福时代"或者说"全盛时期"。马卡连柯将这一部的主旨确立为"是描写主要的教育工具——集体，是要表达出集体发展的辩证性"[④]。搬入第二教养院之后，工学团在农业上获得了较大的发展，集体的结构也变得越来越复杂。到 1924 年夏天，工学团已经形

①《费捷电钻第一型》所涉及的集体历史与《塔上旗》重合，可以看作是《塔上旗》的预备，其中部分情节与《塔上旗》重复。

② 之所以只选取《教育诗》这一部作品，除了篇幅上的考量以外，还出于以下的考虑：虽然马卡连柯几部作品情节不同，但其中所包含的集体发展的逻辑和集体教育的思想是一致的。其他几部作品（比如《塔上旗》）主要描述的是集体已经基本成熟的阶段所发生的事情，而《教育诗》不仅涉及的时间跨度最大（八年），并且还完整地呈现了一个集体如何在初创阶段被培养出来、如何在发展阶段斗争和前进以及如何在成熟阶段对个人发挥教育作用的全貌，是马卡连柯最具有代表性也最值得被详细解读的一本书。除此之外，《教育诗》本身也早已成了苏联文学史上的一颗璀璨的明珠——到 1953 年为止，《教育诗》仅在苏联就印了 41 版，印数总计达 122.5 万册。除此之外，它还被翻译为中、法、英、德、波兰、捷克、西班牙等国的文字出版，在世界范围内产生广泛的影响。1956 年，苏联基辅艺术电影制片厂将《教育诗》拍摄为同名彩色电影，1957 年被我国长春电影制片厂译制引进，名为《教育的诗篇》。

③〔苏〕马卡连柯. 马卡连柯全集：第七卷[M]. 陈世杰，邓步银，等，译. 北京，人民教育出版社：383.

④ 同上：384.

成了包括十一个固定分队、七个混合分队在内的庞大阵容，拥有自己的马房、牛棚、猪圈、铁铺、磨坊和仓库，并且确立了以全体大会和队长会议为主要议事机构的自治制度。然而，随着时间的推移，第二教养院有限的空间与资源越来越难以满足不断壮大的集体的各种需要，整个集体的发展也因此陷入了停滞。

第三部的故事是从高尔基工学团对库里亚日教养院的"战斗"开始的。1926 年初，高尔基工学团受命与库里亚日教养院合并，用自身 120 个人的力量去改造对方 320 个"腐化得无可救药"的学童，同时接管库里亚日的田地和房舍。这部分的故事主线已经不再是集体对个人的影响，而是一个成熟的集体对一群乌合之众的改造。除此之外，在第三部中马卡连柯还用大量的笔墨描写了自己在教育观点上与当时部分教育官员和教育学家的激烈冲突，以及他在离开库里亚日前如何通过工学团的部分骨干来发展"集体的嫩芽"——捷尔任斯基公社最初的社员。

接下来，就让我们一起在《教育诗》的故事里穿越回一百年前的乌克兰，回到高尔基工学团的生活现场，进入马卡连柯的教育世界。

第一节　集体的萌芽

1920 年 9 月，马卡连柯接受了波尔塔瓦省教育人民委员会的任命，担任新设教养院的院长，然而他最初掌握的资源，无论是人力还是物力都相当有限。马卡连柯的第一位同事是教养院的总务主任卡里纳·伊凡诺维奇。马卡连柯曾说，卡里纳是他在高尔基教养院的教育工作中的第一个教育对象。卡里纳比马卡连柯年长，刚开始他并不愿让马卡连柯做他的上级，甚至希望马卡连柯做与自己的总务主任平级的教务主任。经过马卡连柯的教育与沟通，卡里纳才同意服从马卡连柯的领导，并且与马卡连柯一起对破败不堪的教养院进行了最初的整修。随后来到教养院的是两位女教师叶卡吉林娜·葛里高利叶芙娜和李季雅·彼得罗芙娜（爱称：李陀奇卡）。叶卡吉林娜是个非常爱整洁的资深教师，李季雅则是刚从中学毕业的小姑娘。

对于教养院刚刚成立时艰苦的物质条件，《教育诗》里有一段颇为写实的描写：

> 在离波尔塔瓦六公里的沙丘上，有一片占地二百来公顷的松林。沿着树林的边是一条通往哈尔科夫的大路，路上的干干净净的鹅卵石寂寞地闪闪发光。树林里有一块空地，面积约有四十公顷。空地的一角上，排列着五所形状像几何图形那样规则的匣子似的砖房，五个匣子拼起来就成了一个正方形。这就是为童犯所设立的新的教养院。……童犯教养院的物质遗产更是不值一提。凡是能够用物质单位表示的东西：工场里的用具、贮藏室里的东西、家具，都被近邻们搬运到自己的谷仓和贮藏室里去了。……在几座木棚的角落里，乱堆着许多破破烂烂的东西，但是一样有用的也没有。根据一些新的线索，被我追回几件最近给人拿走的有用的东西。这是：一架普通的旧播种机，八张桌腿已经活动的细工木匠用的工作台，一口铜钟，还有一匹三十岁的、当年也称雄一时的吉尔吉斯种的阄马。[1]

除了物质上的极端贫困，教养院成立初期最紧迫的问题是食物短缺。由于苏联实行的是计划经济，食物原则上是配给供应的，教养院的食物来源主要是向各种"上级部门"申请获得的，可以申请到的食物无论是在质还是在量上都十分不稳定。

1920 年 12 月，教养院来了第一批 6 个学童。[2]虽然名义上叫"学童"，

---

[1] 〔苏〕马卡连柯.教育诗[M].磊然，译.北京：人民教育出版社，2011：6-7.
[2] 这 6 个青年后来大都成了集体中的骨干力量。

但其实这 6 个人里有 4 个已经满 18 岁了，是犯了持枪抢劫罪的青年，另外两个是稍稍小一些的有盗窃前科的少年。他们的名字是：札陀罗夫、布隆、伏洛霍夫、卞久克、古德和塔拉涅茨。这些"社会青年"不过把教养院当作一个可以获得免费餐食和床铺的地方罢了，根本不接受来自马卡连柯及其同事的任何教育："最初几天，他们不但侮辱我们，简直就不把我们放在眼里。到了傍晚，他们就大摇大摆地走出教养院，第二天早上才回来，对我那恳切的社会教育的劝诫，只是带着含蓄的微笑听着。过了一个星期，卞久克因为在夜里抢劫和杀人，被省侦缉局派来的侦探逮捕。"① 卞久克的被捕使教养院的两位女教师受到了不小的惊吓，也更加使马卡连柯意识到自己所面临任务的严峻性。

第一批的这几个学童完全拒绝任何劳动。马卡连柯让他们去扫雪，他们却想出各种理由来推脱。马卡连柯只好和卡里纳自己去扫，学童们看到了还说风凉话，卡里纳怒不可遏地教训了他们几句，反倒被强壮的学童们推倒在地。面对这些"非但根本否定我们的教育方法，而且根本否定全部人类文化的五个学童"②，马卡连柯先前作为小学教师和校长的经验显得毫无用处。为了寻找教育这些学童的办法，马卡连柯先是试图从当时的教育学书籍里寻找答案："在一生中，我从没有像在一九二〇年的冬天读过那么多的教育学的书籍。"③ 大量教育学类书籍的阅读并没有让马卡连柯找到解决当前困境的方法，反而使他初步确立了自己对于当时教育理论和教育实践关系的基本看法："我这次读书的主要成绩，是使我得到一个不可动摇的，而且不知道为什么忽然成为很有根据的信念，那就是：我手里并没有什么现成的科学和理论，理论应该从我眼前发生的全部现实事件里去归纳出来。起初我甚至不是懂得，而只是感到：我需要的不是我反正无法和实际联系

①② 〔苏〕马卡连柯 . 教育诗 [M]. 磊然，译 . 北京：人民教育出版社，2011: 11.
③ 同上 : 13—14.

记住马卡连柯：集体教育的思想与实践

的书本上的公式，我需要的是刻不容缓的分析和行动。"①

与此同时，教养院里极端无组织无纪律的情况还在持续，并且愈演愈烈——学童们越来越流露出以前流浪时的那种"江湖气"，对待两位女教师的态度也越来越轻佻甚至带有流氓性质。马卡连柯急切地感到这种情况必须马上改变，但却又不知道该如何做，为此陷入了深深的苦恼之中。就在这时，一件意想不到的事发生了——用马卡连柯自己的话说就是"我从教育学的绳索上失足跌下来了"。②

教育案例1

从一记耳光开始

在一个冬天的早上，我叫札陀罗夫去砍点柴来给厨房里用。我听到的是平常那种高高兴兴的、挑衅式的答复："你自己去砍吧，你们的人多得很！"

这是第一次对我说"你"。

过去几个月的种种事情把我逼到绝望和疯狂的地步，这时候我又恼又恨，我挥起手来对着札陀罗夫的脸就是一记耳光，我这一记打得很重，他站不稳了，一下子倒在炉子上。我打了第二下，抓住他的衣领把他拉起来，又打了第三下。

我忽然看见，他已经吓得面无人色，双手哆嗦着连忙把制帽戴上，后来又一会儿脱掉，一会儿戴上。要不是他轻轻地呻吟着说，"原谅我吧，安东·谢苗诺维奇……"我大概还要打他。

我的怒火是那样的疯狂和不可遏止，我觉得，如果有人说一句话反对我，我就会向所有的人扑过去，拼着把这群匪徒杀死、消灭他们。我

---

①② 〔苏〕马卡连柯.教育诗[M].磊然,译.北京:人民教育出版社,2011:13-14.

手里不知怎样弄了一根铁火棍。五个学童都默默地站在自己的床旁边，布隆在急急忙忙地整理着衣服。

　　我朝他们转过身去，用火棍敲敲床背说："大家马上给我到树林里去工作，不然就给我滚出教养院！"说了我就走出寝室。①

　　《教育诗》里的这个教育案例相信会使许多读者颇为意外——这位后来因集体教育和教育艺术闻名于世的世界级教育家，在解决高尔基工学团的第一个教育难题时采取的方法竟然是：打人！这岂不是让人大跌眼镜吗？不仅如此，有了"卞久克事件"作为背景，我们不禁为马卡连柯本人捏了一把汗，这些有违法前科的"不良青年"不会因为被打了耳光而把马卡连柯怎么样吧？！

　　然而，后面发生的事情甚至比"马卡连柯打人"更让人惊讶。实际上，远比马卡连柯强壮的札陀罗夫等人不但没有还手，甚至从此以后居然变得"听话"了：当天他们不仅破天荒第一次自己去砍柴，还通过这件事情逐渐与马卡连柯等教员建立起一种平等和尊重的关系。也就是说——不知是出于一种怎样的机制——通过这件事，马卡连柯头一次在学童心目中获得了一种威信，尽管这一过程从教育伦理学的角度来看是非常值得质疑的。马卡连柯本人在小说中也曾有过这样的内心独白：

　　在纪律方面，札陀罗夫事件是一个转折点。应该说句老实话，我并没有受良心的责备。不错，我是打了一个学童。我深深感到，这件事从教育学的观点看来是太鲁莽，从法律上说来也不合法；但是同时我也看出，和摆在我面前的任务比较起来，我的做教师的手是否清白——是次要的问题。我下定决心，假如我没有别的方法可用，我就做一个独裁者。②

──────────────

① 〔苏〕马卡连柯.教育诗[M].磊然，译.北京：人民教育出版社，2011：14-15.
② 同上：16-17.

"札陀罗夫事件"以后，马卡连柯对学童们的态度开始强硬起来，甚至有几次用类似的"暴力威胁法"解决了一些问题。尽管在这一过程中马卡连柯一再告诫自己："我没有一分钟认为我已经在暴力中找到了一种全能的教育法。札陀罗夫事件使我付出的代价比他本人付出的更大。我开始担心我会渐渐跑到阻力最小的方面去。"①

除了马卡连柯以外，其他教师——尤其是两位女教师对此非常不解，尤其是为什么学童们会乖乖地听马卡连柯的话——从表面上看似乎是服从暴力的结果，这是不是一种奴性的表现呢？马卡连柯基于对当时学童们处境的分析给出了他的解释：

> 札陀罗夫的力气比我大，他一拳头就可以把我打得鼻青眼肿……在这件事情里，他们看到的不是打架，他们看到的只是怒火，看见一个人发怒了。他们明知道，我根本可以不打人，我可以把札陀罗夫当作一个无药可救的人退还童犯事务委员会，可以使他们遭到许许多多极其不愉快的事。可是我不这样做，我采取了一种对我自己很危险，但是很近人情，而又不是形式主义的做法。说到教养院呢，显然，他们觉得还是需要的。这件事的情形比较复杂。此外，他们也看见我们为他们做了很多事情。他们终究是人。这是一个重要的因素。②

诚如马卡连柯所言，影响"一记耳光"后果的因素是复杂的：马卡连柯在其中所表达出的真实的愤怒（一种基于对学童们"真正在乎"而非"漠不关心"所产生的真情实感），教员们这段时间为学童们所付出的辛劳，学童们确实需要一个吃饭和睡觉的地方（包括马卡连柯确实有权随时把他们赶走）的事实共同促成"这记耳光"最终导向了一个积极的结果。从中我

---

① 〔苏〕马卡连柯.教育诗[M].磊然，译.北京：人民教育出版社，2011：17.
② 同上：18.

们也不难发现马卡连柯那条著名的"尊重与要求相结合原则"①的雏形：既然我把你（学童）当作一个"人"那样去尊重，我就向你提出一个"人"应该做到的要求，那么当你"故意摆烂""自甘堕落"时，我自然会感到愤怒，这种愤怒不是为了我自己，而是为了你的"恨铁不成钢"。

这种可以说是专属于教育者的愤怒，恰恰是对受教育者"可以成为什么样的人"的一种期许和肯定（尊重）。如果没有这种期许和肯定，如果马卡连柯确实认为这帮人已经"无药可救"了，那么他大可以直接把他们赶走而无须如此劳心动气甚至是冒着违法的风险打人（高尔基工团历史上确实有过好几个马卡连柯把他认为是"无法教育的"恶劣学童赶走或送交执法机关的例子）。当然，我们也必须提醒读者注意，"一记耳光事件"是在极端特殊的教育情境中发生的，正如马卡连柯自己所言，他从来不认为暴力本身可以成为一种正确的教育方法——在"一记耳光事件"中真正起作用的教育力量是教师的真实情感（愤怒）和道德牺牲（宁可放弃自己的"理智""冷静"和"清白"也不放弃学童），耳光在整个过程中是这种愤怒和牺牲的一个偶然的外部表现形式（正如事件中的其他表现形式比如大声呵斥、抓住对方衣领一样），它是事件的枝节而非主干。事件的本质是，马卡连柯的愤怒和牺牲通过某些形式表现出来，并被学童们感受和理解到，进而对他们产生了实质性的教育——只不过这些表现形式里碰巧包含了一点暴力而已——那记耳光不是重点，真心对待才是（只有真心对待你的人才会对你的"摆烂"感到愤怒，比如你的父母）。

这次事件后，以马卡连柯为首的教员们和学童们之间形成了较之前更融洽也更稳定的关系。教养院的生活也在最初的跌跌撞撞中开展了起来。

1921年2月，第二批15个学童来了。到了3月，教养院里已经有30

---

① 关于这条原则的详细阐述见本书第六章第二节。

个学童，同时又有一对夫妇和一位管理员老太太加入。尽管如此，马卡连柯等人到上级部门那里去努力申请各种资源却常常无功而返。在这种情况下，无论是教养院还是教师的个人生活都处于极度贫困的状态："那时候我们差不多不领工资，我们吃的也是同样的小米粥，穿的差不多也是同样地破烂。我的靴底破了整整一个冬天都没有打掌，总有一块包脚布要钻出来。"① 在食物极端匮乏的情况下，学童们开始通过各种"办法"来填饱肚子。比如：以塔拉涅茨为代表的个别学童自己"想办法"弄来了一张渔网，就此开启了教养院的"捕鱼事业"。

教育案例 2

塔拉涅茨的渔网

……起初捕来的鱼只供一个小圈子里的人享用，但是冬天快完的时候，塔拉涅茨竟贸然决定要把我也吸收到这个圈子里去。

有一天，他端了一盆炸鱼送到我的房间里来。

"这鱼是送给您吃的。"

"哦，是送给我的？不过我不能收。"

"为什么？"

"因为这样做不对。应该把鱼分给全体同学吃。"

"这是为什么呢？"塔拉涅茨气得涨红了脸，"这是为什么呢？网是我弄来的，鱼是我捉来的，我在河上弄得浑身是水，可是鱼倒要分给大家？"

"那么把你的鱼拿去吧：我什么也没有做，也没有弄得浑身是水。"

"这是我们送给您的……"

---

① 〔苏〕马卡连柯. 教育诗[M]. 磊然，译. 北京：人民教育出版社，2011：23-24.

"不，我不能收，我不喜欢这一套。而且这样不对。"

"有什么地方不对？"

"因为网不是你买来的。网是人家送的吧？"

"是送的。"

"是送给谁的？是送给你的，还是送给整个教养院的？"

"为什么是送给'整个教养院'的？是送给我的……"

"我还以为也是送给我，也是送给大家的呢。你炸鱼用的锅是谁的？是你的吗？是大家的。你跟女厨子要来的葵花籽油是谁的？是大家的。还有烧的柴，还有炉灶和木桶呢？你看，你还有什么好说的？只要我没收了你的渔网，事情就完了。最主要的是你这样不是对待同志的态度。你的网——那有什么了不起，你应该替大家着想。捕鱼是大家都会的。"

"好吧，"塔拉涅茨说，"就照您说的办。不过鱼还是请您收下吧。"

鱼我收下了。从此，捕鱼工作就由大家轮流担任，产品都送到厨房里。①

如果说"一记耳光事件"是一次误打误撞的个别教育（当事者和旁观者都是作为个人接受教育）案例，那么"渔网事件"就可以看作是马卡连柯最初"培养集体"的尝试——他试图让学童们接受"集体主义的经济原则"：任何自给自足的小集团都不应该存在，所有的生产（劳动）都应该以集体为单位进行。马卡连柯深知，教育者在这一阶段的主要任务并不是利用"集体的力量"——这种力量尚不存在——去实现其他的教育目的，而是要先把集体给培养出来，或者用他自己的话来说——把集体本身当成"我们教育的第一个目的"②。在类似塔拉涅茨这样的案例中，马卡连柯努力

---

① 〔苏〕马卡连柯.教育诗[M].磊然，译.北京：人民教育出版社，2011：22-23.
② 〔苏〕马卡连柯.马卡连柯教育文集：上卷[M].吴式颖，等，编.北京：人民教育出版社，1985：80.

使集体中的个人能够意识到集体的存在并接受个人与集体的相互依存关系，而这正是培养一个集体的起点。

除了塔拉涅茨的"创意"以外，在极端的贫困和挨饿受穷的生活中，也有些学童经常跟着卡里纳跑到城里去做一些小偷小摸的事情，甚至还能带回不少东西给同伴吃，并且想出各种解释来搪塞教员们的责问。马卡连柯对此保持睁一只眼闭一只眼的态度："……这些又脏又饿、为了找寻食物而奔波的学童们，如果为了他们在市场上偷窃一个面包或是一双鞋底之类的小事而向他们做一番道德宣传，在我看来是很难使他们接受的。"[①]马卡连柯的这种处理方式可能让很多人感到诧异——默许学童偷窃似乎违背了他那条著名的"尊重与要求相结合原则"，然而这恰恰是该原则非常重要的另一面：马卡连柯并不会向学童提出他们在当前阶段明显做不到或者明显不合理的要求，而是会根据集体和个人的实际情况循序渐进地提高要求。后世学者有时会过于强调马卡连柯生涯后期关于向学生提出"毫不妥协的要求"的论述——比如"需要对人要求，要求、再要求！"[②]——甚至把马卡连柯关于要求的观点矮化为简单的"高标准严要求"，这显然是由于对马卡连柯的早期教育实践缺乏足够的了解。

1921年2月，教养院里发生了一个重大事件：一大笔公用经费被偷——相当于马卡连柯当时6个月的工资。在同一时期，教养院内部还发生了多起偷窃事件，许多物资和食品储藏被盗——后来大家才知道，这些失窃案都是同一人所为。这是高尔基工学团历史上第一次被集体严肃对待的偷窃事件，其处理过程也在一定程度上体现了后来马卡连柯的核心教育理念：尽一切力量培养集体，再通过集体的力量来影响个人。

[①]〔苏〕马卡连柯.教育诗[M].磊然，译.北京：人民教育出版社，2011：23.
[②]〔苏〕马卡连柯.马卡连柯教育文集：上卷[M].吴式颖，等，编.北京：人民教育出版社，1985：187.

布 隆 的 承 诺

在失窃事件发生最初，绝大多数学童的态度是无动于衷的——他们并不认为失窃的是"我们大家的"东西。在马卡连柯眼里，学员的这种态度体现出他们的集体观念和主人翁意识尚未形成。马卡连柯带着几名学童去重新申领了一些食品，并且每天都向大家非常详细地讲述艰难的奔波和申领过程，使学童们都明白了物资的来之不易。然而，好不容易重新弄来的物资第二天又不见了。马卡连柯当时曾想过由自己或其他教员守夜，但这显然是治标不治本的方法。后来他的想法发生了转变，开始想办法让全体学童对这件事情作出反应。当时马卡连柯同札陀罗夫的一段对话很能说明学童们态度转变的中间过程：

有一天，札陀罗夫哈哈大笑着开玩笑地说："安东·谢苗诺维奇，您从前以为劳动教养院里就是一天到晚劳动，一点乐趣也没有吗？您等着瞧吧，好戏还在后头！您要是捉到了人，打算拿他怎么办？"

"送他去坐牢。"

"哦，那倒还好。我还以为您要打他呢。"

有一天夜里，他穿好衣服走到院子里。"我陪您查一会。"

"小心不要把小偷们惹恼了。"

"不要紧，他们知道您今天夜里查夜，今天反正是不会去偷了，所以没有关系。"

"不过，札陀罗夫，凭良心说，你是怕他们的吧？"

"怕什么人？怕小偷吗？我当然怕。问题倒不在我怕不怕，安东·谢苗诺维奇，您同意吗，告密好像总不行吧？"

"不过被偷的是你们自己啊。"

"咦，为什么被偷的是我？这里没有一样东西是我的。"

"可是你们在这里生活。"

"这哪里好算是生活，安东·谢苗诺维奇！这难道是生活吗？您的这个教养院是搞不出什么名堂来的。您是在白费劲。您等着看吧，等东西都被偷光之后，大家就一散了事。您最好还是雇两个很好的守夜的，再给他们两支步枪。"

"不，守夜的我不雇，步枪也不给。"

"为什么呢？"札陀罗夫觉得很奇怪。

"雇守夜的要花钱，我们本来已经穷得要命，可是最主要的是你们应该拿出主人翁的态度来。"①

在上面这段对话的最后，马卡连柯其实已经告诉了我们他自己在集体初创阶段一个比较直接和紧迫的教育目标，那就是：在个人身上培养出对于集体的"主人翁态度"——这种态度的建立意味着个人接受了自己作为"集体成员"的身份，意味着个人开始把"这个集体"当成了"我的集体"，进而也意味着个人的脑海里开始出现"集体里发生的事情与我有关""集体里出现的问题我要解决"的思想意识——而这些在集体成员内心萌发的思想意识恰恰是一个集体从无到有不断发展直至成为一种强大教育力量的"初始条件"。从这个角度出发，马卡连柯接下来的处理方式也就很好理解了：在没有找到小偷之前，他选择把这个问题拿到寝室里让学童们讨论。

在针对集体内的事件共同进行讨论的时候，学童们的各种观点（无论是先进的还是落后的）相互碰撞，擦出了不少火花。再后来，善良的管理员老太太的财产失窃成了引爆点。最后终于查明，整个事件的主犯是布隆——

---

① 〔苏〕马卡连柯. 教育诗[M]. 磊然，译. 北京：人民教育出版社，2011：26-27.

一个平时表现非常老成稳重的学童。

那么，马卡连柯有没有像之前所说的，送布隆去坐牢呢？并没有。在处理布隆的问题上，马卡连柯采取了后来高尔基工学团和捷尔任斯基公社处理同类问题的传统做法：集体审判。"我把布隆带到我们教养院的历史上的第一个人民法庭面前。"[①] 在"审判"的过程中，马卡连柯成功地激起了其他学童对布隆的愤慨，许多原本持"事不关己"态度的学童也加入谴责布隆的阵营里来，很快就形成了布隆同整个教养院相对立的局面（注意：这与审判前布隆作为小偷同马卡连柯等教员相对立而其他学童"冷眼旁观"的局面有质的区别）。原本嚣张的布隆很快被集体的声势压倒，最后不得不低头认错，说自己愿意接受马卡连柯的任何惩罚。于此，布隆也成了高尔基工学团里第一个被整个集体教育并改造成功的学童，类似下面这样的情节后来在高尔基工学团与捷尔任斯基公社里不断上演着：

> 布隆低下了头。
>
> "没有什么好说的。你们都说得对。请你们让我跟安东·谢苗诺维奇出去，听凭他要怎样处罚就怎样处罚我。"
>
> 大家都寂静无声。我向门口走过去，生怕我那满腔狂暴的怒火就要烧到外边。学童们朝两旁后退，给我和布隆让路。
>
> 我们默默地穿过埋在雪堆里的黑魆魆的院子：我在前面，他跟在我后面。
>
> 我心里非常难受。我觉得，布隆是人类的败类里面最坏的败类。我不知道应该怎样处置他。他是因为跟一群盗贼为伍被送到教养院来的。那伙盗贼里大部分的人——成年人——都被枪毙。他十七岁。
>
> 布隆默默地站在门口。我坐在桌子后面，好容易才克制住自己没有

---

① 〔苏〕马卡连柯.教育诗[M].磊然，译.北京：人民教育出版社，2011：28.

拿起一样沉重的东西向布隆扔过去，免得谈话就这样结束。

最后，布隆抬起头来，对我的眼睛凝视了一下，勉强忍住呜咽，慢慢地、每一个字都用力地说："我……永远……不再……偷东西了。"

"撒谎！这种话你已经答应过童犯事务委员会了。"

"那是对童犯事务委员会，这是对您！您要怎样责罚就怎样责罚我，不过千万不要把我赶出教养院。"

"你觉得在教养院里有什么意思？"

"我喜欢这里。这里可以念书。我希望学习。我偷东西是因为我老是贪吃。"

"嗯，好吧。现在我要关你三天禁闭，只准吃面包和喝水。不准你碰一碰塔拉涅茨！"

"好。"

布隆在寝室旁边从前童犯教养院的教师们住的那个小房间里被关了三天，我没有把他锁起来，他发过誓不得到我的准许决不出来。第一天我当真只给他送去面包和水，第二天，我可怜他起来，给他送了菜去。他还想高傲地拒绝，但是我对他嚷道："还扭捏些什么！"他笑了一笑，耸了耸肩膀，就拿起汤匙来吃了。

布隆很守信用：后来无论是在教养院或是在别的地方，他都没有偷过东西。①

布隆接受惩罚里有一个细节值得我们注意，那就是"禁闭室不锁门"。这个设定似乎与我们大多数人对于"惩罚"和"关禁闭"的理解很不一样，而这恰恰是马卡连柯惩罚艺术②的一个特点，也可以说是基于"尊重与要求相结合"的"教育性惩罚"同其他惩罚（比如法律上对罪犯的刑罚）的一个重

---

① 〔苏〕马卡连柯.教育诗[M].磊然，译.北京：人民教育出版社，2011: 30-31.
② 关于马卡连柯的惩罚教育思想详见本书第六章第二节的相关内容。

要区别——前者是由受罚者（在充分认同惩罚的必要性后）自愿领受的，而不是由外部力量单方面强加并强制执行的。布隆是受罚者，但同时（作为认同惩罚必要性的集体成员）也是施罚者，所以让布隆自己看管自己就够了。"不锁门"是对已经向自己提出了"不偷窃"要求的布隆的一种尊重，而布隆的"高傲受罚"也表明他是理解这种尊重的。马卡连柯在集体建设的初期就能在惩罚过程中贯彻"尊重与要求相结合原则"，并且还有意识地通过这种方式培养受教育者对自己和对他人（从知道"禁闭室不锁门"的其他学童的视角来看）的尊重，这就是他作为一位世界级教育家的天才与伟大之处。

解决了"布隆偷窃事件"这个内部矛盾以后，教养院很快迎来了与外部敌人的斗争——在教养院通往哈尔科夫的大路上有劫匪出没，当地许多农民都被打劫过，卡里纳有一次运物资回教养院的时候也遭了劫。从此以后教养院就派学童去保护归来的货车，并称之为"占领大路"。马卡连柯也把自己仅有的一支枪交给了札陀罗夫，而札陀罗夫则非常骄傲地把枪佩在他衣服的最外面。可以说，带有冒险性质同时又是共同维护集体利益的"占领大路"在一定程度上增加了高尔基教养院的集体凝聚力，也进一步锻炼了学童们的主人翁意识。

除了"占领大路"以外，这一时期教养院还受森林管理员的委托，请他们帮助看管森林——防止盗伐树木。教养院的学童都是一群机灵鬼，因此抓捕盗伐者的工作在他们看来十分有趣，而且也干得得心应手。与"占领大路"不同，"保护森林"的工作不仅是集体完成的，还有一定的社会意义和价值，使学童们获得了一种"自己为国家和社会做了点事"的体验，在一定程度上提升了这些违法犯罪青少年的自尊感，"保卫森林的工作，在我们的眼中大大地提高了我们的身价"。[①]经过"占领大路"和"保卫森林"的锻炼，集体的萌芽出现了，正如马卡连柯自己对这段时期的总结那样：

---

① 〔苏〕马卡连柯.教育诗[M].磊然,译.北京：人民教育出版社,2011：33.

"与其说是道德上的劝导和愤怒，还不如说是这种有趣的、真正的实际的斗争，使我们集体的良好的风气露出了最初的幼芽。……在个别几次干得很巧妙的事件里，我们彼此接近起来，渐渐形成一个统一的整体，这个整体的名字就叫高尔基教养院。"①

在一次去领木材的路途中，马卡连柯和卡里纳发现了一个资源丰富但又被废弃了的农庄遗址——特烈普凯农庄。在他们看来，任由这块富饶的田地处于荒芜的状态是大大的浪费。过了几天，马卡连柯又带几名学童去看了一下，大家一致觉得这地方如果能归教养院来使用就好了，很多学童甚至为此做起白日梦来……经过一番曲折努力，马卡连柯竟然真的弄来了上级部门"接管前特烈普凯农庄"的许可，整个集体因此而变得极为振奋。自此之后，"改造特烈普凯农庄"就成了教养院的主要任务。

1922年4月，卡里纳从童犯事务委员会那里弄来了一匹马，这匹马比教养院原来那匹瘦弱的马要强壮许多，于是就成了教养院耕地的劳力，照顾马的任务则交给了喜欢马的古德。耕田工作的开启也标志着教养院的农业进入了一个新的阶段。不仅如此，这段时间教养院还来了一位铁匠、一位木匠和一位车轮匠师傅，于是教养院的各种手工业也开展了起来，不久许多学童也多少学会了些木匠和铁匠手艺，教养院也从中获得了一些收入。不久后又来了一批学童，为教养院增加了新的血液。然而，由于这一批学童之前都是匪军的成员，在性格和文化上同现有的学童存在差异，这也给教养院的工作带来了一些挑战。尽管如此，教养院已经形成的集体氛围在此时已经开始发挥正面作用：

我们的第一批学童，仅仅只能遵守最起码的规则。新来的这批本国无政府主义的追随者，更是不愿意服从任何规矩了。不过应该说一句，

①〔苏〕马卡连柯.教育诗[M].磊然，译.北京：人民教育出版社，2011: 37.

像对教职员公开反抗和无理取闹的事，后来在教养院里却没有再发生过。想来札陀罗夫、布隆、塔拉涅茨和别的人一定会把高尔基教养院初创时期的简史对那些新人讲过。所以不论新旧儿童一直都相信教职员不是和他们敌对的力量。学童们所以会有这样的情绪，主要完全是因为我们教师的工作是那样充满自我牺牲的精神和那样的艰苦，因此自然而然地引起了大家的尊敬。所以除了极少的例外，学童们跟我们的关系总是很好，他们承认工作和读书的必要；他们非常明白，这一切都是从我们的共同利益出发的。在我们这里，懒惰和不愿意吃苦，都是用最原始的方式表现出来，从来没有采取过反抗的形式。[①]

尽管如此，这一批曾经"造反"（因而特别喜欢用武力来解决冲突）的学童还是给教养院带来了一种不稳定的倾向，马卡连柯对此十分警惕："……在第一个冬天产生的集体的萌芽，在我们的团体里还是慢慢地发绿了，我们一定要尽力保护这些新芽，决不能让新补充进来的孩子们把这可贵的绿芽窒死。"[②]

新学童带来的不良倾向首先体现在学童之间常会发生争吵，并且动不动就会拔刀相向上。虽然最初闹得比较大的一次被马卡连柯现场喝止了，但小型的械斗在教养院里依然时有发生。马卡连柯深刻地感受到这种情形绝对不能再继续下去了，他决定要处理最喜欢"用刀解决问题"的一个叫作巧包特的学童。

教育案例 4

喜欢动刀的巧包特

一两个月过去了。在这个时期内，还有个别的仇恨的火苗在某些秘

---

① 〔苏〕马卡连柯．教育诗[M]．磊然，译．北京：人民教育出版社，2011: 51.
② 同上：52.

密的角落里微微地冒烟，如果这些火苗企图燃烧起来，集体内部很快就会把它扑灭。但是忽然间，又会爆炸一颗炸弹，于是疯狂的、失去人性的学童们便又拿着刀子互相追逐起来。有一天晚上，我看出我必须照我们这儿的说法，"旋紧螺丝帽"了。

有一次学童们打架之后，我命令最不安分的芬兰刀骑士之一的巧包特到我的房间里去。他顺从地、慢腾腾地走着。到了我的房间里，我对他说："你只好离开教养院了。"

"叫我到哪里去呢？"

"我劝你还是到准许用刀杀人的地方去吧。今天在食堂里同学不肯让座位给你，你就用刀戳他。所以你还是去找可以用刀子解决争执的地方去吧。"

"要我什么时候走呢？"

"明天早上。"

他面色阴沉地走了。

第二天早上吃早饭的时候，孩子们都来向我求情，请我让巧包特留下来，他们愿意替他担保。

"你们用什么来担保？"

他们不懂。

"你们用什么来担保？要是他仍旧要动刀，那么你们怎么办呢？"

"那么您就把他赶走好了。"

"这样说来，你们的担保还是空的。不行，他一定得离开教养院。"

巧包特吃了早饭，走来跟我说："再见了，安东·谢苗诺维奇，谢谢您的教导……"

"再见，不要记住我的坏处。你要是有困难，回来好了，不过至少要过两个星期。"

过了一个月他来了，脸色苍白，人也瘦了。"我照您的话办，所以我又来了。"

"你没有找到那样的地方吗？"

他笑了一笑。"怎么'没有找到'？那样的地方有的是……不过我还是要待在教养院里，我再也不动刀了。"

学童们在寝室里亲切地欢迎我们："您到底还是原谅了他！我们早就说过了。"①

除了最早因杀人被逮捕的卞久克，以及之前个别自己离开教养院的学童外，巧包特是《教育诗》中记录的第一个被马卡连柯"赶出去"的学童。这种处理方式——将拒不接受集体纪律的学童直接逐出——后来也成了高尔基工学团和捷尔任斯基公社处理同类问题的传统。结合高尔基工学团和捷尔任斯基公社后来的历史来看，这一传统——或者说集体拥有的驱逐个别成员的权力在一定程度上确保了集体的威信，同时也加强了集体纪律的严肃性。

与械斗问题同期出现的还有酗酒问题。教养院附近农村里盛行的私酿麦酒给学童造成了很不好的影响，许多学童都出现了酗酒的情况，极大地影响了教养院的生产、生活秩序。为了解决这个问题，马卡连柯专门去省里要了个委任状——委任教养院在本村搜查并捣毁非法的酿酒器。卡里纳提醒马卡连柯，私酿麦酒在本村是个普遍现象，与其作斗争就等于是要与以村干部为代表的富农集团直接为敌，但马卡连柯却铁了心要"把村子里这一窝子酿酒的土匪端掉"。就这样，马卡连柯带着委任状，叫上三个学童和女教师李陀奇卡，一行五人到村子里连续捣毁了六架酿酒器，大获全胜。虽然此举招来村主席葛烈恰内的强烈不满，但教养院内部的酗酒现象确实是停止了。

解决了酗酒问题，接踵而来的是赌博问题。赌博的蔓延使贫困的教养

---

① 〔苏〕马卡连柯.教育诗[M].磊然，译.北京：人民教育出版社，2011: 54-55.

　　　　　　　　　　　　　　　　　　记住马卡连柯：集体教育的思想与实践

院内部居然出现了明显的"贫富分化",负上赌债的学童往往会陷入非常狼狈的境地,甚至有一名原本健康活泼的孩子因为还不起赌债而从教养院逃跑了。这件事情促使马卡连柯决心要解决这个问题。经过一番调查后发现:赌博问题的涉及面和严重程度都远超马卡连柯的预想,连教养院里的三个女孩子——奥丽亚、玛露霞和拉伊莎也被牵涉在内。经由赌博而成为"巨富"的主要有两个人:一个是布隆——他很快承认自己的"财产"是打牌赢来的,另一个是新来教养院的米嘉庚——一个惯偷,他拒不承认自己"财产"的来历,只说是从别的地方"顺手"拿来的。马卡连柯并没有对米嘉庚深究,只是没收了他的非法所得。之后马卡连柯对大家进行了教育,痛陈赌博给教养院尤其是年幼学童带来的危害,最后大家都向马卡连柯保证不再赌博了。赌博的风气已经被遏止,所以马卡连柯并没有进一步惩罚布隆或米嘉庚——尽管米嘉庚此时已经显露出强烈的毫无悔改之心,但马卡连柯此时并没有完全放弃他:

> 米嘉庚送我走出寝室:"要我离开教养院吗?"
>
> 我忧愁地回答他说:"不,不必,住一个时期再说吧。"
>
> "不过我反正还是要偷的。"
>
> "去你的,偷就偷吧。堕落的又不是我,是你。"他吃了一惊,就落在后面。①

在接下来的《教育诗》第一部第十章《献身于社会教育的人》中,马卡连柯用整整一章的篇幅描述了教养院的教员与学童在共同生活的过程中逐渐建立起来的情感联系以及教养院里的文化娱乐生活,同时也提到了"高尔基教养院"这个称呼的由来:

---

① 〔苏〕马卡连柯 . 教育诗[M]. 磊然 , 译 . 北京 : 人民教育出版社 , 2011: 68-69.

《童年》和《在人间》使大家深深地感动。大家都屏息凝神地听着，要求"哪怕读到十二点钟"也行。我向他们讲述高尔基的生平，起初他们不相信。他们听这个故事听得呆住了，后来忽然拼命地问："这样说起来，结果高尔基是和我们一类的人吗？嘿，真好极了！"

这个问题使他们深深地感动，使他们喜悦。

马克西姆·高尔基的生活仿佛成了我们生活的一部分。他生活中的个别的插曲也成了我们做比较的范例、题绰号的根据、争论的凭借和衡量人的价值的尺度……我们根本没有经过正式的决议和批准，就开始自称是高尔基教养院。

城里也逐渐习惯了我们自己题的这个名字，对于我们的刻着这位作家的名字的新图章和新印戳也不来反对。①

修缮特烈普凯农庄的工作依然在缓慢地进行中。然而，教养院在接收农庄土地的时候却发现这些地已经有人在耕种了，后来才得知其实土地是被本地的富农瓜分了。经过一番激烈的斗争，马卡连柯和学童们成功地从富农们手中把土地夺了回来。自此之后，教养院的经济情况逐渐好转起来，但与此同时也接连发生了一系列不幸的事件：在1922年冬天和春天这段时间里，马卡连柯的教育事业可以说是遭遇了重大的失败和连续的打击，其严重程度甚至使马卡连柯为此自杀！

首先发生的是教养院里针对犹太裔学童的欺凌活动。在教养院当时已经萌芽的集体氛围下，恃强凌弱（主要是大学童欺负小学童）的情况并不多见。然而，由于某个犹太裔学童之前和新加入的一批学童有过节等原因，教养院开始出现捉弄甚至殴打犹太裔学童的事件——起初是个别现象，到后来愈演愈烈，其中一个叫奥萨德契的少年对犹太裔学童的殴打尤为凶狠。

① 〔苏〕马卡连柯. 教育诗[M]. 磊然，译. 北京：人民教育出版社，2011: 73-75.

让马卡连柯感到痛心的并不仅仅是欺凌事件本身，而是包括札陀罗夫在内的整个集体并没有对这件事情作出应有的反应，而是都抱着"事不关己"的态度——正如当初大多数学童对"布隆偷窃事件"的漠不关心一样。"我猛然觉得，现在我又是像在教养院初创时那样的孤独。"[①]当时教养院里许多学童对奥萨德契的行为是持赞赏态度的，因此马卡连柯认为不能简单粗暴地把奥萨德契逐出——这会使他成为其他学童心目中的英雄，进而对整个教养院未来的风气产生恶劣的影响。马卡连柯只好先把奥萨德契和塔拉涅茨这两个最主要的欺凌者隔离开来——保证除他俩外的其他学童不会欺负犹太孩子，然后再想其他办法来处理这两个人的问题。然而很快矛盾又被进一步激化：奥萨德契在食堂里当着值班老师的面又把两名犹太裔学童痛打了一顿，犹太裔学童对欺凌的忍受也到达了极限，"显然，他们已经把生死置之度外了。我也相信，如果我此刻不来彻底打开这整个紧张的局面，犹太学童为了自救势必要立刻逃走，否则就要准备忍受真正的苦难"。[②]显然，之前设想的"逐步渐进"的教育方案是不可能实现了，这时的马卡连柯再次感到了当初面对札陀罗夫时的无力和挫败感。同之前一样，马卡连柯的愤怒不可遏止地再次爆发了。

教育案例 5

欺凌者奥萨德契

……办公室里，除了受难人之外，还有几个人。我对其中的一个说："去把奥萨德契叫来。"我差不多很有把握，奥萨德契一定会发牛性不肯来，所以我下了决心，到了实在不得已的时候，我就亲自去找他，哪怕是带了手枪去。但是奥萨德契居然来了，他披着上衣，两手插

[①][②]〔苏〕马卡连柯.教育诗[M].磊然，译.北京：人民教育出版社，2011：94.

在口袋里，冲进办公室，一脚把挡在他路上的椅子踢开。跟他一起来的还有塔拉涅茨。塔拉涅茨故意做出他对这一切很感兴趣，他不过是希望能看到精彩表演而来的。

奥萨德契扭过头来看了我一眼，问道："喂，我来了……有什么事？"

我指着奥斯特罗摩霍夫和施奈德叫他看："这是怎么回事？"

"哼，这是怎么回事！有什么了不起！……原来是两个犹太佬。我还以为您叫我看什么呢。"

忽然间，教育基地天崩地裂似的在我脚底下崩坍了。我仿佛到了一个没有人迹的所在。放在我桌上的一把沉甸甸的算盘忽然朝奥萨德契的头上飞过去。我没有掷中，算盘嘭的一声撞在墙上，又跌到地板上。

我发疯似的在桌上寻找沉重的东西，忽然我手里抓了一把椅子，我就拿着椅子朝奥萨德契冲过去。奥萨德契吓得退到门口，但是这时他的上衣从肩上掉到地板上，他被衣服一绊，跌倒了。

我清醒了：有人抓住我的肩膀。我回头一看，原来是札陀罗夫看着我，笑道："跟这个混账东西犯不上这样！"

奥萨德契坐在地板上啜泣起来。塔拉涅茨躲在窗槛上，面色惨白，嘴唇直抖。

"你也欺侮过这些孩子！"

塔拉涅茨连忙从窗槛上爬下来。"我向您保证，以后再也不这样了！"

"出去！"

他蹑手蹑脚地走了出去。

奥萨德契最后从地板上爬起来，一只手拿着上衣，另外一只手去肃清他的神经弱点的最后残余——肮脏的面颊上的一粒孤零零的眼泪。他态度镇静而严肃地望着我。

"在制鞋工场里关四天，只准喝水和吃面包。"

奥萨德契勉强笑了一笑，不加考虑就回答说："好，我去。"

在坐禁闭的第二天，他找我到制鞋工场去，向我请求说："我再不这样了，请您原谅我吧。"

"原谅不原谅的问题等你坐满了禁闭再谈。"

关完四天之后，他已经不来请求原谅，只是阴郁地说："我要离开教养院。"

"你离开好了。"

"给我一个证件。"

"没有什么证件！"

"告辞了。"

"再见。"①

同"一记耳光事件"（见教育案例1）相似，马卡连柯又一次用暴烈的方式直接表达了自己的愤怒——有意思的是，这次恰好是之前挨他耳光的那位札陀罗夫让马卡连柯恢复了理智。从整个过程来看，马卡连柯的这次爆发依然是忍无可忍的情绪反应，而非深思熟虑后的审慎行动，尽管这次"失控"最终的结果是正面的：奥萨德契离开了教养院（一段时间后他又回来了，并且回来后再也没有欺凌别人），犹太学童所遭受的欺凌也完全消失了——马卡连柯之前担心的情况并未发生。然而，虽然此事以一个还算好的结果收场，但并不能改变当时马卡连柯作为一个教育者基本失败的事实。在《教育诗》里，马卡连柯如实记录下了自己当时的苦闷，顺带把整个近代教育学都鄙视了一番：

---

① 〔苏〕马卡连柯.教育诗[M].磊然，译.北京：人民教育出版社，2011：94–95.

不错。这样说来，可见一切都很好。可是我那教育家的心灵是充满了多么混乱和无用的思想啊！有一个念头使我非常泄气：难道我从此就找不到关键所在了吗？好像一切已经到了手里，只要把它抓住就行了。许多学童们的眼睛里已经闪耀着新的光辉……忽然又这样丢脸地一败涂地。难道一切都要从头做起吗？

我气的是那搞得非常糟糕的教育方法和我在这方面的无能。因此我在想到教育学的时候不禁怀着反感和怨恨：

"它已经存在了好几千年！有过多少著名的人物，多少辉煌的思想：裴斯泰洛齐、卢梭、纳托尔普、勃朗斯基！多少著作，多少纸张，多少荣誉！同时却又是一片空白，连一个小流氓都应付不了，没有方法，没有办法，没有逻辑，简直是一无所有。有的只是一套骗人的幌子。"[1]

是的，即使是像马卡连柯这样伟大的教育家，依然有对个别受教育者完全无能为力的情况，依然需要面对内心挥之不去的挫败感。尽管如此，与我们现在经常会听到的"决不放弃任何一个学生"的口号不同，马卡连柯在奥萨德契赌气说要离开教养院时并没有选择惯着他，因为在马卡连柯看来，此时对奥萨德契妥协就等于是在伤害那些犹太学童乃至整个集体。这种做法体现出的是一种我们现在似乎已经不太熟悉的"刚性教育"的风格。"对于奥萨德契，我毫不惦记。我已经把他'报废'，把他列入了每一项生产工作中免不了的亏损和废品的一栏。他那种撒娇式的出走更不会使我不安。"[2]后来奥萨德契的回归与其说是马卡连柯本人的成功（他先前的暴怒对奥萨德契产生了多大影响其实是很值得怀疑的），倒不如说是一种连马卡连柯都未曾预料到的集体教育的成功——因为喜爱（抑或仅仅是需要）高尔

---

[1]〔苏〕马卡连柯.教育诗[M].磊然，译.北京：人民教育出版社，2011: 97.教育家的名字根据现行译名做了修正。

[2] 同上：98.

基工学团的集体生活，奥萨德契改正了欺凌犹太学童的恶习以换取被集体接纳进而重新过上集体生活的机会（正如上一个案例里的巧包特那样），而在这整个过程中无论是马卡连柯还是集体中的其他人都不曾专门对奥萨德契进行过我们现在所理解的那种"反欺凌教育"。

奥萨德契回来以后，集体内又接连发生了一系列不幸的事件：教养院的几个学童和附近村子的青年发生械斗，对方躲到村苏维埃的办公室，学童们就干脆把村办公室给捣毁了；教养院最早接收的女学童之一拉伊莎[①]在入读工农中学后同一个坏青年谈恋爱，然后突然辍学回到教养院，不久之后的一天晚上，她在寝室里生下一个婴儿后将其掐死，后来被警察带走了；进入春天以后，许多学童陆续染上了斑疹伤寒……

这些事件虽然最后都按照相关程序合理合法地得到了处理，但在整个过程中马卡连柯基本上是无能为力的——他所能做的只是带领大家共同渡过这段艰难的时期而已。也正是从这一时期开始，由于教育理念的不同，马卡连柯开始受到人民教育委员会一些官僚的干扰。许多人十分不认同他的教育方法，因为他的方法同当时苏联盛行的儿童学（后来遭到批判的一种伪科学）相悖。一个叫作沙陵的教育视导更是经常与马卡连柯作对，有一次竟然要逮捕他，幸好马卡连柯及时打电话向上级部门求援，才免去一次牢狱之灾。

由于修缮特烈普凯农庄（当时称为"第二教养院"）的需要，教养院的学童们经常要在第一教养院与第二教养院之间来回奔波，这就难免会与附近的农民产生各种"联络"——这是教养院当时的黑话，说白了就是（主要是夜里）去农民家里偷一些食物和农产品。马卡连柯深知自己没办法完全禁止这种行为，只好睁一只眼闭一只眼，而学童们也做得很"小心"——从来都没有被农民抓到过或留下证据。尽管如此，教养院同附近农民之间

---

① 关于拉伊莎的故事在本书的第五章第二节里有更详细的介绍。

的关系确实紧张了起来，有一次农民们甚至叫来民警来教养院进行搜查，马卡连柯的神经也因此一直处于紧张当中。不久之后，又有农民来控诉说有学童在大路上抢劫，马卡连柯虽然当面对此坚决否认，内心却处于将信将疑和提心吊胆的状态。然而，有一天，他最担心的情况还是发生了。

教育案例 6

抢劫者普里霍季柯

……在一个黄昏，我办公室的门被打开了，一群孩子把普里霍季柯推了进来。揪着普里霍季柯的衣领的卡拉邦诺夫，用劲一把把他推到我的桌子跟前。

"看！"

"又是动刀吗？"我疲倦地问。

"什么动刀？在大路上抢劫！"

我觉得，天朝我塌了下来。我机械地向那一声不响地直抖的普里霍季柯问了一句："是真的吗？"

"是真的。"他两眼看着地板声音低得几乎使人听不见地轻声说。

在几百万分之一秒里，一场灾祸发生了。我手里拿了一支手枪。"唉！该死！……跟你们一起真过够了！"但是我没有来得及把手枪举到头边，一群大呼小叫、哭哭啼啼的孩子朝我扑了过来。

我苏醒的时候，看见叶卡吉林娜·葛里高利叶芙娜、札陀罗夫和布隆在我身边。我躺在桌子和板壁中间的地板上，浑身被水浇得湿淋淋的。

札陀罗夫正捧着我的头，他抬起眼睛望着叶卡吉林娜·葛里高利叶芙娜说："请您到孩子那边去看看……他们说不定会把普里霍季柯打死……"

过了一会，我到了院子里。我把普里霍季柯抢救下来的时候，他已经是浑身鲜血，人事不省了。[①]

在整部《教育诗》里，甚至可以说在马卡连柯不算长的一生当中，1922年举枪自杀的这一瞬间可以说是他最绝望的时刻。马卡连柯的教育事业是在与各种力量的斗争中度过的，为了坚持自己的教育主张，他长年累月地与教育官僚作斗争、与儿童学学者作斗争、与富农集团作斗争——在这些斗争中，马卡连柯从来没有犹豫、害怕或是退却过。能够使马卡连柯感到无力和绝望的从来不是这些外部的敌对者，而恰恰是工学团里这些他恨铁不成钢的学童们——尤其是在真正的集体还没有完全形成的初创阶段，马卡连柯常会产生"自己的一切努力不过是一场空"的幻灭感，奥萨德契和普里霍季柯的行为使这种幻灭感愈发真实了。

然而，如果从整个高尔基工学团的发展历史上来看，教养院这段最为"苦难"的历程恰恰是真正的集体形成的关键期——没有什么因素会比"共度时艰"更能团结一个集体了。"普里霍季柯事件"之后，还发生了教养院学童偷窃被农民抓到，最后村主席要求马卡连柯带领整个教养院道歉求原谅的事件。虽然这是一次集体受辱的经历，但同时却也强化了"集体荣辱"的概念——所有对"我们"的伤害都是在强化"我们"的存在。不仅如此，如果读者们细心体察就会发现：从面对欺凌者奥萨德契的"事不关己"到为了马卡连柯"群殴"抢劫者普里霍季柯，学童们在行动上的一致性其实是增加了的——而这正是集体在潜移默化中逐渐形成的标志，尽管这种力量刚开始的时候是以最原始、最野蛮和最不受控制的形式出现的。

到了1922年夏天的时候，最初可以（或许是相当勉强地）称之为"集体"的东西其实已经在高尔基教养院里诞生了。然而，这时的集体还处于

---

① 〔苏〕马卡连柯. 教育诗[M]. 磊然，译. 北京：人民教育出版社，2011: 129-130.

一种原始的蒙昧状态，它的性质更像是贬义性的"集团""团伙"——整个教养院在感情上形成一个整体，但却是一个非常自私自利的、蛮横凶狠的整体，学童们把这个整体的利益当作唯一的，甚至可以说是神圣的目标去追求和维护。即使在最正义的活动中也能窥见此时教养院的"群氓"性质：

> 一般说来，教养院里丢东西已经成为罕有的现象。即使教养院出了一个这一行的新专家，他很快就会明白，他需要应付的并不是院长，而是这个集体里面的绝大多数，同时集体对付这种事件的手段是非常无情的。初夏的时候，我费了九牛二虎之力才从学童们手里救下一个新来的学童。这个学童企图从窗口爬进叶卡吉林娜·葛里高利叶芙娜的房间，被孩子们捉住。他们怀着一股盲目的仇恨残酷地打他，只有大伙儿一齐才下得了这样的毒手。我走到这群人中间的时候，他们也是同样狠狠地把我朝旁边一推，还有人急躁地喊起来："把安东赶走！"[①]

如果从这一时期当地农民遭受的掠夺来看，教养院"群氓"甚至可以说是"团伙"的性质就更明显了：所有的偷窃活动都由"经验丰富"的学童来主持，农民们损失更大，但掌握的证据却几乎为零，因此也就更加敢怒不敢言。最后，这种以农民为对象的掠夺在"瓜田事件"中达到了巅峰。

教育案例 7

团伙头目米嘉庚

……就在那天夜里，学童们排成了散兵线去进攻这块瓜田。我给他

[①] 〔苏〕马卡连柯.教育诗[M].磊然,译.北京：人民教育出版社,2011:154.

们上的军事课派了用处。半夜时分，教养院里一半的学童都伏在田垄上，前面另外派了巡逻队和侦察队。当那些老头惊呼起来的时候，孩子们就高呼"乌拉"，开始进攻。看守的人们退到了树林里，慌得把草棚里的枪也忘了。一部分孩子把西瓜滚到小丘下面的田界上，享受着胜利的果实，其余的在进行镇压：他们放火烧了那座大草棚。①

"瓜田事件"结束后没几天，学童们又把村主席养蜂场里的两个蜂箱抢来了——类似的事件一再上演，马卡连柯越来越意识到了问题的严重性。这时的教养院其实已经分裂成两部分：少数以札陀罗夫为代表的"洁身自好"的学童，并不参与任何违法活动，但此时正逐渐失去在集体中的威信；另一部分是明显组织性更强的"掠夺集团"，占了学童们的大多数，为首的则是之前自称"反正还要偷的"米嘉庚和他的好友卡拉邦诺夫。马卡连柯意识到，如果这个时候再不采取行动，后果很可能不堪设想：

> 一定要把米嘉庚赶掉，越快越好。我现在已经明白，我迟迟没有执行这个决定实在是不可饶恕的，同时我也忽视了我们的集体早已在一天天地腐化。偷瓜事件或是抢劫蜂场的事，也许并不一定有什么特别不好，但是学童们不断地关心这一类事情，而且不分日夜地去干，这表示我们的良好风气已经完全停止发展，因此也就是表示着停滞。在这种停滞的背景下，只要稍一凝视，种种令人不快的现象就可以一目了然：学童们的吊儿郎当的态度，他们对教养院以及对事业所抱的那种特有的粗野的看法，他们的令人讨厌的、无聊的冷嘲热讽，还有那种非常明显的玩世不恭的成分……我们的计划、有趣的书籍以及政治问题，在集体里开始被搁在一边，把中心地位让给了混乱的、没有价值的冒险，让给了

---

① 〔苏〕马卡连柯.教育诗[M].磊然，译.北京：人民教育出版社，2011：163.

关于这些冒险的没有尽止的谈话。①

马卡连柯最终把米嘉庚赶出了教养院，而卡拉邦诺夫也跟着米嘉庚离开了。由于这两个人之前无论是"业务上"还是生活上都在集体中享有很高的威望，"驱逐卡拉邦诺夫和米嘉庚的措施竟像一次非常疼痛的外科手术"，② 整个教养院因此而陷入了一种灰暗、涣散的状态中。如果说在之前的各种掠夺活动中，刚刚诞生的集体主要是以一种反社会的"团伙"形式存在的，那么米嘉庚和卡拉邦诺夫正是这个团伙的核心。在找不到更好方案的紧急状态下，马卡连柯只能选择通过"外科手术"把两名核心分子割除——正如割除一个器官里的癌变组织那样，结果刚刚诞生的集体马上因此陷入了奄奄一息的状态。幸好，在教员与学童们的共同努力下，教养院里虽然暂时失去了之前那种"同仇敌忾"的气氛，但各项工作依然在有序进行着：

> 教养院前进的时候没有带着欢笑，但是它像一架机件修理好的、校正好的机器，节奏均匀而纯正地走着。我也注意到我惩罚两个学童的积极效果：到村子里进行侵略的行动完全停止了，到地窖里和瓜田里偷东西的事件也变成不可想象的了。我故意装出好像没有注意到学童的抑郁的情绪，仿佛他们跟农民关系中的新的纪律和老老实实的态度并没有什么特别，仿佛一切都照常进行，并且是照常地前进着。③

对于整个教养院来说，此时最紧迫的任务是重新加强集体的凝聚力，使集体不至于因为这次"外科手术"而回到一盘散沙的状态，并且采取的

---

① 〔苏〕马卡连柯.教育诗[M].磊然，译.北京：人民教育出版社，2011: 165–166.
② 同上：171.
③ 同上：173.

方法必须要与之前"与外部敌人斗争"的模式相异。站在我们的角度来看，集体这个时候最需要的其实是一个带有明显社会价值的任务——类似教养院早期"保护森林"这样的任务——需要整个集体团结才能完成，同时又利于集体更可以造福整个社会的工作。然而，对于教养院这样一个由违法犯罪分子构成的单位来说，这样的任务是可遇不可求的。令人感到惊异的是，正是在这样一种危急紧迫的处境中，马卡连柯竟然想出了一个堪称"神来之笔"的解决方案：军训。更准确地说是把之前学童们在"团伙作案"的过程中所体验到的那种紧张合作而又不失纪律性的集体行动感——这才是大多数学童怀念"米嘉庚时代"的原因——重新以军事训练和军事游戏的方式"还给"大家：

> 我不知道是为什么——大概是由于一种不自觉的教育本能——我急切地开始了军事课程……学童们高高兴兴地开始这样的课程。每天工作完毕之后，全体学童就在操场上——那是一个宽大的正方形的院子——操练一两小时。随着军事知识的增加，我们渐渐扩大活动的范围。到冬天的时候，我们的散兵线就常在我们这一带富农庄园的领域上举行非常有趣而繁复的军事演习……上课的时候，我就像一个真正的指挥员，要求严格，铁面无私；孩子们对这种情形也非常赞成。后来成为我们全部音乐里的基本旋律之一的军事游戏，就这样奠定了基础。①

半军事化管理后来成了高尔基工学团和捷尔任斯基公社最显著的特征之一，而这套制度最初的起点其实是为了拯救当时已经岌岌可危的集体。我们也可以换个角度来看这件事：米嘉庚和卡拉邦诺夫离开后，高尔基工学团就好像一个失魂落魄的病人，而军事训练和军事游戏就好像是给集体打

---

① 〔苏〕马卡连柯.教育诗[M].磊然,译.北京：人民教育出版社,2011:173-174.

了一剂强心针——灰败的组织由此重新焕发出生机，集体也找到了一种比米嘉庚和卡拉邦诺夫在的时候更好的并且也更满足自身未来发展需要的精神气质。这套方法之所以有效，主要与两个因素密不可分：一是教养院以男学童为主——男孩子对军事活动更容易产生热情；二是在马卡连柯所处的战争年代，军人在人们的心目中具有一种英雄的光辉，容易引起学童们学习和仿效的热情。

引入军事化管理后不久，教养院里来了一位非常能干的农艺师谢烈，在他的整顿下，教养院的农业得到了很大的发展。农业上的进步与军事活动的正面效果相结合，渐渐消除了1922年上半年各种不幸事件的影响，集体的气氛逐渐得到了改善：

> 教养院里的一切严峻的气氛和不必要的严肃都消失了。这一切情形是什么时候改变，什么时候变好的，没有人来得及注意。像从前一样，四周不断地可以听到欢声和笑语；像从前一样，大家都有着没有穷尽的幽默和活力，可是以前的那种自由散漫的情形，那种不像样的懒洋洋的动作，现在已经不留下丝毫的痕迹了。①

到了1923年2月，教养院又发生了一件令人高兴的事——卡拉邦诺夫回来了。他之前和米嘉庚离开后，两人很快就分道扬镳，卡拉邦诺夫回到他父亲那里，但生活得并不好，反而时常会想念在教养院的经历。卡拉邦诺夫的归来使整个教养院都非常高兴，而他仿佛是为了弥补以前的过失一样在谢烈手下非常努力地工作，很快就成了教养院在农业上的一名能手。尽管如此，卡拉邦诺夫常常为自己之前离开教养院的行为而惴惴不安，尽管马卡连柯是以张开双臂的态度欢迎他回来的，但卡拉邦诺夫却不太愿意

---

① 〔苏〕马卡连柯. 教育诗[M]. 磊然，译. 北京：人民教育出版社，2011：178.

相信自己能得到马卡连柯彻底的原谅——他认为马卡连柯心里对他多少是存着芥蒂的。为了解决这个问题，在卡拉邦诺夫回到教养院不久，马卡连柯对他进行了一次堪称经典的"尊重与信任教育"，鉴于《教育诗》中对这段故事的描写非常精彩，我们选择将全文摘录出来（文中的"谢苗"是卡拉邦诺夫的名字）。

教育案例 8

卡拉邦诺夫的"神经病"

过了两个星期，我把谢苗唤来，简单地对他说："这是委托书。你到财务处去取五百卢布。"

谢苗张开了嘴，瞪着眼睛，脸上青一阵白一阵，张口结舌地说："五百卢布？还有什么事？"

"没有别的事。"我朝桌子的抽屉里望着，回答说，"就是给我把钱取来。"

"骑马去吗？"

"当然骑马去。这是手枪，拿去以防万一。"

我把去年秋天从米嘉庚的腰带里抽出来的那支手枪连那三颗子弹一起交给谢苗。卡拉邦诺夫机械地接过手枪，惊奇地对它看了一眼，然后用迅速的动作把它塞在衣袋里，什么话也不说就出去了。

十分钟以后，我听见石子路上蹄声嘚嘚，有人骑着马从我的窗下疾驰而过。

傍晚时候，谢苗走进我的办公室，他扎着腰带，穿着铁匠穿的短皮袄，样子纤瘦匀称，但是面色阴郁。他默默地把一叠钞票和手枪放在桌子上。

我拿起钞票，尽量用最冷淡随便的口吻问他："你数了吗？"

"数了。"

我随随便便地把那叠钞票朝抽屉里一丢。"谢谢你跑了一趟。去吃饭去吧。"

卡拉邦诺夫不知为什么把皮袄上的腰带左右移动了一阵，很激动地在房间里走了几步，结果只轻轻地说了一声："好吧。"说了就出去了。

两个星期过去了。谢苗碰到我跟我打招呼的时候，样子总有些不快活，好像对我很拘束似的。他也是同样不快活地听完了我的新命令："你去拿两千卢布。"

他把手枪塞进衣袋，愤懑地看了我好一会，然后一字一顿地说："两千？要是我取了钱不回来呢？"

我离开座位，大声叱责他说："请你少说这种傻话！既然把委托书交给你，你就去取。不必发'神经病'！"

卡拉邦诺夫耸耸肩，含糊地低声说："好，去就去……"

他把钱交给我的时候，盯着我说："请您数一数。"

"为什么？"

"我请您数一数！"

"你不是数过了吗？"

"对您说，请您数一数。"

"不要啰嗦！"

他抓住自己的喉咙，好像有什么东西使他窒息，后来他扯开衣领，身子开始摇晃起来。"您是在捉弄我。您不可能这样信任我。不可能的！您自己觉得吗？不可能的！您是故意在冒险，我知道您是故意的……"他好像窒息似的倒在椅子上。

"我叫你做了事，付的代价却不小。"

"付了什么代价？"谢苗把身子猛地朝前一冲。

"就是看你发神经病。"

谢苗一把抓住窗槛，大声说："安东·谢苗诺维奇！"

"喂，你怎么啦？"我真的有点吃惊起来。

"要是您能知道！只要您能知道就好了！我骑在马上一路上想：要是世上真有上帝就好了。要是上帝派了一个人从树林里跑出来袭击我……哪怕有十个人，不管它有多少……我就要开枪打他们，我要像狗一样扑上去用牙咬他们，撕他们，除非他们把我杀死……您知道，我差一点哭了出来。我也知道，您在这里一定在想：他不知会不会拿来？您是在冒险，对吗？"

"你这个人真怪，谢苗！钱财的事永远要冒险的。取一包钞票到教养院来总不免要冒险。不过我是这样想：如果由你去取钱，危险性就少些。你年轻力壮，骑马又骑得非常好，随便碰到什么强盗你都可以逃得过，像我这样就很容易被他们捉住。"

谢苗喜悦地眯起了一只眼睛，说："哦，您这个人原来很狡猾，安东·谢苗诺维奇！"

"我何必要狡猾呢？现在你知道了怎样取钱，以后就由你去取。一点也没有什么狡猾。我一点也不担心。我知道你这个人跟我一样诚实。这一点我以前就知道，难道你看不出吗？"

"不，我还以为您不知道呢！"谢苗说，他走出我的办公室，高声唱起来：

"高山背后，

飞出一群老鹰，

它们边飞边叫，

寻找着美好的生活。"[1]

---

① 〔苏〕马卡连柯.教育诗[M].磊然,译.北京：人民教育出版社,2011:184-186.

自此之后，卡拉邦诺夫的心中再无犹疑，他也从此成了教养院里的骨干力量之一。不仅如此，许多年以后，当同期学童都毕业离开时，卡拉邦诺夫却选择了留在工学团，成为一名同马卡连柯一样的教育工作者。换句话说，正是这个卡拉邦诺夫最终成了马卡连柯教育事业的一个继承人。后来卡拉邦诺夫的儿子出世时，他和他妻子还用马卡连柯的名字命名了这个孩子，足见其对马卡连柯的感情之深。

1923年教养院取得的另一项成就是建立了最初的"分队制度"。这项制度最初只是专门组织起来完成某个临时任务的"工作组"，负责人被称为"头目"（街头语），后来学童们觉得不好听，就仿效当时苏联游击队的叫法称为"队长"，相应的组织也就改称"联队"或"分队"（这两个词主要是汉译的区别）。一个分队成立后，其他学童也纷纷要求成立分队，最后就根据当时教养院里的劳动分工建立了许多分队。很快，马卡连柯就发现召集各队队长开会是一种非常高效的管理整个集体的方法，"队长会议"也就由此固定了下来：

> 到春天，联队的制度已经完全制定。联队的规模缩小了，它们的原则是按照各个工场的学童分队。我记得，鞋匠永远是第一队，铁匠是第六队，马夫是第二队，养猪的是第十队。起初我们根本没有什么规章。所有的队长都由我派定，但是到春天我召集队长们开会的次数越来越多，不久孩子们给它题了一个更漂亮的新名称："队长会议"。很快我就形成了一种习惯：凡是重要的事情都要在队长会议上商量之后才实行；渐渐地连指派队长的工作也交给队长会议去办，这样一来，队长会议的人数就用自行加聘的方法扩大了。[①]

---

① 〔苏〕马卡连柯. 教育诗[M]. 磊然，译. 北京：人民教育出版社，2011: 190–191.

在分队系统的基础上，后来又逐渐生长出了其他的机构和制度（详见本书第五章第一节关于集体结构的解析）——高尔基工学团和捷尔任斯基公社最为人称道的集体组织系统就这样逐渐发展起来了。集体组织的成熟在时间上可以说是恰到好处——1923 年底时，教养院的学童人数已经达到 80 名，单靠马卡连柯个人的力量已经很难管理到集体生活的所有方面。在这个关键的节点上，刚刚成熟起来的集体很自然地从马卡连柯手里接过了指挥棒——自此之后，高尔基工学团（包括后来的捷尔任斯基公社）与其说是受马卡连柯的领导，倒不如说是受马卡连柯培养起来的这个集体的核心骨干力量——尤其是队长会议的领导：

> 一九二〇年到一九二一年进来的学童们团结成一个非常亲密的小组，自然而然地成了教养院的领导；在新学童的眼中，他们处处都显出是一个不能摇撼的骨架，不服从它大概是办不到的。而且，我几乎也没有看到有人有过反抗的企图。教养院的美丽的外观，秩序井然的朴质的生活，各种各样相当有趣的传统和习惯（它们的起源恐怕连教养院的元老也未必记得清楚）——都对新来的学童起了强烈的影响，使他们得到鼓舞。①

在成熟的集体组织的领导下——可能再加上一些运气的成分，教养院当时的各项工作都开展得比较顺利：对第二教养院的改造不断推进，学童们甚至想办法在第一教养院和第二教养院之间打通了一条直线型的通路，大大地提升了运输效率；马卡连柯也成功说服上级部门在教养院——一个理论上充满犯罪分子的机构——建立了共青团，而共青团员们很快就成了队长会议的领导力量；马卡连柯成功物色到一名被他称为是"真正的人"的退伍军人彼得·伊凡诺维奇加入教员队伍，后者到来后不久就把当时第二

---

① 〔苏〕马卡连柯. 教育诗[M]. 磊然，译. 北京：人民教育出版社，2011: 216.

教养院里懒散、混乱的风气整顿一新。

除了各项工作的顺利推进以外，教养院的精神面貌在这段时期也焕然一新。当时的高尔基工学团已经成为远近闻名的"罪犯改造模范机关"，附近的农民对于学童们的印象也从"经常偷我们东西的罪犯胚子"转变成了"充满朝气地生活和劳动着的青少年"，教养院里如火如荼的劳动和生活气息深深吸引着附近的年轻人尤其是小孩子们，一些"正常的"孩子倒反过来羡慕起教养院里的学童们来了。

更加值得一提的是集体内教育影响方式的变化：高尔基工学团的集体真正成熟以后，除了极少数情况外，马卡连柯几乎不会对个别学童进行直接教育。此后，与其说是学童们接受马卡连柯的教育和改造，不如说是大家在共同生活中接受来自集体的教育和改造——集体对于个人的这种积极影响多数时候是在生活和生产的过程中极其自然地发生的，少数时候可能是马卡连柯刻意利用集体力量——也就是贯彻"个人与集体同时作用原则"（详见本书第六章第三节）——的结果。在《教育诗》第一部的末尾，马卡连柯为我们提供了当时集体中自然发生的一个懒惰学员被成功改造的案例。

教育案例 9

混合队长若尔卡

有一天，在队长会议上人们突然发现，只剩下两个人可以搭配在一起做挖地窖的工作，那就是加拉简柯和若尔卡。大家不由都好笑起来。"怎么这样巧，偏偏会把这样两个懒虫放在一起？"有人建议做一个有趣的实验：把他们俩编成一个混合联队，看看他们到底能掘多少，大家听了格外笑得厉害。结果还是选了若尔卡做队长，因为加拉简柯比他更不如。他们把若尔卡叫来，我对他说："伏尔柯夫（若尔卡的姓），现在有这么一件事：大家派你做挖地窖的混合联队队长，把加拉简柯派给你。

可是我们只怕你管不了他。"若尔卡想了一想，咕噜着说："管得了。"

第二天，值日的学童精神十足地跑来叫我："快去看看，若尔卡在整加拉简柯，真是有趣极了！只是要小心，被他们听见了就看不成了。"我们在树丛后面掩掩藏藏地走到事件发生的地点。在花园旧址的那块空地上，划出一块长方形的地方预备造地窖。一头是加拉简柯的地段，另外一头是若尔卡的。这从力量的配置上或是从工作效率的显著的差别上，都可以一目了然：若尔卡那头已经挖了好几方丈，加拉简柯那头才只挖了狭狭的一条。但是加拉简柯并没有闲着：他用一只粗厚的大脚笨拙地踩着不听使唤的铁铲在挖土，不时费力地转动着他那笨重的脑袋去看若尔卡。要是若尔卡不对他看，他就停止工作，但是一只脚仍旧站在铲子上，准备一有警报就把铲子插到土里。显然，伏尔柯夫已经看够了他的这一套诡计。

伏尔柯夫对他说："你以为，我会老没完没了地来恳求你吗？我才没有这些闲工夫来跟你麻烦呢。"

"你干吗要那么卖力？"加拉简柯咕噜着说。

若尔卡一言不答，一直走到加拉简柯面前，说："我不愿意跟你多说废话，你明白吗？要是你不从这里挖到这里，我就把你的午饭倒在污水里。"

"他们才不会让你倒呢！安东会对你说什么？"

"随他爱说什么就说什么，我反正是要倒的，你瞧着吧。"加拉简柯凝视着若尔卡的眼睛，看出了若尔卡是会做得出的。他咕噜着说："我不是在工作吗？你干吗老盯着我？"他的铲子在泥土里开始动得快起来，值日学童碰了碰我的臂肘。"记在报告上！"我低声对他说。

晚上，值日学童在报告的结尾说："请大家注意，第三'窖'字混合联队在大伏尔柯夫的指挥下，工作成绩很好。"卡拉邦诺夫用他那铁钳似的胳臂一把搂住伏尔柯夫的头颈，大喊起来："嘿！这样的荣誉可不是每个队长都能得到的啊！"若尔卡骄傲地笑了笑。加拉简柯站在办公室门口，也向我们投了一个微笑，接着就哑着嗓子说："是啊，今天我们干了一天的活，可把人累坏了！"

从那天起，若尔卡好像完全变了一个人，开足马力向完善的目标走去。两个月之后，队长会议特地把他调往第二教养院，要他去推动那懒惰成性的第七联队。[①]

1923 年 10 月，第二教养院的修缮工作已经全部完成，第一教养院里所有的物资也都运到了第二教养院。10 月 3 日，马卡连柯同还留在第一教养院的 50 名学童在第一教养院里最后一次列队，正式向省人民教育委员会移交第一教养院的田产，集体向第二教养院进发。

学童们立正敬礼，鼓声咚咚地响起来，铜号吹起了旗帜进行曲。一队旗手从办公室将旗取出。我们把旗交给右翼之后，也不跟我们的故居举行告别仪式，虽然我们对它并不怀着丝毫的厌恶感，我们只是不喜欢往后看。咚咚的鼓声撕破了田野上的寂静，学童们的队伍经过拉基特诺耶湖畔，沿着村中的道路经过安德烈·卡尔波维奇的堡垒往下走，走过柯洛马克河边的低洼的草地，向着学童们新造的那座桥走过去——路上我们也没有回头看过。

全体教职员，冈察罗夫卡的许多农民都集合在第二教养院的院子里；阵容同样整齐雄壮的第二教养院的学童的队伍，向着高尔基的旗帜肃立致敬。

我们就进入了一个新的时代。[②]

---

① 〔苏〕马卡连柯. 教育诗[M]. 磊然，译. 北京：人民教育出版社，2011: 218-219.
② 同上：222-223.

第二节　幸福时代

进入第二教养院以后的这段集体历史（对应《教育诗》第二部的内容）被马卡连柯称为高尔基工学团的"幸福时代"[①]：相比教养院初创时期，集体的经济状况有了很大改善，各方面的生产都已经走上正轨；集体的制度和组织日趋成熟，学童们已经习惯在固定分队和混合分队（临时分队）的组织中处理各种工作；强大的集体权威已经树立起来，个别学童公然挑战集体传统和纪律的情况几乎不再发生；每个生产领域都有专业的教员负责，同时几个最年长的骨干学童以共青团员的身份领导着集体的生活，平时需要马卡连柯亲自处理的问题越来越少……[②]

总而言之，尽管这一时期的劳动强度其实是增加了，在前进的道路上也存在困难、障碍甚至需要整个集体与之斗争的事件，但工学团内部的基调是快乐的、幸福的。

进入第二教养院后集体遇到的第一个困难是缺乏改造主楼的经费：6 000卢布——这对当时的教养院来说是一笔天文数字。正在大家一筹莫展之时，乌克兰儿童生活改善委员会的视察员包珂娃到访教养院，并且和学童们一见如故，最后答应拨给教养院6 000卢布，条件是教养院要接收她那里的40个流浪儿童。经费问题就这样得到了解决。

在集体生产得到长足发展的同时，工学团的教育工作也进入了一个新的阶段。教养院里的学童们原本可以说是处于社会的底层，对于自己未来出路的期许大多是木匠、鞋匠之类的手艺人——能在社会上混口饭吃就好，

[①] 在《教育诗》第三部的开头，马卡连柯曾回首发出这样的感慨："我一生最幸福的时光正在渐渐逝去。直到现在回首当年的时候，有时我还不禁惆怅地惋惜，当初我为什么等闲度过了那个时光，不逼着自己牢牢凝视着那美好的生活，我为什么没有把当时的每一瞬息、每个动作和每个字的火苗、线条和色彩永远铭记下来。"

[②] 这也是为什么我在这一节整理的案例是以队长会议为主——在这一时期，是集体而不是马卡连柯个人，成为最主要的教育主体，集体的教育力量对个人产生影响的集中体现就是队长会议。

并不奢望在文化学习上有多大的进步。然而，高尔基工学团这一时期的进步和发展增强了集体中每个学童对未来的信心，马卡连柯也就适时地向几个最有希望的学生提出了更高的目标：考上工农中学。"在当时，'工农中学'这个名词的含义和现在完全不同。现在看起来，这不过是一个普通学校的普通的名称。当时这却是把劳动青年从愚昧无知下面解放出来的一面旗帜。"[①] 于是，尽管许多学童都对工农中学的入学考试怀有一种莫名的恐惧心理，但还是在马卡连柯和其他教师的督促下开始了文化学习，之前我们提到过的札陀罗夫、布隆、卡拉邦诺夫都在此列。最早来到教养院的三个女孩子之一——玛露霞虽然在学习上天资很聪明，但性格和脾气不太好，并且十分缺乏耐心，稍有学习上的困难就发脾气、骂人，甚至在上课的时候骂老师。马卡连柯把玛露霞调到教养院最资深的、以对学生严格要求著称的女教师葛里高利叶芙娜的班上，但玛露霞却依然作风依旧。

教育案例 10

玛露霞不骂老师了

上了三天课之后，叶卡吉林娜·葛里高利叶芙娜带着玛露霞来找我，她掩上门，让气得发抖的学生坐下，然后说道："安东·谢苗诺维奇！现在玛露霞就在这里。请您马上决定一下，怎样处理她的问题。磨坊主人家里刚巧需要一个女佣。玛露霞以为她是只配做女佣的料。我们就让她到磨坊主人家去吧，不过另外还有一个办法：我保证到明年秋天可以让她投考工农中学，她很有才能。"

"自然是进工农中学。"我说。玛露霞坐在椅子上，用憎恨的目光注视着叶卡吉林娜·葛里高利叶芙娜的平静的脸。

---

① 〔苏〕马卡连柯.教育诗[M].磊然,译.北京:人民教育出版社,2011:245.

"可是我不能容许她在上课的时候侮辱我。我也是一个劳动人民，我不许人家侮辱我。要是她再说一次'鬼'，或是再叫我傻瓜，我就不给她上课。"

我明白叶卡吉林娜·葛里高利叶芙娜的用意；但是对玛露霞已经用遍了所有的办法，所以现在我的教育创造力已经燃不起丝毫的灵感。我没精打采地对玛露霞看了一眼，毫不做作地说："没有办法。鬼啦，笨蛋啦，傻子啦，还是不免要叫的。玛露霞不尊重别人，这种态度一时也改不掉……"

"我尊重别人。"玛露霞插嘴说。

"不，你什么人也不尊重。但是有什么办法呢？她总是我们的学生。我的看法是这样的，叶卡吉林娜·葛里高利叶芙娜：您是个大人，是个有经验的聪明人，玛露霞是个脾气很坏的女孩子。我们不必和她一般见识。我们就给她权利：随她叫您傻瓜也好，甚至叫您坏蛋也好——这种事情是难免的——可是您不要生气。这会改好的。您同意吗？"

叶卡吉林娜·葛里高利叶芙娜带笑望了望玛露霞，简单地说："好。您说得对，我同意。"

玛露霞的漂亮的黑眼睛朝我瞪了一眼，眼睛里闪烁起恼怒的泪珠；她忽然用围巾捂住脸，哭着跑了出去。

过了一个星期，我问叶卡吉林娜·葛里高利叶芙娜："玛露霞怎么样？"

"还好。她不大开口，可是非常生您的气。"

第二天晚上很晚的时候，西兰季带了玛露霞来找我，说："我好不容易，这个，才把她拖来。你看，玛露霞生你的气可生大了，安东·谢苗诺维奇。这里这个，你，跟她谈谈吧。"

他谦逊地退到一旁。玛露霞低下了头。"我什么话也不用说。如果人家把我当疯子，那也只好由它去。"

"你为什么生我的气？"

"请您不要把我当疯子。"

　　"我并没有当你是疯子呀。"

　　"那您为什么要对叶卡吉林娜·葛里高利叶芙娜说那些话呢？"

　　"啊，那是我说错了。我以为你还要把她乱骂一阵呢。"

　　玛露霞笑了笑："可是我并没有骂她呀。"

　　"哦，你没有骂？那怪我说错了。我不知为什么以为你会骂的呢。"

　　玛露霞的姣好的脸上露出了小心的、将信将疑的喜悦："您总是这样：乱怪人……"①

　　在针对玛露霞的教育过程中，马卡连柯应用的依然是他对待个别学童的那个基本原则："尊重与要求相结合"（详见本书第六章第二节）。只不过，与这一原则的一般形式"以包含着尊重的方式提出要求"不同，马卡连柯对玛露霞采取的其实是这一原则的消极形式——"以包含着不尊重的方式撤销要求"。通过表面上的"不要求""不管教"表达出一种委婉的不尊重，激起玛露霞对自尊心的捍卫，进而产生一种具有自我防卫性质的自我要求，实现道德自律的最终结果。这种消极方式之所以能够对玛露霞起作用，在于马卡连柯一方面知道玛露霞是一个自尊心比较强的人，另一方面也明白她作为女孩子对委婉的"含沙射影"是很敏感的——如果换成是工学团里另一个缺乏自尊心的人，或者是一个神经粗大无法体会到言语中所暗含"不尊重"的男学童，这种做法就很可能是无效甚至会起到反作用的。

　　进入第二教养院后，学童们把废弃的磨坊栈房改造成了一座能容纳600人的剧院，高尔基工学团的戏剧活动就这样开展起来了。戏剧表演引起了整个集体的极大兴趣，学童们当时把几乎所有的空闲时间都花在了戏剧上，后来甚至专门为了排戏组建了10个混合联队——分别负责服装、道具、灯

---

① 〔苏〕马卡连柯.教育诗[M].磊然，译.北京：人民教育出版社，2011：247-248.

　　　　　　　　　　　　　　　　　记住马卡连柯：集体教育的思想与实践

光、音响、清洁等工作。"如果能注意一下，截至目前我们一共只有八十个学童，那么每个人都会明白，不可能有一个学童闲着没事做；如果选了一个出场人物很多的剧本，我们的人力简直就会不够用。"① 戏剧活动极大地丰富了工学团的文化娱乐生活，给整个集体带来了不少欢乐的回忆。不仅如此，由于演出是对附近村民免费开放的，工学团与附近村民的关系也得到了进一步的改善——剧院逐渐变成了当地的一个休闲娱乐中心。

工学团进入"幸福时代"的另一个明显特征是：集体里出现了恋爱的现象。这种恋爱的风气刚开始是以一种模糊的、暧昧的方式出现在工学团男孩和当地村里的女孩子们之间的。后来，有两名男学童（奥普利希柯与巧包特）同村里的姑娘正式确立了恋爱关系。马卡连柯对此持观望态度——在他看来，比起教养院里的集体生活，恋爱结婚本就是更符合常理的现象："我梦想着：如果我们有了钱，我就要给学童们娶妻，让结了婚的共青团员们都在我们四周安居下来。这有什么不好呢？……我没有用教育家的干涉去烦扰恋爱的人们，况且他们并没有越出正当的范围。"②

进入 1924 年下半年，工学团的其他产业也进一步发展起来了：先是买到了一公一母两匹又壮又漂亮的马，后来又买进了几头好牛和一群羊，牛棚也很快就盖好了；七月，工学团租到了磨坊，同时建立了负责磨坊工作的第九联队，队长是奥萨德契（教育案例 5 中的欺凌者）；负责猪舍的第十联队成了工学团的模范部门，并给整个集体带来了可观的收入。马卡连柯写道："我们自己也没有料到，教养院竟一天天显著地富有起来，而且具有股实的、有条不紊的先进企业的气派。"③ 新来的学童带着新奇的眼光看着集体里发生的一切，并在各自分队队长的带领下迅速融入了工学团热火朝天的生产劳动之中。

---

① 〔苏〕马卡连柯 . 教育诗[M]. 磊然，译 . 北京：人民教育出版社，2011: 265.

② 同上：286.

③ 同上：303.

七月底是打麦的时节，由 50 个人组成的第四混合联队在布隆队长（教育案例 3 里的偷窃者）的带领下开始了从日出到日落的打麦工作。打麦的过程集中体现了工学团当时高涨的生产热情，在《教育诗》中马卡连柯用隽永的语言描写了这首壮美的"打麦交响诗"：

　　　　我喜欢打麦。在傍晚时分打麦是格外的美好……一束束的麦子整排整排地从被削去脑袋的麦垛上升起，而在最后归宿的道路上，经过学童们的手轻轻地一触，就突然落进了贪得无厌的、永远吃不饱的机器的内脏，只留下被损伤的肢体化作的一阵旋风，还有那离开肢体、四下飞扬的麦粒的呻吟。在这一阵阵的旋风里、在这嘈杂声里、在将这些不可胜数的麦捆斩首的混乱之中，被麦皮屑撒了满头满脸的学童，已经能感到夏天宁静的傍晚时分的凉意，他们大声笑着，说着笑话，疲倦和兴奋使他们几乎站不稳脚步，他们一面取笑本身的疲倦，一面在重荷下弯着腰、低着头直往前跑。在这支总的交响曲里，在轰隆轰隆的机器声的单调的主题上和脱粒机上面平台上的恼人的不和谐的噪音之上，他们又给增添了一支充溢着乐观精神的凯旋曲，把人类的愉快的疲倦都描述了出来。已经难以辨别出其中的细节，也难以离开打谷场上这摄人心魄的境界。学童们都像是照相底片上的金灰色的人形，勉强才能辨认出谁是谁。不管是红头发的、黑头发的、亚麻色头发的——现在彼此都是一样的了。①

　　如果说《教育诗》第二部描写的是高尔基工学团的"幸福时代"，那么 1924 年 8 月奥丽亚的婚礼就是"幸福时代"的顶点。奥丽亚是教养院最早接收的三个女学童之一（另外两个分别是掐死自己孩子的拉伊莎和上课

---

① 〔苏〕马卡连柯 . 教育诗[M]. 磊然，译 . 北京：人民教育出版社，2011: 313.

　　　　　　　　　　　　　　　　　　　　　　　　　　　记住马卡连柯：集体教育的思想与实践

骂老师的玛露霞），也是最漂亮的一个，连马卡连柯都在书里说她"长得很美"。[1] 进入第二教养院后不久，奥丽亚就和村里新当选的村苏维埃主席巴维尔恋爱，最后到了谈婚论嫁的阶段。按照当地的习俗，这种事首先要请媒人去女方家说媒。由于奥丽亚是教养院的学童（没有父母），男方的父亲老巴维尔就请了两位媒人来找马卡连柯——这是把马卡连柯视为奥丽亚的父亲。然而，马卡连柯却十分明白高尔基工学团最有权威的是谁——他说："我不是父亲，我的权利也不是做父母的权利。自然，先要问问奥丽亚，然后，关于种种细节需要由队长会议来决定。"[2] 然后就真的为这件事召开了一次队长会议。

在队长会议上，大家与两位媒人就结婚的各种细节进行了一场火药味十足的"商谈"：原来男方家里有些低看奥丽亚这个"教养院里的女孩"，因此虽然巴维尔是长子，但家里新修的房子却准备留给二儿子，奥丽亚嫁过去后要和老巴维尔同住的（不分家）——这一点引起了全体队长的愤怒，照卡拉邦诺夫的说法"这等于是让她给那个老鬼去做长工"；[3] 除此之外，双方也对婚礼的形式产生了分歧——队长会议完全不能接受由牧师主持的婚礼，而男方则认为这是本地一贯以来的习俗。面对集体的强硬态度，媒人假装漫不经心地提到奥丽亚是个"没钱的姑娘"，并且没有嫁妆云云……这些话极大地刺激到了整个集体的自尊心。最后，队长会议经过一个小时的闭门讨论，当着两位媒人的面宣布了集体的决定：

> "队长会议决定：把奥尔迦[4] 嫁给巴维尔。巴维尔应该出来单住，他爹要量力分给他一份产业。不用什么牧师，到民事登记处去登记结

---

① 〔苏〕马卡连柯.教育诗[M].磊然，译.北京：人民教育出版社，2011：102.
② 同上：319.
③ 同上：322.
④ 奥丽亚的爱称。

婚。结婚第一天在我们这里庆贺，以后你们那里要怎么样都随你们的便。我们给奥尔迦的产业有：辛缅塔尔种的母牛一头另带小牛一头，母马一匹另带小马一匹，羊五头，英国种母猪一只……"

柯耳卡①不等念完奥尔迦的那长长的一串陪奁清单，嗓子已经哑了。清单里面又有农具，又有种子，又有储备饮料、衣服、内衣、家具，甚至还有一架缝纫机。最后柯耳卡这样说道："如果需要的话，我们将要永远帮助奥尔迦，如果需要的话，他们也必须帮助教养院，不得推辞。我们把'教养院同人'的称号赠给巴维尔。"②

就这样，"工学团的女儿"奥丽亚带着一笔丰厚到令全村人瞠目结舌的嫁妆出嫁了。根据队长会议的要求，在教养院举办的婚礼极为盛大和隆重——工学团专门为此成立了一个事务委员会，还准备了一场晚间戏剧演出。当天教养院四周都布了岗哨，由两个分队专门负责保卫工作，几乎所有的学童都参与了进来，整个教养院热闹非凡。当晚婚礼开始前不久，马卡连柯行走在装点一新的教养院里，看着周围四处奔忙的学童们，心中充溢着难以名状的幸福：

现在他们一会儿奔跑，一会儿在来客中间态度安详地穿过，现在他们有的在餐桌周围张罗，有的站在岗位上，拦挡着几百个前来凑热闹观看空前的婚礼的人——这就是他们，高尔基人。他们的体格匀称而结实，他们的腰部优美而灵活，他们的身体健康，筋肉发达，不知道什么是医药，他们的脸色鲜嫩，嘴唇红润。这些脸是在教养院里制造出来的——从街头进教养院的时候根本不是这样的脸。③

---

① 柯耳卡是当时的"队长会议秘书"，关于这个职位的介绍参见本书第五章第一节。
② 〔苏〕马卡连柯. 教育诗[M]. 磊然，译. 北京：人民教育出版社，2011: 324-325.
③ 同上：327.

奥丽亚结婚后不久，乌克兰的中小学迎来了开学的日子，这个日子原本同作为改造机关的高尔基工学团是毫无关系的，但这一年的这一天却使整个集体充满了离愁别绪——顺利考取工农中学的学童要离开工学团去上学了。这些年长的学童原本都是教养院里最优秀的骨干，包括札陀罗夫、布隆、卡拉邦诺夫……如果说当初卡拉邦诺夫随米嘉庚离开教养院对集体来说是一次"痛苦的外科手术"的话，那么这一次则无异于生死考验："我和学童们都很清楚：教养院已经上了断头台，一把沉甸甸的斧头正举在它头上，预备把它的头斫下。"[①] 送行前的队长会议决定成立"由札陀罗夫领导的第七混合分队"，将高尔基工学团的集体传统在工农中学延续下去。集体举行了隆重的送别宴会，所有人都尽量忍住不哭……"第七混合分队"去读中学以后，札陀罗夫每周都会给工学团写信汇报大家的各种情况，许多事情依然提请全体大会来定夺——这使大家感到他们并没有真正离开集体。

1924年秋季的一天，人民教育委员会视导柳波芙·萨维里叶芙娜·朱林斯卡雅在包珂娃的陪伴下来到工学团视察，她对马卡连柯在与她交谈时表露出的那副"我自己不读教育学书籍并且还很可怜那些需要读教育学书籍的人"的态度颇不以为意，马卡连柯就请她留在工学团里自己观察。朱林斯卡雅在工学团里住了整整四天，这期间不仅看到了工学团生活、生产的方方面面，还恰巧旁听了一次队长会议。

教育案例 11

可怕的力量

这一天，工学团最资深的学童之一，第七分队的队长柯斯嘉·韦特柯夫斯基突然向马卡连柯提出要离开教养院，他给出的理由颇为含混——类似

---

① 〔苏〕马卡连柯.教育诗[M].磊然，译.北京：人民教育出版社，2011: 334.

于"世界这么大，我想去看看"。同这一时期的其他重大事件一样，马卡连柯选择将这件事提交给队长会议来讨论。

　　……在队长会议上，韦特柯夫斯基的态度很不友好，而且只肯作形式上的答复："我不喜欢待在这里。谁能强迫我待着呢？我高兴到哪里去就到哪里去。我要做什么，这是我自己的事……说不定我要去偷东西。"

　　库德拉狄发火了："这怎么叫不是我们的事！你去偷东西也不关我们的事吗？要是我因为你说了这种话抓住你打你一顿耳光，你还相信这不是我们的事吗？"

　　柳波芙·萨维里叶芙娜脸色发白，想说什么可是没有来得及。

　　被激怒的学童们一齐向韦特柯夫斯基呐喊起来。

　　伏洛霍夫站在柯斯嘉对面，说："就该把你送到医院里去，事情就完了。哼，他还要证件！……我看还是说实话吧。也许找到工作了吧？"

　　古德气愤得最厉害："怎么，我们这里有围墙吗？没有围墙。你既然是这么个下流胚，随你爱到哪里去都没有人来管你。你还以为我们会套起'好汉'①去追你吗？我们决不来追你。你尽管走你的。你到这里来干什么？"

　　拉波季②结束了辩论："大家的意见发表得够了。柯斯嘉，问题很清楚：我们不给你证件。"

　　柯斯嘉低下头咕噜着说："那就不用证件，没有证件我也走。给我十个卢布做路费。"

　　"给吗？"拉波季问。

----

① "好汉"是教养院里一匹马的名字。
② 拉波季是新任的队长会议秘书。

大家都不做声。朱林斯卡雅聚精会神地听着，甚至把头靠在沙发椅背上闭上了眼睛。

柯伐尔说："他在共青团里也提出过这件事。我们开除了他的团籍。至于十个卢布，我想是可以给的。"

"对，"有人说，"不在乎十个卢布。"

我掏出皮夹。"我给他二十卢布。你写一张收据。"

柯斯嘉在一致的沉默下写了一张收据，把钱藏在衣袋里，把帽子朝头上一戴，说："再见，同志们！"

没有人回答他。只有拉波季修地站起身来，一直跑到门口才向他喊道："喂，你这个家伙！等二十卢布花光了，不要害臊，到教养院来好啦！你可以做工来偿还这笔钱！"

队长们散会的时候都很恼怒。

柳波芙·萨维里叶芙娜定了定神，说："真可怕啊！应该跟那个孩子谈谈……"后来又考虑了一下，说："可是，你们的这个队长会议是一种多么可怕的力量啊！这些人真了不起！……"①

我们之前说奥丽亚的婚礼是"幸福时代"的顶点，多少有点"从此之后就走下坡路"的意思——这当然并不完全准确，尤其是在《教育诗》第三部里还有一场被称为"完全的胜利"的收编库里亚日教养院的战役。尽管如此，不可否认的是：从1924年下半年到1925年这段时间，高尔基工学团的集体状态确实出现了一个明显的转折，而第七混合联队成员"毕业"带来的离愁和对集体年轻一代"接班人"的考验只能算这段转折的序曲。

进入1925年后，马卡连柯之前有意"纵容"的两段恋情（男方分别是学童奥普利希柯和巧包特）都有了新的进展。令人痛惜的是，这两段恋情

---

① 〔苏〕马卡连柯.教育诗[M].磊然,译.北京：人民教育出版社,2011:353-355.

的最终结局却并不像奥丽亚那样美好。

最先出状况的是奥普利希柯，他是工学团里最强壮的学童，但头脑比较简单，并且有时候容易把自己的个人利益置于集体利益之上。奥普利希柯当时正和当地村里的一位农村姑娘马露霞①谈恋爱。奥丽亚的婚礼结束后不久，马露霞的父亲路卡宪柯就要求奥普利希柯也从教养院获得同样价值的一份彩礼，否则就不同意他俩的婚事。有一天，奥普利希柯在队长会议上提出了这个请求，然而，"奥普利希柯在队长会议上俨然摆出路卡宪柯的继承人和有地位的人的姿态，使人看了很不愉快"。②队长会议上，大家认为奥普利希柯的情况与奥丽亚不同——奥丽亚夫妇后来加入了当地的集体公社，而路卡宪柯则是一名富农，不肯放奥普利希柯和马露霞加入集体公社，而马露霞又不愿意为了奥普利希柯忤逆她父亲。这样一来，整件事情给人的感觉就是路卡宪柯看中了工学团的财产……

最后，队长会议以"工学团不繁殖富农"以及"马露霞爱情不坚"为由拒绝了奥普利希柯的请求。这件事给奥普利希柯造成了很大的打击，他心情郁闷地在教养院里瞎逛，把气撒在小学童身上，第二天还喝醉了在寝室里撒酒疯。

我们在本节开头就介绍过，进入第二教养院以后，个人公然违抗集体的情况是很少见的，而且在当时的工学团里，酗酒也已经是一件罕见的事情。不仅如此，奥普利希柯本人就是第三分队（养牛业）的队长，更不应该犯这么低级的错误，再加上他显然是因为对前一次队长会议的决议不满而闹情绪……

所有这些因素加在一起，当工学团专门召开队长会议来审判奥普利希柯的酗酒问题时，他已经无形之中站在了整个集体的对立面。

---

① 这个"马露霞"并不是教养院里的"玛露霞"，这个名字在当时的乌克兰是一个很常见的女孩名。
② 〔苏〕马卡连柯.教育诗[M].磊然,译.北京：人民教育出版社,2011: 356.

站 到 当 中 来

……大家面色阴沉地坐着，奥普利希柯也面色阴沉地站在墙边。拉波季说："虽然你也是队长，可是现在你是为了个人的事受责备，所以要你站到当中来。"

我们的规矩是：犯过的人一定要站在房间当中。

奥普利希柯用阴郁的眼睛在主席的脸上扫视了一下，嘟哝着说："我又没有偷东西，所以我不愿意站到当中去。"

"我们有法子会叫你站过去。"拉波季轻轻地说。

奥普利希柯把到会的人打量了一下，懂得他们是会这样做的，就离开墙边，走到当中。"好，站就站吧。"

"立正。"拉波季要求说。

奥普利希柯耸耸肩膀，冷笑了一声，但仍旧放下了三，伸直了身子。

"现在你说吧，你作为一个共青团员、队长和学童，你怎么敢喝醉了酒在寝室里胡闹？说呀。"

奥普利希柯做人一向采取两种态度：碰到对他有利的条件，他不惜逞勇、胡来一阵、"不顾一切"，其实他一向是一个谨慎狡猾的外交家。学童们对于这一点非常熟悉，因此奥普利希柯在队长会议上所表现得顺从，大家看了都不足为奇。

最近被选拔代替韦特柯夫斯基的第七联队队长若尔卡·伏尔柯夫对奥普利希柯把手一摆，说："现在他已经在那里装样。已经变得乖乖的。可是等到明天又要摆威风了。"

"不，让他来说吧。"奥萨德契愤愤地说。"我还有什么好说的呢：一句话——怪我错了。"

"不，你说，你怎么敢这样的。"

奥普利希柯的眼睛里露出了一副情愿讨饶的神情，他把双手对到会的人一摊，说："这哪里是什么敢不敢？我是因为心里难受才喝的酒，一个人要是喝醉了酒，就不能替自己的行为负责了。"

"胡说，"安东说，"你要负责。你以为不要负责，那你才是想错了呢。一句话——把他赶出教养院就完了。谁喝醉了酒就把谁赶出去……绝不留情！"

"这样他会堕落的呀，"盖奥尔吉叶夫斯基①睁大了眼睛，"他会在街上堕落的。"

"随他去堕落去。"

"人家是心里难受才喝的酒！你们怎么还要挑他的错？人家心里难受，你们还开队长会议来跟他纠缠！"奥萨德契带着公然的讽刺打量着奥普利希柯的那副正人君子的面孔。

"他如果两手空空，路卡宪柯是不会收留他的。"塔拉涅茨说。

"关我们什么事！"安东喊嚷着，"他不要，就叫奥普利希柯给自己另外找一个富农……"

"何必赶掉他？"盖奥尔吉叶夫斯基开始怯怯地说话了，"他是个老学童，他错固然是错了，可是他还可以改好。我们应该考虑到，他和马露霞彼此相爱。应该想办法成全他们。"

"怎么，他是个流浪儿童吗？"拉波季带着惊讶的神气说，"他还需要改过？他是个学童②呀。"

第八联队的新队长，在这个英勇的联队里代替卡拉邦诺夫的施奈德发言……

---

① 盖奥尔吉叶夫斯基是当时第十一分队（小孩联队）的队长，他应当是这场队长会议里年龄最小的人。
② "学童"当时在工学团里已经是一个带有褒义的称呼。拉波季这句话的意思是：奥普利希柯不是一个街上的流浪儿童，他是高尔基工学团的一个"正式团员"。捷尔任斯基公社时期的"社员"称号在这一点上更加明显——刚加入的成员会有一段几个月的"观察期"，期满后需要"转正"才能获得"社员"称号。

施奈德这时说："如果奥普利希柯是个新人，那还情有可原。可是现在无论如何都不能原谅。奥普利希柯的态度表示，他根本不把集体放在眼里。你们以为，他的态度以后会改变吗？大家都知道，并不如此。我并不愿意使奥普利希柯痛苦。这对我们有什么好处呢？可是让他离开我们的集体过一阵看看，那时候他就会明白了。同时一定也要让别人知道，这种狂妄的富农行为我们是不能容许的。第八联队要求开除他。"

第八联队的要求是起着决定性的因素：因为第八联队里差不多没有新人。队长们望望我，拉波季请我发言："问题很清楚。安东·谢苗诺维奇，请您说说您的意见。"

"赶出去。"我简短地说。

奥普利希柯明白，事情已经到了无法挽回的地步，便抛开原来那副外交家的谨慎的面具，说："怎么赶出去？叫我到哪里去？去偷吗？你们以为你们就可以无法无天了吗？我要到哈尔科夫去……"

到会的人都大笑起来。"那可好极了！你到哈尔科夫去吧，叫那边开一张字条给你，你再回到教养院来，那你就有充分的权利住在我们这里了。那你就惬意了，惬意透了。"

奥普利希柯明白他不小心说错话犯了众怒，便不再做声。

"那么，只有盖奥尔吉叶夫斯基一个人反对。"拉波季环视了一下会议，"值日队长！"

"有！"盖奥尔吉叶夫斯基肃然立正。

"把奥普利希柯赶出教养院。"

"是！"盖奥尔吉叶夫斯基行着普通的敬礼回答说，然后向奥普利希柯点点头请他到门口去。

隔了一天，我们听说奥普利希柯住在路卡宪柯家里。他们中间是根据怎样的条件成立的协定——我们不得而知，但是孩子们断定，整个问题都是由马露霞解决的。①

在这次驱逐奥普利希柯的会议中,马卡连柯首次对"站到中间来"的传统及其作用进行了详细的描述。这次队长会议有许多细节值得玩味:首先是集体权威背后所隐藏的暴力威慑——"我们有法子会叫你站过去";其次是队长们真正在意的显然并不是酗酒事件本身,而是背后反映出的态度问题——"他根本不把集体放在眼里",这一点在奥普利希柯最后试图威胁集体的话里体现得最为明显;最后还有一个很有意思的细节,整个队长会议里只有盖奥尔吉叶夫斯基反对驱逐奥普利希柯,而他又正好是当天的值日队长(参见本书第五章第一节对"值日队长"的介绍),需要无条件地执行队长会议作出的决议,这恰恰与漠视集体纪律的奥普利希柯形成了鲜明的对比。在整个"奥普利希柯事件"中,我们还可以明显感觉到队长会议的"集体智慧"——大家将各种事实、角度和观点拿出来公开讨论,进而作出了与之前奥丽亚结婚时截然不同的决议。作为一个高度强调组织纪律性、半军事化管理的违法犯罪者改造机关,高尔基工学团的队长会议能够保持这种针对不同事件"具体情况具体分析"的灵活性十分难能可贵,充分体现出集体生活内部逻辑的复杂性和辩证性。

如果说奥普利希柯在爱情驱使下的所作所为主要是令整个集体感到愤怒的话,那么发生在另一名恋爱的学童巧包特身上的事则令人十分痛心。读者们可能还记得:巧包特是工学团成立初期因为喜欢用刀子"解决问题"而被集体驱逐的第一人(见教育案例4)。从性格上来看,巧包特是一个感情非常强烈也因此非常冲动的人。巧包特的对象是村里一名叫娜塔莎的姑娘,她本来寄住在自己姑父家里。有一次巧包特去看她,正好碰到娜塔莎的姑父因为琐事在抽打娜塔莎,巧包特立刻就冲上去把她姑父暴打了一

---

① 〔苏〕马卡连柯. 教育诗[M]. 磊然,译. 北京:人民教育出版社,2011:358-361.

顿……教养院后来为此事同村民进行了好几次谈判，最后马卡连柯拍板把娜塔莎收容进教养院，事情才算是结束了。

原本巧包特和娜塔莎都在工学团里，感情应当是比较稳定的，但后来这一切发生了变化：巧包特想离开教养院去和他哥哥一起生活，希望带娜塔莎一起走，但是娜塔莎想留在教养院继续读书。巧包特希望马卡连柯能帮他说服娜塔莎，但马卡连柯认为应当尊重娜塔莎自己的意愿。这时，巧包特感情冲动的性格显露了出来——他陷入了一种"没有娜塔莎我就活不了"的维特式的痛苦之中，马卡连柯只好苦口婆心地开导他。

教育案例 13

少年巧包特的烦恼

……巧包特用充满血丝的眼睛望了我一下，一直望进我灵魂的最深处，然后哑声说："请您去跟她谈吧。不过您要知道：娜塔莎要是不去，我就自杀。"

"这是什么傻话！"我对巧包特叱喝起来，"你是个人呢，还是个废料？你不觉得丢脸吗？"

但是巧包特没有让我说完。他倒在长凳上，说不出地伤心绝望地痛哭起来。

我把手放在他的滚烫的额头上，默默无言地望着他。他忽然跳起来，抓住我的臂肘，对着我的脸抽抽噎噎地、上气不接下气地说："请原谅我……我明知道我是在给您添麻烦……可是我实在没有办法……您知道，我是个什么样的人；您是什么都看见，什么都知道的……我可以下跪……没有娜塔莎我不能活！"

我跟他整整谈了一夜，在整整一夜里我都感到自己的无能为力。我向他讲到灿烂的生活，讲到光明的道路，讲到人生有各种不同的幸福，讲到做事需要谨慎和有计划，讲到娜塔莎应该念书，她的天资很高，将来可以帮助他，不应该把她送到遥远的包高杜霍夫的乡村，她在那里会苦闷死的——所有的这些话都不能打动巧包特的心。他阴郁地听着我的话，喃喃地说着："我哪怕粉身碎骨，也要想办法叫她肯跟我走……"①

正如所有伟大的教育家一样，马卡连柯在分享其教育经验的时候，丝毫不避讳自己曾经遭受过的失败，比如"札陀罗夫事件"（见教育案例1）、"普里霍季柯事件"（见教育案例6）都是如此。然而，相比前两次主要是因为马卡连柯本人情绪失控所导致的失败来说，"巧包特事件"中的教育失败是更为彻底的：马卡连柯本人在整个过程中并没有任何失控的情况，相反，他怀着极大的意愿，在冷静的态度下尝试了自己知道的所有教育方法，经过整整一夜的努力，却依然"感到自己的无能为力"。该事件的严重性也是前所未有的：在确认了娜塔莎不走的两周后，巧包特在一天夜里上吊自杀。之前巧包特的阴郁状态在集体里已经众人皆知，所以这件事在集体里并没有引起太大的震动——几个女学童哭了，而大多数学童则对巧包特的不幸持一种"好男儿何必如此"的惋惜之感。

尽管巧包特的死并没有给集体造成太大的直接伤害，但这件事让马卡连柯对整个集体当时的状态进行了审慎的思考。马卡连柯发现，巧包特"想不开"的背后其实隐藏着集体内部正在慢慢增强的一种普遍倾向：大家开始为个人未来道路的不明确而感到困惑。马卡连柯认为，在一个真正优秀的集体当中，个人未来道路的不明确绝不会造成危机——因为个人的道路永远是不明确的，而真正的集体生活应当能够使人忘我地投入其中，让个人投入远比自己更加重要的社会事业当中去。对于个人未来的思虑在集体中的普遍出现，恰恰是由集体本身的未来和前进方向不明确导致的——经

---

① 〔苏〕马卡连柯.教育诗[M].磊然,译.北京:人民教育出版社,2011:363-364.

过这样一番思考，马卡连柯领悟了后来被称为"集体运动"（叫"集体行进"可能更准确）的重要思想：

> 我又把全体学童的力量考虑了一下，才恍然大悟问题的所在：是呀，我怎么会想了这么久才想明白的呢！一切的毛病都是出于停滞。在集体生活中是不容许停滞的。我像孩子似的高兴起来：这是多么的美好啊！这是多么奇妙的耐人寻味的辩证法啊！一个自由的劳动集体是不能够老站在一个地方不动的。放之四海而皆准的普遍发展规律直到现在才显露出它真正的力量。一个自由的人类集体的生存的方式就是——向前行进，它的死亡的方式就是——停滞。[①]

1925 年夏天结束以后，第二批考上工农中学的学童也"毕业"了，其中有好几个分队的队长，这些队长在几年前都是马卡连柯为之伤透脑筋的"难教育对象"，但现在都成了优秀的工学团骨干，比如已经成为第五分队（女孩子分队）队长的玛露霞（教育案例 10 里的骂人者），又比如长期担任磨坊分队队长的奥萨德契（教育案例 5 里的欺凌者）：

> 奥萨德契也走了——我曾为他付出了一生中最好的一段光阴。他以前是个道道地地的强盗胚，可是他往哈尔科夫去进技术学院的时候却成了一个英俊的美少年，体格高大强健、气度沉着、充满一股特别的勇气和力量。柯伐尔提到他的时候，说："奥萨德契真是个好团员，真舍不得把这样的团员送走！"这句话的确不错。两年以来，奥萨德契在他的双肩上一直挑着磨坊联队队长的最麻烦的重担，一副充满没完没了的操劳以及跟各个村子和贫农委员会打不完的交道的重担。[②]

---

① 〔苏〕马卡连柯 . 教育诗[M]. 磊然，译 . 北京 : 人民教育出版社，2011: 371.
② 同上 : 378.

为了使集体能够继续"前进"，或者用马卡连柯的专门术语来说——"设置前景目标以确保集体的向前运动"（参见本书第六章第一节）——马卡连柯开始为高尔基工学团的下一个发展阶段寻找目标。当时在朱林斯卡雅的提议下，高尔基工学团原计划接收查波罗什区的波波夫田庄，但最终却因为人民财政委员会拒绝三万卢布的拨款而夭折。尽管如此，经过这样一番波折，集体的向前行进（去往另一个能有更大发展空间的地方）已经在大家心中形成一个不可逆转的念头——"连人民教育委员会里都温顺地感到我们的顽强的愿望，他们认为只有一个问题：往哪里去？"[①]

　　　　由于这个缘故，一九二六年的二月和三月里的情况弄得非常复杂。查波罗什的失败虽然扑熄了那个雄伟的、令人欢欣的希望的最后的火花，但是集体里仍然保持着一个执拗的信念。学童全体大会上没有一个星期不要讨论一个新的建议……我们就这样走马看花地看了伐尔基的斯塔里茨基田庄、庇李亚京的寺院、卢勃纳的寺院、狄康加的科丘别依公爵的府邸，还看了一些莫名其妙的地方。还有许多地方被提出来，因为不值得一看，马上就抛开了。其中有一个是库里亚日，这是紧靠哈尔科夫的一所儿童教养院，里面有四百个孩子，听说都腐化得无可救药。我们一想到腐化的儿童机构就发生反感，所以对于库里亚日的考虑只是泛了几个旋生旋灭的无力的小水泡。[②]

　　正当集体为"往哪里去"伤透脑筋的时候，马卡连柯有一次碰上儿童生活改善委员会就库里亚日教养院的问题进行讨论，会上所反映的情况让马卡连柯都不敢相信。会后，一个视导员尤利叶夫建议马卡连柯可以考虑带高尔基工学团收编库里亚日教养院，并邀请马卡连柯跟他一起去库里亚

①② 〔苏〕马卡连柯. 教育诗[M]. 磊然，译. 北京：人民教育出版社，2011：387-388.

日看一看，马卡连柯同意了。然而，在了解了库里亚日教养院里那种混乱、破败以及毫无组织纪律性的几百个学童的状况后，马卡连柯依然不愿意接手这个"烂摊子"。朱林斯卡雅也觉得与其拿高尔基工学团来冒险，不如直接把库里亚日教养院关闭掉。尽管如此，马卡连柯还是决定先回去向集体做个汇报，由学童们一起来决定是否要去库里亚日。

在整部《教育诗》里，接收库里亚日之前的这场全体大会①是被记录得最详细的一次——这是一次决定了高尔基工学团后续命运的大会。在大会上，库里亚日教养院的情况让学童们"大开眼界"，在马卡连柯作报告的过程中，笑声此起彼伏。在进行讨论的时候，有人指出自从走了两批老学童后，集体的力量已经有所削弱；教师伊凡·伊凡诺维奇则认为双方力量过于悬殊——工学团正式成员大约80个，而对方则有320个人，②并且差不多都成年了；甚至有人觉得一旦去了库里亚日，"他们会把我们活活地吃掉""会把我们的许多孩子教会偷东西""等于去送死"……

大家听了这些话，也七嘴八舌地议论了起来。正在这时，卡里纳站起来发言，他的一番话成了这场大会的转折点。

教育案例 14

这笔账应该怎么算

"……现在库里亚日摆在你面前。你反而坐在这里左考虑右考虑。可是这里有什么好考虑的呢？你是个前进的人，你看，你有三百个弟兄们，三百个也是像你一样的马克西姆·高尔基，在堕落下去。安东·谢苗诺维奇在这里讲，你们还要嘻嘻哈哈地笑，这里有什么好笑的呢？苏

① 关于全体大会和队长会议的关系可参见本书第五章第一节。
② 库里亚日教养院原本有400多人，儿童生活改善委员会把其中年龄较小的120多人送走了，以给即将到来的高尔基工学团腾出空间。

维埃政府怎么能容许就在首都哈尔科夫，在葛利高里·伊凡诺维奇①本人的身边长出四百个强盗来呢？苏维埃政府对你们说：去工作去吧，帮助他们变成正直的人——你们想想看，有三百个人呢！眼睁睁望着你们的并不是路卡·谢苗诺维奇或是什么无赖，望着你们的是哈尔科夫的整个无产阶级！可是你们却说——不去！……我们舍不得离开这里。一来是舍不得跟玫瑰花离开，二来是心里害怕：我们有多少人，他们那些寄生虫有多少人。可是当初我和安东·谢苗诺维奇两个人开办这个教养院的时候，是个什么光景呢？我们能不能召集一个全体大会，发表一通演说呢？让伏洛霍夫、塔拉涅茨和古德来讲一讲吧，难道我们怕他们这些寄生虫了吗？而且这是为国家工作，是苏维埃政府需要的工作。所以我要对你们说：你们去吧，去了问题就解决了。马克西姆·高尔基一定也会说：瞧，我的高尔基人多么好，他们这批寄生虫都去了，他们不害怕！"

卡里纳·伊凡诺维奇越说双颊越泛出红晕，学童们的眼睛也更热情地放出光辉。坐在地上的孩子们，有许多向我们挪近，有几个索性把下巴搁在旁边的人的肩膀上，目不转瞬地凝望着——不是望着卡里纳·伊凡诺维奇的脸，而是望着更远的地方，望着自己未来的丰功伟绩。在卡里纳·伊凡诺维奇提到马克西姆·高尔基的时候，学童们的全神贯注的瞳孔里仿佛迸发出人类的热情的火焰，小家伙们都喧哗起来，叫起来，移动起来，他们要拥上去鼓掌，但是却又顾不得鼓掌。

…………

"卡里纳·伊凡诺维奇，既然这样，您也跟我们一块去吧？"卡里纳·伊凡诺维奇一面装烟斗，一面苦笑了一下。

拉波季说话了："我们这里写的是什么，大家念一念！"

---

① 指全乌克兰中央执行委员会主席葛利高里·伊凡诺维奇·彼得罗夫斯基。——原注

大家齐声喊道："不要叫苦！"①

"好，再念一遍！"拉波季把紧握着的拳头朝下一放，大家就响亮地、坚决地重复着："不要叫苦！"

"可是我们却在叫苦！这些数学家真高明：他们在算着八十比三百二十。有谁这样算法？我们接受四十个哈尔科夫的孩子的时候，我们算过吗？他们在哪里？"

"我们在这里，在这里！"一群小家伙嚷着说。

"那么，结果怎么样呢？"

小家伙又喊着："很好！"

"那么，还算它做什么呢？如果我是伊凡·伊凡诺维奇的话，我就要这么算：我们没有虱子，他们却有一万只虱子——所以你们还是待在那里不要动吧。"

到会的人都哈哈大笑着回头望了望羞得满脸通红的伊凡·伊凡诺维奇。

"我们应该简单地计算，"拉波季接着说，"我们这方面有高尔基教养院，可是他们那方面有什么人呢？什么人也没有！"拉波季说完了。

学童们都嚷起来："对！大家都去，就是这么回事！让安东·谢苗诺维奇写封信给人民教育委员会！"

…………

"表决吗？"拉波季征求我的意见。

"让安东·谢苗诺维奇说说他的意见！"人群里有人喊道。

"你没有看见呢，还是怎么？"拉波季说，"不过照规矩还是要讲一讲。安东·谢苗诺维奇发言。"

我在大家面前站起来，简短地说："高尔基教养院万岁！……"②

---

① "不要叫苦！"是同年五一劳动节时工学团在俱乐部大厅（也就是全体大会召开的地方）里新拉起来的一条标语。

② 〔苏〕马卡连柯. 教育诗[M]. 磊然，译. 北京：人民教育出版社，2011：399-401.

教育案例 14 与本章前面介绍的 13 个教育案例都不一样：之前的 13 个案例（无论是成功的还是失败的）都有一个作为主要教育对象的个人（札陀罗夫、布隆、巧包特、奥萨德契、玛露霞、巧包特……），虽然教育和处理这个人的过程对集体里旁观整个过程的其他成员往往也构成一种教育（符合马卡连柯的"个人与集体同时作用原则"[①]），但这种教育效果相对来说是伴生的和次要的。而在教育案例 14 中，集体本身正是最主要的教育对象。大会结束时，集体从最初对"接收库里亚日"这一任务瞻前顾后、畏首畏尾的状态转到了一种斗志昂扬、奋勇向前的状态——原本一次普通的全体大会最后升级成了一场催人奋进的"战前动员"。卡里纳和拉波季的发言使全体学童凝聚起强大的集体认同感和集体荣誉感（"我们"是以"高尔基"命名的英勇无畏的集体），找到了富有社会价值和意义的集体使命（为国家改造库里亚日的 300 多个学童），再次喊出了集体的战斗口号（"不要叫苦！"），整个集体无比清晰同时又无比坚定地看到了自己未来要走的道路。

在这种态势下，大会结束后当天，马卡连柯就代表高尔基工学团给朱林斯卡雅发了一份电报，请求将库里亚日教养院交给他们。然而，这时在人民教育委员会内部却出现了一些反对的声音，尤其是一个叫克里亚密尔的领导，对马卡连柯在接收方案里提的要求——比如辞退库里亚日全体原有教职员，将教员人数从 40 人减少到 15 人，同时月工资从 40 卢布增加到 80 卢布等——表现出极大的愤怒和反对。由于争议太大，这件事最后被提交到了上级机关那里：

> 最后我被唤到上级党机关的办公室。一个脸刮得很光的人从公文上抬起头来，说："请坐，马卡连柯同志。"
> 办公室里还有朱林斯卡雅和克里亚密尔。

---

① 关于这个原则的详细解读可参见本书第六章第三节。

我坐下了。

脸刮得很光的人声音不高地问："您相信您带着您的学生一定能克服库里亚日的腐败吗？"

我的脸色一定发白了，因为我在答复这个非常诚恳地提出的问题时，只好当面撒谎："我相信一定能够。"

脸刮得很光的人对我凝视了一下，接着说："现在还有一个技术问题——克里亚密尔同志，请注意，是技术问题，不是原则问题——请告诉我，不过请简短地说，您为什么不要四十个教师，只要十五个，为什么您反对四十卢布的工资额？"

我想了一想，回答说："要是简单地说，就是：四十个拿四十卢布工资的教师不但会把流浪儿童的集体搞垮，而且会把任何集体搞垮。"

脸刮得很光的人忽然朝椅背上一仰，纵声大笑起来；他含着眼泪，用指头指着克里亚密尔问道："甚至能搞垮像克里亚密尔这样的人组成的集体？"

"那也免不了！"我严肃地回答。他的那副冷淡拘谨的态度好像被一阵风吹跑了。他向柳波芙·萨维里叶芙娜伸出手来："我不是对您说过'好货不贱，贱货不好'的吗？"他忽然疲倦地摇摇头，又恢复了公事公办的官腔对朱林斯卡雅说："让他们搬！而且要快！"

"两万卢布。"我站起身来，一边说。

"您会收到的。不多吗？"

"嫌少。"

"好吧。再见。您搬过去吧，并且要记着：一定要取得完全的胜利。"①

---

① 〔苏〕马卡连柯.教育诗[M].磊然，译.北京：人民教育出版社，2011：404-405.

第三节　完全的胜利

将接受库里亚日教养院确定为集体目标后，包括马卡连柯在内的整个高尔基工学团可以说进入了一种"积极备战"的状态。队长会议决定，在这个集体搬过去之前，先派九名学童和一名教员同马卡连柯一起组成"先头部队"到库里亚日交接。马卡连柯想到自己在库里亚日的所见所闻，觉得人实在太少了，但队长会议表示搬家事情太多，人手实在不够。朱林斯卡雅自从库里亚日视察以后也表示非常担心："三百个极端愚昧、腐化堕落、心里怀着毒狠的男孩子……这简直是一种兽性的、彻头彻尾的腐化……这甚至不是无政府状态……再加上这种贫穷、恶臭、虱子！你们不应该去，我们出的这个主意实在是太笨了。"[①] 马卡连柯反过来安慰她，给朱林斯卡雅讲了整个集体当前的状态以及这件事代表的意义："跟库里亚日进行斗争不但对库里亚日的学童们和我的敌人们是需要的，它对我们和每个学童也是需要的。这次斗争具有现实的意义。请您到学童们中间去走一趟，您就可以看出，退却已经不可能了。"[②]

很快，"先头部队"就到达了库里亚日。虽然马卡连柯之前和学童们介绍过这里的情况，但真实的情形依然让学童感到震惊——几乎每个角落都肮脏不堪，所有能偷的东西都被学童们偷走了，一切都显得颓败混乱。

　　　　我信步在教养院里走着，没有人朝我走过来，但是学童们好像渐渐多起来了。他们远远地注视着我。我走到一个个寝室里去看看。寝室非常之多，我简直想象不出，到底有没有一个没有寝室的地方，好几十幢大大小小的房屋和边屋里，都满是寝室。这时候寝室里的学童很多。乱七八糟的破布堆上、光铺板上和铁床的铁条上，到处坐的都是。他们把

---

① 〔苏〕马卡连柯. 教育诗[M]. 磊然, 译. 北京：人民教育出版社, 2011: 426.
② 同上：427.

　　　　　　　　　　　　　　　　　　　记住马卡连柯：集体教育的思想与实践

手插在裤子破破烂烂的两腿之间，坐在那里热东西吃。有人在捉虱子，有的聚作一堆在角落里赌钱，有的在把熏得乌黑的锅底剩下的冷菜汤喝完。谁也不来理睬我，在这个世界上我是不存在的。[①]

除了整体上的破败以外，教养院里的小孩子和女孩子的生活是最为凄惨的——他们的东西经常被抢走、卖掉，连食物也经常短缺。此时一种对库里亚日教养院里各种恶行的愤怒在马卡连柯心中逐渐升起："愤怒压下了我对失败的恐惧。我向女孩子们许下的诺言无情地粉碎了昙花一现的突发的动摇。我非常轻率地向她们保证了十天以后要让她们过真正人类的生活，而现在这几十个饱受惊吓、文静苍白的女孩子，在我心里竟突然成了我自己的良心的代表。"[②]

马卡连柯在库里亚日最初的工作开展得很不顺利。白天许多学童甚至都不在教养院，而是跑到城里去了。留在教养院里的学童也一个都没来参加"先头部队"组织的第一次全体大会。与此同时，"先头部队"还要从头解决一些属于"日常生活"的问题，比如在哪里上厕所，用什么东西吃饭等。正当他们感到焦头烂额之际，在工农中学读书的富有战斗力的"第七混合联队"（库里亚日离他们所在的哈尔科夫市很近）集体抵达了，马卡连柯写道："他们一来，我意识中的那一群神秘而危险的库里亚日学童也就立刻化作一个连洛日庚都会不屑一顾的芝麻绿豆大的小问题了。"[③] 在中学生们的帮助下，大家决定先开始吃午饭，然后在吃饭的时候去每个寝室动员所有人来参加全体大会。吃午饭的时候有个别库里亚日学童还试图像以前那样冲进厨房抢吃的，结果被守在门口的"高尔基人"挡住了，这些学童也算是第一次"领教"了集体的力量。

---

① 〔苏〕马卡连柯.教育诗[M].磊然，译.北京：人民教育出版社，2011：439.
② 同上：446.
③ 同上：452.

通过到每个寝室去动员，第二次召集全体大会时学童就来了很多，马卡连柯给他们讲了工学团的纪律和对库里亚日的改造计划等，但库里亚日的学童们似乎对这种集体生活十分陌生，对马卡连柯讲的话也没有任何赞同或反对的声音。"先头部队"依据高尔基工学团的传统划分了分队，并召开队长会议布置了第二天的劳动，结果早上连一个库里亚日教养院的学童都没出现，这意味着"先头部队"对库里亚日教养院的"初步改造"彻底失败了。

尽管如此，在这一过程中，马卡连柯通过认真、细致的观察与谈话，更深入地了解了库里亚日教养院的学童情况：280名学童大多数都处于无组织无纪律的状态，但内部也形成了几个小集团，其中最危险的是由大约15名年长学童构成的"头儿"们——他们在教养院里进行有组织的偷窃、欺凌，甚至在大路上抢劫。显然，这伙"头儿们"的本质就是在库里亚日教养院的无政府状态中滋生出的一个具有黑社会性质的团伙，而这个团伙也就成了高尔基工学团改造库里亚日教养院的最大障碍。

虽然形势并不乐观，但"先头部队"还是开始了改造库里亚日教养院的工作——在绝大多数库里亚日学童都拒绝劳动的情况下，"先头部队"和极少数先进的库里亚日学童在五天时间里新建了厕所，整顿了地窖、教室、寝室、温室和花房，修理了发电站，勘察并摸清了自来水管的位置……

一时间，库里亚日教养院的各个角落都出现了久违的、热火朝天的劳动景象，而这番景象对那些拒绝参加劳动的库里亚日学童的心灵产生了非常微妙的影响。

我看到现在库里亚日的孩子们需要费多少周折才能绕来绕地走到食堂，吃完了饭各自散去干自己的事情，又要费多少麻烦，心里总是忍不住暗自高兴——因为一路上净是些碍事绊脚的木料、沟渠、大锯，随便乱放的斧头，一圈圈和好的烂泥和一堆堆的石灰……还有他们自己的灵魂……他们三三两两地逗留在工地附近，胆怯地打量着同学们，然后又像犯了罪、又像在沉思似的跨着步子朝寝室走去。可是寝室里已经一无乐趣，连偷也没得可偷了。他们又走出来在工地附近徘徊，可是因为在同学们面前拉不下面子，所以拿不定是不是要竖起白旗，请我们准许他们随便搬一点什么。疾步如飞的高尔基人，像水上快艇似的，顺着笔直的航线在他们身旁飞快地掠过，遇到任何障碍都可以腾空而起。库里亚日人被他们的干劲吓得目瞪口呆，只好又以哈姆莱特或是科利奥兰纳斯①的姿势站在那里。比起他们，库里亚日学童们的处境也许更为悲惨，因为从来没有人用快活的声调向哈姆莱特吆喝着："不要在这里碍手碍脚，离吃午饭还有两个钟头呢！"②

除了每天忙碌的劳动能使库里亚日学童真正"看到"高尔基工学团的精神面貌以及未来等待着他们自己的那种生活的轮廓外，在这五天里，马卡连柯也见缝插针地进行了一些个别教育的尝试。如果说几天后对库里亚日教养院的整体改造是"爆炸"（马卡连柯语）的话，那么此前的这些个别教育就仿佛是爆炸前的"火星"，其中比较有代表性的是马卡连柯与一个"头儿们"成员毕烈茨的一次对话。

教育案例 15

毕烈茨是不是笨蛋

不久以前的一个傍晚，我看见他们那一伙人坐在预备给猪崽造日光浴室用的木板上抽烟，一边在闲谈一件什么事，就向他们走过去。我在他们跟前站下，拿出烟叶来卷好烟卷，打算跟他们对个火。毕烈茨高高兴兴地，带着友好的神气打量着我，声音响亮地说："院长同志，您工

---

① 莎士比亚悲剧《科利奥兰纳斯》中的主人公。——原注
② 〔苏〕马卡连柯.教育诗[M].磊然,译.北京：人民教育出版社,2011：493-494.

作挺卖力，可是抽烟只抽马合烟。难道苏维埃政府连烟卷都不能给您预备吗？"

我走到毕烈茨跟前，弯下腰在他手里对了个火。然后也同样高高兴兴，声音响亮，带着微乎其微的命令口吻说："来，把帽子脱掉！"毕烈茨眼睛里的笑意变成了惊讶，可是嘴巴还在笑着。

"干什么？"

"把帽子脱掉，你不懂我的话是怎的？"

"好，脱就脱……"

我用手掠起披在他额上的那根头发，仔细打量了他的已经有些发慌的脸，说："嗯……行啦。"

毕烈茨仰起脸呆呆地望着我，我却接连几口把烟吸完，很快地转过身子向木匠们那边走过去……木匠已经快要完工，包罗伏侬^①极力向我证明，熬得好的油比起熬得不好的油有哪些好处……最后包罗伏侬哗啦一声抬起他的木箱，我们就一同向钟楼走去。

毕烈茨在我们旁边走着，老咬着上唇，包罗伏侬往下走，到村子里去，我就反背着手，直对着毕烈茨的脸问道："你到底有什么事？"

"您方才为什么盯着我看？请您告诉我。"

"你是姓毕烈茨吗？"

"是呀。"

"叫斯吉潘，对吗？"

"您怎么知道的？"

"你是斯维德洛夫斯克那边的人吧？"

"不错……您又怎么会知道的呢？"

"我什么都知道。我知道，偷东西、耍流氓手段，你样样都会。我

_____

① 马卡连柯在当地找来的一个木匠师傅。

只是不知道，你是个聪明人呢还是个笨蛋。"

"怎么样？"

"你问了我一句非常愚蠢的话，就是关于烟卷的话，非常愚蠢……简直愚蠢得莫名其妙，请原谅我……"

尽管时间已经是昏暗的薄暮，我也可以发觉毕烈茨的脸涨得绯红，眼皮因为充血变为沉重，浑身好像在冒火。他狼狈地迈了一步，朝四面打量了一下："唉，算了，有什么可抱歉的……当然……不过这句话愚蠢在哪里呢？"

"非常简单。你知道我工作很忙，没有工夫进城去买烟卷。这种情形你是知道的。我没有工夫，因为苏维埃政府交给我一件非常繁重麻烦的工作，叫我把你的生活变为合理的幸福的生活，把你的生活，明白我的意思吗？还是也许你不明白呢？要是不明白，你就去睡觉去吧。"

"我明白。"毕烈茨用鞋尖刨着土，哑声说。

"明白了吗？"我轻蔑地望了望他的眼睛，一直望进瞳孔的中心。我看到，我的思想和意志好像螺旋似的渐渐旋进这双瞳孔。毕烈茨的头垂下了。

"你这个二流子，你既然明白，还要瞎批评苏维埃政府。笨蛋，道地的笨蛋！"我转过身子，预备往"少年之家"去。

毕烈茨张开胳膊拦住我的路："行，行，就算我是个笨蛋……后来呢？"

"后来我就看了看你的脸。我想看看明白，你到底是不是笨蛋？"

"看明白了吗？"

"看明白了。"

"看明白了是什么？"

"你自己去照镜子去吧。"我自管回去，不再观察毕烈茨以后心情的变化。[①]

在这场谈话中，马卡连柯遵循的依然是"尊重与要求相结合原则"——类似于之前对待玛露霞（见教育案例 10）的做法：通过激发对方的自尊心以及排斥被"贴标签"的心理本能，实现改变其自我认知进而矫正其行为的目的。然而，对我们来说最有启发性的并不是这个原则本身，而是马卡连柯在实践这一原则的过程中展现出的高超的教育智慧和技巧。

首先，毕烈茨作为"头儿们"的一员，是库里亚日最难改造的对象之一，而在集体不在场的情况下，马卡连柯自知此时对毕烈茨进行任何直接说教都不会产生任何效果——甚至很可能自取其辱，所以他实际上采取了一种表面上"消极被动"但实则"诱敌深入"的谈话策略，使毕烈茨主动把谈话进行下去。这么做当然是有风险的——毕烈茨随时都可能失去谈话的意愿而离开，然而在高尔基工学团全体到来之前，在针对"头儿们"的个别教育问题上，马卡连柯委实无法做得更多。

其次，马卡连柯本人在毕烈茨面前也是没有任何权威可言的，因此他不能像当初对待玛露霞那样直接威胁对方的自尊心，而只能从侧面入手，尽可能避开一切可能的反抗。"头儿们"最主要的问题显然是在道德方面，但马卡连柯却选择使用"笨蛋"这个更像是否定对方智力而非道德的词，然后从逻辑上直截了当地说明了为什么毕烈茨是"笨蛋"——这么做一方面刺激了毕烈茨，使他的自尊心感到被冒犯，但同时又没有让他产生被蔑视或被侮辱的感觉，避免了彼此之间可能产生的敌意。

最后，我们需要注意的是：给毕烈茨贴上"笨蛋"的标签本身并不是教育，通过这个标签激发毕烈茨的自尊心，进而促使他想要（无论是向他自己还是向马卡连柯）证明"我不是笨蛋"才是马卡连柯在这段对话里试图

①〔苏〕马卡连柯. 教育诗[M]. 磊然，译. 北京：人民教育出版社，2011：496-498.

对毕烈茨进行的教育。这也是为什么马卡连柯最终选择了"留白"的教育方式：你到底"是不是笨蛋"的问题应该由你自己来回答。可以想象，毕烈茨回去以后一定会思忖"我究竟是不是笨蛋？"而他的自尊心——只要它还存在——必然会大声呼喊："我不是笨蛋！"这样一来，毕烈茨就走上了马卡连柯为他精心铺设的自我改造之路。

教育案例 16

全都是我们的孩子

很快，高尔基工学团集体抵达库里亚日教养院的日子到来了。这一天，整个集体乘火车到达后，在火车站外面的小广场上整齐列队，吹响军号，开始向库里亚日教养院进发：

> 我们是六个人一排：前面是四名号手和八名鼓手，他们后面是我和值日队长塔拉涅茨，我们后面是旗队。旗帜还套着套子，一缕缕的金穗从它的闪闪发光的顶梢垂挂下来，在拉波季的头上飘动。拉波季的后面是穿着一式白得耀眼的衬衫的学童的队伍，他们的光脚随着青春的节拍起落着。队伍当中是四排穿着蓝裙的女孩子。[①]

队伍到达库里亚日教养院时，库里亚日的学童们也都聚集在门口等待着。两个群体就这样面对面地站在了一起。马卡连柯用生动的语言描述了这一实际上只持续了几秒钟的重大时刻：

> 库里亚日人和高尔基人都沉默着：前者是因为有些惊愕，后者是因

---

① 〔苏〕马卡连柯. 教育诗[M]. 磊然，译. 北京：人民教育出版社，2011: 512.

为排队站在旗帜跟前要遵守纪律。直到目前为止，库里亚日人看到的都是些永远穿着工作服、脸也不洗、满身尘土、样子十分疲惫的先头混合联队里的学童。此刻在他们面前肃立的是一排排严整的队列——全神贯注的、平静的脸，裤带上闪闪发光的搭扣，灵便的短裤底下是一排晒黑的光腿。

我极力想用非人所能忍受的紧张，在若干分之一秒的时间里抓住这群库里亚日人面部表情里的某种基调，并且将它铭刻在头脑里，但是我没有能做到这一点。这已经不是我初来库里亚日时看见的那个毫无表情、单调乏味的一群。我的目光从这一堆人移到那一堆人的脸上，遇到的都是愈来愈新的表情，常常甚至完全出乎我的意料。只有少数几个人保持无动于衷的、中立的平静的状态。大部分的小家伙们公然流露出无限的叹赏——好像他们看到的是一样美得叫人恨不得把它抓到手里的玩具，但那玩具的美却既不使人嫉妒、又不伤害人的自尊心。尼西诺夫和左连 ^① 互相搂抱着，头靠头地站在那里望着高尔基人，好像是在梦想着什么美好的东西，也许是在梦想有一天他们也要站在同样令人看得入迷的队列里，也会有一群沉湎在幻想中的"自由的"小家伙用这样充满羡慕的眼光望着他们。还有许多脸上露出突如其来的全神贯注的神情，脸上的肌肉由于激情而跳动，眼睛寻找方便的角度来看人。这些脸上掠过了急遽的感情的变化。经过几十分之一秒的时间，它们已经透露出自己的心事：赞许、喜悦、怀疑和羡慕都轮换着表现出来。可是事先准备就的挖苦的神气、讥笑和蔑视的神气却在很慢很慢地消融。我们的鼓声还在老远鸣响的时候，这些人就已经把手插在衣袋里，弯扭着身子，摆出一副懒洋洋的倨傲的姿态。但是他们之中有好些人当场就被前面几排高尔基人——费陀连柯、柯雷托、涅契塔依洛——的雄伟的身

---

① 这两个都是库里亚日教养院里和工学团团员们比较亲近的小孩。

躯和结实的筋肉吓得败下阵来：相形之下，他们的身体都像是软绵绵的。其余的人要过一会才感到惊慌，因为到那时候情形已经明摆在眼前：你哪怕去碰一下这一百二十个人里面最小的一个，他们也不会饶了你。

…………

这种默默相对的情形只不过继续了几秒钟。我必须立刻消除这两个阵营之间七公尺的距离和这种相对而视的情形。"同志们！"我说，"从这一分钟起，我们全体四百个人就成为一个集体，它的名字叫作：高尔基劳动教养院。你们每一个人都必须时刻记住这一点，每一个人都应该知道，他，一个高尔基人，应该把另外一个高尔基人看作是自己最接近的同志和最要好的朋友，一定要尊重他，保护他，尽力帮助他，如果他需要帮助，纠正他，如果他犯了错误。我们要有严格的纪律。我们需要有纪律，因为我们的事业很艰难，我们的工作有很多。我们没有纪律，我们的工作就做不好。"①

马卡连柯在讲话里还谈到集体未来的任务，谈到正确的价值观和人生观，谈到大家离开教养院以后还要继续为国家作贡献等。这些话在"高尔基人"听来都是一些再熟悉不过的，反倒是库里亚日人表现出了一种出人意料的专注神情——正是同样一群人，之前在"先头部队"召开的全体大会上却把马卡连柯说的话完全当作耳边风。这样看来，库里亚日的这帮"乌合之众"在高尔基工学团的"钢铁之师"面前似乎是瞬间就"投降"了——这不仅仅是集体对个人的教育，还是一种集体对群体的教育。

半个小时以后，这个四百人的集体再次召开了全体大会。会上宣读了共青团支部之前经过很长时间的讨论和打磨拟出的一份关于合并后高尔基教

---

① 〔苏〕马卡连柯. 教育诗[M]. 磊然，译. 北京：人民教育出版社，2011: 514-516.

养院工作安排的宣言。宣言的内容非常务实，给人一种简短但是极其有力的印象。"连我们这班宣言的起草人，听了它的毫不徇情的明确性和它对行动的严格要求，也不禁深为惊讶。此外——后来库里亚日人特别提出这一点——这个宣言突然使大家看到，我们在高尔基人未来之前那种毫无作为的状态仿佛是一种烟幕，掩盖了我们的坚决的意图和秘密准备，使人看不出我们同时对各种现象也都作了仔细的估计。"① 决议解散了原来的所有分队（包括库里亚日教养院先前临时成立的），建立了 20 个新的分队——库里亚日学童被分散到这 20 个分队里，而每个分队的名单都是共青团支部根据每个人的情况精心搭配的。到了决议的表决环节，参加全体大会的所有人——包括原来库里亚日教养院里最顽固的"头儿们"小集团——都举手赞成，该决议全票通过。

正当全体学童为了决议的顺利通过而热烈鼓掌时，"第一个高尔基人"札陀罗夫走上台，发表了一段讲话：

> "朋友们，我想说几句话。我想说的就是：我是第一个高尔基人，资格最老，有一个时候也最坏。安东·谢苗诺维奇一定记得很清楚。但现在我已经是工艺学院大一的学生。所以请你们听我说：你们方才通过了一个很好的决议，说实在的，是一个非常出色的决议，但是很难，真人不说假话，真是难得很！"说着他就好像为难似的直摇头。会场里发出了亲切的笑声。
>
> "不过难不难反正是这么回事。你们既然通过了，就不能反悔。这一点一定要记住。此刻也许有人心里在想：通过是可以的，执行不执行将来再说吧。如果有人这样想，他就不是人，这比坏蛋还不如。按照我们的规矩，要是有人不执行全体大会的决议，那他只有一条路：请他走

① 〔苏〕马卡连柯. 教育诗[M]. 磊然，译. 北京：人民教育出版社，2011：524.

出大门!"

札陀罗夫紧抿着抹了白粉的嘴唇,把拳头高举过头顶。"赶他出去!"他厉声地说着,一面放下拳头。[①]

大会结束后是被马卡连柯称为"变容"的三个小时:库里亚日学童被分散到各个分队里,在"高尔基人"的组织下把身体洗得干干净净,穿上了同样的服装,在外表上变得同"高尔基人"并无二致。与此同时,库里亚日学童的神情也发生了明显的变化:"库里亚日的痂壳渐渐从库里亚日人身上一块一块地剥落下来,证实了我一向所持的那个观点:库里亚日的孩子们原来跟普通的孩子们一样,活泼、爱说话,总之是些'快乐的人'。"[②]到了吃午饭的时间,全体学童在已经被整修得一尘不染的食堂里集合。"意气沮丧的、道德败坏到极点的库里亚日人现在都剃了头,洗得干干净净,一律穿着雪白的新衬衫,被装在高尔基人的精美优雅的框子里,要跳也跳不出去了。他们静悄悄地坐在餐桌旁边,两手叠放在膝盖上,怀着无限的敬意望着盘子里一堆堆的面包和晶莹的水壶。"[③]马卡连柯做了一次以"描绘美好未来"为主题的集体宣讲,并朗读了高尔基的来信。之后,全体学童一起唱起了国际歌。刚到的朱林斯卡雅在食堂门口看到这一幕,尤其是四百个学童脸上的笑容,感到十分困惑,她向马卡连柯发问:

"这是怎么回事呀?安东·谢苗诺维奇……请您等一下!不对的!……这些都是你的孩子吗?那么这里的(指原来厍里亚日教养院的)……到哪里去了?请您讲给我听吧,你们这里发生的是什么事?"

"发生什么事吗?谁知道这里在发生什么事……好象,这叫作变容。

① 〔苏〕马卡连柯. 教育诗[M]. 磊然,译. 北京:人民教育出版社,2011: 528.
② 同上 : 538.
③ 同上 : 542.

可是您要知道……这里全部都是我们的孩子。"①

　　经过这样一个"变容"的过程，原先的库里亚日人基本在情感上接受了自己作为一名高尔基工学团成员的事实，不仅如此，他们在认识上也完全接受了马卡连柯描述的远景，整个集体的氛围和行动更是让他们对这种远景深信不疑：

　　　　在高尔基人来到库里亚日的那天，认识的问题就非常顺利地得到了解决。库里亚日的那一群人在一天之内就确信不疑，新来到的那些联队给他们带来了较好的生活，来了一些有经验的人来帮助他们，他们应该跟随这些人向前走。这里的决定性因素甚至不是利益的考虑，当然，这里是受到了集体的影响，这里不是什么个人打算，而是他们的眼睛、耳朵、声音和笑声起了决定作用。总之，一天下来，库里亚日的学童都坚决地愿意成为高尔基的集体的一员，即使仅仅因为这是一个集体，是他们生活中还未尝过的甜果。②

　　当然，仅仅依靠情感和信念并不足以使一个库里亚日人马上转变成像"高尔基人"那样的积极的劳动者——他们还必须克服自己身上的很多惰性和恶习，也就是马卡连柯在书中所说的教育的"阻力"。要实现这一点，就必须依靠非常娴熟的"教育技术"。在接下来的几个月里，马卡连柯认真仔细地用他所知道的各种教育技术解决着这个合并后的集体里发生的各种"故障"，不断把这个新生的集体"调试"到他认为正确的轨道上来。当然，在大多数时候，马卡连柯依靠的还是集体的力量，比如接下来的这个案例。

---

① 〔苏〕马卡连柯.教育诗[M].磊然，译.北京：人民教育出版社，2011：546.
② 同上：547.

队上来客人了

……我很高兴地看到，示威式的拒绝工作的情形几乎没有。有些人偷偷地躲起来，溜出去，但是这些事一点不用我劳神：孩子们永远有一套独特的技术来对待他们。不管这个旷工的人跑到哪里去玩，他纵然再不情愿，也不能不到本联队的餐桌上吃中饭。库里亚日人看他来了态度还比较平和，有时也不过用天真的口吻问他："你不是已经逃走了吗？"

高尔基人的嘴巴和他们的手要来得更善于表达情感。这个旷工的人走到餐桌跟前，拼命要装得他是个普普通通的人，不配受到特别的注意，但是他的队长却应该对每个人论功行赏。

那位队长会态度严厉地对一个叫柯尔卡的孩子说："柯尔卡，你怎么坐在那里不动？难道你没有看见吗？克里伏鲁契柯来了，赶快给他腾个座位！拿个干净汤盘给他！你给他的算什么汤勺，这算什么汤勺？！"

…………

"盛最浓的汤给他！……要最浓的！……"克里伏鲁契柯的面前放着满满的一盘的确很浓的菜汤，他的涨得通红的脸几乎要碰到了菜汤……他哇哇大哭着离开了餐桌，留下那盘最浓的菜汤原封不动。

拉波季注意地望着那个苦人儿……他搂着嚎啕痛哭的克里伏鲁契柯的抽动的肩膀，温柔地陪他走出食堂，观众都哄堂大笑。但是他们却没有眼福看到这出戏最后的一幕。拉波季把客人带到厨房里，安排他在很宽的厨桌旁边坐下，然后吩咐炊事员端菜上来。好好地请"这个人"饱吃一顿，因为"你看，他受了人家的欺侮"。

等还在抽噎的克里伏鲁契柯吃完了菜汤，并且可以分出一部分精力来处理眼泪鼻涕，这时拉波季才使出他最后一记轻轻的打击，连加略

人犹大 [①] 被他击中之后也会变做纯洁的鸽子。"他们是为什么这样取笑你？一定是因为你没有去工作，对吗？"

克里伏鲁契柯点点头，他又是打噎又是叹气，总之他用表情表达的比说的多。

"这些人真滑稽！拿他们真没有办法！你下次不是不再这样了吗？这是最后一次了，对吗？那么他们干吗要这么凶呢？人人都免不了要犯错误。我初进教养院的时候，一连七天没有去工作……可是你才两天。来，让我看看你的肌肉！嘿！有了这么强壮的肌肉当然应该工作才对……对吗？"克里伏鲁契柯又点点头，开始吃粥。

拉波季要回食堂之前，又给他留下一句意想不到的恭维话："我一看就知道，你是我们自己人……"

只要再来一两次这样的活剧，就再也不会有人在联队工作的时间溜出去了。这种习惯在库里亚日很快地消失了。[②]

除了用夸张的"集体表演"讽刺旷工者，对于那些在劳动中故意装病实为偷懒的人，集体也有一套颇具工学团特色的"救治流程"：

霍夫拉赫……工作到第三天上就中了暑，哼哼唧唧地钻到树丛里，躺在那里休息。塔拉涅茨应付这种情形很有天才。他向安东·勃拉特谦柯要了"好汉"和一辆轻便马车，带着大批卫生员，打着旗子和红十字浩浩荡荡地来到田里。塔拉涅茨的最有效的法宝是配备着一个道地的风箱的库兹马·列希。霍夫拉赫躺在树丛里面，还没来得及一享清福，就猛然来了一批人给他施行"急救"，列希不消转眼的工夫就把风箱安置在病人对面，好几个人就专心致志地拉起风箱。他们让风从四面对着霍

---

① 耶稣的十二门徒之一、后来出卖耶稣的犹大。现在用作一般出卖者和恶人的同义语。——译注
② 〔苏〕马卡连柯. 教育诗[M]. 磊然，译. 北京：人民教育出版社，2011: 553–555.

夫拉赫吹，把认为凡是有暑气蕴积的地方都吹了个遍，吹过之后又把他拖上马车。可是霍夫拉赫已经痊愈了，马车平稳地载着他回教养院去。

上面描述的医疗过程虽然使他吃足苦头，但是他巨混合联队里，捏着鼻子吞下新的药剂却更为痛苦，这种药的形式就是最简单的问句："怎么样，霍夫拉赫，见效吗？药力很有效，是吗？"①

同教育案例 11 "可怕的力量"和教育案例 12 "站到当中来"一样，在这些事件中集体本身作为教育主体对怠惰的个人进行了可谓是"深入灵魂"的教育，整个过程甚至带有一些教育艺术的色彩，马卡连柯本人甚至都不需要在场。这类事件也充分体现了马卡连柯"平行教育影响"或者说"个人与集体同时作用原则"（参见本书第六章第三节）——整个过程自然首先是对旷工者本人的深刻教育，但又何尝不是同时对整个集体中每个人的教育？

我们可能对高尔基工学团的这种风风火火的教育方式感到有些陌生，甚至有可能质疑这样做的必要性和可能产生的副作用，但要知道马卡连柯面对的是很不一样的教育对象和教育任务：他的教育对象（长期混迹街头的少年儿童）的心灵并不像现在的一部分孩子那么娇嫩易折，而他当时所面临的任务（改造库里亚日学童的精神面貌和劳动观念）也远比普通中小学的教育教学工作更艰难和紧迫。正如父母在教育子女的过程中往往可以采取一些学校老师受各种限制无法采取但却更真实、更直接、更有效的教育方法，也许我们在合并后的库里亚日教养院里看到的这些"情景剧"才是在一个真正生活和劳动着的集体中的教育该有的样子。

经过几个月这样的"调试"，库里亚日学员身上发生了深刻的变化，就

① 〔苏〕马卡连柯 . 教育诗[M]. 磊然，译 . 北京：人民教育出版社，2011：555.

连原先"头儿们"①里的成员也彻底地改头换面了——像毕烈茨（见教育案例15）这样的人很快就被转化成了一名积极参与各种集体生活的学童。当然，更值得一提的是原来"头儿们"的首领——也就是之前库里亚日教养院"黑老大"柯罗特柯夫的转变过程。

教育案例 18

柯罗特柯夫的蜕变

柯罗特柯夫之前就和马卡连柯的"先头部队"有过几次接触。他是一个非常老到和圆滑的人。当"先头部队"到达时，他只是在背后指使其他人做一些小动作，自己却从来不和马卡连柯等人发生正面冲突。相反，每次见到马卡连柯时他还非常有礼貌地打招呼。"先头部队"里的几个学童当时还专门找柯罗特柯夫谈了次话，劝他离开教养院，但被拒绝了。在大部队到达之前，柯罗特柯夫也曾和马卡连柯有过一次对话：

> 早餐时候柯罗特柯夫在厨房窗前遇到了我，知趣地让在一旁等我把一件事吩咐完毕，然后才忽然态度严肃地问道："院长同志，请问，高尔基教养院里有禁闭室吗？"
>
> "没有禁闭室。"我也同样严肃地回答说。
>
> 他好像观看展览品似的仔细观察着我，口吻平和地继续说："不过听说您要罚孩子们坐禁闭，是吗？"
>
> "你尽可以不必为自己担心：不是我的朋友，我决不会罚他们坐禁闭。"我冷冷地说完之后，马上离开了他，不再关心他的微妙的面部

---

① 实际上，自从"头儿们"被分派到各个分队并跟随自己的分队生活、劳动以来，原来的那个小团伙早已分崩离析了。

表情。①

　　这段对话里所说的"禁闭"是从布隆偷东西那时候（见教育案例 3）开始高尔基工学团逐渐形成的一种惩罚方式，是一种基于"尊重与要求相结合原则"的非常特殊的"形式大于内容"的惩罚（本书第五章第一节里关于"称号制度"的部分和第六章第二节里关于"集体中的惩罚和奖励"部分有更详细的说明）。简单来说：只有经过集体认可的"好学生"（正式社员）才"有资格"坐禁闭，禁闭的整个过程毫无痛苦并且其执行全凭自觉。柯罗特柯夫此时显然对马卡连柯的"禁闭"艺术一无所知，只是基于自己对"禁闭"的刻板印象试探马卡连柯。

　　新集体形成后，马卡连柯特意把柯罗特柯夫编到了最优秀的第八分队——队长是强壮而杰出的费陀连柯。有一次，柯罗特柯夫和费陀连柯一起碰到马卡连柯：

　　　　……柯罗特柯夫严肃地直望着我，态度很客气地说："过一会我想跟您谈一谈，好吗？"

　　　　费陀连柯在高兴之中又带着讥讽的神气打量着柯罗特柯夫的脸，说："你这个人真怪！你何必要谈呀！不必谈。谈了有什么用呢？"

　　　　柯罗特柯夫也留神注视着狡猾的费陀连柯，说："你看……我有一件特别的事……"

　　　　"你什么特别的事也没有。完全是胡说八道！"

　　　　"我希望，我……也能坐禁闭。"

　　　　费陀连柯听了大笑起来："哦，你的希望可真不错！……老弟，你太性急了。这要得到'教养院同人'的称号才行，你看见这个徽章吗？

_____

① 〔苏〕马卡连柯.教育诗[M].磊然，译.北京：人民教育出版社，2011：501.

现在还不能罚你坐禁闭。如果对你说'去坐禁闭'，你会说：'为什么呀？我又没做错事。'"

"如果我的确没做错事呢？"

"你看，这一点你还不了解。你以为：'我没有错'是一件了不起重要的事。可是等你成了'教养院同人'，你的了解就不同了……这句话我该怎么说呢？……我的意思是：重要的是纪律，至于你是不是做错了事——实际上并不那么重要。这样说对吗，安东·谢苗诺维奇？"

我对费陀连柯点了点头。[1]

过了几天，高尔基工学团召开了一次高尔基晚会——向新学童解释工学团用高尔基命名的原因，这是一件很自然的事情，更何况原来库里亚日教养院里很多学童连高尔基是谁都不知道。没曾想到的是，这次晚会居然成了"库里亚日人发奋努力的转折点"。

我对孩子们讲了高尔基的生平和创作，讲得很详细。几个年纪大的孩子朗读了《童年》的片段。新学童听我讲的时候都睁大了眼睛：他们想象不出，世界上竟然有这样的生活。在拉波季把装着高尔基来信[2]的纸夹拿来之前，没有人向我提出问句，也没有露出激动的神情。"这是他写的？他本人写的？他给学童们写的？嗳，拿出来让我们看看……"

拉波季小心翼翼地拿着打开的高尔基的来信在一行行的学童中间走过。有人抓着拉波季的手，竭力想更深入地理解目前发生事件的内容。"你看，你看：'我亲爱的同志'。就是这样写的……"会上朗读了全部

---

[1]〔苏〕马卡连柯.教育诗[M].磊然，译.北京：人民教育出版社，2011: 536. 费陀连柯在这里所讲的其实就是集体纪律的"严明性"概念。本书第六章第一节关于集体纪律的部分对此有进一步的分析。
[2] 高尔基从很早开始就和工学团建立了通信往来。

来信，念完之后我问道："也许有人愿意说几句话吗？"

有两分钟之久没有人愿意说话。可是过了一会，柯罗特柯夫红着脸走到台上，说："我想对新的高尔基人……就是像我这样的人，说几句话。可是我不会说话……不管它，这没有关系。孩子们！我们过去在这里生活，我们白长了一双眼睛，可是我们什么也没有看见……说老实话，就跟瞎子一样。真是气人，好几年的光阴都白白地浪费了！可是刚才让我们看到了一个高尔基……说实在的，我心里都翻腾起来了……不知道你们怎么样……"

柯罗特柯夫朝台口走了几步，微微眯缝起严肃而美丽的眼睛说："孩子们，应该工作……应该换一种方式工作……明白吗？"

"明白！"小家伙们热烈地嚷着说，柯罗特柯夫从台上走下来的时候，他们还大声鼓掌。

第二天我简直不认得他们了。他们累得气喘如牛，哼着，甩着头，真心诚意地、虽然是费了极大的力量克服着由来已久的人类的懒惰。他们已经看到了最令人欢欣鼓舞的远景：看到了人类个性的价值。①

正如《教育诗》第三部（集体成熟阶段）里的大多数案例一样，柯罗特柯夫这个原本应当是整个库里亚日最难改造的学童彻底脱胎换骨的过程和马卡连柯本人几乎没有什么关系，而是在集体生活方方面面的刺激和浸染下不知不觉发生的。在高尔基工学团来到库里亚日之前，柯罗特柯夫的心灵早已在常年堕落生活的腐蚀下长出了一层硬痂——正如我们在很多"误入歧途"或者"混社会"的少年身上常看到的那样。然而，仅仅经过不到一个月的全新的集体生活的洗礼，柯罗特柯夫心里的这层硬痂开始一片片地脱落，直到"高尔基的来信"成为击碎它的"最后一颗子弹"，柯罗特柯

---

① 〔苏〕马卡连柯. 教育诗[M]. 磊然，译. 北京：人民教育出版社，2011: 559–560.

夫在这一晚真正地成了一名"高尔基人"。令人动容的是，完成蜕变后的柯罗特柯夫立刻就化身为集体的代言人，开始教育起那些比自己小的"库里亚日人"来了——每个人都是受教育者，每个人也都可以成为教育者，这就是集体教育的魅力所在。

就这样，合并后的工学团在四百名学童的共同努力下在库里亚日开启了新的征程。人数的力量很快就开始显现——除了之前成立的 20 个分队以外，每天有超过 30 个混合分队在各个地方工作。有了之前的经验，加上四百个学童毫无保留的努力，库里亚日的各项生产都开展得非常顺利。集体在一片欣欣向荣的景象中迎来了 1926 年 7 月 5 日"第一束麦子"收获的日子。

> ……学童们的队列在田野的一边排齐。在将要捆扎第一束黑麦的麦田里，飞快地插起我们的旗帜。布隆和娜塔莎走到旗帜跟前，教养院里年纪最小的学童左连正全神贯注地准备着。"立正！"布隆开始割麦。他的镰刀挥动了不多几下就有高高的一堆黑麦堆在娜塔莎脚下。娜塔莎已经从第一堆割下的麦子里抽出几根搓好一根捆绳。她敏捷地两三下就把麦子捆好……
>
> 布隆把麦子放在肩上，开始对态度严肃的、翘鼻子的左连说话，左连也仰起小鼻子仔细聆听着："你把这一捆麦子从我手里接过去，你要好好地工作和学习，希望你长大之后能够做一个共青团员，并且也能获得我所获得的荣誉——收割第一捆麦子。"
>
> 现在轮到左连说话了。他用非常清脆嘹亮的、好像田野上空的云雀鸣声似的声音回答布隆说："谢谢你，葛里茨柯！我一定要好好地学习和好好地工作。等我长大成为共青团员的时候，一定也要争取到这样的荣誉——收割第一捆麦子，再把它交给年纪最小的孩子。"左连接过麦捆，整个人都被麦子遮住。但是已经有几个小家伙抬着抬架跑过来，左

连就把他的丰厚的礼品放在花床上。在雷鸣似的敬礼曲中，大家把旗帜和第一捆麦子送到右翼。……①

在之后的几个月里，整个集体一直过着紧张而欢乐的生活。集体生活的内容也不断丰富起来：附设的学校开办到了六年级，还花了很多钱购买书籍；一个配备良好的木工厂建成了，工学团的木工生意进展迅速；建起了可能是当时全苏联教养院里唯一一支乐队；定期放映的电影也出现了——同戏剧活动一样，电影使得教养院同村民之间的联系变得紧密，但这种联系也给教养院的生活带来了一些新的影响，这种影响使一个叫薇拉的女学童的命运发生了改变。

教育案例 19

"曾经沧海"的薇拉

在高尔基工学团里，女学童薇拉是一个特别的存在。有一天，马卡连柯去火车站送包珂娃，正好碰到火车站工作人员在为难流落街头的薇拉——马卡连柯原本并不想收留她，因为薇拉显然是一名妓女，并不适合待在以男孩子为主的集体里，但最后马卡连柯禁不住包珂娃的激将而把她带回了教养院。当时薇拉已经怀孕两个月，马卡连柯还瞒着整个集体送她去做了人工流产。自此之后，薇拉就在集体里同大家生活在了一起。尽管如此，如何对薇拉进行有效的教育和改造，马卡连柯依然是伤透了脑筋——在《教育诗》里，他写下了自己对类似问题的思考：

---

① 〔苏〕马卡连柯.教育诗[M].磊然，译.北京：人民教育出版社，2011: 576-579.《教育诗》里花费了较多的篇幅来描写这场对集体来说意义重大的仪式，我们在这里限于篇幅只做了很少的摘录，感兴趣的读者可以自行阅读原著的相关章节。

在改造工作中，再没有比改造"曾经沧海"的女孩子们更费劲的了。不管一个男孩子在街头流浪多久，不管他参加过多么复杂的、无法无天的冒险事业，不管他怎样横眉竖眼地反抗我们的教育对他进行的干涉，只要他有理智——只要有一星半点的理智——在一个良好的集体里总能把他教养成人。这是因为这个男孩子实际上只不过是落后了，他和正常儿童之间的距离总是可以量得出并且可以填补的。一个很早——差不多在童年——就开始性生活的女孩子，那她不仅是在肉体上和精神上都落后了，她的灵魂上还带着很深的创伤，非常复杂而痛苦的创伤。从四面八方都朝她送来"知情的"秋波，有的羞怯而淫猥，有的肆无忌惮，有的怀着同情，有的含着眼泪。对所有这些秋波只有一个评价，一个名称：就是犯罪。它们不让这个女孩子忘记本身的痛苦，时刻提醒她，使她意识到自己已经不是洁白无瑕。

这样的女孩子一方面虽然怀着这种不如人的自卑感，另一方面却又怀着原始的愚蠢的得意。她觉得别的女孩子和她相形之下都显得太嫩，还是毛丫头，而她已经是一个妇人，她已经尝过在别人是很神秘的禁果，已经具有一种可以左右男子的特别的权力，这种权力是她所熟悉的，可以供她使用。置身在这种由痛苦与骄傲、贫乏与富有、夜晚流泪和白昼调情交织的错综复杂的处境之中，要能立定一个方针循着它去做，获得新的经验，养成新的习惯，在对人的关系中采取新的慎重而有分寸的形式，就非具有超人的刚毅的个性不可。[①]

由于自身的特殊经历，薇拉进入教养院后不久就开始了她习惯的那种"花前月下"的生活方式——她不断地在集体里更换男友，造成了许多纷

---

① 〔苏〕马卡连柯. 教育诗[M]. 磊然，译. 北京：人民教育出版社，2011: 584-585.

争。由于事件中的男方通常都忌惮集体的力量，尤其是队长会议的权威，这些纷争最后都被顺利解决了。薇拉也逐渐明白集体中的学童无法成为令她满意的恋人，转而与当地村里一名叫西尔维斯特罗夫的电报员发展感情，学童们也经常在小树林里碰到他们两个。不久之后，薇拉来找马卡连柯，说自己又怀孕了，希望马卡连柯像上次一样，给她写张字条好去做人流手术。然而，马卡连柯这次拒绝了她——马卡连柯明白，如果给她写了这张字条，薇拉从此以后在恋爱方面就会更加随便和肆无忌惮，这样她的人生也就毁了。薇拉向马卡连柯百般恳求，但马卡连柯坚决不同意：

> 我挽着她的手臂，顺着田间道路走过去。
>
> "我们来谈一谈吧。"
>
> "有什么好谈的！……我的天哪，又来这一套了！给我一张字条不就完了吗？"
>
> "你听我说，薇拉，"我说，"我没有装样，也不是开玩笑。生活是一件严肃的事，拿生活当儿戏是不应该的，也是危险的。在你的生活里发生了一件严肃的事：你爱上了一个人。现在你就跟他结婚吧。"
>
> "我要您那个人有个屁用？要我嫁人，亏您想得出！……还要说什么叫我带孩子！给我一张字条！……我谁也不爱！"
>
> "你谁也不爱？那么你是在乱搞男女关系吗？"
>
> "好吧，就算是乱搞男女关系！您当然可以爱怎么说就怎么说！"
>
> "现在我就对你说吧：我不许你乱搞男女关系！你已经跟一个男子发生了关系，现在你就要做母亲。"
>
> "我对您说，叫您给我一张字条！"薇拉喊的时候已经含着泪水，"您何必老取笑我？"
>
> "字条我是不会给的。如果你再提这件事，我就把这个问题提到队长会议。"

"啊，我的天哪！"她叫了一声就倒在田埂上，伤心地抖动着肩膀，抽抽噎噎地哭起来。我低下头来一言不发地看着她。

加拉简柯从瓜田里走过来，对田埂上的薇拉打量了好一会，才不慌不忙地说："我心里想，不知是什么东西在这里吱吱叫？原来是薇拉在哭……平常只见她笑……现在倒哭起来了……"

薇拉止住了哭泣，从田埂上站起来，仔细抖掉身上的泥土，一本正经地发出最后的一声啜泣，一路挥动着胳膊、望着天上的星星往教养院走去。[①]

薇拉怀孕的事情很快在集体中成了众人皆知的事。尽管如此，薇拉在集体中并没有受到任何侮辱或讽刺，相反，整个集体在这件事情上的意见非常一致：薇拉是值得同情的，而西尔维斯特罗夫则有义务同薇拉结婚。在队长会议的压力下，西尔维斯特罗夫同意结婚，但薇拉却依然不愿意。因为有了巧包特的前车之鉴，马卡连柯有些担心薇拉也会自杀，所以这次他嘱咐女孩子们一定要看紧薇拉，同时利用一切机会对薇拉进行教育。

我为这件有益的工作熬了几个夜。有时是以薇拉的来访开始；她蓬头散发、眼泡肿着走进来，带着伤心欲绝的神情在我对面坐下，说出一大套莫名其妙的气人的话，说什么她的一生已经完了，说我的心肠太狠，还举出好些剖腹产术成功的例子。我趁此机会向薇拉灌输一些必要的人生哲学中最起码的知识，她对这些知识的缺乏简直达到令人不可思议的程度。

"你痛苦，"我说，"是因为你太贪得无厌。你又要快活，又要玩，

---

① 〔苏〕马卡连柯. 教育诗[M]. 磊然，译. 北京：人民教育出版社，2011：587.

又要寻欢作乐。你以为人生是一个可以免费享乐的节引。做人好像是去赴节日的宴会，大家都款待他，请他大吃大喝，陪他跳舞，一切都是为了让他高兴吗？"

"那么，您以为一个人就该永远受苦吗？"

"我以为人生不是一个永恒的节日。节日是难得有的，大部分是劳动，一个人有种种的操劳和义务，所有劳动人民的生活都是这样。而且这样的生活要比你的节日有更多的欢乐和更大的意义。以前有一种人自己不劳动，专门吃吃喝喝，寻欢作乐，这已经是过去的事。你总该知道：我们已经干脆把这种人赶跑了。"

"是的，"薇拉啜泣着说，"照您的看法，如果一个人是劳动人民，那他就应该永远受苦吗？"

"他为什么要受苦？工作和劳动生活——这也是乐趣。眼看你就要生下一个儿子，你会爱他，你有了家庭，你会关心你的儿子。你也会像大家一样地工作，有的时候休息一下，人生就是这样。将来等你的儿子长大了，你就会常常感激我，因为我不准你把他毁掉。"

很慢很慢地，薇拉开始愿意倾听我的劝告，开始不怀着恐惧和厌恶的心情瞩望自己的未来了。我动员了教养院全体女性的力量，她们让薇拉受到特别的关怀，更多的是让她听到特地讲给她听的人生分析。队长会议单派给薇拉一个房间。

……又过了一个月，薇拉跟我们和好了，她怀着当初要求我准她动剖腹产术时那样的热情投身在做母亲的工作里。[①]

在马卡连柯和整个集体的细心疏导和照顾下，薇拉的故事最后以她和西尔维斯特罗夫结婚并在来年九月生下了一个儿子告终。此时的薇拉也成长

---

① 〔苏〕马卡连柯. 教育诗[M]. 磊然，译. 北京：人民教育出版社，2011: 591-592.

为了一名慈爱的母亲。他们结婚后，马卡连柯将薇拉安排在教养院的会计室里工作。

同巧包特一样，"薇拉事件"同样是由感情问题引起的（尽管"薇拉事件"更复杂），并且在整个过程中薇拉也曾表现出要寻死觅活的样子。尽管如此，在"薇拉事件"中，高尔基工学团的集体已经非常成熟，开始发挥出主动引导和教育薇拉的作用。集体的力量无疑是十分强大的。如果说在"巧包特事件"里马卡连柯主要体验到的是一种作为教育者个人的无能为力，那么"薇拉事件"则更多的是一次集体的成功。当然，这个时候的马卡连柯本人也确实比处理"巧包特事件"时更成熟、更有耐心，也更懂得教育谈话和利用集体的艺术。正是在强大的集体影响力和马卡连柯娴熟的教育技术的共同作用下，薇拉才没有重蹈巧包特的覆辙，更没有进一步地堕落，反而通过这次事件永远地扔掉了自己"曾经沧海"的历史，过上了正常的家庭生活。

教育案例 20

审判乌席柯夫

我们在《教育诗》里选取的最后一个案例是学童阿尔卡季·乌席柯夫所犯的"罪行"以及他因此受到的惩罚。1927 年 10 月，已经考上工农中学的学生到工学团里过周末。乌席柯夫趁大家出去游玩的时候潜入寝室偷走了一个皮包，里面装着工学团发给工农中学学生们的助学金。

这件事的恶劣性质需要从三方面来理解：第一，乌席柯夫是在集体已经发展到比较成熟的阶段，偷窃的情况已经极少发生，大家也都对集体的纪律怀有很高的敬意和信念时进行偷窃的，这首先是对集体中已经形成的团结氛围的破坏；第二，乌席柯夫偷窃的对象是工农中学的学生，这些人既是工学团最老的成员，也是在整个集体当中最受爱戴乃至于被崇拜的对象，因此乌席柯夫的行为实际上伤害了集体中绝大多数人的感情；第三，乌席柯夫偷的并不是某个学生的私有财产，而是以工学团的名义发放给工农中学学生们的助学金——这笔钱既是整个集体的劳动所得，也是承载着大家对工农中学学生关怀的一份礼物，这意味着乌席柯夫不仅偷了集体共同财产，更在一定程度上伤害了集体的自尊。

由于预见到这件事情会在集体中激起的强烈愤怒，乌席柯夫的罪行一经发现，马卡连柯就马上让他坐到自己办公室里，并且在门口设置了岗哨，以防义愤填膺的学童像之前对待普里霍季柯（见教育案例6）那样对乌席柯夫用私刑。

很快，队长会议作出决定：不是由队长会议来决定处理办法，而是将乌席柯夫送交"同志审判会"——类似布隆（见教育案例3）所经历的那种——让大家对乌席柯夫进行"审判"。在审判会上，由于乌席柯夫进工学团以来对于集体纪律一直持不以为意的态度，以及他的"犯罪"的严重性，把乌席柯夫赶出集体的呼声非常高。

恰好人民教育委员会的大领导勃列盖尔旁听了这次审判会，她并不认同审判会上大家对乌席柯夫极端愤怒和蔑视的态度，反而在会上发表了一通说教，提出"乌席柯夫固然有错，但大家也没有好好教育他，所以这个时候应该一起来帮助他"的观点。显然，勃列盖尔对集体是没有概念的，她对惩罚在马卡连柯集体中的意义以及"尊重与要求相结合原则"（参见本书第六章第二节）也是完全无知的。学童们对于勃列盖尔的讲话不仅非常抵触甚至觉得有些好笑。尽管如此，审判会还是考虑到勃列盖尔的领导身份，作出了一项在儿童们看来已经很温和但勃列盖尔却依然不能接受的决议。

判　决

作为劳动人民的敌人和窃贼，乌席柯夫应受开除出教养院的可耻的处分。但考虑到教育人民委员部替他说情，通知审判决议如下：

1. 乌席柯夫仍留在教养院。

2. 在一个月内，不算他是教养院的一员，并将他开除出联队，亦不派他参加混合联队，禁止所有学童和他谈话、帮助他、和他同桌进餐、同室睡觉、和他游戏及和他同行同坐。

3. 他仍由原队长德米特里·席韦里领导，他只能和队长谈正经事，如果生病，可以和医生谈话。

4. 乌席柯夫睡在寝室的走道里，在队长会议指定的单独的餐桌上进餐，如愿工作，可由队长指定他单独工作。

5. 任何破坏这一决议的人，应根据队长会议命令立即被开除出教养院。

6. 本判决经教养院院长批准后，立即生效。[①]

马卡连柯不顾勃列盖尔的反对批准了这个决议，并对"领导们"无法理解自己的教育方法感到无奈："需要怎样解释才能使他们明白，绝对不能使集体习惯于目的不明的紧张行动，不能使他们经历到集体曾经对一件事感到无能为力的情况。需要怎样解释才能使他们明白，在今天的审判中，教育工作的对象不是乌席柯夫和四百个个别的学童，而是整个集体呢？"[②]

前述判决刚刚开始执行的时候，乌席柯夫还多少有些得意，因为单独就寝和吃饭的待遇让他觉得自己高人一等，但很快这种得意就在深深的孤独和见弃于集体的痛苦中消失得无影无踪了。无法参与任何集体活动让乌席柯夫逐渐感到日子了无生趣，他"逐渐尝到了完全孤独的痛苦滋味，日复一日，每天都是同样的空虚单调，数十小时甚至得不到些微的人类接触的

①② 〔苏〕马卡连柯. 教育诗[M]. 磊然，译. 北京：人民教育出版社，2011：604-605.

温暖"。^①不久之后，马卡连柯观察到乌席柯夫的态度发生了改变，他开始非常认真地完成自己的队长席韦里交给他的工作（主要是一些打扫清洁的事），力图向集体证明自己是一名合格的高尔基工学团成员。

两周以后，另一位在人民教育委员会里经常同马卡连柯作对的领导淑雅来教养院视察，可能是想通过这件事情抓一下马卡连柯的"把柄"，她故意找到乌席柯夫，询问他的近况，但乌席柯夫却说自己同她说话需要得到队长的允许——而其队长席韦里自然是不允许的。在第二天的全体大会上，有学童提出乌席柯夫对待集体的态度已经发生了明显的变化，并且还在淑雅来访的时候经受住了考验，建议给乌席柯夫"特赦"。

> 大家要求听听队长的评语。席韦里说："老实说：他完全变了个人。昨天来了……那个……你们都知道的！"
>
> "我们知道！"
>
> "她走到他跟前，孩子孩子地乱叫，可是他真是个好汉，没有被她打动。我自己先前总以为阿尔卡季是不会有出息的，可是现在我要说：他身上是有……有一些什么……有一些和我们共同的东西……"
>
> 拉波季眦着牙笑着说："那么，结果我们要给他特赦了。"
>
> "来表决吧。"学童们说。
>
> 这时候，乌席柯夫却低垂着头躲在火炉后面。拉波季环顾了一下举起的手，高兴地说："好，结果……是一致通过。阿尔卡季，你在哪儿呀？恭喜你，你自由了！"
>
> 乌席柯夫走到台上，看了看到会的人，张开了嘴……哭了起来。会场的人都受了感动。有人大声说："他明天会说的……"
>
> 可是乌席柯夫却用衬衫袖子擦了擦眼睛，我对他仔细看了一下，

---

① 〔苏〕马卡连柯. 教育诗[M]. 磊然, 译. 北京：人民教育出版社, 2011: 607.

看得出他心里很难受。最后他说："谢谢你们，孩子们……还有姑娘们……还有娜塔莎①……我……嗯……心里都明白，请你们不要以为我……"

"忘掉它。"拉波季严厉地说。

乌席柯夫温顺地点点头。拉波季宣布散会，孩子们都向乌席柯夫跑过来，涌到台上。他们今天付出的同情已经获得了无上的报酬。我轻松地透了口气，就像医生施完了穿颅手术似的。②

乌席柯夫的案例很具有特殊性：首先，这一事件是在高尔基工学团的集体高度成熟时发生的，此时集体的力量可以说已经和后来的捷尔任斯基公社别无二致，而这种力量在整个"乌席柯夫事件"中得到了充分的表现；其次，乌席柯夫的偷窃行为在性质上是非常恶劣的，构成了一种对整个集体的公然冒犯，因而引起了集体本身的强烈愤懑，这也就使其恰好成了检验集体所处状态的一张"试纸"，使我们得以更深入地了解当时高尔基工学团；最后，同其他恶劣事件的犯事者常被赶出集体不同，在一个偶然因素（上级领导说情）的作用下，乌席柯夫得到了一次改过自新的机会，而他最后也确实没有辜负集体对他的信任，该事件也由此成了高尔基工学团历史上堪称经典的"集体教育个人"案例。

1927 年 12 月到 1928 年 7 月的这段时间里，高尔基工学团虽然每天也发生不少事情，但是集体力量已经能够应付自如，马卡连柯也坦承这是一段非常幸福的时期。尽管马卡连柯此时已经开始着手筹备捷尔任斯基公社的工作，需要经常在两个集体之间来回奔波，但高尔基工学团已经基本上不需要马卡连柯本人处理什么事情，他甚至觉得每次回到高尔基教养院就像是回家一样，能够得到非常好的休息。

---

① 提议特赦乌席柯夫的女孩子。
②〔苏〕马卡连柯.教育诗[M].磊然，译.北京：人民教育出版社，2011：608-609.

纪律和日常秩序早已不必由我一个人操心。它们成了集体的传统，而集体对于这些事已经能够处理得比我更好；他们不是在出了事、发生了吵闹或是歇斯底里发作时才去注意这些问题，他们的注意是时刻不懈的，我甚至可以说，是出于集体本能的要求。

不管我是多么辛苦困难，这个时期我的生活却是幸福的生活。如果有一个儿童团体是跟你一起成长，它是绝对地信任你，跟着你一同前进，那你在这个团体里感受到的那种非常的幸福完全是无法形容的。在这样的团体里，纵然是失败也不会令人悲伤，纵然是烦恼和疼痛也好像有着很高的价值。①

1928年，马卡连柯离开高尔基工学团之前的最后几个月里，集体生活中最重要的一件事是高尔基的来访。高尔基很久之前就同工学团建立了通信联系。这一年的四月，高尔基来信说七月份会到教养院里来小住三天，这件事情给学童们带来了极大的喜悦，并且使整个集体的凝聚力进一步增强。从那时开始，工学团就为高尔基的来访而积极准备着。然而，与此同时，人民教育委员会内部对于马卡连柯工作方法的质疑最终发酵了。1928年3月，马卡连柯被要求就自己的工作方法在乌克兰教育学研究所的社会教育组会上做一份总结报告，听报告的对象很多都是对马卡连柯的做法持异议的当时的"教育学家"，马卡连柯的发言在现场遭到了"专家们"的剧烈批判，而他也基于自己的立场对这些批判进行了驳斥。尽管如此，会议最后还是作出了"报告人提出的教育方法的制度并非苏维埃的制度"这样一份决议。

这份决议意味着马卡连柯的工作在人民教育委员会遭到了全盘否定，也暗示了马卡连柯在高尔基工学团的事业在未来会变得灰暗。经过慎重考虑，

---

① 〔苏〕马卡连柯.教育诗[M].磊然,译.北京：人民教育出版社,2011:611.

在会议结束后的第二天，马卡连柯向上级提出了辞呈。与此同时，他也开始着手"收缩"自己的集体——帮助临近毕业的高尔基工学团的老学童在各个工厂里找到工作，同时把没有毕业的一些骨干学童逐步转移到捷尔任斯基公社里去。

读者们可能还记得：当初第一批工农中学学生离开工学团时，马卡连柯曾使用过"集体被送上断头台"的比喻，而这次马卡连柯自己把高尔基工学团的骨干抽调到捷尔任斯基公社的做法，虽然照他自己说是"收缩"，但实际上——根据之前"断头台"的比喻——无异于对高尔基工学团实施"谋杀"，只不过在马卡连柯自己的计划里被"谋杀"的集体将会在捷尔任斯基公社"复活"。然而，令马卡连柯都感到非常意外的是，此时的集体已经呈现出异常强大的生命力，即使是作为创办者的他本人对它进行的"谋杀"也只能以"未遂"告终："一个有四百人的活的集体是收缩不了的。老一辈的人刚走，马上就有一批新人顶替了他们的位子，新来的孩子也和他们一般地精神饱满，一般地快活伶俐。学童们的队列像作战的战士的队列一样紧接在一起。集体非但不愿意死，它压根就不愿意想到死。它的生命正欣欣向荣。"[①]

经过几个月的收缩和转移，马卡连柯已经做好了离开高尔基工学团的一切准备。尽管如此，他还是要等 7 月高尔基来访以后再走，而这一天很快就来到了。1928 年 7 月 7—10 日，高尔基在工学团和学童们度过了难忘的三天，他深入了解了工学团的日常生活，同许多学童交谈，还在剧院里看了工学团排演的他自己的作品《底层》。"他跟四百个学员中的许多人交上了朋友，大多数新朋友跟他经常保持着联系。高尔基跟他们通信，对他们提出意见。"[②]高尔基离开的时候，整个工学团都去火车站送行。火车开走后，工学团也要乘上近郊火车回库里亚日了，然而学童们却并不知道，这

①〔苏〕马卡连柯.教育诗[M].磊然，译.北京：人民教育出版社，2011：625.
②〔苏〕马卡连柯.马卡连柯全集：第七卷[M].陈世杰，邓步银，等，译.北京：人民教育出版社，1959：304.

就是他们与马卡连柯永远分别的时刻。

　　学童们上火车的时候纷纷在我身旁跑过，喇叭在我的身旁掠过。我们一向所用的绸制的、用丝线绣着字的旗帜也过去了。一分钟之后，火车的每个窗口都露出了男孩子和女孩子们的脸庞，好像是一朵朵娇艳的蓓蕾。他们眯缝着眼望着我，喊道："安东·谢苗诺维奇，到我们的车上来吧！""您不走吗？您跟公社社员们一起走，是吗？""明天到我们这里来吗？"

　　在那时候我是个坚强的人，我只是对孩子们微笑。等茹尔宾^①来到我跟前的时候，我交给他一个命令，里面说明由于我的"休假"离职，教养院交给茹尔宾负责。茹尔宾愕然望了望命令："那么，是完了吗？"

　　"完了。"我说。

　　"这真是从哪里说起……"茹尔宾刚开口，列车长就吹起哨笛，几乎把人的耳朵震聋，结果茹尔宾什么也没有说，只是摆了摆手，从车厢窗口扭过脸去，走了。

　　近郊火车蠕动了。孩子们的脸庞在我面前浮过，好像节日的花朵。他们高喊着"再见"，顽皮地用两个手指微微举起鞑靼式圆形小帽。最末一个窗口站的是柯罗特柯夫。他默默地微笑着向我敬礼。

　　我走到车站前面的广场上。捷尔仁斯基人排好了队等待着我。我发了口令，我们就穿过城市往公社走去。

　　从此我没有再去过库里亚日。^②

　　马卡连柯被迫离开高尔基工学团是令人扼腕的。幸运的是，在马卡连柯离开高尔基工学团的前夕，国家政治保安局与马卡连柯联络，请他为即

---

① 高尔基工学团的一位骨干教师。
② 〔苏〕马卡连柯.教育诗[M].磊然，译.北京：人民教育出版社，2011：627.

将成立的捷尔任斯基公社提供意见，并带马卡连柯参观了兴建中的计划成为公社主建筑的房屋（马卡连柯戏称为"宫殿"）。马卡连柯对此大感振奋，并且最终接受了领导捷尔任斯基公社的要求。在国家政治保安局的要求下，马卡连柯从高尔基工学团里选出了几十名学童作为捷尔任斯基公社最初的社员，从而将高尔基工学团的集体结构、传统和纪律在很大程度上都移植到了捷尔任斯基公社。因此，"捷尔任斯基公社不仅继续了高尔基工学团的经验，而且也继续了一个人的集体的历史"。[①]

捷尔任斯基公社刚开始的生活也同高尔基工学团一样贫困，后来随着手工业的发展慢慢有了自己的资产，并且靠着银行提供的贷款造起了一座电动工具厂，后来又兴建了一座照相机工厂，开始生产精密度极高的"莱卡"照相机。到了后期，捷尔任斯基公社不仅在经济上能够做到自给自足，而且每年还能给国家上缴几百万卢布的纯利润。

马卡连柯一直在捷尔任斯基公社工作到1935年，也就是他47岁的时候，这一时期的故事构成了马卡连柯另外三本小说《塔上旗》《1930年进行曲》和《费捷电钻第一型》的主要内容。

1935年7月1日，马卡连柯被任命为乌克兰内务人民委员部工学团管理局副局长，并要求他马上赴基辅上任。马卡连柯就这样以一种比他离开高尔基工学团时更为突然和仓促的方式离开了捷尔任斯基公社，"甚至没有来得及和孩子们话别"，[②]而他长达十六年的改造违法与流浪少年儿童的教育实践也就于此戛然而止了。

---

① 〔苏〕马卡连柯.马卡连柯教育文集：上卷[M].吴式颖，等，编.北京：人民教育出版社，1985：204.
② 〔苏〕马卡连柯.马卡连柯全集：第七卷[M].陈世杰，邓步银，等，译.北京：人民教育出版社，1959：389.

第三章　作家马卡连柯：奔命与战死的悲歌

他是一个战士，是教育家的战士，也是写作家的战士。[①]

——米定斯基

1935 年 7 月马卡连柯被任命为乌克兰内务人民委员部工学团管理局副局长后，他实际上从一位教育工作者变成了一个教育官员。马卡连柯后来在一封给高尔基的信中这样描述自己当时的状态："现在我的工作可以说是官僚式的，我对它不习惯，也不喜爱。"[②]1936 年 10 月到 1937 年 1 月，在担任副局长的同时，马卡连柯兼任基辅郊区一个叫布洛瓦尔工学团的领导人。在缺乏"集体种子"的前提下，兼职工作的马卡连柯显然无法在短短三个月里培养出任何集体，因此这段短暂的经历在马卡连柯的著作、论文或讲演中都没有提到过。

1937 年 2 月，马卡连柯辞去了所有行政职务迁居莫斯科，从此成了一名职业作家。这个事业上的重大决定一方面可以认为是马卡连柯试图摆脱他所不喜欢的行政工作的个人选择，另一方面其实主要是受到当时苏联肃反运动的波及。

---

① 〔苏〕米定斯基.马卡连柯的生平和教育学说[M].杨慕之，译.北京：人民教育出版社，1955：64.
② 〔苏〕马卡连柯.马卡连柯全集：第七卷[M].陈世杰，邓步银，等，译.北京：人民教育出版社，1959：389.

站在当时的历史现场，受政治运动波及而被迫停止工作逃到另一个城市，这对马卡连柯来说显然是生命中最为苦难的时刻之一。然而，倘若我们现在回过头来看：1937年2月距离马卡连柯逝世（1939年4月）只有两年，而马卡连柯的大多数著作——包括《父母必读》和《塔上旗》——都是在这两年专职作家的时间里完成的。换言之，假使没有1937年的"逃离"，管理局副局长兼工学团领导人的工作强度也无法支持他成为一位高产的作家，现在《马卡连柯教育文集》里的大多数文章都不太可能存在。想到这里不禁感叹：历史上曾经存在过一个"作家马卡连柯"是一件多么幸运的事！正如高尔基在写给马卡连柯的一封信里所说的那样，马卡连柯所成就的一切，"如果您自己不说，那么现在和将来谁都不会知道"。[①]

　　在马卡连柯的一生中，充满了许多类似这样从"山穷水尽"到"柳暗花明"的转换，无论是他早年被迫离开高尔基工学团，后来被迫离开捷尔任斯基公社，还是逝世前两年被迫移居莫斯科，都是如此，每一次"死局"都经由他的不懈努力转换成了"新生"，这也许就是马卡连柯作为一位充满斗争精神的教育家的伟大之处吧。

第一节　马卡连柯的写作之路 [②]

　　马卡连柯的职业生涯可以粗略地划分为三个阶段：作为教育家的马卡连柯、作为教育官员的马卡连柯和作为职业作家的马卡连柯。第一个阶段也是最长的一个阶段，由马卡连柯的早期经历和领导高尔基工学团、捷尔任斯基公社的十六年构成；第二个阶段是从他离开捷尔任斯基公社担任工学

---

① 〔苏〕马卡连柯. 马卡连柯全集：第七卷[M]. 陈世杰，邓步银，等，译. 北京：人民教育出版社，1959：376.
② 本节的写作重点参考了吴式颖先生在《马卡连柯教育文集》里整理的《安·谢·马卡连柯的生平及其创作年表》，在此表示感谢，并向吴式颖先生40多年前细致而详尽的工作致敬。

团管理局副局长到辞去所有职务迁居莫斯科之间的两年；最后一个阶段即马卡连柯逝世前两年的生活。尽管从数量上来看，马卡连柯的大多数作品都是在第三阶段完成的，但写作其实是马卡连柯一直以来的爱好——教育家马卡连柯本就有个"作家梦"：早在马卡连柯26岁时，他就写了自己的第一篇小说《糊涂的日子》并把它寄给了高尔基，然而高尔基对这部小说的评价却很有限，说题材虽然有趣但写得不好，情节缺少戏剧性云云，这使马卡连柯"心灵深处留下不愉快的印痕"。[①]

从1920年底开始，马卡连柯的所有精力几乎都投入到了高尔基工学团的管理和教育工作中，因此在1928年马卡连柯离开高尔基工学团之前，他在教育理论和文学创作上并没有太多的建树，或者说这一时期主要是在积累和总结自己在高尔基工学团的教育经验和思想。1923年，马卡连柯在波尔塔瓦市的《劳动之声》报上发表了题为《高尔基工学团》的短文，并在杂志《新路》上发表了《高尔基工学团示范工作经验》一文。1925年，马卡连柯又撰写了《关于高尔基工学团》并开始着手《教育诗》的写作。

马卡连柯从1927年起开始领导捷尔任斯基公社，与高尔基工学团不同，捷尔任斯基公社从一开始就是以来自高尔基工学团的几十名骨干为基础直接建立起来的集体，因此很早就显现出了高度的自治能力，这也就使马卡连柯第一次有额外的时间写作。

在捷尔任斯基公社任职期间，马卡连柯完成并发表了大量著作。1930年，马卡连柯写完了《1930年进行曲》，对捷尔任斯基公社在1930年经历的令人激动的集体生活进行了描述，该书于1932年出版并且得到了高尔基的高度认可："您完美地描绘了公社和公社社员们。在每一页上都可以感觉到您对儿童的热爱，不断地关怀他们、敏锐地理解儿童的心灵。"[②]这样的评价给予了马卡连柯极大的信心。1932年，马卡连柯写了《教育家莫名其妙

---

① 何国华, 燕国材. 马卡连柯教育思想研究[M]. 长沙：湖南教育出版社, 1986：268.
② 〔苏〕马卡连柯. 马卡连柯全集：第七卷[M]. 陈世杰, 邓步银, 等, 译. 北京：人民教育出版社, 1959：374.

了》一文，并为《公社的一天》《过去的一页》《捷尔任斯基公社国家宪法》等文准备了材料。

1933 年 9 月，马卡连柯写完了《教育诗》的第一部并发表在《苏维埃文学》杂志的第三期上。马卡连柯后来在给高尔基的一封信里写道："对我来说，《诗篇》的出版是我的生活中最重要的事件。"[1] 同年，马卡连柯还完成了以公社生活为主题的剧本《乐观情绪》（1935 年出版）。1934 年马卡连柯写完了《教育诗》第二部并得到了高尔基的指导。大概从 1935 年，马卡连柯开始撰写《教育诗》的第三部。同年 7 月，马卡连柯离开捷尔任斯基公社。9 月，《教育诗》第三部写完，高尔基在读完全书后给马卡连柯的信中这样写道："我觉得《教育诗篇》第三部比前两部更有价值。我以很激动的心情，读了高尔基工学团团员跟库良日人斗争的故事，此外还有许多地方也使人非常激动……祝贺您写成了一本好书，热忱地祝贺您。"[2]《教育诗》的第二、第三部也是在 1935 年发表的——距离马卡连柯最初开始写这部作品（1925 年）恰好过去了十年的时间。1935—1936 年马卡连柯还完成了系统总结自己关于寄宿制儿童教育机关的教育和组织经验的《教育过程的组织方法》一书。从 1936 年起，马卡连柯开始着手《塔上旗》的写作，同时为他的家庭教育作品《父母必读》准备素材。这一年他还发表了《壮丽的纪念碑》《论个人与社会》《创造性劳动的喜悦》等文章。

1937 年 2 月开始，马卡连柯迁居莫斯科，从这时起一直到马卡连柯逝世为止，是他最成熟也是最多产的时期，无论是从教育学还是文学方面来看都是如此。从 1937 年到 1939 年的这两年内，马卡连柯发表了大约 60 篇作品，包括与《教育诗》齐名的《塔上旗》。"如果说《教育诗篇》是描写教育集体的产生和发展，描写教育方法的研究和探求。那么，《塔上旗》乃

---

① 〔苏〕马卡连柯 . 马卡连柯全集：第七卷[M].陈世杰，邓步银，等，译 . 北京：人民教育出版社，1959：377.
② 同上：392–393.

描写业已巩固和成功了的教育集体的生活和成就。"① 除了《塔上旗》之外，马卡连柯还完成了讨论家庭教育的《父母必读》第一卷②和描写他自己童年的中篇小说《荣誉》。

1938 年，50 岁的马卡连柯给俄罗斯教育人民委员会负责人作了四次演讲，题为《普通学校的苏维埃教育问题》，收录于《马卡连柯全集》第五卷。这一年他还分别以《父母必读》《怎样创作文艺作品》《家庭和儿童的教育》《我的教育经验中的若干结论》等为题做了四次重要的演讲，内容均被收录进《马卡连柯全集》之中。除此之外，马卡连柯在这一年还发表了四篇故事，十四篇文章，十多篇小说、随笔、社会政治、教育和评论性文章。

1939 年，马卡连柯写成电影剧本《真正的品格》和《出差》，文章《论共产主义道德》《教师的笔记》《文学与社会》《伟大的奖赏》《意志、勇敢和目的性》等；作了演讲《家庭和学校的儿童教育》《共产主义的教育和行为》《我的教育观点》。

总的来看，马卡连柯最终留下的著述数量——相较于他断断续续、不算很长的写作生涯来说——是十分可观的，这一方面固然源自马卡连柯迁居莫斯科后异常勤奋的工作状态，另一方面也与马卡连柯的精神导师——高尔基在此期间对他的持续激励和鞭策有很大的关系。

第二节　马卡连柯与高尔基

想要谈论作为教育作家的马卡连柯，尤其是他那本广为流传的代表作《教育诗》的写作过程，就不能不涉及马卡连柯与高尔基之间的关系。从表

---

① 何国华, 燕国材. 马卡连柯教育思想研究 [M]. 长沙：湖南教育出版社, 1986: 278.
② 马卡连柯本来准备把《父母必读》写成四卷本的家庭教育专著，然而他在写完第一卷之后不久就因突发心脏病去世了，余下的三卷成了永远的遗憾。已经写完的第一卷收录于《马卡连柯全集》第四卷。

面上看，这似乎是一个我们熟知的故事：马卡连柯从很小的时候就是一名文学爱好者，同当时苏联的许多青少年一样，他在成长过程中曾受到高尔基作品的巨大影响。在就读师范训练班期间，马卡连柯也阅读了很多高尔基的作品，正如他自己后来所说："我们这些在 1905 年开始劳动生活的人，是通过马克思主义学说、列宁和布尔什维克党的斗争培养了我们的思想和意志的。我们的感情、人的内在本质的形象和图画是由于马克西姆·高尔基的创作而形成的。"①

1905 年到 1911 年，马卡连柯在克留可夫铁路小学任教时，就时常同学生们一起学习和阅读高尔基的作品，"无论对于我或者对于我的学生，高尔基可以说是马克思主义世界观的组织家。如果我们对历史的认识是通过其他途径，通过布尔什维克宣传和革命的事件，特别是通过我们的生活而了解历史的话，那么高尔基是教导我们感觉这个历史，并以憎恨、热情、更大的自信的乐观主义、那种要求'让暴风雨更有力地怒吼吧！'的巨大喜悦等感染我们。"②

1914 年，马卡连柯在另一所梅尔逊省的铁路小学任教时，出于自己长期以来对于文学的热爱，以及"想脱离教师的职业当个作家的愿望"，③ 他写了一篇题为《糊涂的日子》的短篇小说，内容是关于一个神父和他妻子的故事。他把小说寄给高尔基，希望得到高尔基的点评。结果高尔基真的给他回了一封信，里面写道："小说的主题很有趣，但写得较差，神父的体验的戏剧性表现得不明显，没有写出背景，对话也是乏味的，请你试试写点别的东西。"④ 马卡连柯后来回忆说："从这封信里我深刻地了解到我不会写作，需要学习。很可能在我的心灵深处留下了不愉快的痕迹。"⑤ 以至于当

---

① 〔苏〕马卡连柯. 马卡连柯全集：第七卷[M]. 陈世杰，邓步银，等，译. 北京：人民教育出版社，1959：305-306.
② 同上：310.
③ 同上：172.
④⑤ 同上：160.

　　　　　　　　　　　　　　　　　　　　记住马卡连柯：集体教育的思想与实践

他若干年以后写完《教育诗》第一部时，竟然把书稿放了五年都不敢寄给高尔基。

在高尔基工学团的初创时期，除了在教育学著作中寻找可以借鉴的方法，马卡连柯也把高尔基的作品从头到尾都读了一遍，并且推荐给工学团的其他教师读。高尔基的作品里当然不存在什么具体的教育方法，但却使马卡连柯对人性的认识更加深刻，也在一定程度上奠定了马卡连柯后来对待儿童的一个基本态度，在下面这段马卡连柯对高尔基的评价中，其实不难看出"尊重与要求相结合"这条原则的雏形："高尔基善于看出人的积极的力量，但是他对人从来不流露温情，从来不降低对人的要求，并且他在责备人的时候从来都是最严厉的。"[①]

正是出于这种对高尔基作品的深刻认识与喜爱，马卡连柯引导工学团的学童们共同用"高尔基"这个名字来命名教养院，这对工学团产生了十分积极的影响：首先，"高尔基工学团"这个名字显然要比"波尔塔瓦少年违法者工学团"要更有助于提升学童们的自我价值感，使他们得以真正忘记自己过去的劣迹；其次，以"高尔基"命名后，阅读和学习高尔基的著作也就成了工学团日常的文化活动，这就使高尔基的著作成了工学团重要的教育资源，正如我们在马卡连柯对库里亚日旧学童的教育过程中所看到的那样（参见本书第二章第三节）；最后，"高尔基"这个名字能使学童们把自我认知同高尔基联系在一起，也间接地将高尔基本人（同学童们一样曾生活在"底层"）作为榜样的教育力量发挥到了极致，"每当我需要向我的'流浪者'指出经过'底层'登上文化高峰的人的榜样时，我总是说：'高尔基！他就是我们的榜样，向他学习吧！'"。[②]

1925 年 7 月 8 日，马卡连柯以高尔基工学团的名义给高尔基寄了第一封信，7 月 19 日，高尔基给马卡连柯回信，自此之后两人持续通信直到

---

① 〔苏〕马卡连柯. 马卡连柯全集：第七卷[M]. 陈世杰，邓步银，等，译. 北京：人民教育出版社，1959: 313.
② 同上：304.

1936年高尔基逝世为止。高尔基与马卡连柯之间长达11年的通信往来对马卡连柯的后半生产生了极其深远的影响——高尔基重新点燃了马卡连柯文学创作的自信与热情，并且在具体写作方面给予了马卡连柯不少帮助。毫不夸张地说，如果没有高尔基在通信中的不断激励和鞭策，"作家马卡连柯"也许根本就不可能在历史上出现。马卡连柯自己也承认："如果没有阿历克塞·马克西莫维奇的关切和一贯的坚持，我未必能写出'教育诗篇'或其他任何一部作品。"[1]

马卡连柯从1925年开始创作《教育诗》，1928年高尔基造访工学团时，马卡连柯就曾向高尔基表达了自己的创作意愿并得到了对方的赞许和鼓励，后来高尔基还特地在信里询问过马卡连柯要在哪个出版社出版等事宜。尽管如此，马卡连柯在1928年《教育诗》第一部初稿完成时，由于青年时代的那篇《糊涂的日子》留下的"心理阴影"，一直没敢把书稿拿给高尔基看，并且自认为这是一本"坏书"，"这本书在我的箱子里放了五年，我甚至不愿意把它放在书桌里"。[2]《教育诗》被暂时放下后，马卡连柯又开始写一本描述捷尔任斯基公社生活的小说，并于1930年10月完成了这本《1930年进行曲》，出于同样的顾虑，马卡连柯并没有把这本书寄给高尔基，而是直接寄给了出版社。

两年后，《1930年进行曲》正式出版，马卡连柯在1932年10月的一封信里向高尔基报告了这个消息，还提及自己当时已经送到出版社的第二本书《费捷电钻第一型》的情况。与此同时，马卡连柯还在信里向高尔基表达了自己搁置《教育诗》写作的遗憾："对我来说，最宝贵的是'教育诗篇'的写作工作，其中描写的不是甜蜜的成就，而是高尔基工学团的艰苦的斗争，它不仅充满了热情，而且还充满了对我自己所犯的错误的描述，这是一部献给您的书，现在放在我的房间里，它在读者面前怀着无限真诚，

---

① 〔苏〕马卡连柯.马卡连柯全集：第七卷[M].陈世杰，邓步银，等，译.北京：人民教育出版社，1959：304.
② 同上：321.

感到有些心碎。"①1932年12月，马卡连柯收到了高尔基的回信，信中的内容让马卡连柯感到惊讶而欣喜：

> 昨天我读完了您的作品《1930年进行曲》。我非常兴奋和愉快地把它读完了，您完美地描绘了公社和公社社员们。在每一页上都可以感觉到您对儿童的热爱、不断地关怀他们、敏锐地理解儿童的心灵。我衷心地祝贺这部书的出版。也许我要对这书写一篇短文。②

高尔基对《1930年进行曲》的评价极大地增强了马卡连柯对文学创作的自信心，他很快就给高尔基回了信，在信里表达了自己的激动："您评论我的'1930年进行曲'的那封信，是我生活中的最重大的事件，我简直再也说不出其他的话来了。"③

与此同时，马卡连柯也表达了自己在写作计划方面的"力不从心"："……这件事是很困难的，为此需要天才和……时间。可是我似乎既没有天才也没有时间。我总是提笔就写在稿纸上，写出来的是杂乱无章，而且写上两行字就会被'孩子们'打断，只得老待在那间'办公室'里写作。"④尽管如此，马卡连柯依然对《教育诗》不够自信，没有把书稿随这封信寄给高尔基。高尔基并没有催促马卡连柯，而是在后来的回信中继续鼓励和关心马卡连柯：

> 我听说您感到很劳累，需要休息……您劳动了十二年，您的劳动果实是不可估价的。如果您自己不说，那么现在和将来谁都不会知道。照我看，您那有伟大意义和十分成功的教育试验具有世界意义。亲爱的朋友，您要到一个气候温暖的地方去写作。戎请求从莫斯科给

---

① 〔苏〕马卡连柯. 马卡连柯全集：第七卷[M]. 陈世杰，邓步银，等，译. 北京：人民教育出版社，1959：373.
②③④ 同上：374-375.

您汇些钱去。①

据马卡连柯回忆，高尔基后来真的给他汇了 5 000 卢布，要马卡连柯立刻去休假，坐下来写书。"我没有去休假（我不能抛下工作），但是，高尔基的坚持终于占了上风：教育家成了作家。"② 正是在高尔基如此殷切的支持下，1933 年 9 月，马卡连柯终于完成了《教育诗》第一部的终稿，并把它寄给了高尔基。高尔基读完以后马上给马卡连柯写了回信，信里不仅对这本书给予了高度的肯定，同时也就一些具体的写作问题给出了建议：

> 我看您写的"诗篇"很成功，不用说它的"情节"的意义，更不用说那趣味横生的题材。您善于十分巧妙地处理这些题材，并且把握住了故事的正确、生动和真实的风格。在故事里，您的幽默是非常恰当的，简直不能再好了。我看原稿不需要大修改，不过必须指出工学团团员人数增加的渐进性，至于"队长"里面讲得太多，队员却不显著。③

不久之后，高尔基就把马卡连柯的书稿交给一份文学刊物，并于 1933 年年底正式出版（《教育诗》的其他两部分也是这样先寄给高尔基，然后再由高尔基转交给出版机构出版的）。在扉页上，马卡连柯充满真诚地写道："谨以一片忠诚和热爱献给我们的领导人、友人和导师马克西姆·高尔基。"

《教育诗》第一部出版后的一年，马卡连柯虽然已经准备好用来写作第二部的材料，但却依然在思考要不要写和怎样写，为此他向高尔基表达了自己的担忧："第二部对我来说比第一部难些，我自己还没有想象出应该

---

①③〔苏〕马卡连柯. 马卡连柯全集：第七卷[M]. 陈世杰，邓步银，等，译. 北京：人民教育出版社，1959：376.
② 同上：305.

怎样来完成这样艰巨的任务：描写一个整个的集体，同时还要不丢掉个人，还要不丧失它的鲜明性。总而言之，我很害怕。"[①] 后来他又向高尔基汇报说《教育诗》第二部的进度因为公社的繁忙工作而放缓了，结果很快收到高尔基的回信：

> ……您的"教育诗篇"第二部这样"姗姗来迟"，的确令人感到焦急不耐。我以为您对这部著作的意义估计得不够正确，这部著作可以证明您的教育儿童的方法的正确，从而加强它的力量。您应当设法写完"教育诗篇"，以便读者在组织新公社时能够读完它。您这样做就可以帮助读者把工作组织得像库良日和捷尔任斯基公社里一样的正确。我很恳切地希望您能加一股劲，完成"教育诗篇"第二部。我所以坚决主张这一点，不仅是因为我是文学家，而且也是为了上述理由的缘故。[②]

在高尔基强烈的催促下，马卡连柯想尽办法加快了自己的创作速度。1934 年 8 月底《教育诗》第二部完成后，马卡连柯马上给高尔基寄了过去。高尔基也很快（9 月 10 日）给马卡连柯回了信，对小说提出了一些修改意见，同时再次对马卡连柯进行了鼓励："我之所以要'吹毛求疵'，因为我相信'教育诗篇'的严肃意义，相信这种教育方法的正确，相信这种实验的教育意义。"[③] 马卡连柯很快就根据高尔基的意见进行了修改，同时又回信详细阐述了自己创作《教育诗》第二部和第三部的基本思路。到了 9 月底，书稿就被送到了编辑部那里。

1935 年 1 月，马卡连柯再次给高尔基写信，信里附上了自己创作的另

---

① 〔苏〕马卡连柯. 马卡连柯全集：第七卷[M].陈世杰，邓步银，等，译. 北京：人民教育出版社，1959: 378.
② 同上：381.
③ 同上：382.

一个剧本《牛顿圈》，同时提到自己已经在创作《教育诗》的第三部，结果高尔基似乎对《牛顿圈》没有什么兴趣，反而在次月的回信中再次催促马卡连柯完成《教育诗》的创作：

> 据我看"牛顿圈"是一个有趣的话剧，假如您愿意，我可以把它交给卡尔莎剧院或是瓦赫坦戈瓦剧院。但是，我想责备您，您不该中断了"教育诗篇"的写作，它的意义要比话剧更重大。"教育诗篇"前两部已经出版了，第三部在哪里？切盼您继续写下去！我想第三部必须写到您离开的时候为止，应以此结束全书。
>
> 祝您健康！工作吧！[1]

高尔基的这封回信虽然内容不多，却是所有信件里语气最重的一封——结合当时两人的实际状况来看——甚至可以称之为一封"催命信"：一方面，马卡连柯在上一封信的结尾处已经提到"我卧床已经两个星期了，有些过度劳累，神经不太好"，[2] 高尔基在明知马卡连柯正卧床养病的情况下，回信里却没有慰问，反倒是以从未有过的严厉语气继续鞭策马卡连柯，连信末的祝语都改成了"工作吧！"，足以说明在此时的高尔基眼里，马卡连柯除了《教育诗》以外的任何创作都属于"不务正业"；另一方面，高尔基本人实际上从1934年下半年开始就承受着丧子与病痛的双重折磨，同时已经被变相软禁在莫斯科。也就是说，在我们这些回望历史的人看来，这封信实际上是生命仅剩一年半的67岁的高尔基在督促同样时日无多（仅剩三年余）的47岁的马卡连柯"赶紧去工作！"，这是一个多么令人唏嘘与动容的历史瞬间啊！

马卡连柯获信后诚惶诚恐，很快就回信向高尔基承诺："我向您保证，

---

[1][2]〔苏〕马卡连柯.马卡连柯全集：第七卷[M].陈世杰，邓步银，等，译.北京：人民教育出版社，1959：386.

在还未写完《教育诗篇》之前，我绝不写任何其他东西。"① 在这封信里，马卡连柯还提到了自己想要创作一部"很大的"教育学著作的构想：

> 我想写一部很大很大的作品，一部有关苏联教育方面的严肃的书。如果我有足够健康的话，我深信这将是一部非常重要的巨大著作。有一次我着手写了，我发觉写这本书需要完全摆脱目前的工作。一定要"手不释卷"：查查老经验，历史，文学作品的一切说法。阿历克塞·马克西莫维奇，您甚至不能想象，在三十年工作的过程中我积累多少思想、看法、预感、分析和综合。如果这一切同我一起消失的话，那是太可惜了。我以后将请求给我机会到莫斯科去住并在那里工作，使我可以接近书籍和思想中心。我需要两年的时间。②

上面这段话为我们提供了一个重要信息，那就是"去莫斯科专心写作"原本就是马卡连柯的备选计划之一。然而，令人无比痛惜的是，马卡连柯在这封信里写的话竟然一语成谶——他说自己"需要两年的时间"，而最终上天也只给了迁居莫斯科的他约两年的时间（1937 年 2 月到 1939 年 4 月），而他那部"非常重要的巨大著作"也终究没能写成。

1935 年 7 月马卡连柯调任工学团管理局副局长后，尽管"这次调动和新的工作，对写书来说都是非常不好的条件，一天剩不下三个钟头的空闲时间，而空闲的心情则一点也没有"，③ 马卡连柯依然在坚持《教育诗》的写作，并且在两个月后完成了第三部的全部内容，然后将书稿寄给了高尔基。高尔基在回信里对这部作品给出了很高的评价：

---

①② 〔苏〕马卡连柯. 马卡连柯全集：第七卷[M].陈世杰，邓步银，等，译.北京：人民教育出版社，1959：387-388.
③ 同上：389.

我觉得《教育诗篇》第三部比前两部更有价值。我以很激动的心情，读了高尔基工学团团员跟库良日人斗争的故事，此外还有许多地方也使人非常激动……祝贺您写成了一本好书，热忱地祝贺您。[①]

　　上面这封信是高尔基在 1935 年 10 月 8 日写的，这也是七卷本《马卡连柯全集》里收录的高尔基写给马卡连柯的最后一封信。1936 年 6 月，高尔基因病去世。得知这一令人悲痛的消息后，马卡连柯写了很多篇文章来悼念自己的这位导师。

　　现在我们回过头来看，在高尔基生命的最后几年里，他其实给马卡连柯留下了两份异常珍贵的"礼物"：其一，虽然《教育诗》的扉页上写着是马卡连柯"献给高尔基"的，但从高尔基在整部小说的创作过程中所扮演的"鞭策者"的角色来看，又何尝不是高尔基赠予马卡连柯的呢？其二，高尔基以一位伟大作家的敏锐直觉，帮助马卡连柯本人清晰地意识到——他自己当时的使命并不是什么单纯的"文学创作""成为一名作家"，而是尽可能真实和准确地把自己那"具有世界意义"的教育经验写出来。正是有了这样的领悟，马卡连柯后来才会坚持写完《塔上旗》等一系列作品。

　　在当时发表的一篇悼念文章中，马卡连柯写下了这样一段话：

　　　　对于我来说，阿历克塞·马克西莫维奇的逝世是莫大的悲哀。他坚决而明确地要求我把自己的教育经验详述出来，全部地献给我们的社会主义社会。我只是最近才理解，他是何等的正确，因为我们的经验是新的经验，甚至它的每一细枝末节对我们的生活，对未来的人（阿历克塞·马克西莫维奇就曾是他们的伟大诗人）的生活都是有意义的。[②]

---

① 〔苏〕马卡连柯.马卡连柯全集：第七卷[M].陈世杰，邓步银，等，译.北京：人民教育出版社，1959：392−393.
② 〔苏〕马卡连柯.马卡连柯教育文集：下卷[M].吴式颖，等，编.北京：人民教育出版社，1985：317.

伟大的灵魂往往是孤独的。在马卡连柯充满苦难与斗争的一生里，他有幸遇到了那个时代最好的人之一，那个"真正的人"——高尔基。对于马卡连柯来说，高尔基不仅仅是他的榜样、严师和挚友，更是一个永远手持火把在前方"领跑"的人——使他在迷茫的时候找到方向，在挫败的时候重新振作，在困顿的时候奋勇向前。我们完全有理由认为：没有伟大的高尔基，就没有伟大的马卡连柯。

第三节　难以估量的损失

1939 年 4 月 1 日，马卡连柯在由莫斯科近郊的作家休养所返回莫斯科的途中，因心脏病突发在火车上病故，享年 51 岁。马卡连柯逝世后，被追认为苏联共产党员。

马卡连柯的悼念仪式在莫斯科举行。数以千计的人——他们当中不少是从前高尔基工学团团员和捷尔任斯基公社社员，当时已经成为军人、工程师、医生、学者、教师、记者——从苏联的各个角落来到莫斯科苏维埃作家协会的大厦里送别自己的导师和领袖。"他们亲自担任自己的朋友和老师的护灵仪仗队，跟从前一样，仍然结合为一个友爱的大家庭，但是，现在已经成了失掉护养人的家庭了。跟从前一样，他们组织了队长会议，亲自担任治丧事宜的一切组织工作。"[1]马卡连柯如果真的在天有灵，看到他原来的社员们再次集结在一起，最后一次为他的谢幕召开队长会议[2]，不知会生出一种怎样的感动和欣慰呢？他是否会想起 1920 年冬天自己甩在札陀罗夫脸上的那记耳光，想起特烈普凯俱乐部大厅里那条"不要叫苦"的横幅，想起奥丽亚出嫁那天教养院里遍地的鲜花，抑或是想起收获节上布隆割下

---

① 〔苏〕米定斯基 . 马卡连柯的生平和教育学说[M]. 杨慕之，译 . 北京：人民教育出版社，1955：65.
② 关于队长会议的功能和意义可参见本书第五章第一节的内容。

的第一束麦子……

许多人在马卡连柯的追悼仪式上发了言，其中一位学生杜斌^①的发言尤其令人印象深刻，可以说是代表了许许多多工学团学员和捷尔任斯基公社社员的共同心声：

> 我今天真正失掉了父亲，如果你们能想象到当这样年轻的时候就失掉父亲的不幸，你们就会了解我为什么说得这样悲痛。安东·谢苗诺维奇——我的老师，今年才五十一岁。生我的父亲，当我四岁的时候就抛弃了我的母亲，我还记不清楚他，我一贯讨厌他。我真正的父亲是安东·谢苗诺维奇。他一生从来没有夸奖过我，他经常指责我。甚至在他的著作《教育诗篇》里，也还只有责备，没有夸奖。你们应该知道，当我说到这一点时，是如何地痛苦。也正因为他经常指责我，所以，我现在才能成为工程师。当我已经离开公社读到《教育诗篇》的时候，书里的一言一语，仍然继续矫正我的行为，纠正我的生活中的缺点。大家想一想，如果不是他指责我，我会变成什么样子呢？
>
> ……他要求我们绝对地执行他的命令，但同时也深深地信任我们每一个人。他善于发现并指出人所具有的善良品质。他是一个伟大的人道主义者。如果认为自己是正确的话，他便坚持自己的主张，永远不会后退一步。……马卡连柯培养了成千的苏联公民……在他们中间，有不少人得过勋章，都是我们国家的优秀分子……同志们！大家会明白我今天伤心的是什么，会明白失掉了这样的父亲该是如何重大的损失……^②

作为教育家的马卡连柯虽然不曾有机会给自己的事业画上一个完满的句号（两次被迫离开自己的教育机构），但至少也算是交出了一份人类历史上

---

① 我们只知道这位叫杜斌的学生后来在苏联卫国战争中牺牲了，无法确认他在《教育诗》里的名字。
② 〔苏〕米定斯基.马卡连柯的生平和教育学说[M].杨慕之，译.北京：人民教育出版社，1955：65-66.

少有的漂亮答卷，而作为作家的马卡连柯的生命却是在其创作生涯的高峰戛然而止的——这时马卡连柯只完成了《父母必读》的第一卷，《塔上旗》的单行本尚未出版，而他在给高尔基的信里提到的那部"非常重要的巨大著作"更是未曾成稿——这本原本应当成为马卡连柯教育理论代表作的书就这样消失在了历史长河之中……我们无从得知这本书的具体内容，更难以估量它对人类教育可能产生的影响，这不仅仅是苏联的损失，也是世界教育史上一个永远无法弥补的缺憾。

第二部分

理　　论

第四章 集体、集体主义教育与集体教育

> 我们的教育任务就是要培养集体主义者。我们从这里能得出什么样的结论呢？到现在为止，许多人只作了这样的结论：对学生应当讲集体，要在政治观念和政治思想方面来教育学生。但是，只有当你们能够在实践上遵循这些思想和原则的时候，学生才能正确地领会它们。而为了我们的政治教育能够实际上在我们的学生和教师的生活里立刻体现出来，没有集体是绝对不可能的。[①]
>
> ——马卡连柯

正确理解马卡连柯的集体教育思想体系，首先必须准确把握该体系中的一些"核心概念"（比如集体和集体教育）以及与之相关、相似而又有所差异的"邻近概念"（比如集体主义和集体主义教育）。究竟什么是集体？什么是集体主义和集体主义教育？什么又是集体教育？集体教育和集体主义教育到底有什么区别呢？

[①]〔苏〕马卡连柯.马卡连柯全集：第五卷[M].刘长松，杨慕之，李子卓，译.北京：人民教育出版社，1956: 226.

第一节　什么是集体

"集体"的俄语为"коллектив"，英语为"collective"，来自拉丁文"collectivus"，原意为"集合的"。在英语世界里，"collective"这个词依然保留了机械化、去个性化的特征，比如美国社会学家帕克（Robert Ezra Park, 1864—1944）这样定义"集合行为"（collective behavior）："许多个人在一种由社会互动导致的共同的情绪冲动影响下的行为"，[①]某些西方社会心理学家也常用"collective"这个词来描述那些没有面对面的相互作用，但卷入同样活动的个体。[②]"collective"的这种用法其实更接近汉语里"集群"的意思。

汉语中"集体"这个词主要有两种用法——它们都有异于英语世界"collective"所指的上述现象。在日常生活中，人们常会用"集体"来指称自己所隶属的某个团体，比如《辞海》(第六版)对"团体"的解释即"集体"，而对"集体"的解释是"有组织的群体"。根据这种理解，一个人所隶属的小组、班级、学校、部门、单位甚至是整个国家，都可以看成是不同层次上的"集体"（有组织的群体），当这些团体在形式上被组织起来时（比如按照名单把小组划分出来时），集体也就"诞生"了。在本书中，我们将"集体"一词的这种用法称之为"实然意义上的集体概念"。

除此之外，汉语中的"集体"还有另外一种更狭义的偏学术的用法。程继隆主编的《社会学大辞典》(1995)对"集体"的释义是"执行有益的社会职能的高级形式的群体"，1989年版《心理学大词典》的

---

① PARK R E, BURGESS E W. Introduction to the Science of Sociology[M]. Chicago: University of Chicago Press, 1921: 865.
② MILGRAM S. Some Conditions of Obedience and Disobedience to Authority. Reply to the critics[J]. International Journal of Psychiatry, 1968(04): 294-295.

　　　　　　　　　　　记住马卡连柯：集体教育的思想与实践

释义"群体发展的高级形式",2003 年版《心理学大辞典》的释义为"群体发展的高级阶段"。这三个解释都比较接近,即将集体理解为一种群体发展的高级阶段,或者说是一种处于高级形态的群体。言下之意就是"集体"是群体发展的应然方向,这就是"应然意义上的集体概念"。正如苏联著名心理学家彼得罗夫斯基(Артур Владимирович Петровский, 1924—2006)在《集体的社会心理学》一书中所言,在社会学、心理学和教育学文献中,任何组织起来的群体——幼儿园的学前儿童班组、中小学的班级、劳动教养所的违法者群体、生产班组包括刚刚组成的生产班组、军事部队人员等都被称为集体。日常这样使用"集体"的名词,只在一定程度上是合理的。上面列举的某些群体,只有符合于一定的要求,才能成为集体,这些要求涉及这些群体的活动特点和它们参与社会实践的方式。有些群体不能划入名副其实的集体。①

那么,所谓"名副其实的集体"应当具有哪些特征?或者说,如果集体是群体的某种"高级阶段"或"高级形态",那么它究竟"高级"在哪里?

我们先来看看被称为苏联"集体主义教育之母"、列宁的夫人克鲁普斯卡娅(Надежда Константиновна Крупская, 1869—1939,又译"克鲁普斯卡雅")在这件事情上的看法——她在社会主义教育学领域里率先提出了"应然意义上的集体概念":"人们把集体生活理解为,只要大家在一起,这就是集体。这种看法是不对的。集体的前提是一个安排得很妥帖的组织。"②然而,克鲁普斯卡娅并没有就什么是"很妥帖的组织"给出进一步的说明。在克鲁普斯卡娅之后,正是马卡连柯在自己的教育实践中重新深化和丰富了"应然意义上的集体概念",同时也奠定了苏联教育学和心理学领域关于

①〔苏〕彼得罗夫斯基,施巴林斯基. 集体的社会心理学[M]. 卢盛忠,龚浩然,张世臣,译. 北京:人民教育出版社,1984: 66.
②〔苏〕克鲁普斯卡雅. 克鲁普斯卡雅教育文选:下卷[M]. 卫道治,译. 北京:人民教育出版社,1987: 70.

集体概念的基本话语。

在马卡连柯的相关著作当中，至少有四个地方出现过关于"集体"的定义性陈述，包括：

> 集体是活生生的社会有机体，它之所以是一个有机体，就因为它那里有机构、有权能、有责任、有各部分之间的相互关系和相互依赖，如果这样的因素一点也没有的话，也就没有集体了，而有的只是随随便便的一个人群罢了。①
>
> 集体并不等于一群人，而是一个有目的地组织起来进行活动的机构，是一个有活动能力的机构。②
>
> 集体是具有目的的个人集合体，参加这一集体的每个人是被组织起来的，同时也拥有集体的机构。③
>
> 集体是以社会主义的结合原则为基础的人与人互相接触的总体。④

概括来说，马卡连柯理解的"集体"主要有三个特征：首先，集体是活的社会有机体；其次，集体是有目的地组织起来的和有活动能力的机构；最后，集体是按照社会主义的原则组织起来的。

如果把这三个特征"拼接"起来，就可以获得一个"马卡连柯式"的集体定义：集体是按照社会主义的原则有目的地组织起来的有活动能力的社会有机体。

马卡连柯对"集体"的上述理解从 20 世纪中叶起成为苏联教育学建构"集体"概念的基石。比如，凯洛夫（Иван Андреевич Каиров，1893—1978）

---

① 〔苏〕马卡连柯. 马卡连柯教育文集：上卷[M]. 吴式颖，等，编. 北京：人民教育出版社，1985：106.
② 同上：133.
③ 〔苏〕马卡连柯. 马卡连柯教育文集：下卷[M]. 吴式颖，等，编. 北京：人民教育出版社，1985：113.
④ 〔苏〕马卡连柯. 马卡连柯教育文集：上卷[M]. 吴式颖，等，编. 北京：人民教育出版社，1985：15.

主编的《教育学》认为，"一个团结的集体的特征是：有能够起作用的各种机构，有各种职权，有责任感，有各个部分的明确的相互关系"。①叶希波夫等人所著《教育学》也认为，"集体"是"人们的一种组织，这种组织具有一定的目标，在这种组织里规定有一定的任务，有负责领导这个组织的领导人员，有这个组织所由建立和据以团结起来的具体的事业"②。甚至在马卡连柯逝世40年以后的一本教育学教材中依然专门设有"学校中学生集体的组织和教育"部分，并认为学生集体的主要特征是"学生之间在事业上的关系和相互依存方面的组织性、坚定性和效能"③。很明显，以上这些表述都或多或少地受到了马卡连柯的影响，甚至可以说是从马卡连柯所界定的集体概念发展而来的。

马卡连柯的集体观在苏联心理学界也产生了比较大的影响。彼得罗夫斯基曾说："马卡连柯创立了集体观，他把集体看成人们由服从于社会目标的共同的活动目标所连结起来的群体，这已为苏联心理学所公认。"④在苏联心理学中，群体一般被分为松散群体、联合群体、合作群体和集体这四种类型，而集体被认为是群体的最高形式，是"由人们的共同目的和任务联合起来的，在有社会价值的共同活动过程中达到高水平发展的群体"⑤。在《集体的社会心理学》一书中，彼得罗夫斯基进一步指出："集体是一个有组织的群体，其成员由对于整个群体和每个个人有意义的共同价值、共同活动目的和任务而结合在一起。"⑥

本书聚焦的"集体教育"中的"集体"概念，正是"应然意义上的集

---

①〔苏〕凯洛夫，冈查洛夫，叶希波夫，等.教育学[M].陈侠，朱智贤，邵鹤亭，等，译.北京：人民教育出版社，1957: 358.
②〔苏〕叶希波夫，冈查洛夫.教育学[M].于卓，王继麟，傅尚民，等，译.北京：人民教育出版社，1953: 305.
③〔苏〕哈尔拉莫夫.教育学教程[M].丁西成，曲程，王悦祖，等，译.北京：教育科学出版社，1983: 274.
④〔苏〕彼得罗夫斯基.普通心理学[M].龚浩然，等，译.北京：人民教育出版社，1991: 177.
⑤〔苏〕彼得罗夫斯基，雅罗舍夫斯基.心理学辞典[M].赵壁如，等，译.北京：东方出版社，1997: 158.
⑥〔苏〕彼得罗夫斯基，施巴林斯基.集体的社会心理学[M].卢盛忠，龚浩然，张世臣，译.北京：人民教育出版社，1984: 68.

体概念"。

第二节　集体主义与集体主义教育

当代汉语中"集体主义"这个词的用法主要有两种，一种是狭义的用法，指的是带有意识形态色彩的"社会主义的集体主义"；另一种是广义的用法，也就是把"集体主义"看作哲学上"整体主义"的近义词，并将其应用到相关学术领域，于是就出现了所谓"中国社会自古崇尚集体主义"的观点——这其实是一种"集体主义"概念的泛化。我们这里关注的学校教育领域的"集体主义教育"是第一种用法。为了能够准确地理解这一意义上的"集体主义教育"，从而在此基础上厘清其与"集体教育"的关系，我们需要先弄清楚"社会主义的集体主义"的来龙去脉和基本内涵。

一、作为共产主义道德基本原则的集体主义

"集体主义"这个词在历史上最早是以法语形式出现的，发明这个词的是 19 世纪初期的法裔比利时经济学家科兰（G. Colin，又译"科林"）。当时该词主要用来描述经济上的生产资料集体所有制。早期马克思主义者拉法格 (Paul Lafargue, 1842—1911) 在一篇文章中指出："在想出这个词的科林看来，这个词是表示这样一种社会制度，它的基础是承包由国家垄断的工程的那些彼此独立和甚至彼此竞争的生产协作社。一句话，这是推广到工人团体的资本主义个人主义。"[①] 自科兰之后，在国际共产主义运动期间，曾经有许多主张生产资料社会所有制或集体所有制的政治派别都自称集体主

[①]〔法〕拉法格. 集体主义——共产主义[M] // 中共中央马克思恩格斯列宁斯大林著作编译局，国际共运史研究室，编. 拉法格文选：上卷. 北京：人民出版社，1985: 263.

义者，其中又以巴枯宁（Михаил Александрович Бакунин，1814—1876）的"无政府主义集体主义"和法国大革命时期由盖得（Jules Guesde，1845—1922，又译"盖德"）领导的"集体主义派"法国工人党为代表。后来随着法国工人党内"集体主义派"和"可能派"的分裂以及盖得彻底转向马克思主义，"集体主义"在法国成为马克思主义的代名词。然而，为了和以巴枯宁为首的无政府主义者划清界限，马克思和恩格斯在国际共产主义运动的过程中往往避免用"集体主义者"，而是用"共产主义者"来称呼自己。在《马克思恩格斯全集》中，"集体主义"一词多数也是在提到巴枯宁和法国工人党的时候使用的。

"集体主义"重新和马克思主义、共产主义建立起联系，是源于十月革命后苏联社会的现实需要。列宁并不像马克思、恩格斯那样排斥使用"集体主义"这个词，他一方面延续了这个词在经济所有制意义上的用法，另一方面则把"集体主义"看作无产阶级的一种心理特征："无产者的心理就其最基本的方面而言，是阶级的集体主义的和自觉的创造的心理。"[①]从苏联建立初期的具体情况出发，列宁认为在当时的苏联社会中大力提倡和推广这种集体主义倾向是非常必要的："虽然我国经济困难重重，但只要有地方苏维埃机关的协助，只要男女工人发挥自己应有的首创精神，只要把集体主义的因素带到日常生活领域（公社住房、公共食堂、托儿所、合作修补厂等等）中去，就有相当大的可能去改善工人住、衣、食的状况。"[②]

列宁所说的这种"集体主义"心理倾向，实际上就是通俗意义上的无产阶级彼此之间互相帮助、团结合作的心理特征，可以简单理解为"团结就是力量"。虽然在 20 世纪初这种心理特征在苏联才被命名为"集体主义"，

---

① 列宁全集：第六十卷[M]. 中共中央马克思恩格斯列宁斯大林著作编译局，编译. 北京：人民出版社，2017：461.
② 列宁全集：第四十卷[M]. 中共中央马克思恩格斯列宁斯大林著作编译局，编译. 北京：人民出版社，2017：433.

但是它本身作为机器大工业生产的必然产物，随着资本主义在历史上的兴起很早就出现了。列宁指出："无产阶级的阶级意识是在资本主义生产的过程中形成起来的，阶级的集体主义的心理也是从那里产生出来的。"[①] 在大工业生产中，由于每个工人负责的都是生产流水线上的一个环节，这样每个生产出来的产品都不再是某一个工人的劳动成果，而是集体合作的结果。在这种条件下，"在现代工业生产中的无产阶级，作为一个阶级的总体属性来说，就能比较直接地感受到个人和集体的须臾不可分离的关系，感受到个人利益和集体利益的辩证统一的性质"。[②]

斯大林上台后，在农业上施行带有强迫性质的全盘集体化（以集体农庄的形式）政策，更加注重对"集体主义"的宣传。斯大林在1934年的一次会谈中的一段话构成了社会主义集体主义的基本话语："个人和集体之间、个人利益和集体利益之间没有而且也不应当有不可调和的对立。不应当有这种对立，是因为集体主义、社会主义并不否认个人利益，而是把个人利益和集体利益结合起来。"[③]

将"集体主义"与个人利益和集体利益的关系联系在一起，就等于是将"集体主义"这个概念从政治经济领域向道德领域移植，因为道德所处理的本来就是个人与他人、群体、社会之间利益关系的调节问题。然而，无论是列宁还是斯大林，都没有明确地提出作为道德原则的"集体主义"。在历史上完成这一任务的是苏联第一任人民教育委员卢那察尔斯基（Анатолий Васильевич Луначарский，1875—1933）。在1925年所作的题为《马克思主义道德观》的演讲中，卢那察尔斯基认为资产阶级道德的全部标准反映了私有制关系，因此资产阶级道德的主要原则是个人主义的两个变种——

---

① 列宁全集：第六十卷[M].中共中央马克思恩格斯列宁斯大林著作编译局，编译.北京：人民出版社，2017：460.
② 周原冰.共产主义道德通论[M].上海：上海人民出版社，1986：473.
③ 斯大林文集（1934—1952年）[M].中共中央马克思恩格斯列宁斯大林著作编译局，编译.北京：人民出版社，1985：13.

帝国主义资产阶级的极端个人主义和小私有者的个人主义，或者说小市民的个人的个人主义。[①] 卢那察尔斯基认为，与这种建立在个人主义原则之上的资产阶级道德不同，无产阶级道德的基础是集体主义原则，社会的利益高于个人利益。[②] 自此，作为共产主义道德基本原则的"集体主义"才真正地在历史舞台上出现了。

作为社会主义国家，我国同样将"集体主义"确立为社会主义道德的基本原则。

二、作为学校德育组成部分的集体主义教育

《教育大辞典》将"集体主义教育"词条列于"德育内容"类，即认为集体主义教育是一种以集体主义道德原则为内容的教育，是使学生掌握正确处理个人和集体关系准则的教育。任何教育内容都必然服从于某种教育目的，所以集体主义教育在规定其教育内容的同时，也就规定了其教育目的，那就是将学生培养成接受和遵循集体主义道德原则的人，即"社会主义的集体主义者"。简言之，集体主义教育是以集体主义道德原则为教育内容，以培养集体主义者为教育目的。

集体主义教育长期以来是我国学校德育的主要部分。在德育研究领域，德育内容（"大德育"）通常包括政治教育、思想教育、法治教育、道德教育等部分，[③] 而集体主义教育常与爱国主义教育和社会主义教育并列为政治教育的主要内容。1993 年发布的《小学德育纲要》把"热爱集体的教育"列为小学阶段的德育内容。1995 年发布的《中学德育大纲》把"集体主义教育"列为中学阶段的德育内容要点之一，其具体内容包括：尊重、关心他人，集体成员之间团结友爱的教育；爱班级、爱学校、为集体服务、维护集体荣誉

---

①② 〔苏〕帕夫洛夫斯基. 卢那察尔斯基[M].陈日山，李钟铭，译. 哈尔滨：黑龙江人民出版社，1984: 129.
③ 鲁洁，王逢贤. 德育新论[M]. 南京：江苏教育出版社，2010: 100.

的教育；正确处理自我与他人、个人与集体、自由与纪律关系的教育。

集体主义教育可以通过各种教育手段来实现，就教育途径而言，政治课、思想品德课是集体主义原则课程化的主要形式；除此之外，集体主义教育还可以渗透于各科教学与课外活动；学校生活、校园环境也能起到隐性的集体主义教育的作用；家庭生活与社会生活则是学校之外的集体主义教育途径。就教育方法来说，集体主义教育可以通过谈话、榜样示范、情感陶冶、行为训练乃至角色扮演等方法来进行。

三、克鲁普斯卡娅的集体主义教育理论

如果说卢那察尔斯基是最早从共产主义道德原则的角度来解释集体主义，那么最早对集体主义教育进行专门论述的则是克鲁普斯卡娅。克鲁普斯卡娅较早对在学校中实施集体主义教育进行了思考，尽管她没有形成一个完备的教育理论体系，也没有对集体主义教育和集体教育作出区分，但她关于集体主义教育的思考无疑是马卡连柯集体教育思想的重要来源。

克鲁普斯卡娅的集体主义教育理论建立在"社会本能"这一心理学概念上，她认为："社会本能具有重大的意义。它常常能帮助我们找到正确的出路，帮助我们走上正确的道路。"[①]这个概念指的是儿童的一种自发地想要与他人、社会发生关系，想要使自己有益于社会的本能倾向。克鲁普斯卡娅指出："凡对儿童进行过观察的人都知道，儿童具有强烈的愿望要把自己的知识与别人分享。一个小孩刚刚背会一段课文，就急于去教自己的弟弟和妹妹，教自己不识字的同伴、佣人。促使儿童这样做的动力，是他的一种天赋的积极性：希望把所获得的知识用于实际工作。在这里起作用的还有儿童的一种社会本能：希望成为一个有益于别人的人。"[②]

---

① 〔苏〕克鲁普斯卡雅.克鲁普斯卡雅教育文选：上卷[M].卫道治，译.北京：人民教育出版社，1987：261.
② 同上：53.

克鲁普斯卡娅认为，培养学生的社会本能是社会主义学校的教育目的之一："社会主义学校的目的是培养学生的社会本能，使学校生活的环境变得更净化，使私有制本能臭不可闻。劳动要安排得能满足社会本能。发展社会本能应该像一根红线一样贯穿在整个学校生活中。"① 基于这一认识，她提出了"社会教育"②——培养儿童社会本能（用现代心理学术语来说就是"促进儿童社会性发展"）的教育这一范畴，她曾说："我们应该……在下列方面加深社会教育的内容：加强集体主义本能、习惯和意识的培养，普遍实行适当的自治形式和组织儿童在校内的劳动，加强学校与生活的联系，特别要巩固学校与少先队、共青团组织的联系。"③

在克鲁普斯卡娅看来，培养儿童社会本能的"社会教育"的终极目标就是将儿童培养成为社会主义的集体主义者："资产阶级力图把自己的儿童培养成个人主义者，使他们把'我'置于一切之上，使他们跟群众对立起来。我们却努力把我国的儿童培养成全面发展、身体强壮、认识明确的人，他们不应是个人主义者，而应是集体主义者，他们不和集体对立，而能成为集体中的一部分力量，并能把集体的意义提升到新的高度来认识。"④

怎样培养"集体主义者"？克鲁普斯卡娅的回答是，让学生在学校里过上"真正的集体生活"："儿童越早开始过集体生活，他就越有希望成为一个全心全意为共同事业而献身的名副其实的共产主义者。"⑤ 因此，共产主义学校的教学、劳动和生活应该建立在集体主义的原则上，这将有助于儿童社会本能的发展。⑥

克鲁普斯卡娅认为，"真正的集体生活"应满足以下这些条件：第一，

---

① 〔苏〕克鲁普斯卡雅.克鲁普斯卡雅教育文选：上卷[M].卫道治，译.北京：人民教育出版社，1987: 234.
② 克鲁普斯卡娅有时也在传统意义上使用"社会教育"这个词，也就是同家庭教育、学校教育并列的社会教育，而这里的"社会教育"更准确地说应该是"社会性教育"。
③ 〔苏〕克鲁普斯卡雅.克鲁普斯卡雅教育文选：上卷[M].卫道治，译.北京：人民教育出版社，1987: 328.
④ 〔苏〕克鲁普斯卡雅.克鲁普斯卡雅教育文选[M].卫道治，译.北京：人民教育出版社，1959: 307.
⑤ 〔苏〕克鲁普斯卡雅.克鲁普斯卡雅教育文选：上卷[M].卫道治，译.北京：人民教育出版社，1987: 356.
⑥ 同上：256.

这种集体生活的内容必须尊重儿童的身心发展规律，循序渐进；第二，这种集体生活必须以儿童的集体劳动为核心，"特别重要的是要让他们干的活具有集体的性质，因为这样就可以培养他们共同工作和生活的能力"①；第三，学校给儿童提供的集体生活应该是正常的、健康的，而不是旧式教会学校里那种病态的、充满恐惧和神秘气氛的生活，这样才能培养出具有发达的社会本能的人；第四，学校的集体生活不能关起门来进行，而应该和现实的社会生活联系起来；第五，这种集体生活应该尽可能为儿童提供用自己已经学会的事情来帮助他人的机会，比如让儿童将刚学到的知识教给其他儿童就非常有助于培养他们的社会本能；第六，集体生活应该给儿童布置许多复杂的，需要明确的分工与合作才能完成的任务，使儿童从小就能掌握一定的集体工作的技巧；第七，集体生活还应当为游戏和艺术留下足够的空间；第八，这种集体生活应注重学生内在纪律的培养；第九，这种集体生活还应该是相对平静的、安静的——这样才能使儿童有足够的时间去消化他所接受到的刺激，克鲁普斯卡娅反对用集体活动和社会工作占满儿童的全部时间，她说："为了正常地发展情感，为了发展智力，儿童都需要一个安静的环境。把儿童的生活变成不停地参加庆祝会、演剧、发表演说等，这是最有害不过的。"②

以今天的标准来看，克鲁普斯卡娅的集体主义思想显得有些简陋，没有马卡连柯的集体教育思想那样成系统，她提出的许多原则也过于抽象，缺乏教育实践的检验——这与克鲁普斯卡娅的主要身份是一名教育官员有关。然而，她对集体主义教育的这些早期思考无疑是社会主义教育理论的宝贵财富，也为马卡连柯的集体教育提供了重要的理论基础。实际上，在马卡连柯使用的一些方法和提出的许多观点中，都不难发现他受克鲁普斯卡娅影响的痕迹。

---

① 〔苏〕克鲁普斯卡雅．克鲁普斯卡雅教育文选：上卷[M]．卫道治，译．北京：人民教育出版社，1987: 208.
② 〔苏〕克鲁普斯卡雅．克鲁普斯卡雅教育文选[M]．卫道治，译．北京：人民教育出版社，1959: 283.

第三节　什么是集体教育

一、作为教育手段的集体

如前所述，"集体主义"一词的含义在历史上，尤其是在国际共产主义运动的过程中有过许多变化。苏联成立以来，它主要指一种主张集体利益优先于个人利益，或者（根据斯大林的表述）主张个人利益应当与集体利益相结合的道德原则。这一道德原则被认为是共产主义道德的一个基本原则，也由此构成了社会主义国家学校德育的重要内容。克鲁普斯卡娅在历史上较早系统地阐述在学校中进行集体主义教育的基本原则，并就集体生活在集体主义教育中扮演的重要角色进行了深入的思考。

在本书中，我们将马卡连柯教育思想的主体部分称为"集体教育"，那么这个"集体教育"和"集体主义教育"是否是一回事呢？两者之间的区别和联系是什么？要回答这个问题，必须从马卡连柯与克鲁普斯卡娅思考问题的不同方式说起。

马卡连柯完全赞同克鲁普斯卡娅关于集体生活重要性的观点，比如他说过："只有当一个人长时间地参加了有合理组织的、有纪律的、坚忍不拔的和有自豪感的那种集体生活的时候，性格才能培养起来。"[1] 他还说："公社社员的教育，不是用某种宣传或者教训的方法来达成，而只有从集体本身的生活、工作和志向来达成的。"[2]

马卡连柯与克鲁普斯卡娅的区别在于，他更倾向于从集体的角度（建立怎样的集体，怎样建立集体）而不是从集体生活的角度（开展哪些集体活动，怎样开展集体活动等）来思考自己的实践："公社的教育方针概括地说

---

[1]〔苏〕马卡连柯.马卡连柯教育文集：上卷[M].吴式颖，等，编.北京：人民教育出版社，1985：213.
[2] 同上：34.

来就是：建立合理的集体，建立集体对个人的合理的影响。"①如果说克鲁普斯卡娅的思想是围绕集体自治展开，以"集体生活"为核心，那么马卡连柯的思想就是以"集体"这一概念为核心。

表面来看，"集体"和"集体生活"似乎是描述同一对象的两种不同角度。一个集体只能以集体生活的方式存在，而只要存在集体就意味着存在某种集体生活。然而，作为思维的工具，这两个概念在实际用法上是有很大差异的——"集体"是一个"实体"，这意味着它可以是一个独立的"主体"，而"集体生活"则不是。举例来说：我们可以讨论"集体"的思想、情感和行动，却不会去讨论"集体生活"的思想、情感和行动；我们可以使集体拥有信念、纪律和传统，却不会说"集体生活"拥有这些东西；我们可以让"集体"去劳动、去战斗、去休息，却不可以让"集体生活"去做这些事……这两种概念在用法上的差异决定了克鲁普斯卡娅和马卡连柯在处理同类问题时的思维方式是不同的：克鲁普斯卡娅只是泛泛地谈论"理想的集体生活是怎样的"以及"如何组织这种集体生活"，而马卡连柯可以"保护集体"不受某种伤害，可以"刺激集体"作出某些反应，可以"改造集体"实现某个功能，可以"要求集体"完成某项任务，可以"推动集体"往某个方向前进，还可以"为集体动手术""给集体踩刹车"，甚至"使集体繁殖出新的幼芽"。最重要的是，正是基于"集体"作为"实体"的属性，马卡连柯才可以"教育集体"并且"让集体去教育个人"。总而言之，由于把自己的理论思考建立在"集体"这样一个具有主体性的概念上，马卡连柯所能表达的内容要远比克鲁普斯卡娅丰富得多。

"集体"概念在马卡连柯教育体系中的核心位置集中体现在著名的"在集体中，通过集体，为了集体"的原则中。我国研究马卡连柯的著名学者

---

① 〔苏〕马卡连柯.马卡连柯教育文集：上卷[M].吴式颖，等，编.北京：人民教育出版社，1985：29.

何国华与燕国材将这条原则与"尊重与要求统一的原则"和"集体运动的原则"并列为马卡连柯的三大教育原则。[①] 然而，我们认为，"在集体中，通过集体，为了集体"与其说是马卡连柯集体教育理论的一条原则，不如说是马卡连柯整个教育思想体系本身的一种最抽象、最精练的概括，而这个概括的实质——根据我们以下的分析——其实是"集体"在教育过程中作为目的和手段的双重性。

一方面，"在集体中"和"通过集体"进行教育实际上是一回事，或者说是一种同义反复。"通过集体进行教育"的前提是集体的存在，因此就必然是"在集体中"的教育，虽然教师与学生个体发生作用的时候集体并不一定时时刻刻都在场，但是只要集体是确实存在的，每一个学生即使在单独面对教师的时候，依然会感受到集体的力量。而"在集体中"的教育也不是将集体当成与教育无关的纯粹背景，而是借助集体作为一种具有主动性的环境，对集体中的个人施加教育者所期望的影响。如果在教育过程中集体没有对个人施加积极的教育影响，那么"在集体中"的教育就是毫无意义的，充其量不过是"在人群中"的教育而已。两者的关系可以从下面这个马卡连柯对违规学童进行谈话的例子中得到确证：

当被召唤的人来了的时候，我把我心里所想的完全说出来。如果这是一个很难缠的人，他不相信我，从感情上反对我，对我有怀疑，那我就不和他说什么。我把年龄较大的召集起来，也把他叫来，以严正的、殷切的语调和他谈话。对我来说，重要的不是我说些什么，而是其他的人如何集中视线来注视他。他可以抬起头来看我，却害怕看同学们。我说："同学们随后还有话对你说。"于是同学们把我事先讲给他们的话说给他听，他就会以为这是同学们自己想出来的。[②]

---

① 何国华，燕国材. 马卡连柯教育思想研究[M]. 长沙：湖南教育出版社，1986.
② 〔苏〕马卡连柯. 马卡连柯教育文集：下卷[M]. 吴式颖，等，编. 北京：人民教育出版社，1985: 89.

试想，如果集体没有形成，也就没有这种"通过集体"才能产生的力量，那么"在集体中"的谈话就不会有任何的教育作用。因此，"在集体中"的教育与"通过集体"的教育是一回事，两者都指向教育过程中作为手段的集体的作用。马卡连柯曾经多次强调集体作为教育手段的强大力量，他说："我认为我们不应该教育个别的人，而要教育整个集体，这是正确的教育的唯一途径……有时不应当跟个别学生谈话，而要向大家公开讲话，要采取这种方式——使每个学生都不得不参加共同的活动。这样一来，我们就教育了集体，团结了集体，加强了集体，以后集体自身就能成为很大的教育力量了。"①

另一方面，"为了集体"并不是"集体主义道德"论域里"为了集体利益牺牲个人利益"，而是为了有一个更合理、更好的集体，是把"建立合理的集体"首先作为教育的一个直接目的来理解。

我们知道，一个更合理的集体在发挥其作为教育手段的作用时，必然也是更高效的，这就要求教育者在发挥集体的教育力量之前，先要建立和培养集体。在这一过程中，集体本身首先成了教育者行动的目的。这就好比为了实现"砍到足够的柴"这一目的需要先磨刀（磨刀是砍柴的手段），而在磨刀的时候，"磨出一把锋利的刀"就成了当下行动的直接目的，这个目的虽然是由前一个目的在逻辑上派生出来的，但在时间上是先于前一个目的的。马卡连柯说集体"应当成为我们教育的第一个目的"②，所要表达的正是这个意思。为了能够更好地实现集体作为教育手段的功能，就需要先把集体（更准确地说是"合理的集体""理想的集体"）作为目的，去建立集体。在一封写给高尔基的信里，马卡连柯十分清晰地表明，把集体作为手段（工具）正是他全部教育信念的核心：

　　我的教育信念是这样：教育学首先是辩证的，不可能建立任何绝对

---

① 〔苏〕马卡连柯. 马卡连柯教育文集：上卷[M]. 吴式颖，等，编. 北京：人民教育出版社，1985：107.
② 同上：80.

正确的教育措施和教育制度。不根据当时某一阶段的客观情况和具体要求的任何教条主义的原则，永远是有缺点的。只有一点我想肯定：共产主义教育中唯一主要的教育工具就是活跃的劳动集体。因此组织者的主要努力应当是建立这种集体，爱护和安排这种集体，养成一种作风和传统，并且加以指导……①

因此，"在集体中，通过集体，为了集体"这条原则如果转换为"集体是教育的手段，也是教育的目的"，在逻辑上似乎更加清晰。这里之所以把"手段"放在"目的"之前，是想强调在"集体是教育的手段"和"集体是教育的目的"两者之间，前者是更主要和重要的，后者在逻辑上是从前者派生出来的，是相对次要的。马卡连柯在世界教育史上最大的贡献就是发现了"集体可以作为教育手段"这一事实，②而"把集体首先当作教育的目的"是最大程度地发挥集体的手段价值（工具价值）的一个推论。当然，在现实中"培养和教育集体"和"通过集体来教育个人"往往是同时发生并相互交融的，所以马卡连柯才会提出著名的"个人与集体同时作用原则"："每当我们给个人一种影响的时候，这影响必定同时应当是给集体的一种影响。相反地，每当我们涉及集体的时候，同时也应当成为对于组成集体的每一个个人的教育。"③

把马卡连柯的上述思路同集体主义教育的思路进行对比，就会发现两者在原理层面是不同的。马卡连柯所说的"集体作为教育的目的"是从"集体作为教育的手段"中派生出来的，是指先建立和培养出合理的集体，然后通过这个集体对个人发挥积极的教育作用，而这与教育学一般意义上的教育目的的概念其实关系不大——严格来说，集体是不能作为真正的教育

---

① 〔苏〕马卡连柯. 马卡连柯全集：第七卷[M]. 陈世杰，邓步银，等，译. 北京：人民教育出版社，1959: 383.
② 关于这一点详见本书第八章第一节。
③ 〔苏〕马卡连柯. 马卡连柯教育文集：上卷[M]. 吴式颖，等，编. 北京：人民教育出版社，1985: 79.

目的的，因为集体最终会解散——比如学生从学校毕业时。能够作为教育目的的只能是最终走出集体的那一个个人（个人的某种理想状态，比如德智体美劳全面发展），而"集体作为教育的手段"本身则并没有对教育目的作出规定。换句话说，马卡连柯的这套思路是服务于培养当时苏联社会所需要的合格的社会主义公民这个一般的教育目的的，并没有局限在"培养集体主义者"这个单一的方面。正因为如此，把马卡连柯的教育模式称为"集体主义教育"是不够准确的，称之为"集体教育"可能更为贴切。

二、集体教育的定义

目前国内的各种辞书中都没有单独列"集体教育"条目，但这并不意味着"集体教育"在我国不存在。实际上，它常常包含在一个德育原则——"集体教育与个别教育相结合"——当中。改革开放以来，几本比较重要的德育教材中都有这条原则。比如，华中师范大学等六所高等院校合编的《德育学》中列举的德育原则包括"共产主义方向性原则""知行统一原则""热爱、尊重和严格要求受教育者相结合原则""集体教育与个别教育相结合原则""长善救失原则""从实际出发有的放矢原则""教育影响的系统性和一致性原则"等七条；[①] 胡守棻主编的《德育原理》列举的德育原则包括"共产主义方向性和社会主义现实性相结合""提高认识与指导实践相结合""正面教育与纪律约束相结合""发扬积极因素，克服消极因素""热爱、尊重与严格要求相结合""集体教育与个别教育相结合""因人因境施教""教育影响的一致性和连贯性"等八条；[②] 胡厚福所著《德育学原理》把德育原则概括为"方向性与现实性相结合原则""知行统一原则""说理疏导和纪律

---

① 华中师范大学教育系, 陕西师范大学教育系, 杭州大学教育系, 等. 德育学[M]. 西安 : 陕西人民教育出版社, 1986: 150–167.
② 胡守棻. 德育原理[M]. 北京 : 北京师范大学出版社, 1998: 121–141.

约束相结合原则""发扬积极因素克服消极因素原则""因材施教原则""德育影响一致性和连贯性原则""品德教育与品德自我教育相结合原则"等。[1] 尽管所列举和陈述的德育原则有所不同，但都把"集体教育与个别教育相结合"作为一条重要的德育原则来阐释。由此看来，这一原则对于我国学校德育来说是相当重要的。

那么，什么是"集体教育与个别教育相结合"？华中师范大学等六院校合编的《德育学》中写道："集体教育与个别教育相结合原则是指对受教育者进行德育时，既要注重个别教育，更要注重培养集体、依靠集体并通过集体对个别进行教育。使个别受教育者的进步，影响和促进集体的发展。使集体教育与个别教育有机结合起来，更好地发挥教育的作用。"[2] 胡守棻主编的《德育原理》指出这一原则"是指在德育过程中，教师要教育集体、培养集体，并通过集体的活动、舆论、优良风气和传统教育个人；又通过个人影响集体的形成和发展，把教育集体和教育个人辩证地统一起来"。[3] 胡厚福主编的《德育学原理》提到："这个原则要求德育既要教育集体，又要在集体中并通过集体教育各个成员。在对集体进行教育时，注意针对集体中各个成员的实际情况进行个别教育，同时，通过对每个成员的个别教育来影响集体，促进集体的形成、巩固和发展。"[4] 与上述三种说法相类似，在《教育大辞典》和《中国伦理学百科全书·德育伦理学卷》中，也收录了"集体教育与个别教育相结合原则"，即在德育过程中，教育者要培养和教育受教育者的集体，并通过集体教育个人；同时教育者还要通过个别工作，直接教育个人。在这一过程中，需要将教育个人和教育集体结合起来，同时也要将通过集体教育个人和直接教育个人结合起来。以上这四种对于

___

① 胡厚福.德育学原理[M].北京：北京师范大学出版社，1997: 268-285.
② 华中师范大学教育系，陕西师范大学教育系，杭州大学教育系，等.德育学[M].西安：陕西人民教育出版社，1986: 158.
③ 胡守棻.德育原理[M].北京：北京师范大学出版社，1998: 133.
④ 同上：277.

"集体教育与个别教育相结合"的表述其实都比较相近，强调的都是集体教育与个人教育的结合与统一，而这显然是脱胎于马卡连柯的"个人与集体同时作用原则"。

"集体教育与个别教育相结合原则"其实包含了四个逐渐递进的层次：（1）教育者以个人作为教育对象；（2）教育者以集体作为教育对象；（3）教育者通过集体教育个人；（4）教育者在教育过程中将上述三者结合起来。其中，第二个层次"以集体作为教育对象"并不完全等同于"以群体作为教育对象"——后者不过是群体化教学（比如班级授课制）的必然结果——当教师面对一群而不是一个学生的教育情境时，就是"以群体作为教育对象"，而"以集体作为教育对象"则旨在把一个普通的学生群体培养和教育成一个能够对个人产生教育影响的"真正的集体"，实际上是第三个层次——通过集体教育个人的必要准备和前提条件，也就是马卡连柯所说的"建立合理的集体，建立集体对个人的合理的影响"。[1]

如果我们将"集体教育与个别教育相结合原则"内部关联较为紧密的第二和第三层次剥离出来，就会发现它和马卡连柯的"集体教育"思路是高度一致的，这种一致性在《教育大辞典》对"集体教育与个别教育相结合原则"所做的一个看起来不够全面但其实更为精准的定义里体现得尤为明显："对受教育者的集体进行教育，同时依靠并通过集体，针对其中每个成员的特点加强个别教育。"[2] 因此，"集体教育与个别教育相结合"这条德育原则的内核其实就是马卡连柯的"集体教育"模式。

基于前面对马卡连柯思路的分析，我们认为可以把"集体教育"定义为：一种培养和教育受教育者集体，同时依靠并通过集体教育个人的教育模式。

既然集体教育是一种以"受教育者集体"这一教育手段（工具）为核心建构的教育模式，那么理论上说只要存在"受教育者集体"，就存在实施集

---

① 〔苏〕马卡连柯. 马卡连柯教育文集：下卷[M]. 吴式颖，等，编. 北京：人民教育出版社，1985：29.
② 顾明远. 教育大辞典（增订合编本）[M]. 上海：上海教育出版社，1998：640.

体教育的可能。在班级授课制这一条件下，集体教育在我国最主要的形式就是长期以来我们熟悉的"班集体建设"传统。

作为一种教育模式，"集体教育"同"集体"一样属于教育手段的范畴（就像"枪法和枪都是战斗的手段"），因此它与自含教育目的和内容的"集体主义教育"之间的关系就很清楚了：集体主义教育可以通过集体教育来进行，也可以通过其他方法、途径或模式（比如直接讲授）来进行；集体教育可以服务于以集体主义道德原则为内容，以培养集体主义者为目的的集体主义教育，也可以服务于其他教育内容和教育目的（比如通过集体对个人进行公德教育，发挥集体的力量帮后进生提高学习成绩等）。当然，无论从学理还是从历史来看，集体教育都是实现集体主义教育目的最主要和最有效的手段，两者之间存在难以分割的联系。

第五章 "高尔基工学团－捷尔任斯基公社集体"研究

> 这是一个很好的公社，模范的集体。我可以不带丝毫的虚伪的愧色说这样的话。[①]
>
> ——马卡连柯

由上一章对"集体教育"的概念分析可知，马卡连柯的集体教育是从"培养集体"入手的。他曾说过："在任何情况下，如果现在给我一个学校，那么我的第一个任务就是要建立一个统一的学校集体。"[②] 马卡连柯同时也承认："要有一个真正的集体是很不容易的事情。"[③]

那么，什么样的集体才能算"真正的集体"呢？为了回答这个问题，仅仅看马卡连柯对于"集体特征"的罗列是远远不够的，我们必须全面考查马卡连柯培养和领导的那个集体，也就是由高尔基工学团和捷尔任斯基公社共同构成的"那个集体"。

在本书中，我们用"高尔基工学团－捷尔任斯基公社集体"（简称"高－

[①] 〔苏〕马卡连柯. 马卡连柯全集：第五卷[M]. 刘长松，杨慕之，李子卓，译. 北京：人民教育出版社，1956：436.
[②] 〔苏〕马卡连柯. 马卡连柯教育文集：下卷[M]. 吴式颖，等，编. 北京：人民教育出版社，1985：271.
[③] 〔苏〕马卡连柯. 马卡连柯教育文集：上卷[M]. 吴式颖，等，编. 北京：人民教育出版社，1985：246.

捷集体"）来指称这两者构成的整体，因为这本来就是一个集体。马卡连柯自己曾说过："从 1920 年到 1930 年的十六年中，我领导着一个集体：高尔基工学团和捷尔任斯基公社。这虽然是两个名称，实际上等于一个集体。"[①] 我们知道，在捷尔任斯基公社刚刚成立的时候，应公社主管部门国家政治保安局的要求，高尔基工学团提供了几十个学童为捷尔任斯基公社"打基础"，"这样他们一上来就有了一套自治组织和规则"，[②] 在"收缩"高尔基工学团的过程中，马卡连柯也想办法把不少骨干转移到了捷尔任斯基公社。在马卡连柯离开高尔基工学团后，"又有 100 个高尔基工学团的学员转来捷尔任斯基公社"。[③] 这一人数从 1928 年起一直到 1931 年才有较大的变化，那时"公社在一个星期之内由 150 人增加到 350 人"。[④] 高尔基工学团原农艺师费列在 1929 年初访问捷尔任斯基公社时发现自己"见到了大多数都是高尔基工学团转来的孩子和教育人员"。[⑤] 总之，"捷尔任斯基公社不仅继续了高尔基工学团的经验，而且也继续了一个人的集体的历史"。[⑥]

显然，在马卡连柯看来，"高-捷集体"就是他所说的"真正的集体"，他自己在评价捷尔任斯基公社时就曾说，"这是一个很好的公社，模范的集体。我可以不带丝毫的虚伪和愧色说这样的话"。[⑦] 当然，"高-捷集体"并不是从一开始就是模范集体，而是经历了一个漫长的发展过程。在本章中，我们将对作为模范集体的"高-捷集体"进行一次"核磁共振"式的扫描和分析，进而从理论而不是仅仅从史实的角度（正如我们在第二章里所做的）加深我们对这个集体的理解。为了完成上述任务，我们将采取一种基于系

---

① 〔苏〕马卡连柯 . 马卡连柯教育文集：上卷[M]. 吴式颖，等，编 . 北京：人民教育出版社，1985: 203.
② 〔苏〕马卡连柯 . 教育诗[M]. 磊然，译 . 北京：人民教育出版社，2011: 597.
③⑥〔苏〕马卡连柯 . 马卡连柯教育文集：上卷[M]. 吴式颖，等，编 . 北京：人民教育出版社，1985: 204.
④ 同上：51.
⑤ 〔苏〕费列 . 我的老师[M]. 方予，译 . 上海：新文艺出版社，1957: 146.
⑦ 〔苏〕马卡连柯 . 马卡连柯教育文集：上卷[M]. 吴式颖，等，编 . 北京：人民教育出版社，1985: 188.

统论的研究思路。

现代意义上的系统论是指由贝塔朗菲（Ludwig von Bertalanffy, 1901—1972）在 20 世纪中叶提出，经博尔丁（Kenneth Ewart Boulding, 1910—1993）、拉波波特（Anatol Rapoport, 1911—2007）等人进一步丰富和完善的一种理论。作为一名生物学家，贝塔朗菲的研究起点其实是想回答"生命是什么"这一困扰了科学家几百年的问题。在这一问题上，贝塔朗菲批判了之前将有机体看作机器的机械论以及诉诸二元论的活力论观点，他在继承了英国哲学家怀特海（Alfred North Whitehead, 1861—1947）等人提出的机体论的基础上，提出生命有机体是开放系统的著名论断。在贝塔朗菲看来，生命体与非生命体相比所具有的那些看似不可思议的特征，其实是生命体作为开放系统的必然结果。在其著作《一般系统论》中，贝塔朗菲还从数学和哲学上对开放系统进行了一般的描述。

随着研究的推进，贝塔朗菲进一步指出，开放系统这一模型不仅可以用于描述一般的生物体，还可以用来描述更高层次的集合，比如生物群落和人的群体、国家和社会。在他看来："社会科学是社会系统的科学。因此，它应该使用一般系统科学的方法。"[1]他还说，社会学及其相关的领域本质上是对人类团体及人类系统的研究，从像家庭或工作班组这样的小团体，到无数中等的正式的和非正式的组织，到像国家、势力范围、国际关系这样的大型联合体。提供理论表述的种种尝试都可以用系统的概念或这个领域的同义词来进行阐述。[2]

虽然马卡连柯生活的年代略早于贝塔朗菲，然而，类似的时代背景使马卡连柯的思想中有许多系统论的萌芽。有趣的是，与贝塔朗菲抛弃机械论和活力论，并以机体论为基础发展出以开放系统的概念为核心的一般系

---

[1]〔美〕贝塔朗菲.一般系统论：基础、发展和应用[M].林康义，魏宏森，译.北京：清华大学出版社，1987：185.
[2] 同上：186.

统论相比，马卡连柯似乎陷在了机械论和机体论之间的夹缝当中——在谈到个人教育时，他曾有过明显带有机械论色彩的观点，比如："生产过程和教育过程之间的酷似非但没有侮辱我对人的概念，反而使我对他怀着特别的敬意，因为即使对一台效果很好的复杂的机器，一个人也不能不怀有敬意。"[①] 然而，在涉及集体教育时，他又不止一次地提到集体是有机体，是"活生生的社会有机体"，初生的集体是"娇嫩的"，集体从危机中的恢复好像"动了手术"，集体会"繁殖幼芽"，但同时也会"死亡"等。可以说，除了缺乏对有机体进行数学描述的专业知识外，马卡连柯从有机体的角度看待集体的观点与贝塔朗菲从开放系统的角度看待社会组织的观点是十分相似的。这样看来，系统论作为研究和分析"高-捷集体"的一种工具，有着得天独厚的适用性。有鉴于此，我们将把"高-捷集体"看作是一个系统，并从两个方向着手对其进行研究。

第一个方向是从整体上考查该集体系统的结构与功能。"高-捷集体"从高尔基工学团到捷尔任斯基公社经历了从寥寥几个儿童到一个四百多人的大集体，再从一个内部分化出的"嫩芽"重新发展为一个同样规模的大集体的曲折过程。因此，其结构与功能实际上是处于不断变化之中的。在这种情况下，对于"高-捷集体"历史中的任何一个阶段的集体结构与集体功能的描述，都只是这个集体在这一阶段的"静止剖面"，无法正确反映这个系统在整个时空中的原貌。为了解决这一难题，我们将采用两种不同的方式分别处理结构与功能：一方面，基于结构是可以直观的形态，我们以"高-捷集体"的全盛时期，也就是捷尔任斯基公社 1931 年以后的组织结构为基本框架，同时兼顾高尔基工学团后期的组织形式，给出一个具有时空叠加性质的"高-捷集体"结构图；另一方面，我们将"高-捷集体"作为社会机构的功能（满足社会需要的方式）区分为生产和教育两

---

① 〔苏〕马卡连柯. 教育诗[M]. 磊然，译. 北京：人民教育出版社，2011：550.

种，然后分别考查高尔基工学团和捷尔任斯基公社这两种功能的情况。

第二个方向是对该集体在日常集体生活中表现出的各种具体特征进行分析，就好像要彻底了解一个人就必须仔细观察他在日常生活的方方面面表现出的特征一样。为了实现这一目标，我们将使用一个稍微复杂点的方法——系统层次叠加法。

系统层次叠加法是拉兹洛提出的用于描述一个自然系统的基本方法。拉兹洛认为："概念越是有普遍性，它把握住的不变性就越有广泛性；它告诉我们的事物的个体特点就更少，告诉我们的该事物同其他事物相同之处就更多。"① 因此，一个系统的特征可以根据从一般到特殊的顺序将该系统在不同层次上的属性依次叠加来描述，即"通过逐步增加具体细节来规定一个事物"。以人为例，我们可以把一个人看作物质，因此他就具有时间上的持续性和空间上的广延性，然而，这两种属性对于我们了解人是什么这个问题所提供的信息是极其有限的。要真正了解一个人，就要继续把他依次看作一个有机生命体、一个动物、一个社会人等，从而把人在这一系列层次上所具有的属性全部"叠加"到"人"这个概念中去：

> 在系统论的观点看来，如果你想知道，对人来说，真正根本性的特征是什么，那你就把他定义为一种自然形成的具有组织复杂性的奇特事物，即自然的系统。如果你还要深究，究竟是什么使得人同跟他并列的自然的系统不一样，那你就得把许多规定性一一加上去。这些规定性有些适用于有机体系统，同时也适用于作为一种有机体的人。把一般性理论领域撇在一边，你可以进一步详细说明已知的这个个体，说明他是那么一个具有人类的心理、生理和社会特征的变体。直到最后，你把他规定成了独一无二的一个人。②

---

①② 〔美〕拉兹洛.用系统论的观点看世界[M].闵家胤，译.北京：中国社会科学出版社，1985：19-20.

本章的第三节将用系统层次叠加法来看待"高-捷集体",我们将分别考察其在不同系统层次呈现的特征,逐层递升,最后将其规定成为一个独一无二的集体,从而获得"高-捷集体"作为一个系统的特征全貌。这种对于集体系统的层次特征的研究与前一种对于集体的结构功能的研究是相互补充的。这两个研究方向都是以集体的整体作为研究对象,为了避免行文重复,凡是在结构与功能部分(本章第一、二节)中已经说明的情况,在系统特征部分(本章第三节)出于逻辑需要而再次出现时,将不再展开。

第一节 "高尔基工学团-捷尔任斯基公社集体"的结构

根据系统论,一个系统的结构是由其要素的性质和要素之间的关系构成的。在"高-捷集体"中,要素的性质即各个部门的属性,要素之间的关系则指的是各部门的权责关系及其运行机制。作为一个半工半读的组织,"高-捷集体"拥有自己的工厂和学校(捷尔任斯基公社时期),学生每天工作半天,学习半天。集体的基本组织是以生产小组(替班组)为基础划分的分队,分队的成员工作和生活都在一起,工厂里有一些成年人工程师提供技术指导,并设有成年生产主任;在学校里则以班级为基本组织,由成年教师担任班主任并设有学生班长,班级组织只在学校学习和复习功课的时候才存在。工厂和学校(即生产和教学两部门)都由成年领导人总负责。集体定期召开全体大会,平时则由各部门的全权代表组成的队长会议作为中心管理机构。此外,集体中还设有一些负责特殊事务的委员会,比如经济委员会、卫生委员会等。最后,集体中还有少先队与共青团组织。

一、称号制度

马卡连柯认为，任何集体中都会有一些积极分子——"凡是很好地对待机关和它的任务，参加自治机构的工作，参加生产管理、俱乐部和文化工作的学生，都可以称为积极分子。"[①] 积极分子是一些真正热爱集体、积极地参与集体生活、维护集体荣誉的优秀分子。在学生集体中，这些积极分子是教师必须依靠的骨干，也是集体传统得以形成与传承，集体统一性得以保持的中坚力量。在"高-捷集体"中，这些积极分子被授予"社员"称号。

为了促使这些积极分子尽快涌现，也为了很好地刺激集体中的个人向前向上发展，"高-捷集体"有一套特殊的称号制度：刚刚进入公社的学生并不能获得"社员"的称号，他们只能被称为"学生"。要等到这个新人在公社中待了四个月以上并且获得了集体的基本信任之后，才能获得"社员"的称号。"社员"称号的授予由队长会议决定并交由全体大会批准，并且会有隆重的仪式授予新晋社员以社员证章。"社员"称号的授予是极其慎重的，因为集体要尽量避免剥夺某人的"社员"称号。在"高-捷集体"内的许多正式场合上，尤其是在大会上宣布某项决议或是命令时，凡提到某儿童的名字都要附带上他的称号——学生或社员。与学生相比，社员有许多特权，比如优先休假、直接领取工资、担任集体职务以及表决权等。除此之外，在"高-捷集体"内，获得"社员"称号还意味着同时获得集体的一种无条件信任，对一个社员来说，"任何人都应当相信他所说的话，如果社员说：我去过那里，在这种情况下，任何人也无权去查对他是不是去过。这种特权是由于确信整个集体的诚实而产生的"。[②]

在"高-捷集体"中，学生与社员对应的惩罚方式也是不同的，对于学

---

① 〔苏〕马卡连柯. 马卡连柯教育文集：上卷[M]. 吴式颖，等，编. 北京：人民教育出版社，1985：274.
② 同上：55.

生可以采用勤务工作[①]、禁止外出、停发零用钱等惩罚，而对于社员则只有一种象征性的惩罚方式：禁闭[②]——"这一项制度是有重要意义的。每一个人都竭力想快一点得到社员的称号，等得到这一特权——社员称号——就成为可以受禁闭的人了。"[③]与此同时，两者所受惩罚的严厉程度有天壤之别，对于新生犯错，集体往往会网开一面，因为他还是"原料"，而对于一个社员所犯的任何错误，马卡连柯则会锱铢必较："我是毫不吝惜用禁闭的：为了细故小节，为了小小的过失，为了像扣子没有扣这样的事情，就要禁闭一小时。"[④]这种近乎苛刻的严厉要求背后体现出的是一种对于社员身份的高度尊重。[⑤]

除了"学生""社员"称号之外，在"高-捷集体"中还有一些比较重要的称号，共青团员是其中之一。马卡连柯集体中儿童的年龄与一般在小学高年级到整个中学阶段就读的学生相当，因此在集体中共青团组织的规模要大于少先队。"共青团员"同样是一个享有很高荣誉和尊重的称号，是一个许多社员都向往的称号。不过，由于共青团组织自身的性质，"共青团员"的称号授予更为复杂，并且还附带有年龄和其他一些限制。相比之下，"社员"称号可以看作是普通学生和共青团员之间的一个过渡，在集体中对儿童们起到了更为普遍的激励和自律的作用。马卡连柯认为，在儿童教育机关还没有建立起强大的共青团组织的时候，"社员"称号的存在有着不可替代的价值。

在"高-捷集体"中，还有一个非常特别的称号，那就是"旗手"。旗手是在重大场合负责举旗的社员，最初包括一个旗手和两个副旗手，后来演变为两个正旗手，各配两个副旗手。在"高-捷集体"中，旗手和副旗

---

① 勤务工作是类似于帮厨、打扫卫生之类的事情，马卡连柯从不会用生产劳动作为惩罚的内容。
② 禁闭就是指在马卡连柯的办公室待上一定的时间，除马卡连柯以外不能和任何人说话，但是可以坐着，也可以看书报杂志。
③④〔苏〕马卡连柯. 马卡连柯教育文集：下卷[M]. 吴式颖，等，编. 北京：人民教育出版社，1985: 60.
⑤ 关于马卡连柯的惩罚艺术及其背后的"尊重与要求相结合原则"，本书第六章有更详细的讨论。

手是由大会选举出的品行最优秀的社员来担任的，而且一经选出，"终身不变"。换言之，只有旗手和副旗手毕业离开集体，才有必要重新推选。在集体中，"旗手不能受任何惩罚，旗手有单独的房间，有特制的礼服，当旗手持着旗子的时候，不能够用'你'而要用'您'来称呼他。"[1] "旗手"是马卡连柯集体中享有最高荣誉的称号，是最受尊敬并且往往也是最优秀的集体成员。到1938年1月为止，从"高-捷集体"毕业的学员中只有一个人获得苏联政府颁发的军功勋章，这个人就曾是"高-捷集体"的旗手。

二、分队系统

分队是"高-捷集体"的基本组织单位，在有的著作中也译为"联队"，马卡连柯称之为"基层集体"——"所谓基层集体就是不应当再分为更小的集体和组织的一种集体"，[2] "一个集体的各成员在工作、友谊、生活和思想上固定地结合在一起，这样的集体就可以叫作基层集体"。[3] 在马卡连柯看来，基层集体的存在不仅仅是为了生产和学习上的方便，还是集体教育的重要手段，是"个人与集体同时作用原则"得以实现的组织基础。"在我的教育经验的发展过程中，我获得了深刻的信念：教育方法不是由整个集体直接转向个人，而只是通过为了教育目的而特别组织起来的基层集体的媒介转向个人的，以后的事实也证明的确是这样。"[4]

马卡连柯认为，作为基层集体的分队的规模应该控制在7—15人，因为"如果基层集体少于7人，它就会开始变成一团和气的集体，会变成朋友和相好的一个故步自封的小集团。多于15个人的集体又经常会有分为两个集

---

[1]〔苏〕马卡连柯.马卡连柯教育文集：下卷[M].吴式颖，等，编.北京：人民教育出版社，1985：29.
[2]〔苏〕马卡连柯.马卡连柯教育文集：上卷[M].吴式颖，等，编.北京：人民教育出版社，1985：133.
[3][4]〔苏〕马卡连柯.马卡连柯教育文集：下卷[M].吴式颖，等，编.北京：人民教育出版社，1985：64.

体的倾向，有分化的倾向"①。与此同时，每个分队都有自己的队长，队长"是一长制的单独负责者，这一个负责人就其权力而言，虽然不是独裁者，但应是这个集体的全权代表人"②。在"高-捷集体"，分队除队长外，还设置了副队长协助队长的工作。

马卡连柯主张首先按照生产任务来组建分队，并且一个分队的成员被安排在同一间或者相邻的寝室里，因为"同样寝室的儿童，由于他们的学习成绩，生产上的成功和失败、生产上的斗争、生产上亟待解决的问题、整个集体的成长和成就，必然会联系在一起"③。此外，同一个分队在食堂里也共享一张固定的饭桌，有自己的工作服和专属的生产工具。这些措施都是为了保证儿童始终待在一个分队里，从而最大限度地维持分队的稳定性与凝聚力。

在发挥分队的教育功能方面，马卡连柯认为需要遵循两个原则："第一，基层集体不应当排斥公共集体，也不应该代替公共集体；第二，基层集体应当是跟个人接触的基本方式。"④其中，第一条原则需要教师和教育管理者时刻牢记，基层集体是整个学校集体的一部分，正如马卡连柯所言："只通过基层集体是无法进行集体教育的。"⑤基层集体的价值只有在它与学校集体之间保持某种关系的时候才能发挥出来，不然就容易导致基层集体沦为与大集体针锋相对的小圈子、小集团。在马卡连柯看来，"最理想的基层集体就是这样的集体：它既能感觉到自己的统一、团结和坚强，同时也能感受到这并不是朋友们来聊天的一种集合，而是一种社会制度，是具有某种义务、某种职权和某种责任的一个集体和组织"。⑥第二条原则即马卡连柯著名的"个人与集体同时作用原则"，第

①②⑥〔苏〕马卡连柯. 马卡连柯教育文集：上卷[M]. 吴式颖，等，编. 北京：人民教育出版社，1985:134.
③ 同上：256.
④〔苏〕马卡连柯. 马卡连柯教育文集：下卷[M]. 吴式颖，等，编. 北京：人民教育出版社，1985:74.
⑤ 同上：65.

六章会有更加详细的讨论，下面主要侧重介绍分队本身的结构及其最基本的组织方法。

（一）分队队员

分队队员的组合主要依据三个原则，即生产原则、自愿原则和年龄原则。

如前所述，"高-捷集体"是一个半工半读的集体，每一个分队都需要担任一定的生产工作，因此有必要将那些同一个工段或是有着同一个生产任务（比如制造同一个零件）的社员安排在一个分队以利于生产上的合作，"在捷尔任斯基公社里，基层集体组织的基本特征就是生产的特征"。[①] 此外，分队的组织还必须考虑到社员之间彼此接纳的程度，尤其是在集体初建或是生产分工尚不明确的时候，组织分队主要遵循的是自愿原则，马卡连柯曾表示："起初，我组织分队是根据这样的原则：谁和谁一块儿学习，谁和谁一块儿工作，我就把这些人编在一个分队里。"[②] 在现实中，分队的组织需要兼顾生产原则和自愿原则。

此外，马卡连柯认为分队队员的组成还应考虑年龄原则。在集体形成的初期，很自然，生产原则和自愿原则使不同年龄的儿童隶属于不同的分队。到了后期，马卡连柯开始尝试根据混合年龄的原则组织分队，即将不同年龄的儿童安排在一起。马卡连柯认为，组织混合年龄的分队无论是对年幼儿童还是年长儿童来说都是有益的："这种组织具有很大的教育效果，因为它能造成不同年龄儿童之间的更密切的协同动作，而且是经常积累经验和传授前一辈经验的天然条件，小孩子获得多种多样的知识，掌握行为的习惯，工作的方法，学会尊重大孩子及其威信。大孩子关心小孩子并且对他们负责——这能培养苏维埃公民所必具的品质：对人关怀、气量宽宏和严

[①] 〔苏〕马卡连柯. 马卡连柯教育文集：上卷[M]. 吴式颖，等，编. 北京：人民教育出版社，1985：253.
[②] 同上：136.

格要求，还能培养未来的家庭成员应有的品质以及许多其他的品质。"①从集体建设的角度而言，年龄混合的分队形态也有利于形成一个大家庭似的集体氛围，"年长的团员经常领导着年幼团员。这也是使工学团结成统一的集体的一个原因"②。

即使综合考虑以上三个原则建立起了分队，由于自愿原则本身的限制，总是会有一些人被排斥在所有分队之外——哪个队分队都不要他。在"高-捷集体"里，就曾有15个人属于这样的情况，这个问题最后被提交到全体大会，规定每个分队收留一个（恰好有15个分队），这样每个分队都会争取这15个人里比较不那么讨厌的人。分配结束之后，马卡连柯依然对这15个被集体排斥的儿童保持高度的关注，他说："这一分配过程，使我能够了解所有这15个人。对于我来说，他们是一个特殊的小集团，我把他们记在专备的本子上，这个本子每天我都随身带着，我知道这15个人是我最危险可怕的成员，虽然他们没有犯过，但是，大家不愿意让他们参加集体的这种集体意见，我是很重视的。"③

（二）分队队长

分队队长是分队的一长制负责人，是分队的全权代表。队长承担着分队的管理工作，对分队的日常组织、卫生状况、学习成绩、文化生活负责，并与分队内各种不良现象展开斗争。在生产上，队长往往就是生产组长，为本队的生产质量负责并且担任比较重要的生产岗位，队长的工资比一般队员多10%—20%。此外，队长最大的责任就是要动员队员积极地参与公社生活，他"应当经常动员队员注意生产工作问题，完成生产财务计划问题，提高质量、减少废品问题，学校中的学习和集体中的纪律问题，并且注意

---

① 〔苏〕马卡连柯．马卡连柯教育文集：上卷[M]．吴式颖，等，编．北京：人民教育出版社，1985：255.
② 〔苏〕维格多洛娃，等．论马卡连柯的教育学遗产[M]．维加，天浪，译．北京：中外出版社，1952：12.
③ 〔苏〕马卡连柯．马卡连柯教育文集：下卷[M]．吴式颖，等，编．北京：人民教育出版社，1985：69.

公社的成长和发展的共同途径"①。

在"高－捷集体"中，队长的权力是很大的，但这权力只是因为他是受组织指派或是队员选举出来担任分队管理职能以更好地完成分队的共同任务，如果一个队长想要以权谋私，他就会立刻失去集体对他的支持，也失去集体赋予他的权力。正如马卡连柯所言："……我们的队长不过是被选举出来的一个队长，不错，他们拥有巨大的权力和影响，但当他开始代表个人原则的时候，他就毫无自由了。"② 因此，在实际工作中，"队长应当经常努力使分队成为和睦的集体，他应当把自己的威信建立在自己优良的工作上，建立在自己的模范的行为上，建立在共青团的原则性上，而不是把自己变成一个首长"。③

队长的任命有指定和推选两种办法。"如果集体尚未巩固，共青团的组织还不能够领导集体的舆论，这时指定队长是必要的。……在组织得很好的，共青团组织力量强大的集体中，应当转而实行队长选举制。"④ 队长选举的流程颇为复杂："在捷尔任斯基公社里，分队是在共青团委员会、教师集体和队长会议密切参与下提出自己的队长候选人。候选人名单由教导处领导人最后批准。关于撤销候选人的问题应与分队协商。队长是在集体的全体大会上个别提名选举的。只有获得社员称号的集体成员才有表决权。"⑤ 队长的人选虽然由分队提名，但是最终是通过全体大会选举产生的，因此队长永远首先是向全体大会、向整个集体而不是所在的分队负责，这样就有效避免了分队成为内部一团和气、向外对抗集体的小集团情况的发生。

在"高－捷集体"中，分队队长每3—6个月改选一次，马卡连柯认为，这样既能使队长养成责任意识又不至于形成官僚阶级。同时，由于队

---

① ③ 〔苏〕马卡连柯. 马卡连柯教育文集：上卷[M]. 吴式颖，等，编. 北京：人民教育出版社，1985：259.
② 同上：33.
④ ⑤ 同上：256—257.

　　　　　　　　　　　　　　　　　记住马卡连柯：集体教育的思想与实践

长相对队员来说担任的额外工作是很多的，轮流担任队长也能减轻儿童的负担（捷尔任斯基公社成立不到两年的时间里，已经有半数儿童当过队长，参加过队长会议了）。最后，队长的职务一旦任命就必须予以高度的尊重，"非得有充分的理由并且由队长会议通过，才能取消未到期限的队长的全权。只有出现非常严重和刻不容缓的情况，行政上才能解除队长的职务"。[①]

（三）混合分队

混合分队在"高-捷集体"中指的是一种临时分队，这种分队通常由各固定分队的剩余人员（暂时没有工作的固定分队成员）所组成，通常是为了完成某个临时的生产任务。这种组织形式主要出现在农业任务较多的高尔基工学团时期，"田里的工作经常要变更工作地点和工作性质，结果就要按照不同的工作任务来划分不同的集体……为了适应这种非常明显的组织的需要，我们就采取了混合联队的办法"。[②] 在《教育诗》中，马卡连柯对混合分队的性质进行了说明："混合联队，这是一个临时性的联队，它存在的时间至多不超过一星期，它所接到的是某一个短期的任务：给一块马铃薯田除草，耕一块田，选种，运肥料和播种等工作。"[③] 混合分队在完成了自己的临时任务以后即告解散，儿童们回到自己原先的固定分队和集体中，在组织有需要的时候再根据安排参加新的混合分队。

混合分队的队长通常尽可能由不担任固定分队队长的普通社员轮流担任。这样做有几方面的好处：首先，无论是固定分队的队长还是混合分队的队长都要比普通队员承担更多的责任和更加辛苦的工作，轮流担任队长可以减轻相关儿童的负担；其次，通过这种方式可以使大多数儿童获得参与组织和管理工作的经验。"高-捷集体"在后期可以让任何一个普通儿童

---

① 〔苏〕马卡连柯. 马卡连柯教育文集：上卷[M]. 吴式颖，等，编. 北京：人民教育出版社，1985：260.
②③〔苏〕马卡连柯. 教育诗[M]. 磊然，译. 北京：人民教育出版社，2011：191-192.

担任队长的教育成就也许就归功于集体中这些混合分队的存在；最后，不让固定队长担任混合队长的安排也可以防止固定队长们形成官僚阶级——"一个固定联队的队长总是以混合联队的普通队员的身份去参加工作，在工作时间要服从混合联队的临时队长的指挥，而后者往往就是他自己那一队的固定队员。这种制度在教养院里形成一种非常复杂的连环式的从属的关系，在这样的关系里，个别学童便不能自命不凡地高高站在集体的上面。"①

（四）分队与班级

从 1935 年起，捷尔任斯基公社建立了一个十年制的完全中学，社员们每天在工厂工作五小时，在学校学习四小时。学校中有班级组织并设有班长。班级系统和分队系统是并行的，简言之，在学校中队长听班长的，生产中班长听队长的。这也能在一定程度上减少队长成为官僚阶层的危险，马卡连柯指出："集体中复杂的从属关系能够养成领导和服从的能力。"② 一个真正善于领导的人，在别人做领导的时候，必然也是一个善于服从的人。

在"高－捷集体"中基层集体主要指的是分队而非班级，无论在生产劳动还是日常生活中，儿童和自己分队的关系是最为紧密的，而班级组织只是在学校中学习的时候才存在。出于学习的需要，班级成员往往是同一年级的不同分队的成员，仅仅在学校中才听从班长的管理。因此，严格地来说，"高－捷集体"中并没有真正意义上的班集体。尽管如此，马卡连柯认为在没有工厂生产的普通学校中，班级组织还是可以承担起基层集体的角色。在一次面向普通学校教育工作者的演讲中他说："一个集体的各成员在工作、友谊、生活和思想上固定地结合在一起，这样的集体就可以叫作基

① 〔苏〕马卡连柯. 教育诗[M]. 磊然，译. 北京：人民教育出版社，2011: 193.
② 〔苏〕马卡连柯. 马卡连柯教育文集：上卷[M]. 吴式颖，等，编. 北京：人民教育出版社，1985: 259.

层集体……在我们的学校里，自然也存在这样的集体，这就是班级。"① 与此同时，马卡连柯也对于当时作为基层集体的班级提出了自己的担忧："班级在不断的日常工作中团结了儿童，而由于过分倾心于此，很容易把这样的基层集体引导得脱离了公共集体的利益……在这样的情况下，基层集体也就失掉了它作为基层集体的价值，成了侵蚀公共集体利益的东西，于是，要转向公共集体利益就更为困难了。"② 马卡连柯认为，在必须以班级为基层集体的普通学校中，必须充分考虑到这一危险，要妥善处理好班集体和整个学校集体之间关系。

三、自治机构

马卡连柯反对设立过多的不必要的自治机构，他指出："只有在很好地建立起教育机关全部生活时，即任何一个自治机构一旦停止活动，立刻就在教育机关的工作上反映出来并且集体感到这是一个缺点，这时自治机构的工作才是迫切而重要的。"③ 自治机构一旦建立，就要切实担负起职能，使集体中的每一个成员都能真切地感受到自治机构的存在："自治机构工作中具有决定意义的情况就是它的经常性，每一个自治机构，如果它由于某种原因长久不开会，就会丧失它的威信，并且事实上应当算是不复存在了。"④ 每个自治机构在开会时都可以设会议秘书并进行必要的会议记录，会议讨论机构内部事务并做出决议，每一项决议在会后都必须严格执行，不得延迟或搁置，自治机构可以委托个人全权负责某项事务，被委托的个人完成任务后要向自治机构进行总结汇报。

马卡连柯认为，对于教师和教育管理者而言，最重要的就是要处理好行政当局（成人领导机构）与学生自治机构之间的关系，只有充分保证和尊

①② 〔苏〕马卡连柯. 马卡连柯教育文集：下卷[M]. 吴式颖，等，编. 北京：人民教育出版社，1985: 64.
③④ 〔苏〕马卡连柯. 马卡连柯教育文集：上卷[M]. 吴式颖，等，编. 北京：人民教育出版社，1985: 261–262.

重自治机构的独立性、权力和威信，自治工作才能够真正有效地展开，集体的高效管理才能得以实现。因此，"教育机关的行政当局，包括教导方面的行政当局，在任何情况下不应代替自治机构，也不应独自决定那些应当归自治机构决定的问题，哪怕是领导者的决定和指示显然是正确的或者是更为迅速的"。① 并且，"如果行政当局认为不能执行某个自治机构的错误决定，它应当诉诸全体大会，而不是简单地取消决定"②。

下面我们对"高-捷集体"内的各自治机构进行简单介绍，这些机构包括全体大会、队长会议和各种委员会，其中，委员会主要负责一些特殊事务，比如有卫生委员会、经济委员会、总务委员会等。全体大会是集体中地位最高也是最主要的自治机构，队长会议则是处理集体日常工作的中心自治机构。

（一）全体大会

全体大会顾名思义就是集体所有成员出席的大会。在"高-捷集体"中，如果需要全体大会决策的事情较多，大会每周召开一次，一般情况下则每两周召开一次，此外有突发事件时也可以临时召开全体大会。每学期开学时，由全体大会推选出队长会议、卫生委员会、经济委员会等下属自治机构。

全体大会的议题包括听取整个集体的各自治机构和各部门（教学、生产、经济、卫生等）的总结报告、选举新的自治机构、听取和讨论经济预算、决定集体计划、处理重大事件、批准人事变动等任何有必要使全员知晓或是需要全员参与表决的问题。马卡连柯集体中这种充分而彻底的集体自治形式曾遭到很多人的质疑：怎么能把集体中的重大事情都交给小孩子们来决定呢？马卡连柯的回答是："问题在于应当争取做到，不是一群孩子

---

① 〔苏〕马卡连柯.马卡连柯教育文集：上卷[M].吴式颖，等，编.北京：人民教育出版社，1985：262.
② 同上：359.

的全体大会，而是集体成员的全体大会。"①实践证明，当一个真正的集体已经形成后，全体大会做出的决议有时候甚至比成人教育者所能想到的更加完善，也更适合集体目前的情况。

马卡连柯认为，全体大会在集体中应该享有至高无上的威信（在某些方面甚至超过集体首长，参见后文"集体首长"部分），凡是全体大会通过的决议都必须被不折不扣地执行，"行政当局和学生应当把所有学生都参加的全体大会看作主要的自治机构，教育机关应当拿出所有力量来支持它的威信"。②然而，这并不意味着集体中的成年教师和领导者对全体大会完全撒手不管，相反，为了保证全体大会的威信，教育者需要尽一切可能确保全体大会作出的决议基本上是正确的，而这项工作并不是通过在全体大会上直接发表成年人的意见来实现的，而是要在全体大会召开之前在集体中做大量的工作，促成正确的集体舆论，从而将全体大会引入教育者认为正确的轨道上去："在任何情况下，都不能容许大会有任何不正确的、有害的、错误的决议；因此，每个问题在提交全体大会审议之前，领导者本人对这个问题必须有自己明确的意见，要深知大会能有多少人支持正确的意见，哪些人可能反对。"③在这种情况下，全体大会做出错误决定的概率就很小了，但是"如果大会显然作出了不正确的决定，领导者必须向大会提出同志式的警告或指示，并将决定的执行日期延迟几天"。④在任何情况下，教育者都不能和全体大会发生正面的直接冲突，"都不能用行政的权力对大会施加压力、威胁或恐吓"。⑤

（二）队长会议

在马卡连柯看来，"队长会议是儿童教育机关集体中处理一切日常工作

---

① 〔苏〕马卡连柯. 马卡连柯教育文集：下卷[M]. 吴式颖，等，编. 北京：人民教育出版社，1985: 22.
②③④⑤〔苏〕马卡连柯. 马卡连柯教育文集：上卷[M]. 吴式颖，等，编. 北京：人民教育出版社，1985: 264-265.

的中心自治机构"①，是"儿童机关的主要管理机构"。②集体中日常事务的大小决策主要通过队长会议来决定，并向全体大会报告。队长会议刚开始仅由各分队的队长和马卡连柯本人出席，之后随着集体逐渐成熟，参与队长会议的人员也越来越多，在"高-捷集体"的鼎盛时期参与会议的人员包括："全体队长、各种委员会的代表、首长（集体领导人）、教导主任、医生和校长。共青团委员会的书记和少年先锋队的组织的辅导员也出席会议，他们享有表决权。"③此外，如果队长有事不能出席会议，就派副队长出席，副队长有事就指派任何一个队员（最好是有"社员"称号的人）出席，总之无论如何要保证所有分队和集体中其他重要机构都有代表参加。马卡连柯指出，"在人数很多的儿童集体中，如果总的委员制机构不是由个别的基层集体的代表所组成，它的工作就会软弱无力。其决定很晚才能贯彻到群众中去。此外，在这种制度下，中心自治机构的成员对选举人和各个有关单位的责任感不强，因而它的威信也就不高"④。

队长会议一般每周或每旬召开一次：在高尔基工学团时期，队长会议例会是在每周六下午两点半召开的；在捷尔任斯基公社时期，队长会议例会则是在每旬的第九天吃完第一次晚饭后五点半召开。除了例会之外，如遇到紧急问题，也可以随时召开队长会议。在"高-捷集体"中，召集队长会议采用短吹三声号的方法，并且只吹一次，两分钟内，"队长听到号声以后，不管他在哪里（教室、工作场所、浴室）都应当赶快收拾完毕，立刻去开队长会议"⑤。凭借着如此严格而精确的制度，马卡连柯可以在十分钟的休息时间里召开一次队长会议而不影响到工厂生产与学校学习。

在"高-捷集体"中，早期的队长会议是由马卡连柯本人主持的，到了

---

① 〔苏〕马卡连柯. 马卡连柯教育文集：上卷[M]. 吴式颖，等，编. 北京：人民教育出版社，1985: 266.
② 〔苏〕马卡连柯. 马卡连柯全集：第七卷[M]. 陈世杰，邓步银，等，译. 北京：人民教育出版社，1959: 426.
③④ 〔苏〕马卡连柯. 马卡连柯教育文集：上卷[M]. 吴式颖，等，编. 北京：人民教育出版社，1985: 267.
⑤ 同上：137.

后期就改由队长会议秘书来主持。队长会议秘书是队长会议的常任秘书，他主要负责队长会议的组织、记录与整理以及监督队长会议决议的执行情况等。队长会议秘书是两个重要会议——队长会议和全体大会的主持人，也是所有议事日程的宣布者和所有决定的总结发布者，因此这个社员其实是整个集体在形式上的领袖。队长会议秘书的权力也很大，"队长会议秘书有权单独施行处罚，有权准许社员和学生请假，有权巡视各年级上课情况，有权在一天的任何时间发布命令"①。在"高-捷集体"里，队长会议秘书也是集体首长的一个重要助手，并免去了该社员的其他一切工作。队长会议秘书的任期与队长相同，这也就意味着每次在全体大会上进行队长改选时，也会进行队长会议改选和队长会议秘书的改选，并且每次都选出由新的队长会议秘书领导的新一届队长会议。以捷尔任斯基公社为例，1930年一共进行了四次队长会议改选（即队长改选和队长会议秘书改选），时间分别为2月1日、4月10日、7月6日和10月17日。

（三）委员会

在"高-捷集体"中，每学期开始时召开的全体大会除推选负责集体日常管理决策的队长会议之外，还要推选出一些负责特殊事务的委员会，比如卫生委员会、经济委员会、伙食委员会、总务委员会、文化小组（俱乐部）委员会等。由于这方面的资料不多，我们仅介绍其中卫生委员会的基本情况。

卫生委员会不负责具体的卫生清扫工作（这由各分队与班级负责），而是对整个集体的卫生和医疗工作进行管理，集体中的成人医生也参与到卫生委员会中去。卫生委员会每天记录各部门的卫生工作情况并进行评比，对不整洁的部门则进行整改并要求该部门在全体大会上汇报工作。每天都

---

① 〔苏〕马卡连柯.马卡连柯全集：第二卷[M].南致善，沈凤威，王子云，译.北京：人民教育出版社，1957: 488.

会有一个卫生委员会中的委员担任值日卫生委员，负责一天里集体中所有部门卫生情况的检查并向队长会议和集体首长汇报。

值日卫生委员有权就卫生问题直接对社员下命令，如值日卫生委员可以要求集体中任何一个人放下手头的工作去洗手或是剪指甲。在"高-捷集体"中，关于值日卫生委员的人选有一个很有趣的传统，那就是值日卫生委员一定是一个很爱干净、很注意细节、连椅子上的一根头发丝都不肯放过的小女孩，"像这样的小女孩子，是最不放松小节、最纯洁、最诚实的，对任何诱惑都不动心。集体觉得正是这样的女孩子，才可以把卫生委员会委员这样的工作委托她去做"。①

四、共青团与少先队

在"高-捷集体"中，共青团组织是一支非常强大的力量。高尔基工学团在 1923 年夏天成立共青团支部，初始人数为 9 人。到 1932 年捷尔任斯基公社团支部改选时，整个集体中的共青团员已经达到 180 人。这 180 人基本上都是有一定资历、在社员中有较高威望的老社员，在集体生活中扮演着中坚力量的角色。"共青团员是集体的核心，他们的一举一动在学生集体中是道德行为的标准，学生们都尊敬他们，重视他们所讲的话。"② 马卡连柯也曾说："我们在自治和整个集体的活动中依靠的是共青团。他们是在中等年龄以上的工学团团员中自然而然地产生的。"③

共青团组织是社会主义国家的特色。在"高-捷集体"的成熟阶段，共青团支部定期召开的支部会议在较大程度上决定了整个集体的基本走向。正如马卡连柯在描述高尔基工学团时所说的，"领导着整个集体的是和工学

① 〔苏〕马卡连柯. 马卡连柯教育文集：下卷[M]. 吴式颖，等，编. 北京：人民教育出版社，1985：26.
② 〔苏〕维格多洛娃，等. 论马卡连柯的教育学遗产[M]. 维加，天浪，译. 北京：中外出版社，1952：19.
③ 〔苏〕马卡连柯. 马卡连柯全集：第七卷[M]. 陈世杰，邓步银，等，译. 北京：人民教育出版社，1959：431.

团一同成长起来的共青团员"①。

可以想见，在集体发展的初期，同样定位为集体骨干和优秀分子的分队队长和共青团员之间有着高度的重合——最先加入共青团的往往就是最早一批成为队长的学童。然而，随着时间的推移，尤其是为了避免官僚主义的滋生而确立队长改选制度以后，共青团员就不再总是能担任队长的职务了。在"高-捷集体"发展后期，"担任队长的并不一定都是最有威信的社员"②。在这种情况下，共青团组织和队长会议之间就形成了一种非常微妙的制衡关系。虽然共青团员在集体事务中并不掌握如队长会议那样的实权，但是由于共青团员是集体内最年长并且通常也是最有威信的社员，他们所掌握的是一种与实权不同的力量——对社员的影响力。马卡连柯正是利用共青团员的这种影响力来实现掌控集体前进方向的目的：每当队长会议将要做出在马卡连柯看来可能给集体带来负面影响的决策时，马卡连柯就会动用他作为公社主任的一项特殊权力——将问题提交给全体大会处理。"年纪大些的社员尤其是共产主义青年团团员们在例行事务、工作和列队的时候，都会服从自己的队长，但是，在社会生活中，特别是在开全体大会的时候，却不受队长的限制。"③ 在全体大会上，谁都可以发言，共青团员就可以发挥自己的影响力来影响大会的讨论方向——"共产主义青年团总是全体大会的主要推动力"④。

这样，共青团支部虽然"从来不直接参与队长会议的工作，但是，它对于公社里的群众的意见却能发生强烈的影响，并且通过自己的团员们，它经常能在队长会议中获得绝大多数。因此，队长会议对于具有原则意义的各项问题，只不过做形式上的通过罢了，因为这些问题都是早经支部委员

① 〔苏〕马卡连柯. 马卡连柯全集：第七卷[M]. 陈世杰，邓步银，等，译. 北京：人民教育出版社，1959：323.
②③ 〔苏〕马卡连柯. 马卡连柯全集：第二卷[M]. 南致善，沈凤威，王子云，译. 北京：人民教育出版社，1957：94.
④ 同上：112.

会、支部执行小组和全体大会决定的"①。

在"高–捷集体"中，除了共青团组织之外，还有受其领导的少年先锋队组织。然而在"高–捷集体"中，少先队的问题较为特殊，马卡连柯自己也承认："我们公社的少年先锋队的事务很不好办。"② "高–捷集体"主要由 12—17 岁的青少年组成，真正符合少先队年龄要求的学童只占很少一部分，而这部分学童通常较其他教育机构中的同年龄孩子更为早熟。"儿童虽然才十二、十三岁，但是他们已经有另外一些兴趣了。在十三岁时，他当了一名四级旋工，当然，他是会有意见的，既然我是一个四级旋工，那我怎么还是少年先锋队员呢？"③ 在这样的情况下，马卡连柯集体中的少先队员们往往急不可耐地申请转为共青团员，"在每一星期内都有一些少年先锋队队员申请加入青年团"④。因此，"高–捷集体"中虽然有少先队组织，但少先队活动一直没能很好地开展，在集体自治的过程中也没有起到显著作用。

五、集体首长

在"高–捷集体"里，所谓首长就是整个集体的成年领导人，即马卡连柯本人。"高–捷集体"采用的是半军事化的管理，这从集体的服装、队列、旗帜、规章等细节中看得出来。"分队"就是苏联革命时期遗留下来的一个词，马卡连柯自己也承认，"'分队'是一个纯粹游击作风的名称"⑤。将集体的领导人称为首长，也有这种军事化的色彩。

在集体刚建立的时候，作为集体领导者的马卡连柯权力很大，他自己也

---

① 〔苏〕马卡连柯.马卡连柯全集：第二卷[M].南致善,沈凤威,王子云,译.北京：人民教育出版社,1957：94.
②④ 同上：102.
③ 〔苏〕马卡连柯.马卡连柯教育文集：上卷[M].吴式颖,等,编.北京：人民教育出版社,1985：69.
⑤ 〔苏〕马卡连柯.马卡连柯教育文集：下卷[M].吴式颖,等,编.北京：人民教育出版社,1985：341.

承认："我在高尔基工学团的时候,许多方面都是一个独裁者。"① 而在捷尔任斯基公社时期,由于"集体本身变成了非常有创造性的、严格的、确实的和有教养的力量"②,最后留给集体首长的管理职责似乎已所剩无几。马卡连柯在彼时的职责不是管理,更多的是领导和监督,包括为整个集体设定前景目标,与教师集体一同检查集体的各项工作是否正常进行,以及确保集体的发展没有偏离正确的方向,防止全体大会做出过于严厉的惩罚等。

作为集体的全权负责人,集体首长要向上级领导机关负责,因此要对集体的各个方面了若指掌,同时也必须参与和影响集体中任何重要事务的决定。但是出于对集体自治的尊重,在表面上集体首长的权力是很有限的,马卡连柯在集体中的威信主要来自他兢兢业业的工作、人格魅力和教育技巧。

集体首长的权力在集体中被限制到什么程度可以从下面两件事中看出来。有一次,集体内发生了性质恶劣的偷窃事件,其性质之所以恶劣是因为偷窃者居然是当天的值日队长本人③,集体的义愤被激起,大家一致要求将小偷从集体中开除,马卡连柯试图阻止却遭到全体学生的反对,并在全体大会被禁止发言。此外,在1933年,鉴于马卡连柯经常性的"心软",集体剥夺了他免除禁闭的权力,因为全体大会认为他的做法有损禁闭的严肃性。作为学生自治机构的全体大会可以限制集体领导人〔校长〕的权力,充分说明了马卡连柯集体自治达到的高度以及马卡连柯本人的教育智慧与教育胸襟。

六、值日队长

值日制度在很多集体中都很常见。在"高-捷集体",许多岗位都设有值日生,比如集体门口的站岗值日和我们之前提到的值日卫生委员等,每个

---

① ② 〔苏〕马卡连柯.马卡连柯教育文集:上卷[M].吴式颖,等,编.北京:人民教育出版社,1985:108.
③ 见本书第六章第三节中"被驱逐的伊凡诺夫事件"。

分队每天也有值日生，主要负责在每天早上的例行检查之前搞好寝室的卫生工作。但除了这些一般性的值日生之外，集体中还有一个非常重要的值日人员，那就是值日队长。值日队长负责当天整个集体的总值日工作，包括每天早上同卫生值日委员一同检查各寝室的卫生以及处理集体当天的各种突发事件。如果说队长会议的主要职能是做重大决策，那么值日队长的主要职能就是日常管理。

值日队长的制度是逐渐建立起来的。很明显，在一个集体当中，每天都必须有一个人全权负责整个集体的管理工作，最开始的时候这个人就是马卡连柯本人，即集体首长。后来，由于集体首长的工作实在太多，集体的日常管理方面就形成了教师总值班制度："总值班从早上五点钟起到就寝钟为止，这一段时间里的工作非常辛苦。总值班的值日教师要管全天的工作，他要管食物的分配，监督工作的进行，审理一切的纠纷，调解打架，说服提抗议的人，订购食物……"① 后来由于"总值班的工作实在太繁重，所以在第二年初，就有几个年纪大的学童在左臂上缚着红布开始帮助教师值班了"。②

随着集体的不断成熟、集体机构的不断完善以及集体自治的日益成形，值日教师所承担的集体日常管理工作慢慢减少，值日学生的能力慢慢提升、职责渐渐增加。在捷尔任斯基公社早期，就形成了集体首长和值日学生（值日队长）一起值日的制度，马卡连柯对当时的情况是这样描述的："我在公社里每天早晨六点钟起床，并且每天要作一次检查，也就是说，要同值日队长一起去寝室检查，各队都喊'全体立正'的口令向我敬礼。每天一开始，我检查一次分队人员和分队情况。……但是，我不可能每天都参加检查。我第一次下了通知，明天我不能够作检查，由值日队长担任检查工作。"③ 从此以后，集体中就形成了学生值日的特殊传统。后来，集体的

---

① ② 〔苏〕马卡连柯 . 教育诗[M]. 磊然，译 . 北京：人民教育出版社，2011：72.
③〔苏〕马卡连柯 . 马卡连柯教育文集：下卷[M]. 吴式颖，等，编 . 北京：人民教育出版社，1985：24.

192   记住马卡连柯：集体教育的思想与实践

共青团支部提出一项由各分队的队长轮流担任每天总值日人员的决议，这也是"值日队长"这一名称的由来。"这一项决议在以后有极大的意义。从此，队长在公社里成了我们集体的实际领导者。"① 值日当天，值日队长负责管理整个集体的几乎一切事务，"值日队长从早六点到夜里十二点或从夜间到早晨要对公社里所发生的一切事情负完全责任，要负责按照作息时间进行工作，要负责清洁工作，要负责接待客人，要负责办好伙食。如果旅行，他就要负责旅行的事；如果有什么额外工作，他就要负责这种工作"。② 随着集体的不断发展，值日队长的人数也由原来的一人增加为两人，其中一人为助理值日队长。

"高−捷集体"中有一项重要传统与值日队长有关，那就是"值日队长在检查的时候，是被当作首长看待的"。③ 值日队长可以对公社中的任何儿童，包括比自己年龄大的社员乃至共青团员直接下命令，甚至有惩罚学生的权力（对学生为勤务、对社员则为禁闭）。与此同时，值日队长在集体中还享有极高的威信："跟值日队长是不能够坐着说话的，必须站着说话。不能够反抗值日队长。有了什么问题，可以和我（马卡连柯）争辩，可以跟任何一个分队队长、任何一个生产组长争辩，但跟值日队长是不能够争辩的。……即使值日队长对某一个问题作了错误的决定，你也要表示愿意遵照执行，而不去想这是错误的。"④ 如果社员对值日队长的决定有异议，可以在第二天到队长会议上申诉，但在值日队长下命令的当时当刻，每个人都必须毫无保留地执行。总而言之，"全体社员应绝对执行值日队长的一切命令"。⑤

---

①〔苏〕马卡连柯. 马卡连柯全集：第二卷[M]. 南致善，沈凤威，王子云，译. 北京：人民教育出版社，1957：252.

②④〔苏〕马卡连柯. 马卡连柯教育文集：上卷[M]. 吴式颖，等，编. 北京：人民教育出版社，1985：144.

③〔苏〕马卡连柯. 马卡连柯教育文集：下卷[M]. 吴式颖，等，编. 北京：人民教育出版社，1985：24.

⑤〔苏〕马卡连柯. 马卡连柯全集：第二卷[M]. 南致善，沈凤威，王子云，译. 北京：人民教育出版社，1957：488.

在每天检查结束之后，值日队长要向集体首长报告当天的检查结果，值日队长在做报告的时候，集体首长必须站起来而不能仅仅坐着听，并且，集体首长没有权力检查值日队长的报告是否属实。曾经有一次某值日队长报告某个社员违反了纪律，但是该社员予以否认，马卡连柯在调查事实后认为是值日队长错了，便没有惩罚相关社员，该值日队长在全体大会上对此提出了抗议，最后全体大会作出了一个决议："值日队长的报告，绝对不能检查，要完全信任他的报告"。[①] 因为如果值日队长的每个报告都要由集体首长去审查核实，那么值日队长的存在也就没有必要了。可以说，集体对值日队长的这种无条件的信任和服从是维护集体纪律严明性的一个重要手段，也体现了马卡连柯"尊重与要求相结合"的原则（参见本书第六章第二节）。

七、文化小组

除以上这些基本结构之外，"高−捷集体"还有丰富的业余生活，这些生活以文化小组（类似兴趣小组，也被译为俱乐部）的形式组织起来。对于某些对集体特别重要的小组，比如乐队、戏剧小组、合唱队等，加入和退出会有略微严格的限制，而其他小组的加入和退出则是完全自愿的。每个小组都有专门的成年教师作为指导者（领取专门的报酬），并且都有自己的活动场地或办公室，小组的活动时间是儿童在生产和学习之后的闲暇时间。每个小组设有组长，并且存在一个与队长会议非常相似的文化活动管理机构，即组长会议，负责管理和调整俱乐部活动的一切职能。组长会议大约每十天召开一次，并由组长会议秘书每天就小组活动情况向工学团主任递交报告。"俱乐部活动的一切领导权，以及在这方面代表公社其他机构

---

① 〔苏〕马卡连柯.马卡连柯教育文集：上卷[M].吴式颖，等，编.北京：人民教育出版社，1985：110.

和公社主任的代表权都应属于组长会议。"[①]集体从教学和生产经费中专门拨出一笔小组活动经费供组长会议支配，专门用于支付文化小组的组织和竞赛的奖金。

马卡连柯根据俱乐部活动的性质，将俱乐部划分为三种，即生产型、竞技型以及休息和一般发展型。以捷尔任斯基公社1930—1931学年为例，生产型俱乐部包括公社机床小组、材料小组、合理化小组、组织者小组、生产经济小组；竞技型俱乐部包括滑雪小组、滑冰小组、军事射击小组、冬季活动性游戏小组；休息与一般发展型小组则包括戏剧小组、作家小组、博物学小组、图书馆小组以及一些具有比赛性质的棋牌活动。图5-1是"高-捷集体"的总结构图：

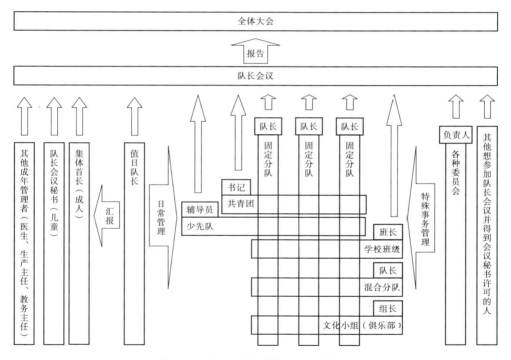

图5-1 "高-捷集体"组织结构图

---

① 〔苏〕马卡连柯. 马卡连柯教育文集：下卷[M]. 吴式颖，等，编. 北京：人民教育出版社，1985：351.

第二节 "高尔基工学团-捷尔任斯基
公社集体"的功能

正如本章开头所言，"高-捷集体"的主要功能分为生产和教育两个方面。就生产功能而言，我们关心的是"高-捷集体"对其所在社会在物质生产方面作出了哪些贡献，这个问题主要从集体对外提供的产品来考察；就教育功能来说，我们关心的是"高-捷集体"培养出了什么样的人，这个问题可以从集体成员毕业以后的出路中了解。

由于高尔基工学团和捷尔任斯基公社在实现这两个功能方面是相互独立的，我们将把这两个不同的历史时期分开考察。

一、高尔基工学团的生产功能

高尔基工学团初创时期的物质条件极为艰苦，这一点在第二章有详细介绍。对于当时的教养院来说，唯一的任务就是生存，就是喂饱学童们的肚子，让他们健康地活下来。

尽管如此，在成立几个月之后，教养院接到了几个具有社会性质的任务，也就是第二章介绍的"占领大路""保护森林"和"智斗私酒"。这些屈指可数的"集体输出"体现了这个萌芽中的集体的最初面貌，也为集体结构的优化提供了有益的外部刺激。正如马卡连柯所言："与其说是道德上的劝导和愤怒，还不如说是这种有趣的、真正的实际的斗争，使我们集体的良好的风气露出了最初的幼芽。每天晚上，我们大家争论着，说笑着，给我们的冒险事业的题材添上幻想的成分；在个别几次干得很巧妙的事件里，我们彼此接近起来，渐渐结成一个统一的整体，这个整体的名字就叫高尔基教养院。"[1]

---

[1]〔苏〕马卡连柯.教育诗[M].磊然,译.北京:人民教育出版社,2011:37.

除了最初这些琐碎的工作之外，高尔基工学团在物质生产方面的发展过程大致如下（见表 5-1）：

表 5-1　高尔基工学团物质生产大事表

时　间	输入（获取资源）	输出（生产成果）	说　明
1921 年 3 月	经省人民教育委员会和省执行委员会同意，获得接管废弃的特烈普凯田庄的许可。获得了田庄的六十亩耕地、房舍（包括马房、磨坊等）、劳动工具（播种机等）以及一笔维修款项。	特烈普凯庄园里许多废弃的旧木棚和旧马房被拆掉，所得的砖瓦被卖给了当地的农民，给教养院带来了一些收入。	4 月，在总务主任的组织下学童们开始耕地，这是高尔基工学团农业生产活动的起点。
1921 年 4 月	村民索弗龙·高洛万自带工具和材料入驻教养院，修缮并开始运营铁工厂。	搭构、铰链等金属零件，用废弃物资制作了一辆简易敞篷马车。	铁工厂开始运营。
	在另一位木匠师傅的带领下建立了木工厂。	遮棚、建立在特烈普凯旧址上的新教养院所需要的门窗。	木工厂开始运营。
	车轮匠柯寿尔入驻工学团，为工学团带来了制造车轮的生意。	车轮	这些车轮和铁工厂、木工厂的其他产品为工学团带来了最初的收入。
1922 年春天	经马卡连柯的请求，省工农检查院借给教养院三匹马用于春耕。	种植了冬小麦、春小麦、黑麦、燕麦、马铃薯、甜菜等作物。	其中一匹马被教养院用来换取了一台收割机。
1922 年 8 月	马卡连柯从选种实验站带回来 2 只小猪。		猪圈开始运营。
1922 年秋天		收获了春天播种的作物，以后每年都如此。	
	农艺师谢烈入驻教养院，开始全面负责教养院的农业工作。		

时　　间	输入（获取资源）	输出（生产成果）	说　　明
1922 年	工学团被作为"罪犯改造模范机关"移交给乌克兰教育人民委员部直接领导，开始获得国家预算支持。		预算金额极其有限。
1923 年 10 月	经马卡连柯集体的请求，乌克兰儿童生活改善委员会同意给教养院 6 000 卢布作为完成修缮特烈普凯庄园的费用。		拨这 6 000 卢布的条件是工学团要从儿童生活改善委员会那里接收 40 名流浪儿童。
1924 年 7 月	租到了一座磨坊，租期三年（实际只租了两年）。	对外提供收费磨粉服务。	磨坊开始运营。"第二年由于缺乏流动资金，又加上租赁条件苛刻，租用期限过短种种原因，经营磨坊并没有获利。"[①]
1924 年	新购进两匹马，几头牛，一群羊。新建了一座牛棚。		牛棚开始运营。
		猪舍对外提供配种服务，并出售小猪。与此同时，工学团向持有贫农证明的农民赠送乳猪。	"谢烈手头经常有几百头小猪，特别是在春天。"[②]
		农业产品渐渐丰富，储藏室有大量的甜菜、南瓜、玉米和马铃薯。	
1926 年	和库里亚日教养院合并，接管了该教养院的所有房产和物资，包括一百二十亩田地。同时，马卡连柯从教育人民委员部成功申请到了两万卢布的一次性补助。	对库里亚日的改造和最初的农业耕种，由于之前经验的积累，入驻库里亚日以后农业方面的产出大幅增加，并且较为稳定。	马房、牛棚、猪圈、铁工厂、木工厂等生产设施都由原址迁至库里亚日。

---

① 〔苏〕马卡连柯. 马卡连柯教育文集：下卷[M]. 吴式颖，等，编. 北京：人民教育出版社，1985：337.
② 〔苏〕马卡连柯. 教育诗[M]. 磊然，译. 北京：人民教育出版社，2011：304.

由表 5-1 可知，高尔基工学团的生产活动在初期发展得极为缓慢，基本处于勉强求生存的状态。正如马卡连柯在工学团成立五周年时所总结的："如果把高尔基工学团的生产和其他工学团来比较，那么可以说它的生产规模是微乎其微的了。"[①]不仅如此，高尔基工学团在物质上获得的外部支持也极为有限，"五年来，工学团从来没有受到任何人的特别重视"[②]。后期随着集体人数和资产的增加，工学团的生产活动才慢慢获得了蓬勃发展的条件，而接收特烈普凯庄园与合并库里亚日教养院则分别带来了工学团生产活动的两次大发展。从内容上来看，高尔基工学团的生产活动基本局限于农业、手工业方面，这与捷尔任斯基公社后期的标准化工厂之间形成了鲜明的对照。

二、高尔基工学团的教育功能

高尔基工学团的集体生活以劳动、生产为核心，但这并不能改变其作为教育机构的本质，工学团的生产活动一方面服务于自身的物质需要，另一方面也是重要的教育手段。并且，对于一个以收容和改造流浪、犯罪儿童为主要任务的教养院来说，衡量其社会贡献最基本的指标就是其教育功能的实现质量。这种质量的评价可以通过两个途径来进行，一是描述集体生活过程中的具体教育案例，二是考察学童们毕业后所走的人生道路。在本书的第二章里，我们对高尔基工学团里 20 个最典型的教育案例进行了较为详尽的介绍，这里将主要聚焦于马卡连柯的学童们离开工学团以后"成了怎样的人"这一问题。

马卡连柯自己曾经这样形容高尔基工学团的学童构成："这里不仅有小偷；这些青年人当中有些还犯过强奸、卖淫、伪造文件等罪行，还有些是

---

①② 〔苏〕马卡连柯. 马卡连柯教育文集：下卷[M]. 吴式颖，等，编. 北京：人民教育出版社，1985: 337.

流氓——总之是一伙愚蠢无知、浸透最原始形式的无政府主义精神的人。"[①]
那么，这些"小偷""流氓"和"无政府主义者"在离开高尔基工学团的时候是否已经被"改造"成功？是否找到了正经的甚至是体面的工作？是否成了当时社会所需要的"苏维埃公民"呢？

在高尔基工学团创立初期，同生产活动一样，教学活动的进展也是相当缓慢的。然而马卡连柯还是成功地为学童们树立了一个学习目标——进入工农中学。对于这些流浪儿童来说，学习并不是他们日常的主要活动，因此刚开始的时候是否能够考入工农中学与学童的学习基础有着很大的关系。1921年，即工学团成立的第一年，学童里基础最好的拉伊莎成功地成为教养院里第一名中学生，然而可惜的是，拉伊莎很快就因为个人原因辍学了。直到1924年，才出现了第一批真正可以说是由工学团培养出来的工农中学的学生，他们大多数是最早加入工学团的骨干、资深的各队队长，他们在《教育诗》中的名字是别路兴、布隆、卡拉邦诺夫、札陀罗夫、克拉依尼克、韦尔希尼尧夫、高洛斯、娜斯嘉。1925年又有了第二批，他们是安东、奥萨德契、盖奥尔吉叶夫斯基、施奈德和列夫谦柯。这两批学生中有好几个在捷尔任斯基公社时期成了大学生。

除了考入工农中学以外，高尔基工学团毕业生最终从事的职业也是五花八门，《教育诗》提供的部分资料如下：

工程师：札陀罗夫

飞行员：谢拉普青、尼西诺夫、左连、小席韦里

司机：奥夫恰连柯

土壤改良家：奥格乌夫

医生：布隆、韦尔希尼尧夫

北极领航员：大席韦里

[①]〔苏〕马卡连柯. 马卡连柯全集：第七卷[M]. 陈世杰，邓步银，等，译. 北京：人民教育出版社，1959：173.

教师：玛露霞

教育家：卡拉邦诺夫

火车司机：索罗卡

工艺技师：奥萨德契

军官：别路兴

电气工人：伏洛霍夫

钳工：柯雷托

党的工作者：伏尔柯夫、库德拉狄

拖拉机站工长：费陀连柯

卡拉邦诺夫（即教育案例 8 的主人公，原名卡拉巴林）最后选择像马卡连柯一样投身教育事业。多年以后，已经成为基辅省法斯托夫区儿童保育院院长的卡拉巴林在回忆高尔基工学团时曾动情地写道："所有这一批人从前全是无依无靠的、违法乱纪的人，现在已经走上正确的道路。"[①] 除了在社会各行各业贡献自己的力量，在第二次世界大战期间，"高尔基人"也在苏联卫国战争中作出了卓越的贡献，原高尔基工学团农艺师费列在《我的老师》一书中以颇为感人的文笔记下了"高尔基人"的战功：

> 在伟大卫国战争的年代中，高尔基人——苏维埃军队的兵士和军官——英勇地与法西斯匪军作战。他们中间没有胆小鬼，没有意志不坚神经脆弱的人。安东·谢米昂诺维奇·马卡连柯的学生们，他们在童年和少年时代就获得了终生的真正的思想锻炼……苏维埃的侦察兵卡拉巴林，光荣地完成了重大的任务；坦克手苏普隆，消灭了不少敌人和敌人的坦克；大契维里依在战斗的岗位上牺牲了；小契维里依是飞行员，在战斗中负过不少次重伤；巴夫鲁沙·阿尔汉盖里斯基跟希特勒匪军作

① 〔苏〕卡拉巴林. 马卡连柯是怎样教育我们的 [N]. 何国华，王晋清，译. 光明日报，1956-03-05(3).

战，屡次获胜；台尼斯·高尔古里在游击战争中殉身了。他们当中每一个人的生活和功绩是永远不会被人忘记的……①

关于高尔基工学团学童毕业以后的情况，这里分享一个典型案例——拉伊莎的故事②。拉伊莎是高尔基工学团建立初期最早的三个女孩子之一，可以算是高尔基工学团的"元老"，她同另外两个女孩子奥丽亚（"幸福时代"里嫁给村苏维埃主席者）、玛露霞（教育案例10里的骂人者）都是因为偷窃被童犯事务委员会送到马卡连柯这里的。在《教育诗》中，马卡连柯描写了他对拉伊莎的最初印象：

> 拉伊莎是个胖姑娘，不修边幅、懒惰、爱笑，但是她一点不笨，而且文化程度也比较高。她以前进过中学，所以我们的女教师都劝她准备进工农中学。她的父亲是我们城里的一个鞋匠，大约在两年以前，有一次酗酒闹事，被人杀死。她的母亲也喜欢喝酒，靠求乞度日。拉伊莎硬说这不是她的生母，说她小时候被扔在索柯洛夫家的门口，由他们抚养的。但是孩子们都说，拉伊莎是造谣言："再过几天她就要说她的爸爸是王子了。"拉伊莎和玛露霞对男孩子们保持着独立不羁的态度，因此相当受到他们的尊敬，他们把她俩看作是有经验的"犯罪"老手，所以米嘉庚和别的一些人会把那些见不得人的勾当的重大机密都告诉她们。③

拉伊莎的基本情况在刚进入高尔基工学团的儿童里是非常典型的：有犯

① 〔苏〕费列.我的老师[M].方予,译.上海：新文艺出版社,1957:159-160.
② 在第二章里，出于减少枝节的考虑，我们对她的故事只是一笔带过——只是简单提到她在教养院把自己刚生下的孩子掐死了。
③ 〔苏〕马卡连柯.教育诗[M].磊然,译.北京：人民教育出版社,2011:65-66.

记住马卡连柯：集体教育的思想与实践

罪前科、没有父母或者有父母却和没有一样、一身流氓习气。不过与教养院里的其他孩子相比，拉伊莎还是有一个特别的优点，那就是她相对较高的文化程度。因此，在1921年秋天，工学团的教师们都希望把拉伊莎送进基辅工农中学继续读书，然而，"这个目的虽好，可惜拉伊莎却很不适宜于担任这件神圣的工作。整个夏天都让她准备工农中学的入学考试，可是非得强迫她，她才肯去接近书本，因为拉伊莎根本不希望受什么教育"。[①] 与此同时，拉伊莎常常接到来自城里的可疑的字条，并且好几次偷偷地离开教养院，原来她正在和一个在马卡连柯看来非常恶劣的学童柯尔涅耶夫交往。对于拉伊莎的这个"男朋友"，马卡连柯是这样描述的：

> 柯尔涅耶夫是一个无法改造的学童，在教养院里一共待了三个星期，他有计划地、经常地偷我们的东西，后来因为在城里偷窃被捕。他是各个侦缉局里的常客，是一个极端腐败的讨厌的家伙，是少数的我第一眼看了就知道无法教育的人。[②]

任何人都可以猜到这样的一个流氓对拉伊莎可能造成的影响。果不其然，虽然拉伊莎当时通过了入学考试，并且工学团还按时给她寄去生活费，然而她在工农中学的学习只持续了几个月就结束了：

> 正月里，拉伊莎突然带着她的大筐小篮回到教养院，说是放她回来度假期的。但是她并没有任何放假的通知信，从她的种种行动中可以看出来，她是不打算回基辅去了。我写信到基辅工农中学去问，他们复信说，拉伊莎·索柯洛娃已停止到校，离开宿舍，不知去向。[③]

---

① 〔苏〕马卡连柯.教育诗[M].磊然，译.北京：人民教育出版社，2011：103.
②③ 同上：104.

拉伊莎放弃了自己的学习，这对于教养院来说并不是一件令大家特别惊讶的事情，因为谁都知道拉伊莎从来就没有把心思放在学习上。然而，事情后来的发展却超出了所有人的意料：三月里的一天，一位女教师跑来告诉马卡连柯，从几点迹象看来拉伊莎好像怀孕了。

作为一个以改造流浪、犯罪儿童为任务的教育机关，并且是当时苏联唯一一所试行男女同校的此类机构，拉伊莎的怀孕是一件非常严重的事：

> 我们的处境很尴尬：试想，教养院的女学生竟会怀孕。我感觉得出，在我们教养院的周围，在城里和人民教育委员会里，有许许多多"德高望重"的伪君子，他们一定会利用这个机会闹得满城风雨：教养院里男女关系很乱啦，教养院里的男孩子都跟女孩子同居啦。我既为教养院本身的情况不安，又替身为女学生的拉伊莎的困难处境担心。[①]

在这种情况下，马卡连柯决定找拉伊莎推心置腹地谈一谈，然而拉伊莎却哭着否认，说自己根本没有怀孕。最后，虽然马卡连柯教师集体内的意见并不统一，但大家还是决定不强迫拉伊莎去作妇科检查，而是静观其变。

几个月后，拉伊莎的秘密以一种悲惨的方式发酵了。一天深夜，她在寝室里产下一个婴儿。生完孩子之后，拉伊莎用手帕把孩子闷死，并把尸体藏在自己的篮子里，打算第二天晚上偷偷带到树林里扔掉……

后来警察把拉伊莎带走了。之后三个月，该案开庭，高尔基工学团的全体教师都被传唤了。在法庭上，他们竭力促使法庭相信拉伊莎是出于少女的羞耻心而过失杀人，并非蓄意谋杀。法官最后采纳了教师们的解释，判处拉伊莎缓刑八年并交回教养院负责看管。然而，教养院里的女孩子无论如何都不愿意再和拉伊莎共处一室，马卡连柯只好给拉伊莎另找了一份工作，她也

---

① 〔苏〕马卡连柯 . 教育诗[M]. 磊然，译 . 北京：人民教育出版社，2011: 105.

就从此离开了教养院。几年以后，马卡连柯在另一个场合意外遇见了拉伊莎：

　　一九二八年，有一次我有事到这个城里去，非常意外地在一个食堂的柜台后面看见拉伊莎，我立刻就认出了她：她发胖了，可是同时筋肉也更发达，体态也比较匀称。

　　"你一向好吗？"

　　"好。我现在做服务员。有两个孩子，丈夫也挺好。"

　　"柯尔涅耶夫？"

　　"嗳，不是的，"她笑了一笑，"过去的事情已经忘掉了。他早已在街上被人杀了……安东·谢苗诺维奇，您知道吗？"

　　"知道什么呀？"

　　"谢谢您那时候没有让我堕落下去，我一进工厂，就把过去的一套都扔开了。"[①]

在费列所著《我的老师》一书中，我们得知拉伊莎后来的丈夫是一名军人，并且他们与马卡连柯在1931年还有过一次碰面，而当时费列恰好也在场。正是通过这次碰面，我们才知道了拉伊莎后来的一些情况：

　　一听到拉伊莎的名字，我立刻想起了教育史诗中所叙述的她那惨痛的历史。她见到安东·谢米昂诺维奇，兴奋得不得了。她跟丈夫在我们对面坐下。

　　时间在谈话中不知不觉地过去了。安东·谢米昂诺维奇和拉伊莎回忆起工学团来，他们当然不提到拉伊莎过去的污点。他们会想到工学团生活中欢乐的情景。可是当谈话将要结束，安东·谢米昂诺维奇问她这

---

① 〔苏〕马卡连柯. 教育诗[M]. 磊然，译. 北京：人民教育出版社，2011：110.

会儿从哪儿来的时候，拉伊莎眼睛里涌出了眼泪。

"我们是从中亚细亚的边区来的，新近在那儿失去了我们的孩子……"拉伊莎的丈夫替她回答。

"拉伊莎把您当作救命的恩人、父亲、最亲密的人。我来把我们的不幸告诉您吧……"他说，去年他被从乌克兰调到遥远的边区。起先他一个人去的，半年以后拉伊莎带着儿子上他那儿去了。那个区域算是安静的，他们住在那儿一直很安乐。

可是一个半月以前，恰巧他出发了，巴斯马奇攻打边境上的要塞。开火的时候，他的副队长和几个战士受了重伤。拉伊莎可不害怕，并且尽量帮助红军战士：包扎伤口、送水、运子弹、作掩体。

当巴斯马奇进攻的时候，拉伊莎拿了枪，跟战士们一起击退了土匪的进攻，并且保护住要塞，直到援兵来了。一切事情也就是在这次战斗中发生的……他们的孩子给流弹打死了。拉伊莎也负了几处伤，幸而不严重，现在已经完全痊愈……

安东·谢米昂诺维奇聚精会神地听着人说，而且从他投向用手帕抹眼睛的拉伊莎的眼光中可以看得出，在遥远的边防要塞所发生的一切事情，在他看来充满了深刻的意义。①

在马卡连柯看来，拉伊莎在国家危难关头的英勇表现与她在高尔基工学团的生活经历之间有着密切的关系。在与拉伊莎夫妇告别后，他颇为激动地对费列说："她在生死关头都没有发慌，勇敢地拿起枪，保卫住边防要塞。在这件事中，看得出我们工学团的锻炼！"②鉴于拉伊莎总共只在高尔基工学团待了一年多，把她离开教养院八年后的英勇行为完全归功于高尔基工学团的教育影响也许有一点牵强。然而，正如马卡连柯所言：在拉伊莎

---

① 〔苏〕费列. 我的老师[M]. 方予, 译. 上海：新文艺出版社, 1957: 153-154.
② 同上：155.

的英雄事迹中能够嗅出属于高尔基工学团的集体作风和精神面貌，拉伊莎和在苏联卫国战争中与法西斯分子英勇抗战的"高尔基人"一样，有着相似的气度和品格。我们可以发现，这些勇敢的、坚强的、富有战斗性和高度成熟的组织纪律性的苏联青年男女们，带着同一个教育集体的精神烙印，这个集体的名字就是高尔基工学团。

三、捷尔任斯基公社的生产功能

在初创时期，捷尔任斯基公社在物质财富方面与高尔基工学团一样都是较为匮乏的。唯一与这种匮乏"格格不入"的是公社一开始就有一座非常漂亮的房子："为了永久纪念捷尔任斯基，建筑了一所非常漂亮的房子，是苏联最有名的建筑家的建筑杰作之一。就是现在，无论在房屋的平面图上、正面图上，还是在房子的装饰、窗户的图样上面，都找不到任何不协调的地方。"① 马卡连柯第一次看到这幢楼房时也压抑不住内心的激动："怎么？为流浪儿童造的？这么宽敞的、阳光灿烂的宫殿似的房子？拼花的地板和描花的天花板？"② 在《1930年进行曲》中，马卡连柯甚至把公社的楼房称为"富丽堂皇的房舍"，并且提到当时人们对捷尔任斯基公社令人羡慕的生活条件的质疑：

> 许多同志指责捷尔任斯基公社社员过着"宫廷式的生活"，甚至说他们的生活太奢华了。请你们想想看，他们住着这样豪华的房子：里面有嵌木地板、漂亮的便所、冷热水淋浴、彩画的天花板……"难道说这是教育吗？孩子们住惯了这样的房子，用惯了淋浴，走惯了嵌木地板，等到走进

① 〔苏〕马卡连柯.马卡连柯教育文集：下卷[M].吴式颖，等，编.北京：人民教育出版社，1985：96.
② 〔苏〕马卡连柯.教育诗[M].磊然，译.北京：人民教育出版社，2011：595.

社会，这一切都没有了，就会感到苦恼。应该配合生活环境进行教育。"①

　　虽然马卡连柯在某些时候也同意，对于一个建立初期的教育机关来说，物质上的匮乏能够起到积极的教育刺激，高尔基工学团就是一个例子，但是他并不认为捷尔任斯基公社优越的房舍构成了教育的障碍。"拥有设备齐全的居室并不妨碍逻辑和实践进一步地展开，如果做得成功，在教育上可能成为肯定的东西。"② 实际上，从高尔基工学团继承了一整套集体作风和组织纪律的公社社员很快就找到了处理这幢"宫殿"的正确态度：

　　　　社员们对于这种废话并不怎么在意，他们相信淋浴是好的，嵌木地板也不错。在最初的一些日子里，社员们只是因为这些设备而欢欣鼓舞，但是不久就感觉到嵌木地板要小心爱护，淋浴要善于使用，彩画的天花板要每天扫去上面的尘埃。爱护这所房子——捷尔任斯基的纪念物——保持它的清洁，是全体社员应尽的责任。③

　　除了这幢有些"形象工程"色彩的房屋以外，公社在其他方面的条件却是无比贫瘠的，在经济上甚至比高尔基工学团还要困难：高尔基工学团后来归属人民教育委员会，有固定的国家财政经费的预算，尽管这预算实际上时有时无，但却比捷尔任斯基公社一分钱预算都没有好得多。"从一开始，捷尔任斯基公社就没有被列入任何机关的预算里，它是由肃反委员会工作人员的集体建设和装备起来的。"④ 因此，"不仅公社的额外福

---

① 〔苏〕马卡连柯. 马卡连柯全集：第二卷[M]. 南致善，沈凤威，王子云，译. 北京：人民教育出版社，1957：7.
② 〔苏〕马卡连柯. 马卡连柯全集：第五卷[M]. 刘长松，杨慕之，李子卓，译. 北京：人民教育出版社，1956：473.
③ 〔苏〕马卡连柯. 马卡连柯全集：第二卷[M]. 南致善，沈凤威，王子云，译. 北京：人民教育出版社，1957：8.
④ 同上：56.

利，就是连社员的标准伙食，起码的温饱也完全要靠他们的集体劳动来维持"①。

在最初几年，主管单位乌克兰肃反革命委员会从工作人员的工资中扣除 0.5% 支援公社，这笔钱大概有 2 000 卢布（公社的运营每个月大概需要 4 000—5 000 卢布），除此之外公社的几乎全部费用都要通过社员们自己的劳动生产出来。对于刚开始只有非常简易的手工制鞋、钳工、木工和缝纫作坊的公社而言，这是非常艰巨的任务。马卡连柯记录道："在最初的三年里，捷尔任斯基公社不得不过着非常艰苦的生活，有时，我们一天只能吃到一块面包。我在最初的八个月里，没有领到分文薪资。还要靠养活社员的面包来养活我。"② 在这样的情况下，"我们的一切努力，都是为了达到能自己挣钱——能挣钱维持生活这一毫不掩饰的目的"。③

随着时间的推移，捷尔任斯基公社的物质生产渐渐得到了发展，从最初零星地承接一些木工订单慢慢地转变为在生产主任带领下大批量生产各种家具。公社的资金也渐渐有了盈余，并且停止接受从肃反工作人员工资中扣得的援助。到 1930 年，捷尔任斯基公社在银行里的存款已经达到了 60 万卢布。"我们已经不再是慈善机关了，而是成了能够信赖的真正的企业了。于是，银行也向我们提供了建设贷款。"④ 靠着这笔贷款，捷尔任斯基公社于 1931 年建立了第一座工厂，也就是以费捷牌电钻为主要产品的电动工具工厂。随后不久，公社又建立了一个照相机工厂，开始着手生产精度极高的"莱卡"照相机。"'莱卡'有 300 个零件，精密度达到千分之一毫米，有精密的镜头，那种最复杂的制作过程是旧俄时代从来没有见过的。"⑤

① 〔苏〕马卡连柯. 马卡连柯教育文集：下卷[M]. 吴式颖，等，编. 北京：人民教育出版社，1985：96.
②③ 同上：97.
④ 同上：101.
⑤ 〔苏〕马卡连柯. 马卡连柯教育文集：上卷[M]. 吴式颖，等，编. 北京：人民教育出版社，1985：239.

对当时的公社社员来说，要掌握制作相机的精密工艺在许多人看来几乎是不可能的任务，然而在公社领导的鼓励下，公社社员向这一任务发起了冲锋：

> "造莱卡？这些孩子们来造？透镜的精度达到微米了吗？嘻—嘻！"
>
> 可是500个男孩子和女孩子都奋不顾身地冲进了微米的世界，冲进了最纤细的蛛网似的精确万分的机器，冲进了公差、球面像差和光学曲线的极其细致的圈子，他们一边笑着，一边回头望着肃反人员。
>
> "没有关系，孩子们，不要害怕。"肃反人员们说。
>
> 一座四周环绕着鲜花、柏油路、喷水池的美丽辉煌的"费德"工厂在公社里办起来了。过不了几天，公社社员们把一架价值一万卢布的"费德"——一架精美绝伦的照相机——呈放在人民委员的办公桌上。①

随着电钻工厂和照相机工厂投入运营，捷尔任斯基公社的物质生产也开始进入它最为辉煌的时期：不仅电钻和照相机的产量日益攀升，公社也建造了新的木工装配车间，从而大幅度提高了木工产业的效益。"公社开始向市场供应几千张桌子、椅子、绘图桌等。每天的产品量达到三千卢布。"②又经过几年的发展之后，捷尔任斯基公社实现了自力更生"不仅供给了工厂、宿舍、日常生活、食品、衣服和学校的全部开支，而且每年给国家上缴500万卢布的纯利润"，③成了当时同类儿童组织的楷模。表5-2是捷尔任斯基公社物质生产大事表。

① 〔苏〕马卡连柯.教育诗[M].磊然，译.北京：人民教育出版社，2011：633.
② 〔苏〕马卡连柯.马卡连柯全集：第二卷[M].南致善，沈凤威，王子云，译.北京：人民教育出版社，1957：473.
③ 〔苏〕马卡连柯.马卡连柯教育文集：上卷[M].吴式颖，等，编.北京：人民教育出版社，1985：239.

表 5-2　捷尔任斯基公社物质生产大事表

时　　间	输入（获取资源）	输出（生产成果）	说　　明
1927 年 12 月 29 日	捷尔任斯基公社正式成立。公社大楼里设有钳工作坊、木工作坊、制鞋作坊和缝纫作坊以及相应的简易设备。	开始生产一些简单的桌椅板凳之类的木工产品、衣服等。	这个时期生产作坊的工作量是根据所获得的零星订单的情况决定的。有订单时开工生产一些东西，没有订单时则停工。制鞋作坊由于设备太差很早就关闭了。到了后期，木工车间、手工车间和缝纫车间也都基本处于停滞状态。
1928 年 5 月		钳工车间完成了计件订货：为本市车站制造放车票的匣子。	
1928 年 11—12 月	生产主任所罗门来到公社。	所罗门为公社拉来了一笔 20 万卢布的大订单：为当地建设学院制作桌子、椅子、柜子家具。	所罗门的到来给公社的生产活动带来了转机。他在捷尔任斯基公社工业生产方面所起的作用相当于谢烈在高尔基工学团农业生产方面所起的作用。
1929 年 2 月		制造了一些手工生产的柜子。	
1929 年 5—7 月		5 月接受了为哈尔科夫建筑工人俱乐部制作 1 000 多个剧场座位的订单，并于 7 月 16 日全部完成，获纯利润 4 000 卢布。	包括教师在内的几乎所有集体成员都在木工车间每天工作 8 小时才完成了这笔订单。
1929 年 12 月 24 日	重新成立了缝纫车间，同时扩大了木工车间。		
1930 年 3 月	运来三台旧式旋床，开始制造床角和油壶。	木工厂继续制造着标准家具，缝纫车间从成立到此时总计缝制了几千条短裤衩。	

时　　间	输入（获取资源）	输出（生产成果）	说　　明
1930 年 4—7 月		随着 4 月 10 日起工资制的实行，劳动生产率大幅度地增加。4 月生产总利润达到 1 000 卢布，5 月达到 5 000 卢布，6 月达到 11 000 卢布，7 月达到 19 000 卢布，8 月达到 22 000 卢布。	同期公社月运营费用为 6 000 卢布左右，从此时起公社渐渐走上了经济独立的道路。
1930 年 6 月	开始建造木工加工工厂的装配车间。	木工工厂每天的产品价值量达到 3 000 卢布。	公社实现经济上的完全自给自足。
1931 年 2 月 7 日	公社大会决定建立一个电动工具工厂，开始筹备和组织工作。		
1931 年 5 月 13 日	举行新宿舍和电工工具工厂的奠基典礼。		
1931 年 11 月 7 日	在社员们的协助下，新的工厂、宿舍以及机床的安装工作全部完成。		工厂的建设原本由外来的工人负责，但是由于到了下半年建设进度明显晚于预期，社员们在 1930—1931 年旅行归来后加入了工厂的建设工作中。
1932 年 1 月 11 日		制成第一台电钻机。	
1932 年 5 月 28 日		电钻机的日产量达到 50 只。	
1932 年 6 月 2 日	开始"莱卡"照相机的设计工作。		
1932 年 6 月 21 日	组织专门研究照相机制作工艺的试验所。		
1932 年 7 月		本月共生产 1 002 只电钻机。	

时　　间	输入（获取资源）	输出（生产成果）	说　　明
1932 年 10 月 26 日		最初三台照相机制成。	10 月 31 日获得专家鉴定，费捷照相机经检验被认为是优良的，并不亚于国外同型制品，在光学方面具有若干更为优良之处。
1932 年 11 月 14 日	开始编制年产三万台"费捷"牌照相机工厂的技术计划。		
1932 年 12 月 28 日		为苏联生产了第一批"费捷"牌照相机。	照相机的生产开始步入正轨。

总的来说，捷尔任斯基公社生产活动的发展可以划分为三个阶段：

第一阶段为手工业阶段，时间从公社成立到 1931 年电动工厂开工为止。这一阶段的物质生产主要以手工业尤其是木工和缝纫为主。公社初创时期的生产以完成时有时无的订单为目标，到了中期几乎停滞，直到所罗门到来、木工厂扩建、装备车间建成以及在全社实行工资制等措施陆续实施以后，情况才有所改善，公社在经济上也最终实现了自给自足。

第二阶段是工厂初级阶段，时间从电动工厂开工到 1932 年 10 月照相机的样机制成为止。这一阶段是捷尔任斯基公社进入标准化工厂生产的阶段，费捷牌电钻是这一时期工厂的主要产品。值得一提的是，公社生产的费捷牌电钻一代是苏联首个自产的手持式电钻，该电钻的问世结束了苏联长期需要从国外进口手持式电钻的历史。

第三阶段是工厂高级阶段，时间从照相机样机制成到马卡连柯离开捷尔任斯基公社为止。这一阶段是捷尔任斯基公社在物质生产上最成熟也是产量最丰富的阶段，公社为苏联生产了大量各种型号的费捷牌电钻以及高精密度的费捷牌照相机。

四、捷尔任斯基公社的教育功能

在捷尔任斯基公社创立初期，公社里有一个自办的劳作学校，但很快就改为手工艺学校。"这个打算是这样来的：生产既然是手工艺的，那么学校也是手工艺学校吧。"[①] 然而，完全依附于公社生产要求的手工艺学校显然无法满足社员们对于学习和升学的需要。对于这些 12—18 岁的青少年而言，如果没有办法进入中学就读，那就意味着他们将来都只能做一个普通的钳工或木工。在这种情况下，自办工农速成中学的计划渐渐浮现了出来："我们有许多社员，都想进入工农速成中学，可是，因为没有助学金或是没有宿舍而放弃了入学权利。于是我们就决定自己开办工农速成中学。教育人民委员部和最高国民经济会议答应了社员们的请求。"[②]

1930 年 9 月，哈尔科夫机械制造学院在捷尔任斯基公社开办的工农速成中学开学，速成中学刚开始有两个年级，第一批学生总计 70 人。截至1933 年 6 月，速成中学的学童人数已经达到了 338 人，也就是除了个别年龄偏小的学童之外，几乎所有社员都在速成中学就读。

1935 年，原工农速成中学改建为正式的十年制学校。从此每年都有几十名中学生从捷尔任斯基公社毕业，进入社会的各行各业或者高等学府继续深造。以 1936 年为例，就有 70 名学童从公社毕业，"他们过去都是流浪儿童和违法者，在走出公社的时候都已成了有学识、有专门技能的人，都已成了共青团员"。[③]

在马卡连柯根据 1932—1933 年捷尔任斯基公社的工作报告写成的《毕业生鉴定》一文中，对该学年从公社毕业的 44 名社员的情况进行了介绍。从时间上我们可以知道，这 44 名社员都是从工农速成中学毕业的，并且是

---

① 〔苏〕马卡连柯.马卡连柯全集：第二卷[M].南致善，沈凤威，王子云，译.北京：人民教育出版社，1957：472.

② 同上：162.

③ 〔苏〕马卡连柯.马卡连柯教育文集：上卷[M].吴式颖，等，编.北京：人民教育出版社，1985：35.

工农速成中学的第二批毕业生（第一批毕业生于 1932 年 9 月毕业，其中 5 名考进军事工程学院，13 名考进哈尔科夫机器制造学院[①]）。根据《毕业生鉴定》中提供的信息，我们将这 44 名社员的毕业去向整理如下（见表 5-3）：

表 5-3　捷尔任斯基公社 1932—1933 年度毕业生情况简表

毕业去向	人数（人）
哈尔科夫机器制造学院[②]	9
大学	6
莫斯科体育学院	2
高尔基航运工程师学院	2
医学院	1
莫斯科航空学院	6
莫斯科外国语学院	1
伏尔斯克航空技术学院	4
列宁格勒苏维埃商船学校	4
莫斯科地质勘探学院	1
乌克兰国家政治保安部	3
留社工作	3
财政商业系统	1
军队	1

关于十年制学校的毕业生情况我们没有找到相关的资料，但是从工农速成中学这 44 名毕业生的情况来看，捷尔任斯基公社的教育成果无疑是丰富的。"公社的学生造就成了苏联的公民，造就成了军人、工程师、医师、教

---

① 〔苏〕马卡连柯. 马卡连柯全集：第二卷[M]. 南致善，沈凤威，王子云，译. 北京：人民教育出版社，1957：477.

② 哈尔科夫机器制造学院本来就是这所速成中学的主办单位，所以毕业后进入该学院社员的人数最多。

师、技术熟练的斯达汉诺夫工作者，以及跟德国法西斯强盗作战的勇敢的战士。"[1] 作为一个从高尔基工学团中发展出来的教育机构，捷尔任斯基公社的毕业生无疑在数量和质量上都优于前者，并且称得上是世界上同类教育机构的楷模。

第三节　"高尔基工学团-捷尔任斯基公社集体"的特征

根据本章开头所阐述的思路，接下来我们将用"系统层次叠加法"对"高-捷集体"的系统特征进行逐层扫描。为此，我们首先要确定使用哪些具体的层次。根据贝塔朗菲的"系统层次主要阶层非正式一览表"，现实中的系统最多可以划分为静态结构、时钟结构、控制结构、开放系统、低级有机体、动物、人、社会文化系统、符号系统这九层。[2]

简便起见，我们将开放系统以下的层次归并为一层，称之为"一般系统"，将开放系统以上的低级有机体和动物这两层也合并为一层，称之为"生命系统"，同时略去社会化系统和符号系统。[3] 这样，我们就可以把"高-捷集体"可能具有的所有特征在这四个层次上逐层展开考察：

1."高-捷集体"作为一般系统的特征

2."高-捷集体"作为开放系统的特征

3."高-捷集体"作为生命系统的特征

4."高-捷集体"作为个人系统的特征

---

① 〔苏〕米定斯基.马卡连柯的生平和教育学说[M].杨慕之，译.北京：人民教育出版社，1955: 47.

② 〔美〕贝塔朗菲.一般系统论：基础、发展和应用[M].林康义，魏宏森，译.北京：清华大学出版社，1987: 26.

③ 之所以选择不考察社会文化系统和符号系统这两个层次，主要是为了降低理论的复杂度以换取实用性。本节采用"系统层次叠加法"将集体类比为一个生命体或一个人（马卡连柯自己就常这么做）可以有效地帮助我们更好地认识"高-捷集体"。

一、"高-捷集体"作为一般系统的特征

贝塔朗菲将系统定义为"具有相互关系的一组要素",^① 这一定义可以拆分为两个意思：其一，系统是由多个要素（或组分，elements）构成的整体；其二，组成系统的这些要素之间具有相互关系（interrelations）。这里的相互关系指的是：

> 若干要素（p），处于若干关系（R）中，以致一个要素p在R中的行为不同于它在另一关系R′中的行为。如果要素的行为在R和R′中并无差异，那么就不存在相互作用，要素的行为就不依赖于R和R′。^②

根据这一理解，系统的特征不能用其要素特征的简单累加来说明，而必须考虑到系统内部要素间相互作用的性质，即要素之间的关系。要素间关系的存在使得作为要素复合体的系统呈现出所有要素在孤立状态都不具有的一些"新的特征"，即"整体大于部分之和"。这一特征可以理解为系统的整体性，而这种整体性是以要素间关系的存在为前提的，因此，对于系统来说，"要素间关系的存在"或者说"要素之间存在着相互作用"（"相互关系"可以理解为相互作用的性质）这一事实，是比系统的整体性更为根本的属性，我们可以称之为系统的"内部联系性"或"内部互动性"，简称"内联性"。因此，系统的最基本的特征就可以概括为"系"和"统"："系"即组成系统的各要素之间存在着相互联系（系统的内部联系），即内联性；"统"即各要素因其相互联系的性质而综合成为一个统一的整体，即整体性。^③

---

① BERTALANFFY L. General System Theory: Foundations, Development, Applications[M]. New York: George Braziller, 1968: 54.

②〔美〕贝塔朗菲. 一般系统论：基础、发展和应用[M]. 林康义，魏宏森，译. 北京：清华大学出版社，1987: 51.

③ 霍绍周. 系统论[M]. 北京：科学技术文献出版社，1988: 24.

（一）"高-捷集体"的内联性

如前所述，内联性和整体性是任何一个系统都具有的属性，所以就"高-捷集体"这样一个处于较高层次的系统而言，其内联性和整体性可以说体现在整个集体生活方方面面。如果把集体的关系主体分为个人、部门和集体三种，可以划分出至少五种关系：个人与个人、个人与部门、部门与部门、部门与集体、个人与集体。其中，个人与个人之间的关系包括私人关系（这不是本章关心的内容）和工作关系，而私人间的工作关系与个人与部门、部门与部门、部门与集体之间的关系其实属于集体"内部结构"的范畴，其内容在本章第一节已经进行了讨论，所以这里我们将主要讨论个人与集体之间的关系。

在"高-捷集体"中，个人与集体关系的核心原则是"集体高于个人"的集体主义原则，这种集体主义原则带有强烈的计划经济时代的色彩：集体被比喻成一部大机器，而个人则是这台大机器上的螺丝钉。用马卡连柯的话来说："在对个人的关系上，集体应确定整个集体的主权。因为确定个人有自愿加入集体的权利，只要个人在集体中一天，集体就要求他无条件地服从，这是由集体的主权得出来的结论。"[1]

当然，这种关系并不是单向的——计划经济时代的事业单位里那种对个人无微不至的、家庭式的关怀和照顾恐怕很多人记忆犹新，换言之，在这种集体主义关系之中，除了个人必须服从集体之外，集体也有为个人服务的义务，"个别学生的每一行为，他的每一成功和失败，都要看作共同事业的一种成功或失败。这种教育的逻辑应当真正地渗透在学校的日常生活里和集体的每一活动中"。[2] 在"高-捷集体"中，集体对个人生活的关注几乎到了无微不至的地步，连个别社员的职业选择甚至恋爱婚姻这些今天看来属于"私人"的事情都受到集体的"照顾"。

---

① 〔苏〕马卡连柯.马卡连柯教育文集：上卷[M].吴式颖，等，编.北京：人民教育出版社，1985：15.
② 同上：80.

比如，有一个叫捷连秋克的社员具有表演天赋，然而在马卡连柯所处的时代，在男孩子们心里更受欢迎的是工程师、飞行员，演员则被认为不是一份正经的工作。毕业时，捷连秋克和其他社员一样进了工业学院，马卡连柯虽然惋惜于他的表演天赋，但还是尊重了捷连秋克自己的选择。不过，马卡连柯对这件事依然迟迟不能释怀。不久之后，趁捷连秋克回社里参加戏剧小组的时候，马卡连柯决定动用集体的力量对他施以影响：

> 我想了想，最后决定召他参加社员大会，我说我要就捷连秋克的问题向大会提出申诉，因为他不服从纪律，上高等工业学校去了。
>
> 全体大会上大家说："你怎么不害臊？给你说了，而你不服从。"
>
> 大会最后决定："不许他上工业学院，决定把他送到戏剧专科学校去学习。"他很不高兴地走了，但他不能够不服从集体。他得到了奖学金和公共宿舍。
>
> 现在，他成了出色的演员，已经在一个有名的远东剧院演出了，在两年中，他获得了一般人十年才能获得的成就。现在，他非常感谢我。[①]

在恋爱婚姻方面，虽然在"高-捷集体"中恋爱因为被认为有害于集体纪律而在表面上被严格禁止，但是适龄青年男女之间的互相爱慕总是会"意外地"发生。在这种情况下，恋爱的双方首先会遭遇来自集体的各种压力，这种压力对初生的爱情既是一种威胁也是一种考验——如果恋爱双方能够让集体认可他们的感情是"认真的"，那么集体不但不会停止对这种爱情的压制，反而会送上最美好的祝福。与此同时，对于那些准备结婚并离开集体的集体成员，队长会议还会送上一份异常丰厚的"嫁妆"，奥丽亚结

[①]〔苏〕马卡连柯.马卡连柯教育文集：下卷[M].吴式颖，等，编.北京：人民教育出版社，1985：17.

婚时就是如此。

"高-捷集体"对个人生活的这种无微不至的"照顾"表明：集体与社员的关系，是一种类似于家庭与家庭成员之间的关系，而马卡连柯和队长会议就是这个家庭的"家长"。在这样的集体中，全体成员都一致认可"集体利益无条件地大于个人利益"这条"集体主义道德原则"，因为集体像家长爱自己的孩子那样照顾着每个集体成员在集体生活和个人生活中的一切需要，使个人感受到一种亲人般的温暖，这就是"高-捷集体"与其成员之间关系的本质。

一个高度成熟的集体的内联性最终体现为，在任何一个成员身上发生的事情都会对集体中的所有成员产生影响，正如马卡连柯所言："一个活人要避开集体生活里不时出现的一些漩涡和小瀑布，那是很困难的——转瞬之间，它们已经把你卷了进去，冲走了。"[①] 这也就意味着在每一个集体成员身上发生的每一件事情都可以成为教育集体的有效手段。这种高度发达的内联性也是马卡连柯"个人与集体同时作用原则"的现实基础。

(二)"高-捷集体"的整体性

系统的整体性的存在意味着"你不能从各个孤立部分概括出整体的行为；为了理解各个部分的行为，你必须把各种从属系统和它们的上级系统之间的关系考虑进去"。[②] 这句话有两层意思：一方面，整体性对于系统而言意味着"整体大于部分之和"，即系统的属性不能用构成系统的要素的属性之和来说明——整个系统具有超出要素属性之和的额外属性；另一方面，整体性对于要素而言意味着每个要素在整体内的特征不同于该要素在整体外的特征——每个要素的个别属性都由于在整体中与其他要素之间的联系

---

① 〔苏〕马卡连柯. 教育诗[M]. 磊然，译. 北京：人民教育出版社，2011: 258.
② 〔美〕贝塔朗菲. 一般系统论：基础、发展和应用[M]. 林康义，魏宏森，译. 北京：清华大学出版社，1987: 63.

而同样地增加了额外属性。由个人组成的社会群体系统同样如此："处在一个亲密无间的小群体中的人的行为，不同于处在一个公众大群体中的人们的行为。因此我们可以说，在一群人的行为中，有些东西取决于群体的结构，而不是取决于群体成员的个性。群体的性质不可能还原成它的成员的性质，当然也不可能还原成它的成员的性质加上成员之间的关系的性质。"[①]

"高-捷集体"的整体性特征明显：一方面，对集体来说，集体的特征显然超过其成员的特征之和（比如上一节的"集体的功能"）；另一方面，集体成员的"额外特征"则可以分为两部分，一种是与具体岗位有关的特征，可称之为"行政特征"，另一种则是与具体岗位无关的成员普遍特征，也就是集体的"作风"。

行政特征的主要内容是相关行政岗位的权力和责任。比如，担任值日队长的儿童有对集体中任何一个人（包括年龄比他大的社员）下命令的权力，与此同时，他也承担了管理集体中的一切事务和处理一切突发事件的责任，而当他卸去值日队长的臂章时，他就不再具有这些特征，恢复到一个普通社员的身份。"值日队长是一个很普通的孩子，一个月里值日两次。这个孩子平时没有什么权力，但当他戴上值日带的时候，就有很大的权力了。"[②] 行政特征除了"行政权力"和"行政责任"外，还包括一种看似神奇的"行政能力"——在行政工作中才"有用"的个人能力——比如命令和服从的能力，这种能力通常随着行政经验的增加而增加。

有趣的是，马卡连柯观察到，行政能力似乎是独立于个人性格发展的——它仅仅在行政工作中得到体现和发展。换句话说，"行政能力"和"行政权力""行政责任"一样，是主要与集体而不是个人有关的一种能力。这方面的一个确证就是"担任队长不改变性格"的现象：在"高-捷集体"中，队长的任命有指定和推选两种方式。在刚开始的时候，集体总

---

① 〔美〕拉兹洛.用系统论的观点看世界[M].闵家胤,译.北京：中国社会科学出版社,1985:24.
② 〔苏〕马卡连柯.马卡连柯教育文集：上卷[M].吴式颖,等,编.北京：人民教育出版社,1985:110.

是选那些能力最强、最机灵、性格也最强（所谓"镇得住"）的儿童担任队长，"被选为队长的应当是忠于集体利益的学生、学校中的好学生、生产中的突击手、比别人技术更为熟练并且具有下列条件：善于掌握分寸、朝气蓬勃、有组织才能、关心年小者、诚实"。① 但是随着集体日渐成熟、集体的作风和传统逐渐稳固，最后竟然形成了集体内任何一个普通儿童都可以胜任队长的现象。"最近几年来，我获得了这样的教育成就：我可以指定任何一个社员在任何一个基层集体里做领导人，而且我相信我所指定的人，一定会很好地担任领导工作。"② 然而，担任队长的儿童"不会因为这样就成了最有能力的，最有才干的和意志最坚强的人物，他们和其他所有人的差别不过就是：他们有一种全权和责任，而这好像完全是形式上的差别"。③

除了行政特征以外，个人作为集体成员而获得的第二种额外特征是一种与具体岗位无关，却被所有集体成员共享的特征，即集体作风或马卡连柯所说的"集体的共同态度"。集体作风不仅是判断一个集体的整体性是否形成的标志，也是区分不同集体的标准。正如马卡连柯所言："儿童教育机关之所以各有不同，首先是因为他们各有自己的一般作风和态度。"④

马卡连柯以自己的集体为例，描述了他理想中的集体作风应该包含的内容。第一，一个理想的集体首先应该具有一种朝气，一种健康的、蓬勃向上的快乐情绪，"这首先是对自己的力量、对自己集体的力量和自己的将来表现出一种内在自信的宁静和信心"。⑤ 第二，集体成员应当具有一种自己作为集体成员和劳动者的尊严感，"这种尊严表现在外人因事来到教育机关里时，要有分寸地、有礼貌地对待他，要做一个好客的主人，如果外人不尊重集体，损害它的利益，则给予坚决的反击"。⑥ 第三，集体成员是高度

---

① 〔苏〕马卡连柯 . 马卡连柯教育文集：上卷[M]. 吴式颖，等，编 . 北京：人民教育出版社，1985: 257.
②③ 同上：135.
④⑤⑥ 同上：320.

团结的，这意味着虽然内部可以有各种争吵和论争，但整个集体对外必须保持共同行动与和睦一致。第四，集体成员应当拥有明确的正义感，只有这种正义感才能保证集体纪律是赏罚分明并且是惩恶扬善的，尤其是在集体中弱者必须被保护，不受强者的欺凌。第五，"高-捷集体"还有两种互相关联的重要作风，即积极性和抑制性。其中，集体成员的积极性意味着"在整个工作日里，学生应当合理地工作、学习、游戏和阅读，进行某些为他们所必需的谈话。他绝不应当只是胡扯，漫无目的地消磨时间，东张西望，在室内推推撞撞，不知道把精力用在哪里"。[①] 抑制性则指的是社员的一种自我克制的习惯，一种在任何时候都懂得把握分寸的能力。马卡连柯指出："儿童教育机关的领导应当经常发展学生在运动、言谈、叫喊时掌握分寸的能力。需要肃静的地方，就得要求肃静，必须使学生戒除不必要的喊叫，戒除放肆的大笑和动作。"[②] 从更加深远的意义上来说，个体成员的积极性和抑制性是集体层面上的自由和纪律的基础，这其实涉及马卡连柯教育集体的一个基本原则，即自由与纪律相平衡，我们将在第六章第一节中对此进行讨论。

二、"高-捷集体"作为开放系统的特征

开放系统是与外部环境有物质和能量交换的系统，这种系统"在连续不断地流入与流出之中，在其组分的不断构成与破坏之中维持自己"[③]。很明显，"高-捷集体"就是一个不折不扣的开放系统，从系统论的角度来看，这个集体体现出的一系列有别于其他死气沉沉的群体的诸多特征，几乎都是这个集体作为一个开放系统的必然结果。这些特征包括开放性、变化性

①② 〔苏〕马卡连柯. 马卡连柯教育文集：上卷[M]. 吴式颖，等，编. 北京：人民教育出版社，1985: 322.
③ 〔美〕贝塔朗菲. 一般系统论：基础、发展和应用[M]. 林康义，魏宏森，译. 北京：清华大学出版社，1987: 36.

和稳定性，其中，变化性又可以从发展性和停滞性两个方面来理解。

（一）"高-捷集体"的开放性

个人作为生命体是开放系统，因此由人构成的集体自然也是开放系统。正如拉兹洛所言："人是一个开放系统，组成人身体的细胞都是开放系统。他和同时代的所有人，以及生物体，共同构成的社会和生态体系也是开放系统。"[①] 然而，仅仅从人的开放性去论证集体的开放性并不充分，因为系统论最基本的观点就是"整体大于部分之和"。因此，"高-捷集体"（以下简称集体）的开放性不能仅仅由其组分，即个人的开放性来说明，而是需要从整体的角度来理解。这种整体的开放性在现实中体现为集体的"新陈代谢"机制——不断有新的集体成员加入，同时也有老的集体成员离开，从而形成一个真正意义上的开放系统。

对于"高-捷集体"而言，集体成员的加入主要是由上级机关派遣或者指定吸收的各类流浪儿童、犯罪儿童和缺乏父母照料的孩子，集体成员的离开主要有毕业、自愿离开和被集体开除三种形式（除此之外还有一些特殊情况比如结婚、自杀、因违法被逮捕等）。马卡连柯认为，对于一个理想的集体而言，最重要的是其新陈代谢机制必须建立在对个人权利和集体主权双重尊重的基础之上，即个人是出于自愿加入或离开集体——这一点保证了集体对个人的权威；与此同时，集体也有权接受合格的新成员并开除对集体有害的成员。马卡连柯认为，集体新陈代谢的速度也不能过快，这种情况对于个人和集体来说都是不利的：对个人来说，"如果一个人今天在一个集体，明天在另一个，以后在第三个、第四个，那么他就连一个集体也不能够熟悉；一个人开始在集体之间徘徊不定，因此他就养成一种最坏的个人主义"。[②] 如果一个集体的成员老是变化，集体的传统和共同作风也难以形成。

---

①〔美〕拉兹洛.用系统论的观点看世界[M].闵家胤，译.北京：中国社会科学出版社，1985：32.
②〔苏〕马卡连柯.马卡连柯教育文集：下卷[M].吴式颖，等，编.北京：人民教育出版社，1985：288.

（二）"高-捷集体"的变化性

"变化"是一个中性词，它所对应的是物质的普遍运动。非开放系统也有绝对意义上的"变化"。开放系统的变化是一种特殊的变化——这种变化是有方向的。开放系统的变化有两个方向：一种是向前的发展，另一种则是向后的停滞。停滞在系统论中指的是不可逆的增熵过程，这是由热力学第二定律决定的："任何一个给定的孤立系统，随着其内部储存的可用于其组成部分组织化的能量消耗尽，该系统就相应地走向解体"。[①] 正因为如此，"我们放眼望去，一切事物不是在发展和进化，就是在衰退和腐烂"。[②] "高-捷集体"作为一个高质量的开放系统，其历史上既存在长期的发展，也时有短期的停滞。

1. 发展性

"发展"是指系统在不断前进运动中由低级到高级、由简单到复杂并且不断趋向更高的组织性、更复杂的结构与更强大的功能。本章已经对"高-捷集体"的结构和功能进行了初步的介绍，在接下来的"生命系统"层次还将对该集体的"进化性"进行重点研究，这里主要关注"高-捷集体"的结构"从简单到复杂"的发展历程。

从 1920 年 12 月到达高尔基工学团的第一批 6 个毫无组织、对教师持完全蔑视态度的儿童，到 1924 年夏天也就是马卡连柯眼中工学团的"幸福时代"，在不到四年的时间里，高尔基工学团形成了一个包括 11 个生产联队、7 个混合联队在内的庞大阵容，并且拥有自己的马房、牛棚、猪圈、铁匠铺、磨坊、仓库和农业，以及以全体会议和队长会议为代表的高度复杂的自治结构，同时还建立了自己的共青团组织……

那么，这些组织机构是如何从无到有地出现与发展的呢？下面我们以集体中两个最重要的机构——分队组织和共青团组织为例进行说明。

---

① 〔美〕拉兹洛. 用系统论的观点看世界 [M]. 闵家胤，译. 北京：中国社会科学出版社，1985: 31.

② 同上：29.

分队系统是"高-捷集体"组织中最有特色的一套系统。在很长一段时间里它被不了解其集体性质的批评者们称为"队长教育法"，是他们质疑马卡连柯采用军事化的组织制度的主要依据。然而，随着马卡连柯教育思想在苏联的传播，许多其他地方的教养院也纷纷仿效高尔基工学团建立了自己的分队制度，并且取得了很好的效果。可以说，分队系统是马卡连柯对儿童集体自治制度的一个重要贡献。在《波尔塔瓦高尔基工学团工作概述》一文中，马卡连柯曾经详细说明了分队系统的诞生过程：

> 1921 年底，工学团不仅没有燃料，而且到森林里去采伐燃料时也没有鞋子可穿。必须下一番大功夫才能解决寒冷的问题，为了这个目的，便由学生（当时共有学生 30 人）中抽出 10 个人来，把工学团现有的靴子全发给他们，让他们在一个星期内采伐 1 000 普特的劈柴。这 10 个孩子的首领就派的是卡拉巴林[①]。这一小组人工作干得漂亮，我不记得是怎么回事，工学团就给这样一小组人取了个名字，叫"卡拉巴林分队"……
>
> 卡拉巴林分队采伐劈柴工作结束后，还想利用他们这个集体、这些鞋子和这种纪律制度来进行其他工作——窖冰。于是 1921 年冬天卡拉巴林分队就成了一个固定的组织了。到了第二年春天，我们不但没有解散这个分队，反而将其余 20 个学生又组成了两个分队。这样一来，我们有了三个分队。各分队的领导人最初打算就叫作头目（这个名称的起源是很显然的），可是我坚决主张用"队长"这个名称。因此我们就形成了队长制。这种队长制 4 年来得到了很大的发展，而且逐步复杂化，目前已经成为工学团组织形式中的主要现象。[②]

马卡连柯上面所说的分队系统的"复杂化"体现在三个方面：一是分队

---

① 即卡拉邦诺夫，教育案例 8 中的主人公。
② 〔苏〕马卡连柯.马卡连柯教育文集：下卷[M].吴式颖，等，编.北京：人民教育出版社，1985：341–342.

系统内部要素的变化，比如从单一的队长负责到设立副队长、建立队长改选制等；二是分队类型的增加，比如混合分队的建立；三是各分队之间关系的建立，主要是队长会议的产生及其职能的发展等（参见本章第二节中的相关内容）。可以说，分队系统本身以及建立在其之上的混合分队、队长会议等制度都是在集体的生产、生活过程中出于集体自身的需要自然而然地生长出来的。

相比之下，共青团组织在高尔基工学团的建立则更为曲折。虽然马卡连柯很早就想在工学团里建立共青团组织，但是在早期的工学团管理部门看来，工学团里的儿童都是一些政治上落后的违法犯罪儿童，他们被想当然地认为是够不上"共青团员"这个"先进称号"的。为了实现建立共青团组织的愿望，马卡连柯和学童们四处奔走，甚至还委托附近机车工厂的团组织替他们到城里的共青团委想办法，但依然徒劳无功。这种情况直到1922年起高尔基工学团作为"罪犯改造模范机关"被移交给乌克兰教育人民委员部，接受其直接领导之后才出现了转机：

> 这些哈尔科夫人听了我们在建团方面遇到的不幸，觉得非常惊奇："这样说起来，你们是没有共青团吗？……他们不准你们建团？……这是什么人出的主意？"
>
> 每天晚上，他们总跟年纪大的学童在一起低声谈话，互相同情地点着头。
>
> 在乌克兰共青团中央委员会里，由于教育人民委员部和我们城里的朋友们的请求，问题以闪电的速度解决了。在一九二三年的夏天，派了季洪·涅斯托罗维奇·柯伐尔来做教养院的政治指导员。……教养院的共青团支部成立了，人数是 9 个人。①

---

① 〔苏〕马卡连柯. 教育诗[M]. 磊然，译. 北京：人民教育出版社，2011: 210.

以这 9 个人的团支部为起点，"高-捷集体"的共青团组织走上了自身的发展之路。到了 1932 年捷尔任斯基公社团支部改选时，整个集体中的共青团员人数已经达到了 180 人，共青团委员会和执行委员会等机构和相应的组织制度也渐渐地健全起来。

从系统论角度看，"高-捷集体"在结构上的发展性是集体作为开放系统对于环境的一种适应，这种适应无疑是集体和环境相互作用的结果，而在相互作用和新的结构形成之间，集体自身新的需要起到了一种中介的作用：就分队组织而言，环境中树木的存在和集体对燃料的需求产生了去树林砍柴的需要（新的需要），而集体劳动工具（靴子）的缺乏使这种需要只能通过小队的方式来完成，分队组织由此诞生；共青团的组建源于集体完成自身教育功能的需要和集体从环境（主要是作为大环境的乌克兰政治环境和作为小环境的工学团周边的团组织）中接收的信息，这两者的相互作用催生了建立共青团组织的需要（新的需要），而这种需要最终通过外部条件（上级部门的更替）的改善而得到了实现。

2. 停滞性

作为开放系统，集体自然也存在从高级到低级，从复杂到简单的"负向变化"。这一过程被马卡连柯称为"集体的停滞"，是集体的退化与衰败。"集体是最娇嫩而又有力的东西。一旦遇到任意胡为的人，就可能使他瓦解，败坏，搞乱他的某一部分。"[①]

如前所述，在"高-捷集体"的历史中发展是主旋律，停滞多半是偶然出现的插曲，因此我们不可能也没有必要给出"'高-捷集体'停滞大事年表"。然而集体的停滞依然是发生过的——或者用马卡连柯的话来说，集体是会"生病"的。在整个高尔基工学团的历史中，集体就曾经生过两场"大病"，分别是 1923 年夏天驱逐米嘉庚和卡拉邦诺夫（见教育案例 7）和

---

① 〔苏〕马卡连柯.马卡连柯教育文集：上卷[M].吴式颖,等,编.北京：人民教育出版社,1985:108.

1925年5月巧包特自杀（见教育案例13）前后。在前一次事件中，马卡连柯通过驱逐米嘉庚和卡拉邦诺夫给集体做了"外科手术"；后一次危机则使马卡连柯对集体所处的停滞状态产生了警觉，通过重新为集体设立前景（收编库里亚日）再次挽救了集体。

集体的偶然患病其实也从一个侧面说明集体自身还不够健康、强大。在捷尔任斯基公社时期，类似米嘉庚这样的"社员"并不是没有，但他们无法对集体造成像米嘉庚曾经对高尔基工学团造成过的那样恶劣的影响。《塔上旗》中被称为"集体敌人"的雷日科夫就是一个典型的例子：雷日科夫在进入公社之前就是一个品性十分恶劣的惯偷，在进入"高-捷集体"后，他很聪明地把自己伪装成一个普通的社员，但依然暗地里偷窃集体的财产拿到公社外面去卖。然而，由于这个时期的集体空前强大，雷日科夫的行为并没有影响正常的集体生活，正如一个身体特别健康的人不容易生病一样。

如果一个集体足够强壮，那么它不仅是"不生病"的，还可以是"杀不死"的。比如，1928年3月，马卡连柯被乌克兰教育学研究所完全否定后，他决意离开高尔基工学团并着手收缩他的集体——他开始让年长的学员毕业离开集体，而这些年长学员都是集体中的骨干，因此这等于是在给集体实施"安乐死"。然而，马卡连柯却惊奇地看到"老一辈的人刚走，马上就有一批新人顶替了他们的位子，新来的孩子也和他们一般地精神饱满，一般地快活伶俐……集体非但不愿意死，它压根就不愿意想到死亡。它的生命正欣欣向荣"。[1]

（三）"高-捷集体"的稳定性

正如停滞性是发展性的反面，稳定性是变化性的反面。开放系统的绝对

---

[1]〔苏〕马卡连柯.教育诗[M].磊然，译.北京：人民教育出版社，2011：625.

变化和相对稳定是同时存在的。在系统论中，开放系统的稳定性称为"稳态"或"自稳定"（homeostasis），即"在一个自我保持和自我修复的系统中维持着的部件和关系的特定构型"。①对人类群体来说，稳定性意味着虽然群体成员总在更替，但整个群体的内部结构和外部功能都能保持相对稳定：它是某种群体，因此，它就表现出它作为群体所具有的那些特征；即使它所有的成员都换了，它也能保持这些特征，因而我们仍然可以把它作为那类群体来研究。②

就"高-捷集体"来说，虽然集体成员一直在变化，但是集体的机构与功能却是相对稳定的，这是由于"老一辈的人刚走，马上就有一批新人顶替了他们的位子"。③这种现象显然是个人作为集体成员而获得的"额外特征"（成员特征）在个人与个人之间进行传递的结果。除了前面讲过的"行政特征"和"集体作风"外，另外一种重要的成员特征就是集体的传统。任何一个健康的集体必然会形成自己的传统，并且这种传统只有持续不断地传递给新成员，才可以不因老一辈成员的离开而丢失，使整个集体的结构与功能保持稳定。

马卡连柯指出："所谓传统，也就是说四、五、六年前有所作为、有所成就的成年一代的经验，应当加以尊重，务使前辈的这种经验，不至于随随便便地就改变了。"④当马卡连柯被问及如何维持一个已经形成的集体时，他是这样回答的："第一，要保持集体的生动活泼的核心，要注意经常有经过训练的一辈去接替前一辈，也就是说，要有若干水平日益提高的集体成员——有教师也有学生；第二，要遵守规章和传统。"⑤马卡连柯认为，对于集体已经形成的传统必须非常小心地加以保护，而任何改变现有传统的

---

① 〔美〕拉兹洛 . 用系统论的观点看世界[M]. 闵家胤，译 . 北京：中国社会科学出版社，1985：33.
② 同上：24.
③ 〔苏〕马卡连柯 . 教育诗[M]. 磊然，译 . 北京：人民教育出版社，2011：625.
④ 〔苏〕马卡连柯 . 马卡连柯教育文集：上卷[M]. 吴式颖，等，编 . 北京：人民教育出版社，1985：139-140.
⑤ 同上：126.

做法则必须慎之又慎。在"高-捷集体"中，有许多在长期的集体生活中积累的弥足珍贵的集体传统，比如对值日队长的无条件信任、向集体报告和接受质询时要"站到中间"、队长会议和全体大会的流程、学生和社员的权利差别等，有些传统甚至已经上升到仪式的高度，比如对于旗帜的尊敬和象征最高荣誉的当众嘉奖等，其中最有代表性的是我们在第二章里介绍过的"第一束麦子"交接仪式。正是由于类似的传统在集体成员新陈代谢过程中的薪火相传，集体的生命才能在一代又一代的交替中得到传承，集体结构与功能的相对稳定才成为可能。

三、"高-捷集体"作为生命系统的特征

"高-捷集体"作为一个生命系统的特征，包括生长性、进化性（含机构化、中心化和层次化三个方面）和繁殖性。

（一）"高-捷集体"的生长性

集体的生长主要体现在集体成员的数量增长上。"高-捷集体"的成员增长主要靠从外部吸收流浪儿童实现。以高尔基工学团为例，《教育诗》里关于人数的线索有：

> 1920 年，"十二月四日，教养院来了第一批的六个学童"。[①]
>
> 1921 年，"在一九二一年的二月里，我用运家具的马车载来了十五个真是衣服褴褛的真正的流浪儿童。……到三月里，教养院里已经有了三十个孩子"。[②]
>
> 1921 年 5 月左右，"下星期天我们还要改变方法：我们整个教养

---

① 〔苏〕马卡连柯.教育诗[M].磊然，译.北京：人民教育出版社，2011: 10.
② 同上：18.

院——五十个学童——一齐去"。①

1922 年 7 月,"这时候教养院里已经有了六十个学童"。②

1923 年 10 月,"我们目前有八十个学童"。③

1924 年 7 月,接收了来自儿童生活改善委员会的四十名学童。"我们已经接收了四十个新来的孩子"。④

1926 年 5 月,与库里亚日教养院合并后,"从这一分钟起,我们全体四百个人就成为一个集体,它的名字叫作:高尔基劳动教养院"。⑤

根据以上线索,以 1920 年 12 月为起点,高尔基工学团的人数变化情况见表 5-4:

表 5-4　高尔基工学团人数变化表

绝 对 时 间	相对时间（月）	人数（人）
1920 年 12 月	0	6
1921 年 2 月	3	21
1921 年 3 月	4	30
1921 年 5 月	6	50
1922 年 7 月	19	60
1923 年 10 月	34	80
1924 年 7 月	43	120
1926 年 5 月	65	400

---

① 〔苏〕马卡连柯.教育诗[M].磊然,译.北京:人民教育出版社,2011:64.
② 同上:141.
③ 同上:235.
④ 同上:300.
⑤ 同上:515.

马卡连柯曾经在《波尔塔瓦高尔基工学团工作概述》中对截至1925年高尔基工学团的历年人数变化做过一个较为笼统的概述:"工学团学生增加情况如下:1921年——30人,1922年——50人,1923年——70人,1924年——100人,1925年——130人。"[1] 这里的数据与我们从《教育诗》中梳理出的基本一致。据此,我们可以制成高尔基工学团人数变化图(见图5-2):

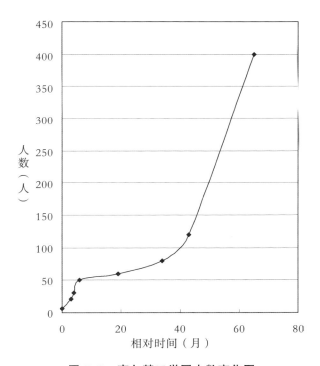

图5-2　高尔基工学团人数变化图

(二)"高-捷集体"的进化性

进化性是开放系统的发展性在生命系统层次上的具体化。我们之所以将生命系统的进化性与开放系统的发展性分开讨论,是考虑生命系

---

①〔苏〕马卡连柯. 马卡连柯教育文集:下卷[M]. 吴式颖,等,编. 北京:人民教育出版社,1985:337.

统的进化与其他开放系统相比表现出更剧烈、更彻底也更高级的形式。就"高-捷集体"而言，其结构上的某些变化只有被视作为生命系统的进化才能得到最准确的描述，主要表现为机构化、中心化和层次化三个方面。①

1. 机构化

开放系统的机构化是其向其更高级形式发展过程中的必然现象，机构化的出现增加了整个系统的抗扰能力："在整体状态下，系统的一个扰动就会导致一个新的平衡状态。然而，如果系统分裂为一条条因果链，它们就会独立地存在下去。"② 在这种情况下，某个结构受到的损害就不会影响到系统的其他部分。然而，结构化所带来的高稳定性并不是没有代价的——稳定性的提高同时也就意味着灵活性的丧失："机构化程度的增大，就意味着要素功能只依赖要素自身的定型程度增大，结果就失去了由于相互关系而存在于系统整体中的调节能力。"③ 由于不可替代的机构逐渐增多，任何一个机构的损失都将成为无法恢复的残缺，而如果损失的是系统的核心机构，那么往往会导致整个系统的崩溃。

社会活动中常见的分工现象也是机构化的体现。"高-捷集体"的机构化特征从集体结构（本章第一节）上来看一清二楚，集体内部的各种组织机构，包括分队、共青团、值日队长、委员会、文化小组等都可以看作集体作为一个生命系统的各种器官，在复杂的权责关系作用下共同维系着集体的生命。

机构化给整个系统带来的影响在"高-捷集体"里也很明显。其一，集

---

① 既然开放系统的发展性在生命层次上具体体现为进化性，那么停滞性在生命层次上自然也表现为"退化性"，并且也可以进一步分为去机构化、去中心化和去层次化三个方面。从篇幅和价值考虑我们这里不再就退化性及其三个方面展开讨论，尽管它们依然存在于"高-捷集体"（可参考"停滞性"的部分）。

②③〔美〕贝塔朗菲. 一般系统论：基础、发展和应用[M]. 林康义，魏宏森，译. 北京：清华大学出版社，1987：64.

体的稳定性增加了——在高尔基工学团建立初期，一次偷窃事件足以对整个集体造成威胁，而在捷尔任斯基公社时期发生的更为恶劣的事件却丝毫未能损害集体的日常工作。其二，集体的灵活性降低了——以集体吃早饭之前的流程为例，如果哨兵早上睡着了，没有依次叫醒管家、值日队长和值日司号，那么当天整个集体的生产和学习都会被全部打乱。其三，集体核心机构的丧失会导致整个集体的崩溃。在"高-捷集体"中，这个核心机构就是集体首长，即马卡连柯本人。虽说强大的集体不容易死亡，但是失去了马卡连柯的高尔基工学团就好像一个额叶被切除了的人一样，成了行尸走肉。马卡连柯曾写道："当我离开以后，他们立即开始在工作中采用各种地道的陈旧方法，结果使这个工学团现在已接近瓦解的地步。"[①]几年之后高尔基工学团就宣告关闭了。

2. 中心化

伴随着生命系统的机构化发展，系统结构的中心化也随之出现——结构化必然导致各子系统功能的殊异，而殊异的功能相对于整个系统来说就存在殊异的影响力，那些与系统的其他各部分联系最为紧密、具有枢纽地位的机构就渐渐进化为系统的中心。中心化既是机构化的一种高级形式，也是对机构化的一种补偿——为了避免整个系统因高度的机构化而分化成完全独立的各部分，就必须存在这样一个特殊的部门：当其他机构之间的联系渐渐减少的时候，这个部门与其他部门的联系却不断增加，直至到达一种"统领全局"的地位。中心化同时导致系统越来越呈现出不可分性——相对于那些没有中心、从而也就可以分割为两个独立的新个体的生物（比如水螅）而言，有中心的生物（比如任何一种有心脏的动物）就失去了这种"化整为零"的能力。失去马卡连柯的高尔基工学团无法再变成一个捷尔任斯基公社的原因就在于此。

---

① 〔苏〕马卡连柯.马卡连柯全集：第七卷[M].陈世杰，邓步银，等，译.北京：人民教育出版社，1959: 436.

"高-捷集体"的"中心"并不仅仅是马卡连柯一个人，还有围绕着"中心办公地点"的一个复杂机构。这个办公室位于集体生活（而非工厂或学校）的区域内，里面包括首长办公室和队长会议办公室，两者相通，队长会议办公室里除了有队长会议专用的会议桌和办公桌之外，还有值日人员和卫生委员会的专用办公桌。从"高-捷集体"的组织结构上来看，这个办公地点作为集体中心的位置是毋庸置疑的。一方面，集体内部的几乎所有重要信息从这里流入和流出。所有机构的工作汇报都在这里进行，任何有待解决的突发事件也被提交到这里，"公社全体人员都知道，办公室中总是有人的，当遇有紧急情况时可以向他请示"①。另一方面，关于集体的几乎所有重大决定都是在这里作出或酝酿的——队长会议、共青团支部会议、各委员会的重要会议都是在这里召开的。当然，真正起到集体中心作用的不是这样一个没有生命的地点，而是在这个地点行使集体中心职能的人——除了马卡连柯本人以外，队长会议秘书和值日队长也在某种程度上扮演了集体中心的角色，尽管两者的职能有所差异——队长会议秘书发挥的更多是决策领导职能，值日队长则更偏向于日常管理职能。

3. 层次化

层次化指的是一个系统的内部会发展成更小的次级系统，而这些次级系统又会发展成更次一级的系统，从而形成一个系统的层次序列。从宏观系统的角度来看，层次化是整个世界系统的存在形式，"系统的构成往往是就某种程度而言的，因此，系统的每一个成员又是下一较低层次的系统……这样的层次结构，一层一层地组合为层次愈来愈高的系统，是实在——作为一个整体——的特征，特别是生物学、心理学和社会学中的重要的基本特征"②。拉兹洛认为，系统结构的层次化是高级系统得以保持其

---

① 〔苏〕马卡连柯.马卡连柯教育文集：上卷[M].吴式颖，等，编.北京：人民教育出版社，1985：292.
② 〔美〕贝塔朗菲.一般系统论：基础、发展和应用[M].林康义，魏宏森，译.北京：清华大学出版社，1987：69.

稳定性的必要条件："不管我们谈论的是一般系统（特别是生物物种），还是社会系统，我们都发现，容易存活下来的是那些按等级结构组织起来的系统。"①

对于"高-捷集体"而言，层次化不仅表现为在集体形成时就自然存在的层次序列，即"个人—集体"，而且表现为个人和集体之间的各种组织机构。在理解"高-捷集体"的层次性时，我们需要将系统论意义上的层次和组织决策中的层次区别开来——我们在"'高-捷集体'组织结构图"（见图5-1）中所给出的其实是后一种意义上的层次。比如：集体中最低的层次是社员，这个层次的决策机构是个人自己；社员根据不同的目的组成基层组织，包括固定分队、混合分队、各种事务委员会、共青团、少先队等，这是集体的第二层，这一层次的决策机构是每个基层组织的内部会议，比如共青团支部会议、卫生委员会会议等；所有的基层组织构成全体社员，即集体自身的第三个层次，这一层次的决策机构是全体大会和队长会议。虽然全体大会在决策层次上比队长会议要高，队长会议对全体大会负责，但是队长会议的成员是来自所有基层组织的代表，因此它实际上是全体大会的一个常务委员会，从系统的层次上来看并不低于全体大会。这是我们在理解"高-捷集体"的层次化特征时需要注意的。

（三）"高-捷集体"的繁殖性

繁殖是生命系统的一个高级功能，它意味着一个生命体复制并分化出自己的一部分，成为可以脱离母体而存在的子体，该子体具有与母体非常相似的特征并且在母体死亡之后依然可以继续存活，从而最大限度地保存和延续了母体的基因。"高-捷集体"就曾经经历过这样一个繁殖的过程：在马卡连柯离开高尔基工学团时，带了几十个工学团的学员作为捷尔任斯基公社的基

---

① 〔美〕拉兹洛．用系统论的观点看世界[M]．闵家胤，译．北京：中国社会科学出版社，1985：62.

础，之后不久又从工学团转来了一百多个学员，这样，捷尔任斯基公社初期的学员绝大多数都来自高尔基工学团。因此，虽然在马卡连柯离开后高尔基工学团的集体事实上很快就死去了，教养院本身也只维持了几年时间就关闭了。但是，由这个集体分化出的捷尔任斯基公社却继承了高尔基工学团的整个纪律、作风和所有的传统，继续欣欣向荣地存在了下去。

如果我们在生命系统的层次上确认了高尔基工学团与捷尔任斯基公社的这种"母子关系"，那么还能观察到一些更有意思的现象。我们知道，在生物界里存在着许多"母亲"为"孩子"牺牲自己的例子——比如许多种类的雌性蜘蛛会在产卵后死去，成为小蜘蛛们出生以后的第一顿"大餐"。从系统论的角度看来，这意味着作为生命系统的母体在预感到死亡的临近时会趋向使子体吸收自己的组分（即要素），从表面上看，这是一种母体的牺牲，但本质上却是构成母体的系统成分得以在子体内继续以相似的运动形式存活下来。

耐人寻味的是，在高尔基工学团和捷尔任斯基公社之间也发生过类似的事情。1932年，即马卡连柯离开高尔基工学团三年多之后，工学团可谓病入膏肓，在这种情况下，高尔基工学团曾经向捷尔任斯基公社的主管部门请愿，要求并入捷尔任斯基公社：

> 在总结工学团所走过的道路的时候，可以作出结论说，工学团没有为国家的需要培养出在数量上很多和质量上很好的合格干部。鉴于工学团的生产基础很差和工厂在材料供应方面遭到极大的困难，支部作出的结论是工学团在现今的生产状况下，不可能为社会主义工业培养出合乎现代技术需要的受过训练的干部。
>
> …………
>
> 鉴于高尔基工学团和捷尔任斯基公社都有同样的任务和目的方针、同样的儿童名额，这两个儿童教育机关在自己的历史和教育工作

的传统上也都有许多共同之点，高尔基工学团的全体工作人员和学生认为最好是同捷尔任斯基公社联合起来。根据这一决定，已向哈尔科夫市苏维埃教育局提出了关于两个工学团联合的问题。并且得到了教育局的同情和同意。现在我们向捷尔任斯基公社理事会提出这一问题，并请求实际考虑这一问题，把高尔基工学团置于理事会的领导之下。①

可惜的是，高尔基工学团这个"母亲"最后一次把自己奄奄一息的身体献给自己的"孩子"——捷尔任斯基公社的愿望最终没有得到公社上级部门的批准，工学团的集体生命也在不久之后无奈地走向了终点。

四、"高-捷集体"作为个人系统的特征

以上我们考察了"高-捷集体"作为一个生命体所具有的特征，接下来我们将进入下一个层次，把"高-捷集体"当作是一个"人"，然后看看这是一个"怎样的人"。当然，作为一种高级生命形态，人与其他生命之间构成一个连续谱——在初级有机体与人类之间，还存在着植物、动物等阶段。为了简便起见，我们将集体作为动植物的一些低级属性（竞争、繁殖等）放在了生命层次，而把集体作为人的一些高级属性放在个人层次里进行讨论，这些"高级属性"显然是高于生理层面的，也就是人的心理特征。

心理学上，一般将人的心理结构划分为认知、情感和行为这三个方面，我们对"高-捷集体"的心理特征的描述也将依照这一框架来进行。其中，集体在认知和情感这两方面的特征分别以"认知性"和"情感性"来概括：

---

① 〔苏〕马卡连柯.马卡连柯全集：第七卷[M].陈世杰，邓步银，等，译.北京：人民教育出版社，1959：499-500.

就认知而言，我们主要侧重于分析"高-捷集体"的经验学习和决策判断能力；在情感方面，我们将分别描述集体的快乐、愤怒和悲伤这三种主要情感。个人行为的特征则可以从行为的内容与形式两方面来理解，其中内容方面（能做什么）即集体的功能在第三节已进行了讨论，个人行为在形式方面与其他生命体的区别主要是"目的性"，因此我们会考察"高-捷集体"集体行动的目的性特征。

（一）"高-捷集体"的认知性

集体的认知能力并不是集体成员的认知能力的总和，而是体现为集体作为一个整体的认识与思维能力。从心理学的角度来说，个体认知能力的发生可以看作内部心理图式的建构。根据皮亚杰的发生认识论，这一过程是通过主体与环境之间的互动得以实现的——刚出生的幼儿就需要通过"感知运动"的过程建立最初的心理图式，从而为"运演"的形成提供基础。从哲学角度来看，认知可以视为经验的积累，而经验则是实践的产物。因此，"高-捷集体"的认知性首先就体现在与环境互动的过程中发生的集体经验的积累上。

换言之，集体是会学习的——集体能够将集体生活中的成败得失以经验的形式累积在集体记忆中，并且以集体规范、集体传统、集体文化等形式传递下去，从而使集体的各种活动变得更有效率，也更成功。比如，正是在无数次集体内部的争吵和工作延误的教训中，集体才摸索出了"不能与值日队长争辩"的集体规范；正是在农忙时节的组织混乱和应对过程中，集体才积累了建立"混合分队"的经验并且传承了下来。同时，正如个人的认知是决策的基础，"高-捷集体"同样具有高度发展的判断与决策能力，具体表现为分队会议、队长会议、委员会会议和全体大会所承担的决策职能。以每年暑假的集体旅行为例，在积累了最初几次夏季旅行的经验后，集体在旅行之前的准备和计划变得越来越充分。比如在 1933 年暑期集体外出旅行（公社称之为夏季行军）之前，捷尔任斯基公社通过队长会议和全体大会研究后发布了一道公社命令，对夏季行军的路线、时间、编制、临时机构的权责关系、沿途工作任务以及后勤岗位等细节都进行了详细的部署，体现出作为集体"大脑"的各决策部门的高度发达的运算能力。马卡连柯曾经把集体的这种能力看作是集体"精确性"的表现："在最近几年里，我们对旅行的准备已精细到这样的程度，例如500人的一个集体由哈尔科夫出发，我们知道在多少公里的地方，在哪一个路标旁，社员伊凡诺夫应该把低音乐器交给社员彼得洛夫。"[①] 毫无疑问，这种精确性是建立在集体决策部门高度发达的思维和判断能力之上的。

（二）"高-捷集体"的情感性

"高-捷集体"是由几百个有血有肉的学童组成的，因此集体必然也有自己的情感，自己的喜怒哀乐。当然，我们这里要讨论的并不是个别或某些集体成员的情感，而是被所有集体成员所共享的，成为集体整体属性的情感，比如集体的快乐、愤怒、悲伤等。

在阅读《教育诗》或《塔上旗》的过程中，读者不难体会到快乐是"高-捷集体"感情的主要基调。毫不夸张地说，整个集体的生活过程中是充满喜悦、乐事不断的：当高尔基工学团在初创时期完成了诸如保卫森林、占领大路这样的集体任务之后，集体是快乐的；当学童们历经了两年多的努力终于搬进了修缮一新的特烈普凯农庄时，集体是快乐的；当捷尔任斯基公社完成了一个又一个生产上的重大目标时，集体更是快乐而幸福的……不难发现，集体的快乐和个人的快乐一样，往往都是在自身的需要得到满足或者说预设的目的、前景被实现的时候出现的，并且越是困难、艰巨的任务，实现之后随之而来的快乐也就越强烈。以高尔基工学团为例，

---

① 〔苏〕马卡连柯. 马卡连柯教育文集：下卷[M]. 吴式颖，等，编. 北京：人民教育出版社，1985：107.

工学团历史上最为艰苦卓绝的任务——吞并库里亚日教养院完成之后（以新集体的第一次全体大会召开为标志），集体不仅一扫之前如履薄冰的紧张气氛，还在卡拉邦诺夫与女学童娜塔莎的带领下跳起了热烈的高巴克舞，进入了一种难得一见的狂欢气氛之中。①

相比集体生活中处处洋溢着的快乐气氛，集体的愤怒则相对少见，然而一旦出现往往就表现得异常激烈。比如我们前面在描述集体主动性特征时所提到的儿童们把沙陵赶走并且准备去城里"劫狱"的事件就充分展现了集体的愤怒的力量。实际上，不仅对于外部对象是这样，对于集体内部激起众人义愤的"害群之马"，大家的反应往往也是激烈的，甚至是冷酷无情的，比如捷尔任斯基公社就曾经在一次旅行中召开临时全体大会，当场开除了一名在船上打小同学的少年，把他一个人直接扔在当地的码头。又比如在高尔基工学团初创时期发生的"普里霍季柯事件"（见教育案例6）就让我们见识了集体的愤怒是一件多么可怕的事情。

集体也有忧愁和悲伤，虽然在"高-捷集体"中，这样的时刻并不多见，但"自古离别多伤悲"，"高-捷集体"中鲜有的几次集体的悲伤几乎都是由于离别引起的，其中最让集体伤心的莫过于第一批考上工农中学的骨干们的离开：

> 早餐之后，大家都换上清洁的衣服，花园里摆了筵席，旗队在我的办公室里把旗帜的套子脱下，鼓手们把鼓抵在肚子上。可是这一节日的征象也扑灭不了悲哀的火星；李陀奇卡②的一双蓝眼睛从早就哭得红红的；小丫头们赖在床上，公然地嚎啕大哭，叶卡吉林娜·葛里高利叶芙娜跑去劝也劝不住，因为她也未必能克制住自己的激动。孩子

---

① 见《教育诗》第三部第八章《高巴克舞》。
② 她同下一段的叶卡吉林娜都是教养院的女教师。

们变得严肃沉默，拉波季看起来好像是一个非常枯燥乏味的人，小家伙们好像电线上的麻雀似的，排成一条条异常整齐的直线，而且他们里面从没有过这许多患伤风的人①。他们规规矩矩地坐在凳子上和栏杆上，双手插在两腿中间，呆呆地望着远远高出他们平时的视野的东西：屋顶、树梢、天空等。②

离别之际表现出来的整个集体的悲伤充分展现了集体作为一个个人系统所具有的"人性"，也更让我们明白集体的感情是多么真实而有力量的存在。

（三）"高-捷集体"的目的性

在系统论中，目的性是一个较有歧义的概念，很容易与果决性、异因同果性等概念混淆。我们在这里讨论的是集体作为"个人系统"所具有的特征，因此我们所关注的目的性主要是指有意识的目的性——在行动之前对行动结果的预见，这也是只有人类才具有的目的性。正如马克思所言："最蹩脚的建筑师从一开始就比最灵巧的蜜蜂高明的地方，是他在用蜂蜡建筑蜂房以前，已经在自己的头脑中把它建成了。"③ 贝塔朗菲也认为："真正的有目的性是人类行为的特征，它同语言和概念等符号系统的进化密切地联系在一起。"④

在"高-捷集体"中，集体的有意识的目的性首先体现在集体生活中的各种计划上。以物质生产为例，捷尔任斯基公社会对每年的生产计划进行

---

① 指他们竭力忍住不哭，所以拼命地吸鼻子。——原注
② 〔苏〕马卡连柯．教育诗[M].磊然，译．北京：人民教育出版社，2011：333-334.
③ 马克思恩格斯文集：第五卷[M].中共中央马克思恩格斯列宁斯大林著作编译局，编译．北京：人民出版社，2009：208.
④ 〔美〕贝塔朗菲．一般系统论：基础、发展和应用[M].林康义，魏宏森，译．北京：清华大学出版社，1987：73-74.

设定，比如 1932 年的年度生产计划是 7 000 台费捷牌电钻机，1933 年则是 9 500 台电钻机和 2 000 个电钻机支架等。[①] 除了生产计划以外，集体对各种群体活动都会预先设定计划，比如外出旅行前会制定旅行计划，筹办夏令营前会制定夏令营的安排等。[②]

集体行为的目的性也意味着存在一些被集体成员共同接受的集体目标，这些目标既是集体的重要特征之一，也是形成集体的必要前提。一个真正的集体的形成往往就是以集体共同目标的存在开始的。马卡连柯曾说："我相信，如果一个集体没有目的，那就不会找到组织这一集体的方法。"[③] 随着集体的成熟和发展，集体的共同目标也必然不断地发生变化，新的目标会不断地取代旧的目标，成为引导集体前进的动力之源。在高尔基工学团的发展过程中，比较重要的集体目标包括：刚开始发展集体手工业和农业的生产力，翻修特烈普凯农庄以备搬迁，中期的改造库里亚日，后期准备收获第一束麦子，迎接高尔基的到来等。正是这些不断涌现又不断更新的目标，使得集体得以在完成这些目标的过程中保持自己的活性与战斗力，不断进化成为一个更好的集体。正如马卡连柯所言："集体的斗争，前进的志向，向明确的既定目标迈进，也许就是最主要的东西了。我感到很幸福，因为，在我们的集体面前总是明确地摆着困难的目标，集体向着这一目标前进。"[④] 马卡连柯著名的"前景教育"理论，正是建立在集体行动的"目的性"基础之上的。[⑤]

以上分别从一般系统、开放系统、生命系统和个人系统这四个层次梳理并分析了"高-捷集体"作为一个系统所具有的各种特征。如图 5-3 所示：

① 〔苏〕马卡连柯. 马卡连柯全集：第二卷[M]. 南致善，沈凤威，王子云，译. 北京：人民教育出版社，1957: 477-478.

② 〔苏〕马卡连柯. 马卡连柯全集：第七卷[M]. 陈世杰，邓步银，等，译. 北京：人民教育出版社，1959: 501-503.

③ 〔苏〕马卡连柯. 马卡连柯教育文集：下卷[M]. 吴式颖，等，编. 北京：人民教育出版社，1985: 22.

④ 同上：105.

⑤ 参见本书第六章第一节的内容。

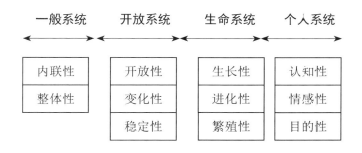

图 5-3 "高-捷集体"系统的层次特征

"工欲善其事，必先利其器。"集体教育是以集体为手段的教育，其效果自然取决于教育者培养出了怎样的集体以及这个集体具有怎样的教育力量。我国教育学者陈唯实曾指出："马卡连柯曾培养三千个调皮的儿童，其中很多是孤儿和没有家庭到处流浪的小孩。资产阶级教育专家在他面前简直渺小得不能比。"[①] 这一点固然是事实，然而将马卡连柯的成功完全归功于教育家个人的努力是不准确的——其中至少有一半是"高-捷集体"的功劳。

马卡连柯之所以能够在历史上取得令人瞩目的教育成就，关键在于他运用了"集体"这个以往被教育者忽视而实际上却异常强大的教育手段，而他培养并凭借的"高-捷集体"——正如我们在本章所看到的——是成熟、完善和强大的，无论在任何方面都堪称典范的集体。

当然，也必须指出，"高-捷集体"是在二十世纪二三十年代苏联社会这个大环境中生长的，它不是也不应该是"最好的集体"的唯一形态——在另一个社会环境中完全有可能生长出与"高-捷集体"截然不同却同样优秀的集体。尽管如此，我们也依然可以预料，优秀的集体往往相似，落后的集体却各有各的问题"——我们在本章所归纳的"高-捷集体"的特征，

---

① 转引自：何国华，燕国材. 马卡连柯教育思想研究[M]. 长沙：湖南教育出版社，1986: 261-262.

比如内联性、整体性、发展性、进化性等，也一定能在其他优秀的集体中找到。

那么，马卡连柯是怎样培养出这样一个"典范集体"的呢？集体形成后，马卡连柯又是怎样发挥集体的力量来教育个人的呢？在接下来的一章里，我们将阐述马卡连柯集体教育思想体系的主要内容。在学习这一体系的过程中，我们应当牢记：马卡连柯是在本章所描述的集体环境中生成、应用和发展这些思想的，因此他的许多观点都必须结合本章所介绍的"高-捷集体"的实际情况才能获得真正准确的理解。

第六章　马卡连柯集体教育思想述要

> 公社的教育方针概括地说来就是：建立合理的集体，建立集体对个人的合理的影响。①
>
> ——马卡连柯

本书第三章梳理了马卡连柯晚年作为职业作家的情况——在这期间，马卡连柯一方面作为教育作家发表了许多教育小说和教育论文，另一方面也经常在苏联各地进行教育讲演。在这些教育类作品和讲演中，马卡连柯并没有把关注点局限在集体教育问题上，而是尝试对当时各种教育问题都发表自己的看法，进而形成了一个内容庞杂的教育思想体系。对任何一个对马卡连柯感兴趣的读者来说，马卡连柯的思想显然具有很高的价值，正如胡守棻教授所言："马卡连柯教育思想的内容是丰富的，方法是多种多样的。"② 我国学者何国华与燕国材在撰写《马卡连柯教育思想研究》时采用了一种尽可能全面的梳理思路：先是分别介绍马卡连柯关于教育目的、德育、智育、体育、美育、技术教育等问题的思考；然后选取马卡连柯比较聚焦

---

① 〔苏〕马卡连柯.马卡连柯教育文集：上卷[M].吴式颖，等，编.北京：人民教育出版社，1985: 29.
② 胡守棻.正确评价马卡连柯的教育思想[J].教育研究丛刊，1979(01): 29-30.

的几个专题进行整理，包括集体教育、劳动教育、纪律教育、个性教育、教师和教师集体、家庭教育等；之后再展开分析马卡连柯的三条教育原则，即"在集体中通过集体和为了集体而进行教育""尊重与要求统一"和"集体运动"；最后对马卡连柯常用的一些教育方法展开论述。[①]

我们认为，在学习马卡连柯教育思想的过程中，尽可能全面地了解马卡连柯本人发表的对各种教育问题的看法固然是一种很好的选择，但这样也容易导致其中的重心和要点被淹没在庞杂的枝节观点里而变得模糊不清。要知道，集体教育并非马卡连柯关注的众多问题"之一"，而是贯穿马卡连柯整个教育思想与实践的一条主线——马卡连柯后期作为教育作家和文化名人对其他问题阐述的自己的思考并不能改变这一事实。

基于上述判断，我们可以将马卡连柯的全部教育思想分为两部分：一部分是以集体教育为核心并围绕其展开的，各部分彼此紧密关联的类似"主干"的思想体系；另一个部分则是与集体教育基本无关，难以充分体现马卡连柯独特思维方式的"旁支"（尽管这些思想的品质和价值依然很高），比如关于智育、美育以及家庭教育的观点。如果为了追求"不遗漏"而强行把这两个部分堆砌在一起，很容易受到"旁支"干扰反而看不清"主干"的真实样貌。除此之外，把集体教育"降格"到与其他内容平等的地位也容易使人抓不住马卡连柯教育思想的重点，更有可能使人忽略马卡连柯的许多教育观点同集体教育之间的千丝万缕的联系。

实际上，马卡连柯所采用的一些表面上看起来不属于集体教育的原则和方法，比如他所谈论的尊重、要求、奖励、惩罚、劳动、纪律、强制、演习、锻炼、前景、传统等概念，其实都是在集体的环境下以集体为背景实施的。换句话说，在马卡连柯教育思想的这个"星系"里，集体教育是位于中央的"恒星"，而其他很多原则和方法都是围绕集体教育运行的"行

---

① 何国华，燕国材. 马卡连柯教育思想研究[M]. 长沙：湖南教育出版社，1986.

星"甚至"卫星"。只有把握住了这一点，才算是真正把握住了马卡连柯教育思想体系的本质。

为此，本章主要试图帮助读者梳理马卡连柯教育思想的"主干"部分（包括与之紧密连接的各种枝丫），也就是"马卡连柯集体教育思想体系"。以何国华与燕国材概括的马卡连柯的三条教育原则为基础，结合笔者的观点，将其中的"集体运动原则"转换成另一种虽然马卡连柯本人没有明确说过却暗含在其教育观点中的表述——"自由与纪律相平衡"，并根据集体教育的逻辑思路重新对三个原则进行了排序，也就是：

原则一：自由与纪律相平衡。这是马卡连柯培养集体的基本思路。这条原则包括向前行进的"集体自由"与自觉严明的"集体纪律"两方面。

原则二：尊重与要求相结合。这是马卡连柯对待集体和个人的基本态度。这条原则包括对尊重和要求的理解、要求的发展阶段与内容以及主要基于该原则的惩罚与奖励技术。

原则三：个人与集体同时作用，即"平行教育影响"或"同时作用原则"。这是马卡连柯通过集体教育个人的基本方式，也可以理解为是集体教育的具体实现途径。

第一节　原则一：自由与纪律相平衡

自由与纪律相平衡是马卡连柯培养集体的基本思路，是马卡连柯教育思想中一个具有纲领性质的原则。这条原则里的"自由"指的是一种自发性、积极性、主动性，而"纪律"指的则是一种自我约束、自我克制、自我管理——两者之间形成张力并在理想情况下达至平衡，无论是对于个人还是集体来说都是如此。马卡连柯自己曾明确说过："我所坚持的一个主要的原则，就是找出一个中庸之道，也就是找出培养积极性和克制能力的尺度来。"① "养成了积极性和克制能力之间的分寸感，这也就等于解决了教育的问题。"② 对于个人而言（在个人层面，"纪律"具体表现为"自律"的概念），"从一岁的时候开始，就需要这样的教育：使孩子能够成为一个积极的人，能够有某种意图、某种要求，努力想达到某种目的；同时也需要这样进行教育：使孩子逐渐能够克制自己的那些已经成为有害的欲望或那些超过了该年龄所需要的程度的欲望"。③ 对于集体来说，"自由与纪律相平衡"意味着既要让集体的力量得到充分的释放，发挥出集体在教育过程中的能动性，同时也要保证集体内部高度的组织纪律性，使集体能够最大限度地控制自己的力量，以免集体力量的失控造成教育者不希望看到的结果。马卡连柯还曾批评当时苏联的某些学校"在教育工作方法中还有许多没有解决的问题。没有形成真正的学生的集体：在集体中还没有找出自由和纪律的和谐路线"。④

　　基于马卡连柯的上述论述，笔者总结出"自由与纪律相平衡"这条原则，并认为这是马卡连柯集体教育模式的核心原则之一。这条原则可以分为两个方面，且两者之间是对立统一的，而非相互割裂，即"向前行进的集体自由"和"自觉严明的集体纪律"。

一、向前行进的集体自由

　　集体的自由——正如个人的自由一样，不是绝对意义上的"想做什么就做什么"，那样只会导致所有的行动因为无节制地消耗能量而迅速走向溃败。真正有价值的自由首先意味着在自由地追寻某个目标过程中必须保持目标的基本稳定，而不是朝秦暮楚、左顾右盼。马卡连柯基于这一原理指

---

①②③〔苏〕马卡连柯.马卡连柯教育文集：下卷[M].吴式颖，等，编.北京：人民教育出版社，1985：219.
④ 同上：89.

　　　　　　　　　　　　　　　　　　　　　记住马卡连柯：集体教育的思想与实践

出：实现集体自由的正确方式是保持朝向前景目标的集体运动①。任何一个集体，只有在向前运动的过程中才能保持活力，而一旦集体长时间在一个地方原地踏步（不再有新目标），集体运动就会停滞，集体也就容易腐坏、变质甚至走向死亡。

（一）集体运动——不容停滞地向前行进

朝向前景的集体运动理论是马卡连柯在高尔基工学团时期经过了好几次集体危机之后所领悟出来的，其中比较重要的危机有两次。第一次就是前述1923年夏天儿童们近乎疯狂地到农民的地里面去偷瓜，那时整个集体生活呈现出一种倒退的迹象："我们的计划、有趣的书籍以及政治问题，在集体里开始被搁在一边，把中心地位让给了混乱的、没有价值的冒险，让给了关于这些冒险的没有尽止的谈话。这一切情形都在学童们的外表上和整个教养院的风格上反映了出来：行动自由散漫，喜欢说肮脏而浅薄的俏皮话，衣服随随便便地披在身上，角落里藏着污垢。"②虽然这次危机最终以驱逐带头的两名学生（米嘉庚和卡拉邦诺夫）为代价得以解决（见教育案例7），但是集体也因此付出了巨大的代价。

第二次是在1925年5月，当时高尔基工学团的一名学生（巧包特）因为失恋而上吊自杀（见教育案例13）。这件事给整个集体蒙上了一层阴影，也使马卡连柯意识到了集体内部潜藏的危险："一个可怕的危机非常鲜明地在我面前升了起来，我所视若珍宝的许多可贵的东西——由集体的五年的工作奇迹般地创造出来的那些活生生的、有生命的、可贵的东西——都面临着坠入万丈深渊的危险"。③巧包特的自杀虽然只是个别现象，却折射出

---

① 我们在这里保留了国内对这个可能主要是米定斯基提出的概念的主流译法，但笔者认为这个概念更准确的表达应当是"集体行进"。

② 〔苏〕马卡连柯. 教育诗[M]. 磊然，译. 北京：人民教育出版社，2011：166.

③ 同上：370.

集体已经渐渐失去了正确的方向，集体成员开始更多地关注自己的个人生活而不是集体的成败得失，这正是一个集体开始衰败的信号。正是在这次事件以后，马卡连柯对已经存在了近五年的集体进行了长久的反思，领悟出了集体运动的原理："我又把全体学童的力量考虑了一下，才恍然大悟问题的所在：是呀，我怎么会想了这么久才想明白呢！一切的毛病都是出于停滞。在集体生活中是不容许停滞的。我像孩子似的高兴起来：这是多么的美好啊！这是多么奇妙的耐人寻味的辩证法啊！一个自由的劳动集体是不能够老站在一个地方不动的。放之四海而皆准的普遍发展规律直到现在才显露出它真正的力量。一个自由的人类集体的生存的方式就是——向前行进，它的死亡的方式就是——停滞。"[1]

（二）集体运动的前景系统

那么，如何保持集体不断地向前运动呢？或者说，所谓"向前行进"何者为"前"？在马卡连柯看来，集体前进的方向不是任意选择的，甚至也不是由集体完全自由地决定的，而是教育者从社会立场——基于国家和社会对集体的要求——进行规范和引导的，也就是教育者应当为集体设定"前景"（有了前景，才能前进）。"前景"是马卡连柯集体教育思想中的一个非常重要的概念，它指的是摆在个人与集体面前的目标、任务和前途。为集体设定前景，就是要为集体安排一条前进和奋斗的路线，制定实现既定目标和任务的具体计划，为学生们描绘一个美好而光明的未来，用未来的希望激励集体不断向前行进。

马卡连柯指出："一个人向前瞩望的时候如果看不到一点快乐的远景，他在世上就活不下去。人类生活中真正的刺激剂是来自未来的快乐。"[2] 因此，"培养人，就是培养他对前途的希望。这个工作的方法就是建立新的前

---

[1] 〔苏〕马卡连柯. 教育诗[M]. 磊然，译. 北京：人民教育出版社，2011：371.
[2] 〔苏〕马卡连柯. 教育诗[M]. 磊然，译. 北京：人民教育出版社，1957：739.

途，运用已有的前途，逐渐代之以更有价值的前途"。① 对于一个集体来说也是如此，"向集体指出它前面的任何快乐，即使是很小的快乐，都能使集体变得更巩固、更和睦、更富有朝气"。② 马卡连柯在回顾"高-捷集体"发展历程时曾说："集体的斗争，前进的志向，向明确的既定目标迈进，也许就是最主要的东西了。我感到很幸福，因为，在我们的集体面前总是明确地摆着困难的目标，集体向着这一目标前进。"③

马卡连柯认为，为个人和集体设定前景需要遵循以下四个原则：

第一，前景的设定必须要有现实性。前景能对集体产生巨大激励力量的前提之一就是前景在很大程度上是可以实现的。教育者在为集体设定前景时必须非常谨慎，必须对前景的现实性和可能性有明确的把握，绝对不能使前景设定变成"画饼充饥""望梅止渴"，如果教育者总是给学生设定虽有吸引力但却总是无法实现的前景，那么前景的教育价值也将不复存在。马卡连柯告诫我们："不言而喻，只有你真正关心集体，只有你确实努力使集体的生活更快乐，只有你不欺骗集体，从不向它指出过后不能实现的令人神往的前途，只有在这些情况下，前景路线的教育才会是有效的。"④

第二，前景的设定必须遵循个人前景与集体前景相结合的原则。只有这样的前景才能真正激发集体向前行进的动力，使集体不至陷入每个成员只关注自己个人发展的危险中去。马卡连柯指出："我们在指示前途方面所做的工作，就是我们永远应当培养集体的意向，而不只是个人的意向。如果一个人关心集体的前途胜过关心个人的前途，那么他已经是苏维埃式的人了。最后，我们的任务还在于使个人的前途和集体的前途互相协调，使我们的学生不致感觉两者之间有什么矛盾。"⑤

① 〔苏〕马卡连柯. 马卡连柯教育文集：上卷[M]. 吴式颖，等，编. 北京：人民教育出版社，1985：313.
②④ 同上：316-317.
③ 〔苏〕马卡连柯. 马卡连柯教育文集：下卷[M]. 吴式颖，等，编. 北京：人民教育出版社，1985：105.
⑤ 〔苏〕马卡连柯. 马卡连柯教育文集：上卷[M]. 吴式颖，等，编. 北京：人民教育出版社，1985：314.

第三，前景的设定要有递进性，要从当下的、比较容易满足的、以个人意义为主的前景渐渐过渡到长远的、需要艰苦努力的、充满社会意义的前景——前景所指示的明日的快乐"应当坚持不懈地使比较简单的快乐转变为比较复杂和对人类有意义的快乐……先从好的午餐和看马戏来着手也是可以的，但应当永远热爱生活，逐渐扩大整个集体的前途，把它们归结到全苏联的前途上"。①

第四，前景的设定要有层次性。对于一个比较成熟的集体而言，激励这个集体向前行进的前景在层次上一定是丰富的。马卡连柯按照由近及远、由简单到复杂、由具体到抽象的一般原则将前景划分为近景、中景和远景。

1. 近景

近景就是对学生来说立刻就可以着手去做并且很快可以得到回报和满足的前景。近景的设定给儿童当下的活动提供即时的指南，为他们安排今明几天的生活提供动力。马卡连柯认为，越是年幼的儿童越是需要近景的刺激："在那些还没有能力安排自己未来长远的意向和兴趣的儿童集体中，应当使儿童看到明天一定要比今天更好些。年龄愈大，必须实现的乐观的近景的境界就往后推得愈远。"②近景的建立必须先从个人需求的满足入手，并且首先应该先满足个人生活最基本的低级需求，比如温暖的住宅、干净的床铺、可口的食物、不受大孩子欺负等都是能够让儿童感到安全的最基本近景。在个人的基本需要得到满足后，应当尽快提高近景的层次，尤其要注意不能只为儿童设立那些仅仅以舒适惬意为回报的近景，"哪怕在这惬意中存在着有益的因素，我们用这样的方法会养成儿童一种完全不能容许的享乐主义的习惯"。③在为集体设立近景时，教育者要注意尽可能用比较高级、包含着某种精神享受的近景代替那些比较低级的、纯粹建立

①②〔苏〕马卡连柯. 马卡连柯教育文集：上卷[M]. 吴式颖，等，编. 北京：人民教育出版社，1985：313.
③ 同上：315.

在个人惬意和舒适之上的近景。马卡连柯指出，为儿童建立近景是一件相当考验教师教育智慧的工作，"有时必须向集体提出艰难的、值得去完成的任务，而有时必须给他们最简单的孩子们的满足：下星期午餐将有一份冰淇淋"。①

2. 中景

中景是需要经过较长的时间并且付出更大的努力才可以实现的中期目标。中景的设立可以给每天枯燥乏味的学习和工作赋予意义，使学生们感到自己每天的努力都在接近某个值得期待的快乐的日子，这能在很大程度上对学生起到激励作用。中景的设定可以遵循"少而丰富"的原则，即中景不宜太多，但同时要设置许多近景为其做准备，并且要为这些近景确立各种不同的主题，比如工作报告、接待来宾、奖励、新房落成等，使中景呈现出一派丰富活泼、多姿多彩的面貌，使儿童总是能够在不远的未来看到一些令人向往的快乐事件的发生，这样中景的价值也就得到了体现。在"高-捷集体"中，每年暑期的夏令营或集体旅行就是很好的中景。

3. 远景

远景就是需要最长的时间来实现，同时也是最抽象和最崇高的远期目标，甚至可以称之为理想。同近景和中景一样，远景也有个人远景与集体远景之分，设立远景的首要原则就是要让学生将自己的个人远景和集体、国家的远景紧密地结合起来，使学生感到自己的命运是和集体的命运乃至整个民族和国家的命运紧紧联系在一起的，使他们"不仅要认识到这种未来，不仅要谈论它和诵读它，而且要以全部的感情来体验我们国家的进步，体验它的工作和成就……学会把自己个人的生活看作是我们现在和未来社会的一部分"。②

马卡连柯对于脱离集体远景设立个人远景的做法非常反感，他认为对

---

① 〔苏〕马卡连柯. 马卡连柯教育文集：上卷[M]. 吴式颖，等，编. 北京：人民教育出版社，1985: 317.
② 同上：319.

于个人来说，"假如他只以个人的远景，纵然是伟大的远景为满足，他这个人可能显得很强有力，但他却不能使我们感到人格的美和人格真正的价值。如果集体的成员把集体的远景看作个人的远景，集体愈大，个人也就愈是美，愈是高尚"。[①]

二、自觉严明的集体纪律

马卡连柯有关纪律的论述极其丰富，为了理解纪律在集体教育中所起的作用以及如何培养集体中的纪律，我们必须先对纪律的概念有一个简单的澄清。《伦理学大辞典》中将"纪律"解释为：一定社会或集体组织要求其成员必须共同遵守并赋有组织强制力的行为规范。[②]在日常生活中，人们一般也是将"纪律"作为行为规范的另一种称呼来使用的。然而在政治和教育领域中，"纪律"一词很多时候不仅仅指某个群体的行为规范，还用来指群体成员遵守该行为规范的品质，即纪律性。马卡连柯在许多场合里所说的"纪律"，其实指的都是"纪律性"，比如"纪律是一个有组织的社会的特征"[③]"纪律是个人行动中克己原则的表现"[④]等。只有确认了这一点，马卡连柯关于纪律的许多观点才能得到正确的理解。[⑤]当然，"纪律"不仅仅可以指个人的纪律性，还可以指整个集体（作为一种集体作风）的纪律性，对此马卡连柯曾说过："纪律是集体的面貌、集体的声音、集体的美妙、集体的活动、集体的姿态和集体的信念。集体中的一切，归总起来，都摆脱不了纪律的形式。"[⑥]

---

① 〔苏〕马卡连柯. 教育诗[M]. 磊然，译. 北京：人民教育出版社，2011：558-559.
② 朱贻庭，主编. 伦理学大辞典[M]. 上海：上海辞书出版社，2011：48.
③ 〔苏〕马卡连柯. 马卡连柯全集：第七卷[M]. 陈世杰，邓步银，等，译. 北京：人民教育出版社，1959：421.
④ 同上：422.
⑤ 在"高-捷集体"中，第一种纪律有时候以另一个名词来指称，即"生活制度"。我们接下来在行文时会区分纪律（规范）和纪律性（倾向于遵守规范的心理特征），但保留相关原文.
⑥ 〔苏〕马卡连柯. 马卡连柯教育文集：上卷[M]. 吴式颖，等，编. 北京：人民教育出版社，1985：143.

（一）马卡连柯的纪律观

马卡连柯非常强调纪律性作为一种道德品质的价值，并将其提升到了教育目标的高度："在我们的社会里，没有纪律性，不守纪律的人就是反对社会的人，我们看待这样的人，不仅要从表面的技术上便利的观点出发，而且也从政治和道德的观点来看待他。"[①]

那么，什么样的人才算是有纪律性的人呢？马卡连柯的回答是："只有在任何情形下总是善于选择最有利于社会的正确行为，并且不管任何的困难和阻碍、始终坚持这种行为的人，我们才有权利称为守纪律的人。"[②]他还补充说："我们要求苏维埃公民不仅知道为什么需要完成这个命令，而且要求他们本身积极地尽可能好地努力完成这个命令。这还不够。我们要求我们的公民在自己生活的每一分钟里，不等待指示和命令就准备完成自己的任务，要求他们具有主动的和创造的意志。"[③]马卡连柯认为，为了培养具有上述纪律性（品质）的共产主义新人，教育者首先必须对纪律在集体教育中的性质持有正确的观念，这种观念包括两方面：其一，纪律性首先是教育的结果，然后才能成为一种手段；其二，集体的纪律性应当是自觉性和严明性的统一。

1. 纪律性是教育的结果

马卡连柯认为，纪律性应当首先被看作是教育的结果、目的（培养有纪律性的人）而非一种手段、方法（为了维持秩序而提出守纪律的要求）。马卡连柯在许多不同的场合都强调过这一观点，他一针见血地指出："人们时常把纪律理解为纯粹表面的秩序或表面的手段。这时一种只有在教育机关中才会犯的最有害的错误。这样地理解纪律，纪律便永远只是压制的方式，永远会引起儿童集体的反抗，并且除了反抗和希望摆脱纪律的束缚之外，

---

① 〔苏〕马卡连柯. 马卡连柯教育文集：下卷[M]. 吴式颖，等，编. 北京：人民教育出版社，1985：33.
② 同上：149.
③ 同上：148.

什么也培养不出来。不应把纪律仅仅看成教育的手段。"① 在他看来，"纪律不是由某种个别的'惩戒'方法造成的，而是由整个的教育体系、整个的生活环境和儿童所受的一切影响造成的。这样理解纪律，纪律就不是正确的教育的原因、方法或手段，而是它的结果。真正的纪律就是教育者克尽全力，并在自己掌握的一切方法的帮助下所追求的良好结果"。②

在马卡连柯逝世之前，他对自己的这个观点有所修正，承认纪律也可以是一种手段，但依然主张纪律作为教育结果的性质是其最主要的特征："我是把纪律理解为教育的结果，因此培养纪律的基本方法是整个的教育过程。纪律首先并不是教育的手段，而是教育的结果，以后才能成为一种手段。"③

马卡连柯的上述观点需要从三方面加以注意：第一，无论是强调"纪律是教育的结果"还是承认"纪律可以成为一种手段"，马卡连柯谈的都是作为一种心理品质的"纪律性"；第二，马卡连柯主要担心的是如果"仅仅把纪律当成手段"，教育者很可能就会满足于简单粗暴的纪律教育（"不管用什么方法，只要让学生遵守纪律就行"）；第三，正因为纪律性本身是教育目的的一部分，那么它就应当被视为整个教育过程的产物，而不是通过单一的训练和强制就能培养出来的。"纪律是教育过程的结果，首先是学生集体表现在一切生活领域——生产、日常生活、学校、文化等领域——中的努力的结果。"④

2. 纪律性是自觉性与严明性的统一

马卡连柯与克鲁普斯卡娅一样，继承了马克思列宁主义关于自觉纪律的论述，并且进一步指出："我们的纪律永远应该是自觉的纪律。"⑤ 然而，这种自觉性并不是表面上"立即反应"的自觉（训练有素的奴隶也有这种

---

① ④〔苏〕马卡连柯. 马卡连柯教育文集：上卷[M]. 吴式颖，等，编. 北京：人民教育出版社，1985：277.
②〔苏〕马卡连柯. 马卡连柯教育文集：下卷[M]. 吴式颖，等，编. 北京：人民教育出版社，1985：149.
③〔苏〕马卡连柯. 马卡连柯教育文集：上卷[M]. 吴式颖，等，编. 北京：人民教育出版社，1985：220.
⑤〔苏〕马卡连柯. 马卡连柯教育文集：下卷[M]. 吴式颖，等，编. 北京：人民教育出版社，1985：33.

"自觉"），而是一种深刻的、内在的、清醒的自觉，是一种对纪律的内容和性质有深刻体认的自觉，"我们的纪律不同于旧的纪律，它是道德的和政治的现象，应当伴随着自觉，也就是说，要充分认识什么是纪律，为什么需要纪律"。[①]

与此同时，马卡连柯还告诉我们，仅有自觉性的纪律是远远不够的，片面地强调纪律的自觉性往往会导致"自觉"演变成"自流"或"自发"，导致教育者对儿童不管不顾，而指望儿童仅靠自己就能形成成熟的纪律性。在当时的苏联，有一种流行的"自由教育论"对纪律就持这样的观点，在《教育诗》中，马卡连柯对这种观点进行了严厉的批判：

> 关于纪律的问题，也是议论纷纷。他们在这个问题上所持的理论根据是我们在列宁的著述中常遇到的几个字："自觉的纪律"。在每一个头脑健全的人看来，这几个字包含着一个简单的、可以理解的、在实际上十分需要的意义：要有纪律就必须同时了解纪律的必要，了解它的益处、它是必须遵守的以及它的阶级意义等。可是到了教育理论里，它的意思就走了样：纪律应该不是从社会经验里，不是从同志之间集体的实际的行动里，而是应该从纯粹的自觉、从纯理智的信念、从灵魂里、从思想里面生长起来的。后来这些理论家更向前跨了一步，决定如果"自觉的纪律"是由于大人的影响产生的，那么它就毫无用处。这已经不成其为真正的自觉的纪律，这是临时训练出来搪塞一下的，实质上，是强奸了别人的灵魂。需要的不是自觉的纪律，而是"自我纪律"。同样，任何一种将孩子组织起来的方式都是不需要的、危险的，然而"自我组织"却是必需的。[②]

---

① 〔苏〕马卡连柯. 马卡连柯教育文集：下卷[M]. 吴式颖，等，编. 北京：人民教育出版社，1985：34.
② 〔苏〕马卡连柯. 教育诗[M]. 磊然，译. 北京：人民教育出版社，2011：549.

除了容易陷入放任自流的"自由教育论"之外，单纯基于自觉性的纪律在执行过程中也容易导致争论，因为"自觉"意味着不仅仅知道"要做什么"，还要知道"为什么要这样做"，而这在现实中将导致集体内的每一个命令都需要伴随着大量的解释和说服工作，并且由于个人看问题的角度和观点不同，对于命令的必要性经常会产生争论，从而极大地降低集体的运行效率。

　　因此，除了自觉性以外，真正的纪律还必须保证一定的严明性[①]。所谓严明性指的是集体的纪律具有非常明确的、严苛的外部形式，这种形式是"非常严格的、似乎达到机械程度的规定"，集体中的每个成员都对集体纪律的具体内容有着一致的、清晰的、精确的认识，并且在执行纪律的时候不存在任何拖延、争辩或是拒绝，"没有任何借口"。

　　马卡连柯认为，真正的纪律性应该是自觉性和严明性的和谐统一。"只依靠自觉的纪律，往往成为理性的纪律。它会改变任何集体的准则，而最后往往就是一连串的纷争、问题和强制。但从另一方面说，建立在机械标准、教条和命令基础之上的纪律，又往往会造成对一个首长盲目服从、机械地唯命是从的那种倾向。这都不是我们的纪律。我们的纪律是充分的自觉性、明确性、大家对于应当怎样行动的充分理解同清楚的十分明确的外部形式的结合。这种外部形式不能有纷争，不能有意见分歧、敌对、拖延和说闲话的那些现象。这是纪律上的两种概念的和谐。这是最难办到的一件事情。"[②]

（二）集体中的纪律教育

　　由于纪律是整个教育过程的结果，纪律教育的方法必然是丰富的、全面

---

① 这个概念是笔者基于对马卡连柯纪律观点（所谓"十分明确的外部形式"）的理解创制出来的，马卡连柯本人并没有使用过类似的表达。
②〔苏〕马卡连柯.马卡连柯教育文集：上卷[M].吴式颖，等，编.北京：人民教育出版社，1985：142.

的、综合的而不是单一的、片面的、教条的——"纪律是教育作用的全部总和的产物"。① 不过既然集体教育追求的那种真正的纪律性可以表述为自觉性和严明性的和谐统一，那么集体中的纪律教育也可以大致上从自觉性与严明性的培养这两个方面来进行。

1. 自觉性的培养

如前所述，纪律的自觉性源于儿童对于什么是纪律以及为什么需要纪律等问题有充分的认识。因此，培养自觉性最主要的手段就是对学生进行道德理论的直接教育，同学生就具体的道德主题展开讨论，这是由新社会中纪律与道德的不可分割的联系所决定的。在当时的苏联学校，并没有一门以道德理论为内容的正规课程，然而马卡连柯根据自己的经验认为，道德课的存在是很有意义的："我在自己的实践中，深深体会到阐述道德理论对我们是很必要的。"② 马卡连柯自己拟定了一个简单的有关道德理论的教学大纲，并在集体生活过程中利用各种机会，包括在全体大会上向整个集体讲述。"在用这样的道德题目作过唯一的一次谈话以后，我的集体在个别情况和个别问题上是如何迅速地、愉快地健全活跃起来了。许多次的谈话，许多次连续性的谈话，在我的集体里，立刻形成了很健康的哲学观点。"③

很明显，在集体中通过经常与儿童谈论道德理论，可以在认知层面上使儿童充分理解什么是纪律以及为什么需要纪律，而对于纪律的正确理解正是纪律的自觉性得以形成的前提——"只有在这种一般的理论化的情形下，纪律才能成为自觉的纪律"。④ 马卡连柯提出了五条有关纪律的基本观点，并且认为只有集体成员普遍理解并接受了这些观点，纪律的自觉性才有可能得到保障。这里我们需要注意的是：马卡连柯所主张的道德理论教育并

---

① 〔苏〕马卡连柯. 马卡连柯教育文集：下卷[M]. 吴式颖，等，编. 北京：人民教育出版社，1985：33.
② 同上：34.
③ 同上：35.
④ 同上：46.

不是对学生进行简单的道德灌输和道德说教，而是建立在集体生活经验之上的一种对道德现实的思考与总结——离开了集体的共同生活，那么儿童对于这些道德观点的理解将是不可想象的。这些观点包括：（1）纪律的存在是集体实现自身目的的最基本的保障；（2）纪律的存在能够保护集体中每一个人的自由，或者换句话说——没有纪律就没有自由；（3）集体利益高于个人利益（这条观点其实就是集体主义道德原则，是在纪律教育过程中渗透的集体主义教育）；（4）纪律能够美化集体（引导儿童意识到纪律之美，或者说纪律性强的集体之美）；（5）纪律性更多地体现在一个人做自己不喜欢的事情上。

马卡连柯认为，在一个有着充分的共同生活经验的集体中，如果教育者通过正确的、有计划的道德谈话、道德讨论的方式，引导受教育者——基于对他自己所经历的集体生活的方方面面的思考——理解并接受了以上这些有关纪律的观点，那么"自觉的纪律"就可以说有了一个坚实的基础。

2. 严明性的培养

如果说，培养自觉性的关键在于要让儿童在认知上理解什么是纪律以及为什么需要纪律，那么培养严明性的关键则在于要使儿童感受到集体纪律的威信。必须使纪律在儿童看来是强大的、有力的甚至是神圣的，是高于集体中每一个人的存在，是必须被无条件地不折不扣地执行的铁一般的、严格的、坚强的。如果说自觉性的培养主要通过促进儿童对道德理论的内心体认、领悟来实现，那么严明性的培养则需要从外部的、形式的方面加以影响和锻炼。马卡连柯培养严明性的常用手段包括榜样示范、强制命令、制度建设、权责委任、演习锻炼以及集体舆论等。

（1）榜样示范

马卡连柯认为："遵守纪律的风气的培养，只有领导者本身在这方面以身作则才能收到成效。例如集体排着队或分组步行到某地去，而教育机关的首长或教师却坐马车或汽车，那么可以预言，任何特殊的遵守纪律的风气都养不成。"① 又比如开会的时候，教师必须尽可能比所有学生都来得早。马卡连柯认为，学校的领导者在工作的任何细节方面都必须显得比任何一个学生都更有纪律性，只有这样才能在集体中树立起纪律的威信，才能让学生感觉到，集体的纪律是比集体中任何成员包括领导者在内都更强大、更崇高也更有力的存在。

除了领导者的以身作则以外，马卡连柯也有一个非常好的教师集体，正如他自己所说："如果没有教师集体的话，是不是可以培养出集体——或者最低限度培养出一个儿童集体呢？对这一点，我过去和现在一直不能想象。"②

在培养集体纪律的过程中，教师集体的榜样作用也是不可忽视的，在"高-捷集体"中就曾发生过这样一件事。远足时，一件工作出了差错，马卡连柯非常生气，他问："谁是值日？坐五个钟头禁闭！""是，五个钟头禁闭。"大家循声望去，发现答应的人是教师伊凡·彼得罗维奇。彼得罗维奇是工学团的体育老师，原先是一名退伍军人，在《教育诗》中，马卡连柯曾赞美他是一个"真正的人"："我们需要的东西，恰好他都具备：年轻、举止优美、超人的刻苦耐劳的精神、态度严肃、朝气勃勃，而我们不需要的东西他都没有：没有一丝一毫的教育理论上的成见，对待学童们没有一点的做作，没有一点为自己家庭的自私自利的打算。"③ 彼得罗维奇从人群中走出来，拿下了值日臂带，向别人交代了值日工作，走到马卡连柯的办公室里，说："我来坐禁闭。"然后他就在马卡连柯的办公室里坐了 5 个小时的禁闭。当他走出去的时候，"孩子们哈哈大笑，把他举起来欢呼。为什么？为了坐禁闭而没有争论。"④ "要是换一个人的话，一开始就会说这样的

① 〔苏〕马卡连柯. 马卡连柯教育文集：上卷[M]. 吴式颖，等，编. 北京：人民教育出版社，1985：280.
② 同上：106.
③ 〔苏〕马卡连柯. 教育诗[M]. 磊然，译. 北京：人民教育出版社，1957：286.
④ 〔苏〕马卡连柯. 马卡连柯教育文集：下卷[M]. 吴式颖，等，编. 北京：人民教育出版社，1985：284.

话：'为什么要这样做，把我这个当教师的关起来，无论如何不行。我的威信扫地了。'"[1] 只有像彼得罗维奇这样真正以身作则遵守集体纪律的教师，才能获得学生们的尊敬，也只有在这样的教师集体的帮助下，集体才有可能做到真正的纪律严明。

（2）强制命令

马卡连柯非常肯定也十分强调集体自治的重要性，并且经过长时间的摸索在"高-捷集体"建立起了一套复杂的集体议事和自治规则。然而，马卡连柯并不完全否定强制命令，而是认识到在许多情况下强制都是必要的，尤其是在集体刚刚建立，学生的自治意识比较薄弱的时候。"我认为：在集体和集体机构没有成立之前，在传统没有形成，最起码的劳动习惯和生活习惯没有养成之前，教师可以有权采用强迫的方法，而且也不应该不采用。"[2]

为了使集体纪律不仅仅建立在自觉的基础上，不至于陷入"自由教育"的陷阱，对儿童提出带有强制性的命令也是保证集体纪律严明的重要条件。马卡连柯认为："学校从开学第一天起，就应当向学生提出苏维埃社会的那种坚定不移的、无可置辩的要求，就应当教学生懂得行为规范，教他们知道什么可以做，什么不可以做；什么该受奖励，什么要受惩罚。"[3] 对于一些明显的违纪现象，集体的组织者可以将学生集合起来，直接告诉他们不希望再看到这样的情况发生，"不需要任何的证明，不需要任何的理论！"[4]

"强制命令"背后的支撑力量其实是教师的威信——"威信本身的意义在于它不要求任何的论证，在于它是一种不可怀疑的长者的尊严、他的力量和价值。可以说，这种力量和价值在天真的儿童眼里也是一清二楚的。"[5]

① 〔苏〕马卡连柯. 马卡连柯教育文集：下卷[M]. 吴式颖，等，编. 北京：人民教育出版社，1985：284.
② 〔苏〕马卡连柯. 教育诗[M]. 磊然，译. 北京：人民教育出版社，1957：159.
③ 〔苏〕马卡连柯. 马卡连柯教育文集：上卷[M]. 吴式颖，等，编. 北京：人民教育出版社，1985：92.
④ 〔苏〕马卡连柯. 马卡连柯教育文集：下卷[M]. 吴式颖，等，编. 北京：人民教育出版社，1985：50.
⑤ 同上：139.

教师的威信存在多种不同的来源：在集体刚开始建立的时候，支撑教师威信的主要是教师的人格力量，比如"一记耳光事件"（见教育案例1）就是如此。随着集体生活的开展，教师威信的来源渐渐过渡到以教师的责任感为主，比如前面提到的"彼得罗维奇甘愿坐禁闭"的背后就隐藏着这样的逻辑——"如果校长当众谴责教师，一点不是耻辱。即使教师认为他不是完全有过失，既然校长当众谴责他，他就应当利用这次谴责来提高自己的威信。他应当说：'对，是我错了。应该受处分，因为我要对自己的工作负责。你们也应该对自己的工作负责，我要求你们做到这一点。'"。①

除了责任感之外，教师在领导学生的过程中体现出的工作能力也有助于树立教师的威信。马卡连柯指出，教师的工作能力与教师的威信之间有一种不可分割的联系："你可以对他们极端冷淡，可以对他们苛刻到吹毛求疵的地步；如果他们老是寸步不离地跟着你，你可以不理他们，甚至对他们的爱戴也可以表示冷淡，但是假如你的工作、学问和成就都非常出色，那你尽管放心：他们全会站在你这一边，绝不会背弃你。"②当然，这种基于教师能力的威信只能是在教师责任感之外的一种补充，因为任何人都不可能完全正确、事事成功，总是会有出错和失败的时候，学生们关注的并不是教师是否会犯错和失败，而是教师在犯错和失败之后是不是能够承担起相应的责任。如果一个教师的高超能力能够以责任感作为基础，那么可以想见这位教师在学生心目中一定会享有很高的威信。

当集体发展到一定的成熟阶段之后，集体舆论对于儿童的影响越来越大，也越来越成为集体纪律强制性的主要来源，教师则渐渐退居二线，这也是从一种家长式的集体管理向真正的集体自治进行过渡的必然要求。这时，教师的威信也渐渐地加入一种集体的性质。对于马卡连柯而言，在集体的鼎盛时期，作为集体领导者的他可以轻而易举地利用集体的力量对任

---

① 〔苏〕马卡连柯. 马卡连柯教育文集：下卷[M]. 吴式颖，等，编. 北京：人民教育出版社，1985：284.
② 〔苏〕马卡连柯. 教育诗[M]. 磊然，译. 北京：人民教育出版社，1957：259.

何一个社员进行强制命令（前提是正确的和必要的命令）。尤其是在有儿童触犯集体纪律的时候，马卡连柯只需要威胁说要将这个问题提交到全体大会就足以威慑犯错的社员。这是因为：把问题提交到全体大会意味着该社员要"站到中间去"，意味着面对整个集体让同伴们来评价和教育自己，而这是每个社员都希望尽力避免的情况。可以说，在这个阶段，集体自身已经接过了教师手中的接力棒，成了集体纪律强制性的最主要也是最强大的来源。

（3）制度建设

马卡连柯将集体中具体的制度、规范称为生活制度，这种生活制度是"协助教育的一种固定的手段和方法"。[①]"生活制度和纪律是不同的，纪律永远是整个教育过程的结果，而生活制度首先是一种手段，集体用这种手段来组织行动的外在的形式，让每个学生用内在的内容来充实这些形式。"[②]集体中生活制度的存在首先是为了保证集体生活的正常进行，与此同时，如果能够按照一定的原则搞好集体内的制度建设，也有利于从外部形式上协助培养集体纪律的严明性，这些原则包括：

第一，制度的设立必须符合目的性。任何一条制度都必须建立在儿童可以理解的某个有利于集体生活的目的的基础之上，这样的制度才是有意义的，比如每天的打扫卫生制度就必须让大家明白保持清洁的重要性。而没有明确目的的制度则要尽可能避免："例如领导人如果要求每天数人一伍或二人一伍列队走入食堂，而没有人懂得为什么要这样做，那么这种形式主义的制度就是有害的。"[③]为了保持这种目的性，就要求制度不仅仅在执行的时候需要有监督，并且在制定时要有审查（立法监督），"一切生活制度的形式应当在全体大会上讨论，但是通过以后，除非由全体大会重新审查，任何讨论和反对都是不容许的"。[④]

---

① 〔苏〕马卡连柯.马卡连柯教育文集：下卷[M].吴式颖，等，编.北京：人民教育出版社，1985: 32.
②③④〔苏〕马卡连柯.马卡连柯教育文集：上卷[M].吴式颖，等，编.北京：人民教育出版社，1985: 281.

第二，制度的执行必须保持精确性。"一切生活的规则和程序，在时间和地点方面不应当容许有任何的例外和姑息"[1]比如说好七点十分吃早饭，那么就不应该任意推迟或提前。在"高-捷集体"中，有些时候由于厨师或者号手的疏忽，早饭开晚了，但是如果延长早饭的时间，就会破坏接下来工作和学习的时间安排，因此在这种情况下工作号依然会被准时吹响。马卡连柯曾表示："我知道得很清楚，我这样做会使他们吃不上早饭，我也清楚地知道，这对于身体是很不好的，对其他方面也是很不好的。但是，虽然如此，我还是从来也没有迟疑过。"[2]马卡连柯认为，这种对制度细节的近乎苛刻的规定对于集体纪律的严明性的培养非常有利，因此，如果出于某些特殊原因必须要调整（即使是非常轻微的）某项制度，必须得到马卡连柯的书面批准。

第三，制度的遵守必须体现共同性。换言之，任何制度对于集体中的任何人都是一视同仁的，不能因为某些人承担了某项特殊任务而有破坏制度的特权。如果在特殊情况下的确有例外的需要，这种例外也必须遵循目的性的原则并且通过一定的议程获得批准。马卡连柯认为，制度的共同性是维持集体纪律的严明性的重要保证，对制度的共同性的破坏一方面容易形成特权阶层，另一方面则会极大地损害集体的威信。"共同性规则的破坏，经常导致在教育机关里形成一群特殊人物，他们一般说来是不必遵守制度的。这群特殊人物通常是一些年长的学生、工作队长、分队长、会议的成员，他们博得首长的好感，得以不受制度的约束。"[3]

第四，制度的表述必须具备明确性。任何具体的制度规范都必须非常明确，必须详细地规定谁在什么时间什么地点要做什么或者不做什么，不能有任何含糊不清或是模棱两可。马卡连柯指出："如果纪律没有精确

---

①③〔苏〕马卡连柯.马卡连柯教育文集：上卷[M].吴式颖，等，编.北京：人民教育出版社，1985：281-282.
②〔苏〕马卡连柯.马卡连柯教育文集：下卷[M].吴式颖，等，编.北京：人民教育出版社，1985：44.

第六章　马卡连柯集体教育思想述要　　　　　　　　　　　　　　　　　　　267

的规则和分明的责任做基础，并且不去规定这些规则和责任，那么，这种制度是不能保持下去的。"[1] 在"高-捷集体"里，生活制度是非常明确的：谁应该早起，谁应该打扫卫生，谁应该分发日用品，谁有权决定加班，谁负责吹号和打铃，谁可以迟进食堂几分钟，谁应该向谁报告学生的违纪行为等都有明确的和严格的规定。在外出旅行时，临时制度甚至详尽到某个儿童在某个地标处要将提着的手风琴交给另一个儿童。正因为有如此详细而明确的制度，才能避免集体成员在遵守制度时产生纷争或自行其是，从而进一步维护集体纪律的严明性。此外，制度的明确表述还有利于建立集体内部清晰的权责关系，这也是确保集体"纪律严明"的另一个重要条件。

（4）权责委任

在"高-捷集体"中，纪律的严明性能得到保证，其中一个很重要的原因是，集体内有复杂的却非常清晰的权责关系，每个小队、每个个人都很明确自己承担的任务以及自己要对该任务负全部责任这一事实。马卡连柯本人也将集体内部的权责管理作为他最重要的工作之一。"我在自己从事苏维埃教育工作的十六年中，把主要的力量都用在解决集体和集体机构的建立、解决权能的制度和责任的制度等问题上了。"[2]

权责的明确首先体现在集体内各部分的明确分工和独立工作上，无论是固定分队、混合分队、班级还是活动小组，每个部门都有自己固定的工作内容和相应的权力。在生产劳动中分队组织起作用，在学校学习中则是班级组织起作用（参见本书第五章第一节关于"高-捷集体"结构的介绍），绝对不会发生权责上的混淆或重叠。如果集体要对某分队或小组指派任何额外的工作，必须用口头或书面的方式非常正式地当众（主要是在全体大会或队长会议上）委任，并且设定完成目标的期限和标准。

① 〔苏〕马卡连柯. 马卡连柯教育文集：上卷[M]. 吴式颖，等，编. 北京：人民教育出版社，1985：281—282.
② 同上：106.

在该工作完成后，承担工作的基层集体需要向集体汇报工作的结果和过程中的纪律情况。为了使每个职能部门都能很好地完成自己的工作，集体会赋予职能部门完成自身工作所需要的一切权力，有时候这权力可以很大，比如值日队长和值日卫生委员的命令就"应当无条件地毫无异议地执行"。①

需要注意的是，集体所赋予的权力并不是属于某个特别的人或特别的分队，而是完全为所要完成的任务服务的——如果任务已经完成，那么权力也就不复存在。担任值日队长的儿童只有在值日当天并且佩戴上了象征值日队长权力的红色臂章时，才能行使值日队长的全部权力，当他脱下了臂章卸去了值日队长的职务，就不再享有相应的权力。最后，一旦某项工作出现了差错，相应的负责人员就必须承担全部的责任——无论他在集体中的地位如何，我们前面在"榜样示范"部分提到的教师彼得罗维奇因工作失误而坐禁闭就是一个很好的例证。

（5）演习锻炼

马卡连柯认为，为了使集体习惯于严明的纪律形式，有必要在集体的日常生活中经常进行一些纪律方面的演习，比如用一定的信号进行集体集合的演习、定期进行火警消防方面的演习等。

除此之外，还要经常利用一些机会对集体的纪律性进行锻炼。马卡连柯喜欢在娱乐或进餐的时候以分队为单位进行这种锻炼。比如大家在一起看电影，演到第三部分时马卡连柯突然说："第四、第二和第三分队到大厅外边去。……我得到消息，有可疑的人在公社周围走来走去，请检查去吧！"相关的分队只能回答说："是，进行检查。"但事实上并没有什么可疑的人，"他们出去，检查，再回来，这时候心爱的电影已经放映了一部分，但谁也没说什么，谁也不说放过了一场好电影，而是回到大厅继续看下去。"②

---

① 〔苏〕马卡连柯．马卡连柯教育文集：上卷[M]．吴式颖，等，编．北京：人民教育出版社，1985：279.
② 〔苏〕马卡连柯．马卡连柯教育文集：下卷[M]．吴式颖，等，编．北京：人民教育出版社，1985：45.

马卡连柯指出，在日常生活中经常进行这样的练习可以使集体对于纪律的严明性习以为常并保持高度的集体执行力。在生产劳动过程中可以通过把最繁重的、最让人不愉快的任务交给最好的、最有纪律性的分队来进行这种锻炼。在"高-捷集体"中，清扫厕所的工作就是由集体中最好的分队来承担的，在需要把寝室让出来给别人的时候，马卡连柯也会向最好的分队发出这个命令。到了最后，承担麻烦的、令人不快的任务甚至成了集体中各分队所追求的目标，因为这意味着一种荣誉：哪个分队被分派到最艰苦的任务，就意味着哪个分队是最好的、最有能力、最有纪律性、堪称集体榜样的分队。当然，马卡连柯也提醒我们："这样的纪律检查和考验不应当常常使用，以免使集体疲劳和把遵守纪律的责任变成单纯的游戏。"[1]

（6）集体舆论

除了保证集体纪律严明的较为强而有力的手段之外，比较柔和的、学生之间互相影响的方式也有助于集体纪律严明性的形成，这就是集体舆论的力量。马卡连柯指出："只有建立了统一的学校集体，才能在儿童的意识中唤起强有力的舆论，舆论是起调节和约束作用的教育因素。"[2] 以上提到的培养严明性的手段，包括榜样示范、强制命令、制度建设、权责委任等或多或少地受到集体舆论的影响和助力。集体舆论的力量虽然相对较为柔和，但是它所起的作用却是更长远也更有意义的："有很高威信和值得敬爱的学校集体的舆论所起的监督作用，能锻炼学生的性格，培养学生的意志，能使学生养成使个人的行为有利于社会的习惯，能培养学生为自己的学校、为自己是这个光荣集体的成员而自豪的精神……这样，就能使儿童具有经过锻炼的那种坚定的和不屈不挠的性格，这样，就能够培养起儿童的公民荣誉感和责任感，就能够使儿童认识自己对别

---

① 〔苏〕马卡连柯.马卡连柯教育文集：上卷[M].吴式颖，等，编.北京：人民教育出版社，1985：279.
② 同上：92.

人应尽的义务。"①

尽管集体舆论的效果可能不像集体的榜样、权责、命令和训练这些方式那么显而易见，但是马卡连柯相信："儿童集体里的舆论的力量，完全是一种物质的、可以切实感触到的教育因素。"②在"高-捷集体"里有一条规定，社员乘电车时不占座位。"如果有人揭露某一个社员破坏了公社这一条尊老扶幼的道德训条时，他就会羞愧得无地自容。"③在一个成熟的、有荣誉感的集体中，每一个成员都会在乎自己在集体中的声誉以及同伴们对他的看法，从而也会更加积极地遵守和维护集体的纪律，教师如果能够熟练地利用好集体舆论对个别学生的影响，往往能够在纪律教育中获得事半功倍的效果，最大程度地发挥集体作为教育主体的作用。④马卡连柯进一步指出："只有缺乏有组织的舆论的学校里，才能有一筹莫展的教师。"⑤

以上介绍了马卡连柯培养集体纪律的严明性的一些常用方法。除此之外，马卡连柯还在论著中回答了"纪律的严明性最初从何而来"这一重要问题。我们已经知道，纪律自觉性的基础是个人的道德思考和体认，那么严明性的基础又是什么呢？马卡连柯认为，纪律严明性的基础——同时也是整个纪律性的真正基础——是一种无条件的要求："我已经说过，这样的自觉性，这样的行为理论，应当伴随着纪律，应当和纪律平行，而不是纪律的基础。纪律的基础是什么呢？为了不陷入心理学探讨的深坑里，我简单地说，纪律的基础就是不需要理论的一种要求。"⑥这样看来，从深层次上来说，纪律的基础与马卡连柯的另一条教育原则密切相关，那就是我们接下来要讨论的"尊重与要求相结合"。

---

①②③⑤〔苏〕马卡连柯. 马卡连柯教育文集：上卷[M]. 吴式颖，等，编. 北京：人民教育出版社，1985：93.
④ 关于这一点详见本章第三节"个人与集体同时作用原则"部分.
⑥〔苏〕马卡连柯. 马卡连柯教育文集：下卷[M]. 吴式颖，等，编. 北京：人民教育出版社，1985：47.

第二节　原则二：尊重与要求相结合

尊重与要求相结合原则是马卡连柯对待集体和个人的基本态度。马卡连柯曾经在许多场合强调这一原则。他在《我的教育经验中的若干结论》中对这条原则进行了定义式的表述："我的基本原则（我认为这不仅是我个人的基本原则，也是所有苏维埃教师的基本原则）永远是尽量多地要求一个人，同时也要尽可能多地尊重他。实在说，在我们的辩证法里，这两者是一个东西：对我们所不尊重的人，不可能提出更多的要求。当我们提出很多要求的时候，在这种要求里也就包含着我们对这个人的尊重，正因为我们向他提出了要求，正因为他完成了我们的要求，所以我们才尊重他。"[①] 对于马卡连柯而言，尊重与要求是同一事物的两面，尊重是要求的前提，要求是尊重的体现，脱离要求的尊重是虚伪的，脱离尊重的要求则是空洞的。这条原则是马卡连柯整个教育思想中最重要的基石之一，他认为这条原则不仅是"我们学校教育工作、校外教育工作和学前教育工作的基本原则"，[②] 而且还是"苏维埃纪律的一般公式，也是我们社会的一般公式"。[③]

一、尊重与要求的层次

马卡连柯说过："我们向每个人提出严格的、切实际的和一般的要求，但在另一方面，我们对个人也表现出极大的、有原则的尊重。这就是把对个人的要求和对个人的尊重结合起来，这两者并不是两件不同的事。并且……这种尊重并不是尊重外表的什么东西，并不是尊重脱离社会而独立存在的东西，也不是尊重令人愉快、美丽的东西。这是对那些参加我们的

---

① 〔苏〕马卡连柯.马卡连柯教育文集：上卷[M].吴式颖，等，编.北京：人民教育出版社，1985：103-104.
② 同上：156.
③ 〔苏〕马卡连柯.马卡连柯教育文集：下卷[M].吴式颖，等，编.北京：人民教育出版社，1985：47.

共同劳动、共同工作的同志的一种尊重，这是对活动家的尊重。"① 由此可见，马卡连柯的尊重是一个相对宽泛甚至非常立体的概念，我们可以将马卡连柯的尊重概念划分为三个层次。

最低层次的尊重意味着要尊重每个儿童作为一个"人"的人格，不仅不能随意剥夺一个人最基本的权利，而且要维护和尊重每一个人的尊严。马卡连柯对于儿童尊严的维护可以说到了事无巨细的程度，甚至在儿童进入工学团之前就开始了，曾经的工学团学员谢敏·卡拉巴林（即《教育诗》中的卡拉邦诺夫）曾回忆马卡连柯到监狱里给自己办理出监手续时的情景，当时马卡连柯曾亲切地要他暂时离开办公室，卡拉巴林却并不理解为什么要这么做。十年以后，卡拉巴林成了马卡连柯的同事，马卡连柯才告诉他："我叫你走出监狱长的办公室，是为了使你看不见保你出去的条子，因为这个手续能够侮辱你的人格。"卡拉巴林说："马卡连柯善于注意到我的人格，而我在那时自己还不知道什么是人格。这是他对我第一次温暖的、人道的接触。"②

此外，对个人最基本的人权的捍卫也属于这一层次上的尊重，这一点可以从马卡连柯对待惩罚的"底线"中看出来。在提出维护集体利益应该做到"无情的地步"时，马卡连柯曾补充道："事实上只是说在逻辑上应该无情，这就是说，在肉体上也可能就不是无情的，也就是说，应当这样把握无情的行为：把集体利益置于个人利益之上，但同时也不使个人陷于极困难的不幸处境中。"③ 在捷尔任斯基公社曾经有一次有个社员（列维京）用卑鄙的手法侮辱了一个女社员的名誉，在队长会议中，这件事情引起了大家极大的愤慨，有人建议把列维京赶出公社，另一位队长则提出了更具侮辱性的建议：

---

① 〔苏〕马卡连柯.马卡连柯教育文集：下卷[M].吴式颖，等，编.北京：人民教育出版社，1985：47-48.
② 〔苏〕卡拉巴林.马卡连柯是怎样教育我们的[N].何国华，王晋清，译.光明日报，1956-03-05(3).
③ 〔苏〕马卡连柯.马卡连柯教育文集：下卷[M].吴式颖，等，编.北京：人民教育出版社，1985：43.

济良斯基向列维京投去不屑的目光，挥了挥手说："见他的鬼去吧！不值得谈论这种人！我建议一种惩罚：明天不让他吃午饭。那时候他就会哭着央求：给我饭吃吧！"

开会的人都笑了。扎哈罗夫[①]严肃地说："不可以这样捉弄人！我坚决抗议。赶出去——这是另一回事！而你们实际上是留下他而不给他饭吃。列维京也有自己的尊严……"[②]

很明显，马卡连柯希望传递给队长会议的信息是无论如何都不能侮辱一个人的人格，即使是对那些公然反对和破坏集体的人也一样。尽管济良斯基可能只是在开玩笑，但马卡连柯的断然喝止无疑是非常必要的，在一个儿童集体中，由于从众心理的影响，整个集体侮辱某一个成员的事情一旦发生往往就会变得不可收拾。

比最低层次的尊重高一级的是对人的能力和道德的一种积极的肯定性的评价，这是第二层次的尊重，这种尊重实际上意味着对被尊重者的一种信任。以值日队长的报告不许怀疑这个传统为例，马卡连柯曾这样说："相信一个人在一定的情况下不可能说谎，这一事实会使得谁也不会说假话的。这就是苏维埃教育学，它一方面建立在对人的无限的信任上，另一方面建立在对人的不断的要求上。我们的教育作风就是把无限的信任跟不断的要求结合起来。苏联的整个社会生活都是在这个基础上建立起来的。"[③]

与这种信任相联系，并且能集中体现这种信任的就是集体中的委任。在"高-捷集体"中，当全体大会或者马卡连柯本人将某项任务交给某个社员或者某个分队的时候，也就意味着他们认为这个人或这个分队有足够的能力和纪律性完成所委托的任务，而被委任的人或分队也会感到自己受到了

---

①《塔上旗》中的工学团主任，即马卡连柯本人。

②〔苏〕马卡连柯.塔上旗[M].诸惠芳，译.北京：人民教育出版社，2019：345.

③〔苏〕马卡连柯.马卡连柯教育文集：上卷[M].吴式颖，等，编.北京：人民教育出版社，1985：56.

集体的信任和肯定，并且体验到一种高度的自尊感和荣誉感。这方面最为著名的一个例子就是卡拉邦诺夫"发神经病"的那次（见教育案例 8），在那次事件当中，马卡连柯究竟有没有冒险恐怕只有他自己知道，但从整部《教育诗》来看，马卡连柯对于卡拉邦诺夫的确是非常信任的，也许马卡连柯的这个实验真的不是在冒险，而是通过委托卡拉邦诺夫执行这样的任务使他得以重拾离开教养院之后失落已久的尊严感和荣誉感。

不仅对个人如此，马卡连柯也常把类似的要求很高的任务交给某个分队，而分队也视此为莫大的荣誉：

> 在我们的一次行军中，我有一个手提箱，里面放 55 000 卢布，我说："我不愿意在行军中提两普特重的手提箱……我不能提它，我不是搬运工人。谁来提呢？"大家想了想说，就决定了："的确，一直由一个人提这样的手提箱，事实上是不可能的。就请共产主义青年团第一小队轮流提吧！"于是，这个存放 55 000 卢布的没上锁的手提箱，就经常落在第一小队的某一人身上了，当然，里边的任何一张卢布的纸币也没有丢掉。①

这种委任与荣誉之间的联系是如此密切，以至于马卡连柯甚至可以用它来实现间接奖励的功能。在捷尔任斯基公社时期有过这么一件事：铸造工厂因为通风不好有害健康而被队长会议勒令停工，怕完不成订单的生产主任（成人）一时心急，直接跑到负责相关工段的第四队寝室要求他们复工，第四队的几个小孩子没敢拒绝就重新去工厂工作了，而这等于是直接违抗队长会议的决定，当天晚上他们几个就在全体大会中遭到了严厉的批评，并且受到了"当众申斥"的惩罚。然而大家都知道第四队是为了生产才违抗命令，所以惩罚的决定虽合乎集体纪律却有些缺乏人情味，于是马卡连

---

① 〔苏〕马卡连柯. 马卡连柯教育文集：上卷[M]. 吴式颖，等，编. 北京：人民教育出版社，1985：221.

柯就想着怎样对第四队进行补偿，恰好第二天放电影的时候装配车间着火了，马卡连柯马上叫值日队长去电影院当着大家的面命令第四队赶来救火，"一切都结束之后扎哈罗夫说：'谢谢，同志们！'大家高高兴兴地跑进了大厅。正在放最后一盘拷贝。第四队的人小声地讲述着他们是如何灭火的，大家都很羡慕他们"。[①]

在这种背景下，"高-捷集体"中形成了一种很好的风气：大家都会争着抢着去做最难、最考验人的任务，每个分队也都希望集体中最困难、最需要组织性和纪律性的工作能够落到自己头上，因为承担这样的工作意味着集体对自己的肯定，意味着珍贵的荣誉。马卡连柯曾经略带幽默地说起自己集体中的这个充满教育美感的现象："第四分队曾当过优秀队，这一队以抽签方式得到收拾一个月厕所的任务。他们先用碱和酸洗厕所，然后喷洒香水。大家都知道这一队是怎样打扫厕所的，知道厕所收拾得多么清洁。这一队获得了清扫工作的第一名。一个月过去了，他们申明要继续担任清扫厕所的工作。第三个月仍然由他们担任。后来，在下一个月里，同样不很坏的第三分队得了清扫工作的第一名，他们申明说：不行，现在我们得了第一名，厕所也就应当由我们来打扫了。当我现在想起这件事情的时候，还觉得可笑。起初，清扫厕所跟其他的清扫工作一样，是要抽签来分派的，以后就开始很公正地来分配了。"[②]

除了以上两个层次的尊重之外，在马卡连柯的教育思想中还有一种更高级、更抽象乃至更理想主义的尊重，这是一种对人的可能性而不是现实性的尊重，是对一个人"可能"成为的那个"真正的人"的尊重。这种尊重与第二层次的尊重不同：在第二层次的尊重中，被尊重的品质只是未显露的事实——无论是卡拉邦诺夫的道德品质还是第四分队的工作能力都是如此，这些品质通过完成集体委任的任务而得到了显露（或者说证明），从而

____

① 〔苏〕马卡连柯.塔上旗[M].诸惠芳，译.北京：人民教育出版社，2019：276.
② 〔苏〕马卡连柯.马卡连柯教育文集：上卷[M].吴式颖，等，编.北京：人民教育出版社，1985：250.

____

　　　　　　　　　　　　　　　记住马卡连柯：集体教育的思想与实践

使它们的所有者获得应有的尊重与肯定——这些任务基本上都处于儿童的"最近发展区"里；而在第三种层次的尊重中，儿童在相关方面远未达到甚至永远不可能完全达到与尊重相匹配的程度。如果说第二层次的尊重大致等同于信任，那么第三层次的尊重则更接近于期望，而这种期望的基础正是马卡连柯作为一名教育家的教育信念：一方面，马卡连柯根本就不认为自己集体中的儿童与正常儿童之间有什么差别，"我得出了这样的结论，就是没有违法的儿童，而有的只是那些和我一样充分享有幸福生活权利的人……摆在我面前的不过是通常的任务——把一个人教育成真正的苏维埃人，教育成品行的模范"；[①] 另一方面，马卡连柯对教育的看法充满了乐观主义精神，他曾说："我深信教育影响有无穷的力量。我深信如果一个人没有被教育好，这完全是教育者的过错。如果一个儿童很好，那么，他也应当归功于儿童时代的教育。"[②]

马卡连柯确信，每一个儿童都具有通过教育而成为"真正的人"的可能性，无论这个儿童当前的状态是怎样的。对马卡连柯而言，这是一种坚定的，甚至有些执拗的乐观主义的假定与信念，在《塔上旗》中他这样写道："几十个、几百个男孩和女孩根本就不是什么野生小动物，他们也不是生物学上的个体。扎哈罗夫现在知道了他们的力量，所以能够毫不畏惧地站在他们面前并向他们提出很高的政治要求：'你们要成为真王的人！'他们运用年轻人宝贵的才能接受了这些要求并清楚地知道，在这个要求中所包含的对他们的尊重和信任比在任何'教育方法'中所包含的要多得多。"[③]

即使是面对集体中最难教育的儿童，马卡连柯也从未放弃过这种信念。比如在《塔上旗》中，雷日科夫刚进入公社不久就侮辱了站岗的小姑娘列娜（正是这个雷日科夫最后成了公社的"敌人"并因为屡教不改的偷窃行

---

① 〔苏〕马卡连柯. 马卡连柯教育文集：上卷[M]. 吴式颖，等，编. 北京：人民教育出版社，1985：180.
② 同上：42.
③ 〔苏〕马卡连柯. 塔上旗[M]. 诸惠芳，译. 北京：人民教育出版社，2019：173.

为被遣送回城），当时马卡连柯在全体大会上是这样针对雷日科夫发言的："你是个修养很差的人。你连吐痰这样的小事都不懂。别人得跟在你身后打扫、清洗。而这是一个根本就不用思考的问题。第一队应该教会雷日科夫有必要的修养。你摸女孩子的脸。只有最野蛮的人才会这样做，然而你根本就不是这样的野蛮人，你上过学，读完了三年级。我建议留下他，不予以惩罚，并代表全体大会向列娜表示支持。"[1]

总而言之，在马卡连柯的体系中，尊重与要求本来就是同一个东西的两面，没有离开尊重的要求，也没有与要求无关的尊重。如果把以上三种尊重理解成三种对人的肯定（积极评价）——第一层次的尊重是对一个人的"做人的资格"的肯定，第二层次的尊重是对人当前和很快就能达到的道德与能力水平的肯定，第三层次的尊重则是对每个人都可以成为"真正的人"的无限可能性的肯定，那么与这三种尊重对应也就有三种不同的要求：第一种尊重要求每个人都保持自己的自尊，同时不能肆意侮辱他人的人格；第二种尊重要求被尊重者通过完成相应的委任工作证明自己在能力和道德上的水平，证明自己不会使他人的信任落空，不会让集体失望；第三种尊重则要求每个人对自己严格要求，不断努力接近成为理想中的"真正的人""最好的自己"。三种尊重与三种要求之间的关系见表 6-1。

表 6-1 尊重与要求的层次表

层　　次	尊重的内容	蕴含的肯定	相应的要求
第一层次	我尊重你的人格	你是个人	请不要侮辱自己和他人的人格
第二层次	我尊重你的能力和道德	你是个有一定道德和能力水平的人	请做好你应该能做好的事
第三层次	我尊重你成为"真正的人"的可能性	你可以成为最好的人	请严格要求自己，不断进步

---

[1]〔苏〕马卡连柯.塔上旗[M].诸惠芳,译.北京：人民教育出版社,2019: 230-231.

从三种要求包含的内容来看，第一层次的要求更多地含有一种道德底线的意味，第二层次尤其是第三层次的要求则带有明显的教育色彩，这主要是因为这两个层次的尊重内含关于未来的价值判断，并且都指向个人正面的成长与发展——第二层次的尊重肯定了当前的水平和马上可以达到的水平，从而肯定了个人当下的成长与发展，第三层次的尊重则预设了这种成长是永无止境的，而其方向就是理想中的"真正的人"。从这个意义上来说，这两种尊重不仅仅是马卡连柯某条教育原则的价值基石，更是所有教育活动的价值基石，而这两种尊重要在集体教育中真正起作用就必须实现相应的要求，正如马卡连柯所言："如果对个人没有要求，那么，无论建立集体，无论建立集体纪律，都是不可能的事情。我是主张对个人要有要求的，我拥护对个人提出一贯的、坚定的、明确的、不予修正的和毫不放松的那种要求。"[①] 更进一步说，"如果没有要求，那就不可能有教育"。[②]

然而，由于第二层次与第三层次的着眼点有所不同，两种要求遵循的原则也有很大的区别。

第二层次的着眼点是当下的和不远的将来的状态，所以遵循的是现实原则，马卡连柯对此是这样表述的："用不着谈论理想、善良、完美的人格、完美的行为，我们应当永远不好高骛远……我们应当提出要求，但只能提出做得到的要求……任何过高的要求只会有害。"[③]

第三层次的着眼点是人的最大可能性，因此遵循的是理想原则。"我认为教师不应当允许学生有任何缺点，我们的学生也不应当认为他们有权利具有缺点。我们应当要求每一个人都具有理想的品行（我们常常是达不到这种理想的品行的，但这是另一回事），有了这样的要求，那就会逐渐接近

---

①② 〔苏〕马卡连柯.马卡连柯教育文集：下卷[M].吴式颖，等，编.北京：人民教育出版社，1985：48.
③ 〔苏〕马卡连柯.马卡连柯教育文集：上卷[M].吴式颖，等，编.北京：人民教育出版社，1985：192-193.

于理想了。"① 在谈论第三种要求的时候，马卡连柯有时说得甚为决绝："任何缺点都不应当有。如果你有二十个优点和十个缺点，我们不应当对你放松：为什么你要有十个缺点呢？打掉五个。剩下五个的时候，再打掉两个，让它剩下三个。总之，需要对人要求，要求，再要求！"②

人们往往会对马卡连柯对于要求的这两种颇为不同的表述感到疑惑，其实是由于没有分清要求的不同层次。

二、要求的发展阶段

马卡连柯认为，集体中的要求随着集体的发展而发展，在集体发展的不同阶段，要求呈现出不同的性质。马卡连柯将集体中的要求的发展分为三个阶段。

第一个阶段是成年人向尚未形成集体的儿童群体提出直接的、专断的要求。"学校从开学第一天起，就应当向学生提出苏维埃社会的那种坚定不移的、无可置辩的要求，就应当教学生懂得行为规范，教他们知道什么可以做，什么不可以做；什么该受奖励，什么要受惩罚。"③ 当然，由于此时集体的作风和传统远未形成，刚开始提出的要求必然带有一定的强制性，甚至显得有些独裁，马卡连柯自己也承认："在我开始教育工作的最初几年里，我提出的要求达到了最高的限度，达到了强制的地步"。④ 在这个阶段，要求基本等同于强制命令，因此支撑强制命令有效性的东西——教师的个人威信，也是这种专断的要求能够被儿童接受的一个必要条件。如前所述，这种教师的威信首先建立在教师的人格魅力、工作能力和责任心之上，教

---

① 〔苏〕马卡连柯. 马卡连柯教育文集：上卷[M]. 吴式颖，等，编. 北京：人民教育出版社，1985：220.
② 同上：189.
③ 同上：92.
④ 〔苏〕马卡连柯. 马卡连柯教育文集：下卷[M]. 吴式颖，等，编. 北京：人民教育出版社，1985：48.

　　　　　　　　　　　　　　　　　　　记住马卡连柯：集体教育的思想与实践

师一旦具备了这三种容易使儿童信服的品质，在有必要的时候，"为了让孩子对你们让步，为了孩子能照你们所希望的去做，只要提出坚决的、不容折扣的和不低声下气的要求就可以了"。①

除此之外，专断的要求能被儿童接受还必须满足另一个必要条件，那就是要求的内容本身是合理的，而每一个要求的合理性都必须结合当时的情境和儿童的具体情况来判断，"绝不可以提出不合逻辑的、可笑的、跟集体的要求无关的粗鲁的要求"。② 提出不合理的要求这件事本身就会削弱教师在儿童心目中的威信，从而陷入一种要求疲软的恶性循环，"凡是任性的教师，凡是在集体看来是刚愎自用的教师，凡是提出集体所不理解的要求的教师，是不会得到什么成就的"。③ 因此，教师必须极力避免提出不合理的要求，马卡连柯就为自己设定了这样的原则："凡是我没把握断定能不能要求什么，要求得合理或不合理的地方，我就装作什么也没有看见的样子。我在等待这样的时机，那就是，在我看来是显而易见的时候，并且凡是有健全思想的人都明白我是做得对的时候。在这样的情况下，我就坚决地提出专断的要求。"④ 在高尔基工学团建立初期（参见本书第二章第一节），马卡连柯甚至没有对学生提出"不许偷窃"的要求，因为他非常清楚：要让这些孩子立刻改掉多年的流浪养成的偷窃习惯是很难奏效的。在这种情况下，"我要求他们在该起床时起床，要求他们完成应当完成的工作。至于他们仍旧偷窃，那我就对这种偷窃行为，暂时睁一只眼闭一只眼"。⑤

一旦教师已经在儿童中拥有了一定的威信，并且确定所提出的要求在当时的情境下是完全合理的，教师就应该以最坚决、最认真、最断然的方式提出不折不扣的要求，也只有这样提出的要求，才是真正的集体教育的起点。马卡连柯强调："在任何情况下，如果没有真诚的、坦率的、有说服力的、热忱的和坚定不移的要求，那就不可能开始对集体的教育。谁想从动

---

①②③④⑤〔苏〕马卡连柯.马卡连柯教育文集：下卷[M].吴式颖，等，编.北京：人民教育出版社，1985：49.

摇不定、迎合迁就的劝说开始，谁就要犯错误。"①

第二个阶段是部分儿童开始支持并赞同成年人提出的要求，并在许多问题上越来越多地同成年人达成一致的意见。在这个阶段，除了第一个阶段中成年人的威信和要求的合理性之外，要求的有效性还受到儿童同伴之间的心理影响。如果说尊重是对人的某种属性的现实性与可能性的积极评价，那么要求就是认为被肯定的对象的行为"应该"与对他的这种评价保持一致。集体中的儿童每天与其他儿童共同生活在一起，必然会在乎其他儿童对自己的看法和态度。对于一个儿童来说，如果成年人对自己提出的要求得到许多同伴的支持，那么儿童要违背这种要求就需要面对更大的心理压力。

在这个阶段，成年人提出要求时的专断性和强制性可以有所减少，转而开始利用儿童中的那些"积极分子"的影响力，经常与积极分子沟通，同时不断争取更多的积极分子站在自己一边，积极分子本身就会成为一股强大的教育力量。正如卡拉巴林后来在回忆高尔基工学团的生活时所说："当我们这儿来了新伙伴时，对他们发生影响的，不只是马卡连柯和其他教师，还有工学团员们自己。"② 当每次需要向整个集体提出更高的要求或者进行某个重大决策时，教师都可以事先与积极分子沟通，了解他们的想法，从而对自己提出的要求的合理性与可行性更有把握，并在这一过程中慢慢地建立起集体舆论与集体传统。

第三个阶段是要求发展的最高阶段。这个时候集体已经形成，集体自身开始代替成年人向作为其成员的儿童个人提出集体的要求。在这个阶段，儿童都渴望在集体中受到别人的尊重，获得自尊感和荣誉感，而为了保持自己的尊严，个人就"有义务"使自己的言行与集体对自己的尊重保持一致，于是就产生了"满足集体要求"的个人需要。这时，儿童强烈地感受

---

① 〔苏〕马卡连柯. 马卡连柯教育文集：下卷[M]. 吴式颖，等，编. 北京：人民教育出版社，1985：49.
② 〔苏〕卡拉巴林. 马卡连柯是怎样教育我们的[N]. 何国华，王晋清，译. 光明日报，1956-03-05(3).

　　　　　　　　　　　　　　　　　记住马卡连柯：集体教育的思想与实践

到自己是集体的一员，集体成了对儿童来说不可违抗的最大的权威——在理想情况下，绝大多数儿童都能够表现出无条件服从集体的品质，并且每个儿童都会很自然地基于集体的角度对自己和同伴提出要求。

在这个阶段，成年人不但无须再向集体提出更多的要求，反而要开始学会抑制集体（踩刹车），防止集体向个人提出过于严厉或者错误的要求。马卡连柯在捷尔任斯基公社后期就扮演着这样的角色："最近五年来，我在捷尔任斯基公社已经不提出任何要求了。相反，我已经成了集体要求的阻碍者了，因为，集体一般地已经赶到前面去了，往往向个人提出了过多的要求。"①

马卡连柯认为，每个集体的发展都必须经历以上这三个阶段，"这是由组织者的专断要求到个人基于集体要求向自己提出任意的要求所应经历的途径。我认为这一途径就是苏维埃儿童集体发展的基本道路"。②对于教师而言，辨认出集体当前处于哪个阶段并且采取相应的要求策略是非常重要的，"一个集体处于要求的第一个发展阶段时，需要有专断的教师，并尽可能地迅速过渡到任意的集体要求的时候，过渡到个人对自己提出任意要求的阶段"。③

三、要求的形式与内容

马卡连柯告诉我们，在集体的日常生活中，要求可以有许多不同的形式或者变体，这些形式或者变体本质上也是要求，但在现实中不是以直接的、坚定的要求的形式表现出来，而是以更弱的方式（比如诱导）或者更强的方式（比如威吓）存在。每一种方式都适用于正面行为的强化和负面行为的抑制，比如用物质刺激奖励某种正确的行为也就意味着用剥夺物质刺激

---

①②③〔苏〕马卡连柯. 马卡连柯教育文集：下卷[M]. 吴式颖，等，编. 北京：人民教育出版社，1985：51-52.

来抑制不正确的行为。这些要求的具体形式包括：

（1）诱导，包括相对低级的通过奖品、奖金等物质刺激或其他直接的个人享受进行诱导，以及相对高级的用精神上的愉悦或行为的美感进行诱导；

（2）督促，督促的强制性比诱导要大一些，但依然属于比较柔和和间接的方式。督促也有两种形式，即以证明、说理和解释为主的初级阶段和以暗示、微笑和幽默的方式进行的高级阶段；

（3）命令，这是要求的最一般也最直接的形式，其强制性程度较高，包括正面的直接命令和负面的坚决制止；

（4）威吓，这是强制性最强的要求形式，并且大多用于集体建立的初期，威吓的低级形式是用惩罚和痛苦来强制约束学生，到了后期则过渡为较高级的形式，即依靠集体的力量使学生由于害怕"见弃于集体"而不敢造次。正如马卡连柯所言："如果在集体发展的最初阶段上，你们可以用惩罚和令人不痛快的事情来威吓的话，那么，在集体发展的最后阶段上，就不需要这样做了。"[1] 在"高-捷集体"进入高级阶段以后，马卡连柯往往采用"提交到全体大会"的威吓形式，这往往能使任何学生感到畏惧。在《塔上旗》中，马卡连柯对最调皮捣蛋的菲利卡就常用这招：

菲利卡连扎哈罗夫都不怎么害怕，他唯独害怕的是站到中间去。他喜欢与扎哈罗夫说话，总是要与他争论，为自己辩护到精疲力竭的地步，只有当扎哈罗夫说"怎么着？就是说你同意我了？我们把问题带到全体大会上去吧"时，他才肯罢休。

阿列克谢·斯捷潘诺维奇[2] 看透了菲利卡，但菲利卡也看透了阿列克谢·斯捷潘诺维奇。菲利卡清楚地知道，他，菲利卡是对的，而不是

---

① 〔苏〕马卡连柯. 马卡连柯教育文集：下卷[M]. 吴式颖，等，编. 北京：人民教育出版社，1985：52.
② 即扎哈罗夫，马卡连柯本人。

扎哈罗夫，但扎哈罗夫是主任，可以把问题提交给全体大会。……于是菲利卡转过身去思考起来了。但是，如果全体大会无论如何会站在扎哈罗夫一边，那还有什么可思考的呢？菲利卡最终让步了："难道我说我对了吗？"[1]

只要所提出的要求的确是建立在尊重的基础上，那么一旦选择了合适的要求形式，儿童往往很容易接受教育者所提出的要求。在这种情况下，要求对儿童来说就不是一种负担而是一种幸福："如果儿童不是情绪抑郁而是欢天喜地地迎接这种要求，那么，你的要求越多，他们就越欢喜，因为你这样做是表示对他的力量的信赖。"[2]

除此之外，马卡连柯还对要求的内容进行了一些简单的论述，在集体教育的过程中，绝大多数要求都与儿童的品德操守和纪律性有关，虽然对于不同的事情和不同的儿童会有不同的要求，但是有一些要求是永远存在并且不可违抗的，其中最基本和最不可妥协的要求就是——个人必须与集体保持一致，集体利益必须毫无疑义地大于个人利益，马卡连柯曾说："这里，我要提出一个公式，这个公式也许甚至是不会变更的，而且应当永远如一。首先应当提出的唯一要求就是服从集体。"[3]并且，当个人故意反对集体、挑战集体权威的时候，集体对个人提出的要求应该是最严厉、最坚决的——"最大的要求应当在一个人在某种程度上自觉地对抗集体的时候提出来。对那些由于本性、由于品质、由于不能自制、由于政治上和道德上的无知而产生的行为，要求就不能太严厉了。这里就可以依靠经验的积极影响，依靠习惯的逐渐形成。但是，只有个人有意识地对抗集体，不承认集体的要求和权利，就必须坚决地、彻底地提出要求，直到个人承认必须

---

① 〔苏〕马卡连柯. 塔上旗[M]. 诸惠芳，译. 北京：人民教育出版社，2019：254-255.
② 〔苏〕马卡连柯. 马卡连柯教育文集：下卷[M]. 吴式颖，等，编. 北京：人民教育出版社，1985：282.
③ 同上：53.

服从集体为止。"①

四、集体中的惩罚与奖励

无论是哪种形式和哪种内容的要求，在提出要求之后都会面临一个儿童是否达成要求的结果以及对于这个结果的反馈，这样我们就进入了"高-捷集体"中最具特色的制度，即集体中的惩罚与奖励。在这方面，马卡连柯对惩罚的论述相对较多，我们的梳理也以马卡连柯集体中的惩罚为主。

可以说，惩罚是马卡连柯集体教育的一大特色，并且集中体现了尊重与要求相结合原则，马卡连柯被人们称为"惩罚大师"绝不是徒有虚名的。

（一）集体中的惩罚

就教育惩罚这个越来越重要的主题来说，关键是要知道"为什么要惩罚？谁惩罚谁？如何惩罚？"等问题。根据这一思路，我们将马卡连柯关于惩罚的思想划分为惩罚的意义与必要性，惩罚的主体、对象和方式以及惩罚的原则这三个方面。

1. 惩罚的意义与必要性

马卡连柯指出，苏维埃社会的惩罚与旧社会的惩罚有着本质的区别，旧社会的惩罚是建立在镇压、恐吓、威胁基础之上的统治手段，是充斥着各种虐待性甚至是侮辱性的体罚——"其意图是使所忍受的痛苦（疼痛、困苦、受饿、禁闭）迫使破坏者由于害怕再次受苦而'下次'不敢再犯。对于其他的人来说，惩罚是一种恐怖手段，它的简单公式是：谁违法，谁就受苦。"② 然而，这种惩罚"消灭了一个冲突，而同时又制造出另一个冲突，

---

① 〔苏〕马卡连柯 . 马卡连柯教育文集：下卷[M].吴式颖，等，编 . 北京：人民教育出版社，1985: 57.
② 〔苏〕马卡连柯 . 马卡连柯教育文集：上卷[M].吴式颖，等，编 . 北京：人民教育出版社，1985: 284.

这另一个冲突必须用更复杂的办法才能解决"①。新社会的惩罚则有着完全不同的意义，马卡连柯甚至主张，就新社会的惩罚来说，"任何身体上和精神上的痛苦都不应该有"②。新社会的惩罚的本质不是通过施加痛苦而使人不敢再犯，而是"一个人受到集体的责备，知道自己的行为有了错误，也就是说，在惩罚里并没有压制，而是有对错误的感受，有对见弃于集体的感受，纵然是极轻度地见弃于集体"③。

基于以上对惩罚的理解，马卡连柯驳斥了当时教育界流行的两种观点，一种观点教条地认为"惩罚是培养奴隶的"。马卡连柯指出，也许旧社会的惩罚的确会造成培养奴隶的恶果，但是新社会的惩罚与旧社会的意义完全不同，如果坚持认为任何惩罚都只能用来培养奴隶，那显然是片面的。另一种观点则被当时苏联的许多教师接受，即认为惩罚是一种可被允许的罪恶，"纵然惩罚是可以用的，但如果你惩罚了，那你就不是一个好教师。只有不用惩罚的教师，才是好教师"。④马卡连柯认为，此类观念的存在"会把教师变成仿效虚伪的对象。任何的虚伪都是不应该有的。无论哪一个教师，都不应该故作姿态，说什么：我是圣人，不使用惩罚"。⑤

马卡连柯毫不犹豫地指出，从教育的角度出发，在新的意义上使用惩罚是十分必要的："凡是需要惩罚的地方，教师就没有权利不惩罚。在必须惩罚的情况下，惩罚不仅是一种权利，而且是一种义务。也就是说，我深信教师可以用惩罚或者不用惩罚，但是，如果教师的良心、教师的熟练技术、教师的信念说明他应当惩罚时，他就没有权力拒绝使用惩罚。"⑥

在反驳了以上两种谬论之后，马卡连柯坚决地肯定了（合理的）惩罚的必要性，他认为："合理的惩罚制度不仅是合法的，而且也是必要的。这种合理的惩罚制度有助于学生形成坚强的性格，能培养学生的责任感，锻

①②③④⑤⑥〔苏〕马卡连柯.马卡连柯教育文集：下卷[M].吴式颖，等，编.北京：人民教育出版社，1985: 57-59.

炼他的意志和人格，以及抵抗引诱和战胜引诱的能力。"① 他在这里所说的合理，是指惩罚必须满足一定的条件，遵循一定的原则和方法，这样才有可能发挥出积极的教育作用："优秀的教师利用惩罚的制度可以做很多事情，但是笨拙地、不合理地、机械地运用惩罚会使我们的整个工作受到损失。"② 根据自己的经验，马卡连柯从惩罚的主体、对象、方式、原则等几个方面论述了捷尔任斯基公社的惩罚制度。

2. 惩罚的主体、对象与方式

马卡连柯主张惩罚权必须被限制在一个很小的范围内，因为"要是有十个人可以有权惩罚的那种集体，我不以为那是健全的集体"。③ 惩罚权的精减一方面可以使所有的惩罚都能有一个相对一致的逻辑，避免造成犯同样的过错却受到不同对待的情况；另一方面也可以减少惩罚的频率，因为过多的惩罚会使集体麻木，"惩罚要很少使用，少到整个集体都对所给予的惩罚特别注意"。④ 反过来说，如果一个集体中有很多人都有惩罚权，那么不但会使儿童对惩罚产生疲劳，而且为了确保公平，不得不就惩罚的具体细节制定详尽烦琐的规章，而惩罚作为一种教育艺术又恰恰需要根据具体情况灵活处理，是不能事先完全规定好的。在"高-捷集体"中，只有全体大会或马卡连柯本人才有权惩罚。

就惩罚的对象而言，正如我们之前在介绍"高-捷集体"结构时提到的，集体中的儿童有两种身份，刚刚进入集体的时候仅仅是"学生"，而在集体中生活了四个月左右并且获得了集体的认可之后才能获得"社员"的称号。对于学生，马卡连柯有权罚他们去做勤务工作，禁止他们在节假日外出，不给零用钱，调离生产岗位等；而对于已经获得"社员"称号的人，马卡

---

① 〔苏〕马卡连柯. 马卡连柯教育文集：上卷[M]. 吴式颖，等，编. 北京：人民教育出版社，1985: 94.
② 同上：284.
③ 〔苏〕马卡连柯. 马卡连柯教育文集：下卷[M]. 吴式颖，等，编. 北京：人民教育出版社，1985: 59.
④ 〔苏〕马卡连柯. 马卡连柯教育文集：上卷[M]. 吴式颖，等，编. 北京：人民教育出版社，1985: 115-116.

连柯就只能使用象征性的、几乎没有任何痛苦的"禁闭"。我们前面也提到过，所谓禁闭就是在马卡连柯的办公室坐上规定的时间，在此期间除了马卡连柯以外不能与任何人交谈，这看似是一种近乎儿戏的惩罚，然而却在"高-捷集体"中有着非同寻常的地位。这种惩罚意味着被惩罚的对象得到了这样的尊重：他被认为仅需通过象征性的惩罚——禁闭——就能体会到集体对他的责备并认识到自己的错误，同时他还被认为有足够的自觉性以满足完成一次禁闭所需的所有要求。这种惩罚方式可以说集中体现了马卡连柯"尊重与要求相结合"的原则，所以，在"高-捷集体"中，"禁闭是一种很神圣的事情"。[①]

与马卡连柯的惩罚权限相比，全体大会可以采用的惩罚方式更加多样，甚至也更有趣。除了那些会遭到马卡连柯强烈反对的类似"不准吃饭"这种侵犯人权的惩罚之外，全体大会几乎可以采用任何集体认为合适的惩罚形式，其中有些相当令人印象深刻，比如说下面这个例子：

在全体大会上，发生过年长的共青团员骂指导员的事情。虽然那位团员是对的，但他不礼貌地骂了人。全体大会作了决定："让年龄最小的少先队员基连科向这位共青团员解释，在这样的情况下究竟应该怎么办。"这是很严肃的一个决议。在作出决议后，值日队长请来基连科和那位共青团员，对他说："请坐下听。"基连科解释了，自觉地完成了自己的义务，而那位共青团员也自觉地倾听了。

值日队长在全体大会上报告说："基连科已经完成了大会的决议。"

"基连科给你说的话，你都明白了吗？"

"明白了。"

"去吧。"

---

① 〔苏〕马卡连柯. 马卡连柯教育文集：下卷[M]. 吴式颖，等，编. 北京：人民教育出版社，1985：61.

一切就结束了。①

　　当然，全体大会所使用的惩罚形式不受限制，所以其程度往往也更严厉。在所有全体大会能使用的惩罚中，最严厉的是将犯事者逐出集体。集体有权开除儿童这件事曾经受到来自各方面，尤其是当时某些教育官员和教育学者的非难，认为这是一种对儿童的不负责任。马卡连柯对此嗤之以鼻，他说："那些证实说不能把顽劣的学生赶出教室门外，不能把小偷赶出公社门外（'你应当纠正他，而不应驱逐他'）的教育学理论，是资产阶级个人主义的空谈，这种个人主义同情个人的悲剧和'遭遇'，却看不见由于这种同情而毁灭数以百计的集体，好像这些集体并不是由这些人组成似的。"②马卡连柯通过自己的经验证明，开除某个集体成员的过程不仅对于保持整个集体的健康发展和向前行进是必需的，对于被开除的人和参与开除过程的所有集体成员来说，也是一次难忘的、深刻的、触及灵魂的教育。他说："我在八年中从捷尔任斯基公社毫不惋惜地开除了约有 10 个人，而且开除的时候不作任何的掩饰，直截了当地对被开除的人说：'我们开除你，是因为你是没用的坏东西，留你在这里，会侮辱和妨碍我们。干脆说，你简直够不上一个人。'……不错，我抖颤不安了，但是，我内心感觉到需要这样做，我的良心是支持我的行动的。"③然而，过了几年之后，被开除的人却给马卡连柯来了信：

　　　　最近我收到一封信，这封信是一个六年前被我开除以后再也没有见过面的人写来的。

---

①〔苏〕马卡连柯. 马卡连柯教育文集：下卷[M]. 吴式颖，等，编. 北京：人民教育出版社，1985: 59.
②〔苏〕马卡连柯. 马卡连柯教育文集：上卷[M]. 吴式颖，等，编. 北京：人民教育出版社，1985: 30-31.
③ 同上：119. 在理解这段话的时候需要注意在马卡连柯的集体中大多数儿童是处于 12—18 岁之间的苏联流浪儿童，他们进入公社之前大多在社会上"讨生活"，因此其心理承受能力是比较强的。

他在信里说，我是一个上尉，在哈桑湖战役中出了名，因此我决定给您写信。您应该知道，为了您当时开除了我，我是如何地感激您。当时，我对您、对整个集体，是多么胡行妄为呢？我被开除以后，曾这样想过：难道我就坏到这样的程度，500个人都不同意和我一起生活吗？我打算来找您，请求把我收回去，但以后又决定还是要自己找出路。现在我是尉官了，我成了名，我认为把这件事情告诉您是我应尽的义务，为的是使您不要因为当时开除了我心里感到不安。①

正是开除的决定会对儿童会产生非常强烈的震撼，所以这个决定必须由集体来做。同时，马卡连柯从来没有轻易地同意过开除任何一个儿童，当某个儿童引起了集体的激愤时，马卡连柯总是会尽量地为犯过者解释、求情，希望集体大会重新考虑，然而有的时候集体的舆论已经空前一致和不可撼动："不管我怎样反对，不管我怎样警告，大家总是一直看着我，看着看着，结果还是把手举起来：开除。于是，我就把那个人开除了。在八年里，我一共开除了10个人。我就那样打开大门：爱到哪里就到哪里去，到那个茫茫的人世间去。"②

在"高-捷集体"中，令人印象最深刻的、最典型的也是最有教育意义的一次开除是对于兹维亚金茨的开除。当时集体正在坐船外出旅行，途经雅尔塔的时候，兹维亚金茨——一个年龄较大的社员为了一点小事用罐头盒子打了另一个比较幼小的同学，这在集体成熟后是从来没有发生过的事情。值日队长马上命令吹响了集合号，于是大家就在轮船的甲板上召开了一次临时的全体大会，大家被这件事情激怒了，有人提出把兹维亚金茨在雅尔塔放上岸，并从此逐出公社。马卡连柯马上对此提出了异议但是毫无效果，整个集体的舆论空前一致，全体通过了开除兹维亚金茨的决定。这

---

①②〔苏〕马卡连柯.马卡连柯教育文集：上卷[M].吴式颖，等，编.北京：人民教育出版社，1985：154.

时，整个船上的旅客和各种代表团都来为兹维亚金茨求情，希望集体能够宽恕他，继续对他进行改造，对此集体中的一位共青团员索平这么说："……他犯了很大的过失。旅行时我们有军事纪律。在轮船上，当着全体苏维埃联盟代表在场的时候，他辱骂了公社，打了较软弱的同志。我们把他从轮船上拉下去，现在他已不是我们关心的对象了，谁愿意改造他就请改造去吧，他在这一生中也永远不会忘掉这一课。其实，他已经改造过来了，但我们希望在公社里当我们要出去的时候，大家都能记住这件事情。"① 到了雅尔塔，兹维亚金茨就被放上岸，但他并不死心，想办法赶回公社所在的哈尔科夫，在广场上候着集体。集体到达以后，值日队长看见了他，对他说："离开这个广场，你在这儿，我们就不卸行李。"兹维亚金茨只好走了。三天以后他又跑到公社找到马卡连柯，希望他能召开一次全体大会，马卡连柯同意了，下面是在全体大会上发生的情景：

晚上开全体大会，我叫他去。大家都瞪着眼睛不说话。我问，谁发言？没有人发言。你们随便说点什么吧。大家微笑着。唔，我想，大约大家想把他留下来吧。进行表决。

主席说："谁赞成老师的提议，请举手。"没有一个举手的。

"谁反对？"——全体。

第二天他又来了。"这样残酷地惩罚我是不行的。请你召开全体大会，我希望大家给我解释一下。"

晚上召开全体大会。

"他要求大家解释理由。"

"好，说吧，阿列克谢耶夫。"

阿列克谢耶夫登台，开始说话。

---

① 〔苏〕马卡连柯. 马卡连柯教育文集：上卷[M]. 吴式颖，等编. 北京：人民教育出版社，1985：233-234.

"你在轮船上，也就是在全苏联的人都在场的时候（因为在轮船上有各城市的代表），当着船员的面为了某些琐事打同学的头，这是不能饶恕的。并且我们永远不能饶恕你。我们毕业以后，这里的小学生也是不原谅你的。"

　　他走了。很多旧生已经从公社里毕业。来了很多新生。而新生也经常说着这样的话："应当像对待兹维亚金茨那样来对待。"他们没有亲眼见过兹维亚金茨，但是知道他。[1]

　　马卡连柯在后来点评这件事的时候说："在这里受教育的不是被开除的一个人，而是整个集体。整个集体在争取集体优良品质的斗争中受到了锻炼。"[2]"兹维亚金茨事件"以后，集体中就再也没有发生类似的问题，"兹维亚金茨事件"成为整个集体的重要而宝贵的集体经验，凡是曾经举手赞成过开除欺负小同学的兹维亚金茨的儿童，自己就绝对不会再做出类似的事情，而每一个新加入的成员，都会从老社员的嘴里听说这件事并引以为戒，尽管他们当时可能并不在场。可以说，"兹维亚金茨事件"向我们充分展示了集体教育的巨大力量。

3. 惩罚的原则

　　以上我们简单地介绍了马卡连柯关于惩罚主体、惩罚对象以及惩罚方式的思考。下面我们将介绍马卡连柯在具体实施惩罚时遵循的一些原则。当然，惩罚制度首先就集中体现了"尊重与要求相结合"这一原则："确定整个惩罚制度的基本原则，就是要尽可能多地尊重一个人，也要尽可能多地要求他。"[3]我们以下要介绍的这些原则是在实践中对这条总的基本原则的现实化和具体化，这些原则包括：

---

① 马卡连柯. 马卡连柯教育文集：下卷[M]. 吴式颖，等，编. 北京：人民教育出版社，1985: 295.
② 〔苏〕马卡连柯. 马卡连柯教育文集：上卷[M]. 吴式颖，等，编. 北京：人民教育出版社，1985: 234.
③ 同上：100.

第一，进行惩罚时，惩罚者（首领或集体）必须牢记有意义的惩罚[①]与无意义的、旧社会的惩罚之间的区别，即惩罚的目的不是给人的身心造成痛苦，而是要让被惩罚者体会到自己对集体的责任以及集体对他的要求。

第二，只有当被惩罚者理解了上述意义，知道惩罚的目的是维护集体利益，并且知道在惩罚的背后集体正对他提出什么样的要求、为什么这样要求以及暗含在这种要求背后的尊重时，惩罚才是有意义的。这是实施惩罚的第一个必要条件。

第三，只有当集体的利益真正遭到损害，并且破坏者无视集体的要求，公然而且有意地进行这种破坏的时候，才可以使用惩罚。这是实施惩罚的第二个必要条件。

第四，惩罚之前，教育者必须和犯过的学生进行谈话，谈话所涉及的内容"应当是学生的行为，而不是立即采取惩罚的形式"。[②]谈话的形式包括犯过错后的当众谈话、犯过错后的单独谈话以及延期的谈话等，可以根据不同的情况和不同的教育效果采取不同的谈话形式。

第五，设定惩罚内容时，要做到惩罚的严厉程度必须和集体对儿童的要求成正比，从而也和对儿童的尊重成正比——集体越尊重一个儿童，集体对这个儿童的要求就越高，当这个儿童犯了错误时，集体对他的惩罚也越严厉。这条原则造成了一些有趣的现象：在集体中最优秀的社员所获得的尊重和要求是最高的，所以他们一旦犯了错误所获得的惩罚也是最严苛的，甚至到了锱铢必较的地步。正如马卡连柯所言："一般地说，不应当禁闭坏学生，而应当禁闭好学生，坏学生应当加以原谅，不过，必须让大家都知道：我对最好的学生是连一点点小事情也不放松的。"[③]同时，对于刚

---

① 参见：徐俊，王真.教育惩罚的意义系统与"有意义惩罚"的实现[J].教育学报，2022(03):25-35.
② 〔苏〕马卡连柯.马卡连柯教育文集：上卷[M].吴式颖，等，编.北京：人民教育出版社，1985:285.
③ 同上：125.

刚进入集体的，还没有真正成为集体一员的新人，惩罚反而是最不严厉的，甚至很多时候是没有惩罚的。新人刚刚进入集体的时候总有几个月的观察期，在这段时间里每当新人犯错时，集体中总能听到类似这样的声音："算了吧，他还是个生人呢！""他还是原材料呢！""他刚来，还什么都不懂呢！"在雷日科夫侮辱站岗女孩的事件中（我们在讨论第三个层次的尊重与要求时提到过这个案例），马卡连柯就提议对雷日科夫不进行任何惩罚，因为雷日科夫还没有获得集体的尊重，并且也不了解惩罚的意义，在这个时候对他进行惩罚，既无必要也没作用。

此外，由于与惩罚的严厉程度直接相关的是集体对个人的要求，这种要求的高低除了与集体对个人的尊重程度成正比以外，还与要求的内容有一定关系——即使对象是刚加入集体的新人，如果他是故意地违抗甚至反对整个集体，集体就必须毫不妥协地表明自己的态度与立场："应当采取一般程序中最坚决、最严厉的办法对付故意地、有意地破坏机关和集体法规的新生。在这种情况下，不容许进行任何的个别谈话和劝告、说服和请求。但这并不是说，我们只是依靠表面的纪律处分的办法。表面的纪律处分只是向新生表明，集体坚决与这样的破坏行为作斗争，集体比他更有力，集体是不让步的。"[1]

第六，惩罚的决定必须永远和集体舆论相一致。这条原则主要是针对有处罚权的教师。马卡连柯认为，教师必须尽一切努力防止权力的滥用，不能在任何场合与学生集体尤其是学生集体的自治机构——全体大会发生正面冲突。教师在进行惩罚的时候，必须充分考虑到集体的舆论尤其是核心成员的意见，当然，在集体还不成熟的时候，只要核心成员站在教师一边，教师就可以比较放心地使用惩罚，但是如果连核心成员都反对教师的意见，那么教师就要考虑一下自己的决定是否合理了。"只有当你们感觉到集体和

---

[1]〔苏〕马卡连柯.马卡连柯教育文集：上卷[M].吴式颖，等，编.北京：人民教育出版社，1985：306.

你们在一起，集体所想的和你们所想的完全一样，集体所指责的和你们所指责的也完全一样的时候，才能使用惩罚。"①

第七，在某些情况下，如果犯事者申明他愿意服从集体的命令，并保证以后不再重犯错误（只要这种保证显然不是欺骗的话），惩罚应当取消。这条原则体现的是对于犯过的集体成员的一种尊重。

从以上这些原则的具体内容中不难看出，马卡连柯对惩罚问题的思考是站在集体教育的角度以集体教育为背景的——他在这些原则里所谈论的并不是一般意义上的惩罚（比如法庭对罪犯的惩罚），甚至也不完全是教育领域的惩罚（比如父母对子女的惩罚），而是专门在谈论集体教育模式中的惩罚（尽管这些思想对于理解其他种类的惩罚也能或多或少地带来一些启示）。

反过来说，以上所有这些原则的有效实施都有一个必要的前提，那就是一个强大集体的存在。"如果不能保证有合理的集体组织（各部分间明确的相互关系，校长的坚定意志、舆论、自治机构的积极工作和校外活动等），如果学生不以自己的学校而自豪，不爱护学校的良好名誉，那么，任何一种惩罚制度也不会带来好处，当然，这是无须证明的。"② 只有在一个强大的集体中，惩罚制度才能获得其真正的意义和力量来源。当集体很软弱或者根本还不存在时，盲目仿效马卡连柯的惩罚经验往往适得其反，甚至有可能带来很大的风险。

（二）集体中的奖励

关于奖励这个问题，马卡连柯谈论得并不多。在"高-捷集体"中，精神奖励往往重于物质奖励——虽然马卡连柯也会使用奖品和奖金形式的奖励，但是他并不主张过多地依赖这一类的形式。在他看来，只有集体的

---

① 〔苏〕马卡连柯. 马卡连柯教育文集：下卷[M]. 吴式颖，等，编. 北京：人民教育出版社，1985: 59.
② 〔苏〕马卡连柯. 马卡连柯教育文集：上卷[M]. 吴式颖，等，编. 北京：人民教育出版社，1985: 100.

肯定与尊重，才是儿童最应该去追求的最有意义的奖励，也正因为如此，"高-捷集体"中最高的奖励就是没有任何物质性的"当众嘉奖"："我们公社认为，最好的奖励就是向全公社宣布嘉奖的命令。宣读嘉奖命令的时候，全体都要立正。嘉奖命令是集体意志的表现，是一种集体的奖励。"① 这是一种整个集体给出的对个人的最高级别的尊重与肯定：

> 当众宣布嘉奖并没有任何的奖品和任何物质上的奖励，但最好的分队都在努力争取这种嘉奖。为什么要争取呢？为了在这一天，大家都依照规定专门穿上有白领子、缀花纹字的礼服，全社的人员都遵照规定在广场上列队，出动了乐队，全体教师、工程师和指导员都出场。另排成单独的行列。发出了口令："立正！"出旗，乐队演奏礼乐，接着，我和受嘉奖的人走出来，于是宣读命令："根据公社全体大会的决议，为了某某事情，对某某人予以嘉奖。"

> 这是最高的奖励。这种嘉奖还要记载在分队日记和公社日记里，并公布在红榜上，说明某一分队或某一人在某一天里受到了嘉奖。这种最高的奖励，只有富有情感、有高尚的道德品质和自尊自爱的集体才可能得到。②

为什么在"高-捷集体"中，奖励的重要性似乎并没有惩罚那么大呢？我们认为这可能与几个因素有关。首先，成熟后的"高-捷集体"内部的权责关系是非常清晰和明确的，这意味着集体成员的大多数工作都是在履行某种既定的责任、义务，每个集体成员都认为这些工作就是在当前的组织分工下自己分内应该做的事，就好比一个厨师把菜做好，一个警察把治安维持好一样，是不需要什么奖励的。其次，同维持集体纪律所必需的惩罚

---

① 〔苏〕马卡连柯. 马卡连柯教育文集：上卷[M]. 吴式颖，等，编. 北京：人民教育出版社，1985：222.
② 〔苏〕马卡连柯. 马卡连柯教育文集：下卷[M]. 吴式颖，等，编. 北京：人民教育出版社，1985：52–53.

不同，奖励在集体中主要起到的是一种激励或者说正强化的作用，尤其是完成了基本工作后还有突出表现的人，而在"高-捷集体"里，作出突出表现的人立刻会获得来自集体的肯定和赞扬，而这种集体内部的荣誉本身就是一种非常重要但又是无形的奖励——比如我们不止一次提到的"把最困难的工作交给最优秀的分队去做"就是如此，这本质上意味着在（高度发展了的）"高-捷集体"里"尊重"本身成了一种奖励。最后，在"高-捷集体"中，个人利益与集体利益达到了高度的一致——每个集体成员都知道，他们在完成集体工作的过程中也在锻炼和提高着自己的工作能力，并且能够在离开集体的时候找到一份正经的、体面的工作（参见本书第五章第二节关于"高-捷集体"毕业生出路的内容）——而他们原本都是一些有犯罪前科或者流浪街头的人，这也在一定程度上降低了额外进行奖励的必要性。当然，捷尔任斯基公社时期的工资制度也起到了重要的作用。

总而言之，"高-捷集体"中惩罚和奖励的逻辑其实都可以看作是"尊重与要求相结合原则"的具体应用和自然延伸，这里的"尊重"和"要求"都绝不仅仅是马卡连柯本人对个别学童的尊重与要求，而是整个集体、全体同伴对每个集体成员的尊重与要求。只有理解了这一点，马卡连柯（或者说"高-捷集体"里）的许多看上去"不合常理"而细想却又觉得特别微妙的做法（比如只惩罚社员、形式主义的惩罚方式等）才能得到正确的理解。

第三节　原则三：个人与集体同时作用

这条原则一般被研究者称为"平行教育影响"，或"同时作用原则""平行作用原则"。[①] 马卡连柯对此曾有过一个定义式的表述："每当我们给个人

---

① 何国华,燕国材.马卡连柯教育思想研究[M].长沙:湖南教育出版社,1986:140.

一种影响的时候，这影响必定同时应当是给集体的一种影响。相反地，每当我们涉及集体的时候，同时也应当成为对于组成集体的每一个个人的教育。"①这个原则由不可分割的两方面组成，一是在对集体施加影响时，这种影响应当同时尽可能地通过集体延伸到个人身上（"通过集体来教育个人"这个动作也包含在里面），正如马卡连柯所言："没有集体的关系，如果我不以集体的尺度来接近个人，那我就无法应付了。"②二是应当尽可能利用教育个人的机会来教育整个集体，因为"学校集体是苏维埃儿童社会的细胞，它首先应当成为教育工作的对象。在教育单独的个人的时候，我们应当想到整个集体的教育"。③

尽管根据第四章的分析，"培养和教育集体"在逻辑上是先于"通过集体来教育个人"的，但是由于培养和教育集体本身是一个长期的没有终点的过程，并且在现实中"培养和教育集体"和"通过集体教育个人"的恰当机会往往是交替出现的——几乎不可能存在先把集体完全培养好，然后再发挥其教育作用的情况。在实际工作中，"培养和教育集体"的任务可能只是在时间上的起点略早一些，但很快两个任务就会在丰富复杂的集体生活中交替出现并交融在一起。因此，马卡连柯认为，在集体教育的过程中，这两个任务必须不分彼此地统一起来，成为一种共同的方法，这就是"个人与集体同时作用原则"的基本内核。

实际上，只要真正的集体已经存在，这两个过程的合二为一是难以避免的——集体中发生的任何一件事情都必然会对相关个人以及整个集体同时产生一定的影响——即使教育者并没有刻意这么做。与此同时，这种相互影响的过程在教育价值上也是中立的——教育影响可以通过集体与个人的互动同时作用于两者，其他性质的影响包括坏的影响也会通过这一过程同时作用于两者。教育者要做的并不是发明或创造出集体与个人之间的这

---

①③〔苏〕马卡连柯.马卡连柯教育文集：上卷[M].吴式颖，等，编.北京：人民教育出版社，1985：79.
②〔苏〕马卡连柯.马卡连柯教育文集：下卷[M].吴式颖，等，编.北京：人民教育出版社，1985：74.

种相互影响，而是要尽可能地利用这一机制实现正面的、积极的教育目的，发挥出其最大的教育潜力，同时警惕和避免负面的、消极的乃至邪恶的影响在集体与个人之间相互传播。

如果我们将这条原则与之前确定的集体教育的定义（一种培养和教育受教育者集体，同时依靠和通过集体教育个人的教育模式）相比较，就会发现这条原则其实是集体教育定义的直接推论，同时也是"集体既是教育的手段，也是教育的目的"这条核心思想在实际操作过程中的一种具体调整。这种调整的必要性在于：虽然集体作为教育的手段和目的在逻辑上可以分开，但是在具体实施集体教育的过程中却是不可能分开的。

既然是集体教育模式本身的一种具体化，"个人与集体同时作用"这条原则就必然渗透在马卡连柯集体教育实践的整个过程中，前景路线、道德理论教育、榜样示范、权责委任、制度建设、演习锻炼、集体舆论等无不是同时影响集体和个人的方法；集体中对个人的尊重与要求和以此为基础的惩罚、奖励制度也都是在集体中通过集体完成的。以奖惩制度为例，在"高-捷集体"中，惩罚与奖励通常都是以基层集体也就是分队为单位进行的，如果一个人犯了错，那么全队都要挨批评（没错，这就是现在被一面倒否定的"一人犯错，全班受罚"），比如马卡连柯是这样处理个别儿童的迟到现象的：

> 彼得连科去工厂晚了，晚上我得到了关于这件事情的报告。
>
> 我把彼得连科所属的分队队长叫来，对他说："你的队里有人上工迟到了。"
>
> "是的，彼得连科迟到了。"
>
> "以后不要再有这样的情形。"
>
> "是，以后不会再有了"。
>
> 彼得连科第二次又迟到了，我把全分队集合起来。"你们分队里的

彼得连科第二次上工迟到。"我批评了全分队。

　　全分队的人都来教育彼得连科，并对他说："你上工迟到了，这就等于说我们全分队都迟到了！"①

在这个例子中，马卡连柯有意通过教育整个分队来影响个别人。然而正如我们之前所说，教育者是利用而不是发明这种集体与个人之间的相互影响——即使马卡连柯不是批评整个分队而是单独把彼得连科叫到办公室里去单独谈话，由于基层集体已经成熟，等彼得连科回到分队寝室，其他人也会来问他马卡连柯是怎么说的，整个分队也会因为有人挨了批评而感到羞耻，依然会反过来对彼得连科造成道德上的压力，只是这样的教育过程作用远没有马卡连柯批评全分队那样直接和有效。

同样，如果某队在生产或学习中获得了某种奖励，这种奖励也会由全体队员所共享，包括那些在相关方面拖了分队后腿的人。马卡连柯认为，这种做法虽然看似很不公平，但是对那些在某方面落后的儿童来说却是一种强大的道德刺激，他们往往会受到自尊心的驱使而更加努力，赶上同伴们的水平，使自己能够配得上所享受的奖励。

除了奖惩制度以外，每一次队长会议、每一次全体大会也都直接应用了"个人与集体同时作用原则"，比如当在全体大会中处理违纪事件时马卡连柯就主张："一般地说，最好能够做到集体中个别成员在发言中所要求的处理办法要比站在教育观点所要求的严厉得多，而最后的决议和许多提案比起来要温和得多。"② 这个过程本身就是教育个人与教育集体的高度统一："正是在这种集体反应的形式中，集体不仅是教育的客体，而且也是教育的主体，因为在这种形式中，能使集体学到积极保卫自身利益的经验。"③

由于渗透在集体教育的整个过程和所有方面，这条原则里并不存在独立

① 〔苏〕马卡连柯. 马卡连柯教育文集：下卷[M]. 吴式颖，等，编. 北京：人民教育出版社，1985：71.
②③〔苏〕马卡连柯. 马卡连柯教育文集：上卷[M]. 吴式颖，等，编. 北京：人民教育出版社，1985：306-307.

于前两条原则的内容和方法（马卡连柯集体教育的全部实践都可以认为是在贯彻这一原则），我们在这里也并不准备对这条原则作画蛇添足的解释，而是选择用一个具有典型意义的专题研究来加深读者对这一原则的理解，同时也作为本章的一个总结。这个专题就是"集体中的偷窃事件"。

选择这个专题主要基于两方面的考虑。其一，这个专题可以加深我们对"个人与集体同时作用原则"的理解。偷窃事件（主要是集体内的偷窃）一旦发生，就会迅速成为整个集体关注的焦点，再加上大多数此类事件最终都要提交全体大会，所以往往会形成集体与个人相互影响最激烈的情境。从通过集体来教育个人的角度，整个集体对偷窃行为的义愤和零容忍，以及在这一过程中对偷窃者的嘲弄、鄙视乃至驱逐，往往会使偷窃者受到巨大的心灵震撼，从而产生难以比拟的教育效果；从通过个人来教育集体的角度，批判偷窃者的整个过程对集体中所有其他成员来说也是一种非常好的教育。正如马卡连柯所言："一个小孩哪怕只有一次表决过赞成开除偷窃的同学，他自己就很难再犯偷窃的行为。"[1] 其二，处理偷窃问题的过程往往会牵动整个集体的方方面面，可以集中体现集体的作风、集体的面貌、集体的传统和集体的力量。考虑到这些因素，这个专题作为整个马卡连柯集体教育体系的总结也是最合适的。

一、集体外的偷窃

对"高-捷集体"来说，存在两种性质不同的偷窃，一种是集体外的偷窃（被窃者在集体外），比如在高尔基工学团成立初期，很多儿童白天会跑到城里去偷东西，后来又去附近农民的地里偷西瓜，去地窖里偷食品等，当时工学团还因为这类事情同附近农民关系紧张。然而，马卡连柯并未像

---

[1]〔苏〕马卡连柯. 马卡连柯教育文集：上卷[M]. 吴式颖，等，编. 北京：人民教育出版社，1985: 31.

我们所预期的那样采取任何"果断"的措施来遏止这种行为，相反，他自己也承认："我对自己的第一个集体没有提出不许偷窃的要求，我知道，我无论在哪一方面都不能够说服他们。"①马卡连柯之所以选择这么做，与他对要求的谨慎态度有关："凡是我没把握断定能不能要求什么，要求得合理或不合理的地方，我就装作什么也没有看见的样子。"②

实际上，马卡连柯集体外的偷窃有其复杂的成因。首先是因为工学团中的儿童以前都是流浪儿，过惯了在大街上讨生活的日子，长期养成的偷窃习惯和以高明的偷窃为荣的心理难以一下子扭转过来；其次在工学团成立初期，集体中还没有建立完善的学校制度，儿童的课很少，集体的生产也处于最原始的，没有任何规模的阶段，在这种情况下，儿童旺盛的精力没有释放的途径，必然会醉心于他们自己设定的"冒险活动"；最后，在集体还不成熟的时候，儿童的自尊感和荣誉感，尤其是集体荣誉感还远远没有养成，没有形成"偷窃是给集体抹黑"的观念，而这种观念只有在长期的同甘共苦、荣辱与共的集体生活中才能养成。

曾经有一次，工学团的两个学童因为偷农民的衣服被抓住了（这种事情很少发生，因为学童都很机灵，偷东西很难被抓住，所以农民们虽然怨声载道，却苦于没有证据），村苏维埃主席得意扬扬，威胁要报告给上级，还要把两个学童送到拘留所，马卡连柯向他苦苦哀求了两个多小时，保证不再发生同样的事情，并答应给村里一些补偿，最后村主席提出一个条件，那就是让所有学童一起来求他。马卡连柯当时又羞又恨："我的脑子里闪过一个毒辣的念头：要是他们能在黑暗的角落里把这个主席捉住痛打一顿，我再也不去救他。"③但是没有办法，马卡连柯只好命令全体整队，一起向村主席表示道歉并请求宽恕，并且领教了村主席一番带有蔑视和羞辱的点评。从此以后，集体外的偷窃就收敛了很多。

①②〔苏〕马卡连柯.马卡连柯教育文集：下卷[M].吴式颖，等，编.北京：人民教育出版社，1985：49.
③〔苏〕马卡连柯.教育诗[M].磊然，译.北京：人民教育出版社，2011：136.

二、集体内的偷窃

所谓"集体内的偷窃",指的是学童偷窃教师、同学以及集体财产的情况。在马卡连柯相关著作中提到的偷窃事件(去掉情节重复的)的"作案者"约有八人:

《教育诗》中的偷窃者:

    1. 布隆(见教育案例 3)

    2. 陀罗什柯

    3. 乌席柯夫(见教育案例 20)

《马卡连柯教育文集》中的偷窃者:

    4. 伊凡诺夫

    5. 列娜

    6. 格里先科

《塔上旗》中的偷窃者:

    7. 万尼亚和菲利卡

    8. 雷日科夫

这八个人的具体情况很不一样:从集体的发展阶段来说,"布隆案"发生在高尔基工学团成立初期、"陀罗什柯案"则发生在工学团刚刚进入库里亚日的时候,而《塔上旗》和《马卡连柯教育文集》中的例子则都发生在集体较为成熟的捷尔任斯基公社时期;从身份上来说,布隆、陀罗什柯、格里先科是新生,其他人都是老生,伊凡诺夫是值日队长,列娜则是唯一的女孩子;从性质上来说,除雷日科夫以外,其他偷窃事件都属于"集体内部矛盾",而雷日科夫的作案动机却是出于对苏维埃政权的敌视,属于"敌我矛盾"——马卡连柯在《塔上旗》里甚至非常明确地将雷日科夫称作"公社的敌人"。

布隆和乌席柯夫的遭遇读者可参见本书第二章"教育案例 3"和"教育

案例 20"的相关内容，我们下面将介绍陀罗什柯、伊凡诺夫、列娜、格里先科、万尼亚和菲利卡、雷日科夫这六次偷窃事件（尤其是马卡连柯和集体对这些偷窃者们的处理方式），再将所有的偷窃事件〔包括布隆和乌席柯夫在内）放在一起进行进一步的分析，以期加深大家对"个人与集体同时作用"这条原则的理解。

（一）挨揍的陀罗什柯 —— 库里亚日的解决方式

这件事情发生在高尔基工学团十多个人的"先头混合联队"刚刚到达库里亚日后不久（可参见本书第二章第三节的相关内容），库里亚日教养院里原来的学童之一陀罗什柯一天晚上去其他寝室偷了六双皮鞋，然而在他走到钟楼的时候，一条被子从黑暗中扔出来把他盖住，然后跑来几个儿童隔着被子把他痛打了一顿，高尔基工学团的高尔柯夫斯基碰巧路过那里，打人者才带着被子逃走了。这件事情惊动了上级机关，并且派了一个调查组下来，然而却一无所获，陀罗什柯也说不出是谁打了他，这件事最后只好不了了之。

不久之后，在一次与马卡连柯的谈话中，库里亚日一个比较积极的学童万尼亚才透露打人者里有他，但拒绝说出其他人是谁，"叫他知道不应该偷东西！"[1]马卡连柯沉思良久，罚了万尼亚禁闭，然而在高尔基工学团集体到来之前，他能做的也只有这些了。

（二）新人代表格里先科 —— "他还要偷两次！"

"他还要偷两次！"这是"高-捷集体"在处理新人偷窃的时候社员们常说的一句话。这句话的含义是鉴于刚进入集体的儿童以前是流浪儿，所以在短时间内很难改掉偷窃的习惯，集体对此表示理解，但同时集体也假定

---

① 〔苏〕马卡连柯. 教育诗[M]. 磊然，译. 北京：人民教育出版社，2011：490.

一个新人在偷窃了 2—3 次以后，是可以根除偷窃习惯的。马卡连柯曾经好几次提到集体对待新人偷窃的这种方式，他在《关于我的经验》中提到的格里先科和《塔上旗》中提到的波德韦西科两个案例相对更清晰。由于这两个案件非常相似（都是新人偷了别人的钱包），我们就仅看看描述得更为简洁也更为完整的"格里先科案"：

值日队长做报告时说：格里先科偷了同学的钱包。

"格里先科，站到中间来！"①格里先科站了出来，大家都看着他，他脸红了。

大家对他说：你还是新来的，你惯于做贼了，你有了这样的习惯。你还会再偷一两次。

"我怎么还会再偷？我再不偷了。"

"不，看着吧，还要偷一两次。"

过了两礼拜，格里先科又站在中间了。

"又偷了？"

"是，偷了同学的东西。"

"你下过决心，说过你不再偷了，我们也对你说过了。现在你不要再偷了，你已经有了经验教训。"

格里先科相信所有的"预言"都要兑现的，于是，当真不再偷窃了。②

---

① 在马卡连柯集体的全体大会中有一个很特别的传统，那就是向全体大会做报告和接受全体大会质询和审判的儿童需要站在环坐着社员们的大厅中间（见教育案例 12），对于犯过者而言，这一方式本身形成的"被整个集体"注视的状态就已经造成了巨大的道德压力。在整个马卡连柯的集体历史中，似乎唯一一个拒绝"站在中间"的是《塔上旗》中后来成为集体敌人的雷日科夫（即本部分最后一个偷窃事件中的偷窃者），但他后来在巨大的集体压力下也不得不服从了。

② 〔苏〕马卡连柯. 马卡连柯教育文集：上卷[M]. 吴式颖，等，编. 北京：人民教育出版社，1985：149-150.

马卡连柯曾对集体的这种对待新人偷窃的态度有所保留，要知道当时集体里已经有 450 个学童，如果每个人进来都要偷 2—3 次是绝对不能接受的。然而，事实证明，这种方式具有很大的教育效果。每当有新人偷窃，集体就会向他传递这样一个信息：这不是你犯的罪，而是你暂时不能摆脱的一种习惯，但是你很快就再也不会偷窃了。这个信息是以一种不容置疑的集体信念的方式存在的，它不仅对于偷窃者而且对于参与全体大会的所有儿童来说都成了不可抵抗的集体意识的一部分："这种集体信念的力量是这样的厉害有力，竟使所有的偷窃行为都停止了。如果再有人偷东西，他就要苦苦地请求不让他站在中间，保证再也不偷了。要不然，大家就要说：他还要偷两次！而这话却是他从前自己也说过的。"①

（三）被保护的列娜 —— 马卡连柯的谎言

列娜是一个女孩子，有一次她被集体怀疑偷了同寝室女生的 50 卢布，并且相关证据已经比较明显（但还不算完全确凿），连列娜平时的好朋友都不再同情她，一致同意把她逐出公社。然而马卡连柯却做出了令人颇感意外的行为：他坚持说自己相信列娜没有偷钱，并且说自己从眼神上就可以看出这一点。儿童们被马卡连柯的坚持搞糊涂了，因为"他们知道，我确实常常能根据眼睛的神色，知道许多事情"。②最后，全体大会没有对列娜进行任何惩罚：

> 第二天，列娜到我这来了。
> "谢谢您！您维护了我，他们攻击我是毫无道理的。"
> "这是怎么回事？本来就是你偷的。"
> 这里，我以出其不意的转折把她问住了。

---

① 〔苏〕马卡连柯.马卡连柯教育文集：下卷[M].吴式颖，等，编.北京：人民教育出版社，1985：55.
② 同上：91.

她哭了，也承认了。

但是，这一个秘密只有我和她两个人知道。

我知道是她偷的，但为了维护她，我在全体大会上"说了谎"，从而把她完全置于我的教管下。[①]

(四) 被驱逐的伊凡诺夫 —— 不可饶恕的值日队长

"伊凡诺夫案"在"高-捷集体"的发展中是一个重大事件，因为他是在担任值日队长（参见本书第五章第一节关于"值日队长"的介绍）这一集体中享有高度尊重与信任的岗位时偷窃了另一个孩子的一台收音机，这无异于辜负了集体赖以生存的信任并且玷污了值日队长的荣誉，性质非常严重。在全体大会上，集体毫无悬念地作出了将其驱逐出公社的决议，也正是在这次大会上，当马卡连柯试图阻止全体大会驱逐伊凡诺夫时被愤怒的集体禁止发言。虽然如此，马卡连柯还是想办法迫使集体将驱逐的决定延迟到上级部门的代表批准以后再执行。当晚，公社的上级部门肃反委员会的工作人员来到了公社，并就"伊凡诺夫案"与全体大会展开了针锋相对的辩论，双方各执一词，互不相让：

争辩进行了很久，整整搞了一个晚上。最后，社员们停止了反驳，甚至为肃反委员会工作人员的讲话鼓掌，因为他们讲得很好。但当进行表决时，主席说"谁赞成开除伊凡诺夫"，大家立刻都举手了。肃反委员会工作人员又发言，又进行说服。我看看他们的脸，他们都在微笑，因为他们知道反正伊凡诺夫是要被开除的。到了晚上 12 点，作了决定：仍照昨晚上的决定开除——打开门，教他滚出去。我们所唯一争取到的是：不把他一个人就这样赶出去，而是派人护送他，把他送

① 〔苏〕马卡连柯. 马卡连柯教育文集：下卷[M]. 吴式颖，等，编. 北京：人民教育出版社，1985：91-92.

到哈尔科夫去。①

　　一年以后，马卡连柯又想办法把伊凡诺夫送到了别的工学团，但是没有让任何人知道。

（五）盗用机油的万尼亚和菲利卡——集体的功臣

　　万尼亚和菲利卡是集体里两个年龄比较小的孩子，他们偷机油的事情发生在捷尔任斯基公社电动工具工厂开工后不久，当时《塔上旗》中的主人公之一伊戈尔被分配到了整个工厂中最好的机床，与这台机床配套有一小瓶非常贵重的机油，某一天伊戈尔上班的时候发现这瓶油丢失了。伊戈尔怀疑是在他旁边机床工作、平时和他关系较好的万尼亚和菲利卡所为，就跑去向马卡连柯告状。恰巧这天早上，万尼亚和菲利卡为了不被人发现，在上班前很早就偷偷跑进工厂，用这瓶机油给机床上油，却碰巧撞见雷日科夫和班科夫斯基在偷铣刀，原来他们就是长时间以来公社不断发生的贵重生产工具失窃事件的罪魁祸首！在首长办公室里，万尼亚和菲利卡抵不住伊戈尔的质问，很快承认了他们私用机油的事实，受到了马卡连柯的严厉训斥。

　　在紧接着进行的队长会议中，大家的注意力完全集中在了菲利卡对早上所看到的事情的汇报，并就此揪出了一直深深隐藏在集体内部的敌人雷日科夫（即下文最后一个偷窃事件的偷窃者）和班科夫斯基，从而消除了几个月以来笼罩在整个集体头上的一片乌云。这样，菲利卡和万尼亚就一下子成了整个集体的小英雄，而他们私自盗用伊戈尔机油的"罪行"与之相比似乎就不那么重要了。实际上，他们偷机油本来就是为了更好地生产而不是谋求个人私利，再加上两个小孩平时和伊戈尔的关系就不一般，大家

---

① 〔苏〕马卡连柯.马卡连柯教育文集：下卷[M].吴式颖，等，编.北京：人民教育出版社，1985：42-43.

对于他们的行为本来就没有太放在心上，当时在场的生产主任所罗门就对伊戈尔说："切尔尼亚文同志，我再给您买一瓶这样的油。就让他们用那瓶油吧。他们爱上了自己的'凯斯通'。"①

雷日科夫和班科夫斯基被揭露以后，集体中人心大快，也没有人想到要再追究万尼亚和菲利卡的过失，倒是菲利卡和万尼亚自己深感内疚，跑到马卡连柯那里去承认错误了：

> 当一切结束时，当被逮住的人被带走后，当热烈的、令人高兴的全体大会已成为过去时，当克赖策尔离开后，菲利卡和万尼亚把那瓶用剩下来的贵重的油送到办公室去。菲利卡又说了："我们只注了两次油，阿列克谢·斯捷潘诺维奇。让伊戈尔别生气了。我们也给他的'萨姆松·韦尔克'注油了，而不是只给我们的牛头刨床注油。"
>
> 扎哈罗夫久久地、严肃地看着两个男孩的眼睛并对他们说："你们简直想象不到自己是多么了不起的人！你们永远也不会明白，这样也很好，至少不会自高自大起来！"菲利亚和万尼亚不完全明白扎哈罗夫所说的话。他们按应该回答主任的方式回答了他："是，不自高自大！"②

（六）破坏者雷日科夫——集体的敌人

《塔上旗》中的"雷日科夫案"是马卡连柯集体中发生的性质最恶劣、影响最重大并且持续时间最长的偷窃事件。雷日科夫在进入公社之前就是一个惯偷，还曾经洗劫了当时算是他同伴的万尼亚的全部财产。雷日科夫刚刚进入公社的时候，万尼亚和伊戈尔就曾经因为过去的事情而对雷日科夫感到厌恶。

---

① 〔苏〕马卡连柯.塔上旗[M].诸惠芳，译.北京：人民教育出版社，2019: 540. "凯斯通"是菲利克和万尼亚负责操作的机床的名字，伊戈尔那台的名字就是后文提到的"萨姆松·韦尔克"。
② 同上：547.

然而，雷日科夫同时也是一个很识时务甚至很能适应环境的人。虽然进入公社后不久他就因为调戏站岗的小姑娘而受到全体大会的审判，但他很快就熟悉了公社的游戏规则，并且明白对于如此成熟和强大的集体是不能起正面冲突的。他依旧在暗地里偷东西，但是他在这方面的经验和警惕性使他没有被任何人发现，万尼亚和伊戈尔虽然发现了一些蛛丝马迹但却苦于没有直接证据而束手无策。与此同时，雷日科夫在表面上却显得是一个正常乃至越来越优秀的集体成员——由于在工厂里工作是有工资的，而且努力工作还能获得集体的信任，雷日科夫几乎变成了铸造车间的先进工作者，甚至还因为"在铸造车间里的模范的突击工作"而受到整个集体的嘉奖。在集体生活中，雷日科夫也曾经因为揭发了偷东西的波德韦西科而获得了一定的威信。当他所在的第一队的队长沃洛佳因为银表失窃（雷日科夫所为）引咎离开以后，雷日科夫还因为在生产中的突出表现而被选为第一队的队长（尽管只有相对多数的人赞成，但此类决定一般都需要全票通过），并在轮到他值日的时候戴上了值日队长的臂章。

　　与表面上的"先进""优秀"大相径庭的是，公社里在这段时间里发生的断断续续的偷窃事件，除了波德韦西科偷钱包的那次以外几乎都是雷日科夫（后期与工具储藏室的主任班科夫斯基一同）所为。他先是在衣帽间偷走了伊戈尔和另一位社员的大衣，然后又偷了剧场里一块价值几百卢布的大幅呢幕。有一天公社的钟坏了，马卡连柯把自己的银表交给吹号手兼第一队的队长沃洛佳好让他能够按时吹号，雷日科夫就在他睡觉的时候从枕头底下把这只银表偷走了，结果沃洛佳因为难以承受"自己的队里出了小偷"[①]的压力而引咎离开。还有一次雷日科夫偷了两把扳手，并嫁祸给第一队里与自己不和的列维京。在新的电动工具工厂投产以后，雷日科夫两人更是一起偷窃了数不尽的生产工具和零件，给集体造成了巨大的经济损失。

---

① 公社一般是同一队的队员住在同一寝室。

在半年的时间里，整个集体因为没有抓住这个内部的蛀虫而气氛沉闷。在庆祝由女孩子们所组成的缝纫小组勇夺生产竞赛胜利的大会上，女社员代表奥克萨娜在发言时依然不忘提到这件让整个集体感到恶心的事实："……可能有一个败类至今还生活在我们中间，我们的手还没有惩罚他。昨天工厂里还丢失了工具。大家看到了没有，竞赛司令部画的图上的那团黑乎乎的东西是如何落荒逃离我们的城市的？有一个同样黑乎乎的人生活在我们中间。姑娘们请求你们，工学团团员同志们：在找到他之前，……逮住他之前，我们不需要安逸，我们不需要任何快乐。姑娘们还有个要求，那就是找到了他之后要开一个我们这儿从未有过的盛大的庆祝会！"[①]

幸好，在万尼亚和菲利卡的误打误撞之下，这大快人心的一天终于到来了。戏剧性的是：那一天恰巧轮到雷日科夫担任值日队长。当在队长会议上他的罪行被菲利卡揭露时，第四队的队长，公社社员里最严厉的济良斯基一把上前扯下了他的臂章！起初，雷日科夫还想通过"诚实"地坦白一切来获得集体的同情，并试图把所有的责任都推到班科夫斯基身上，仿佛自己只是受到了他的教唆似的，但他已经不能再欺骗眼睛雪亮的队长们了。最后，雷日科夫和班科夫斯基作为"敌人"被遣送到城里的内政人民委员会。过了一些日子，因银表失窃而蒙冤离去的沃洛佳也被集体接了回来。

（七）关于偷窃问题的小结

如前所述，"高-捷集体"里发生的偷窃事件的具体情况各不相同，偷窃者最后受到的对待也差异极大。然而，在大多数事件中，马卡连柯本人所起的作用似乎都很有限，很多时候他所做的唯一重要的工作就是将事件推到整个集体面前，交给集体自己来处理——即使在全体大会制度还没有建

---

① 〔苏〕马卡连柯.塔上旗[M].诸惠芳，译.北京：人民教育出版社，2019：513-514.

312　　　　　　　　　　　　　　　　记住马卡连柯：集体教育的思想与实践

立起来的"布隆案"中也是如此。因此，在对待集体中的偷窃事件时，马卡连柯本人的态度似乎并不重要，重要的是集体的态度、集体的反应、集体的行动。具体来说，集体对于偷窃事件的反应又根据集体所处的阶段以及事件具体性质的不同而不同（见表 6-2）。

表 6-2 "高-捷集体"中发生的偷窃事件一览表

偷窃者	集体的状态	事件的性质	集体的反应	马卡连柯的行动
陀罗什柯	没有集体	小偷小摸	滥用私刑	惩罚愿意接受惩罚的人（继续培养集体）
布隆	不成熟的集体	第一次偷窃	谴责，斗争，唤起集体意识，简单审判	刺激集体对偷窃作出共同反应（培养集体），自己设定惩罚
乌席柯夫	成熟的集体	比较恶劣，偷中学生的助学金，但后来悔改	以孤立为惩罚，但后来决定宽恕他	监督并支持集体的处理方式
格里先科	成熟的集体	不太恶劣，新人偷窃	不惩罚，"你还要偷两次"	监督并支持集体的处理方式
伊凡诺夫	成熟的集体	非常恶劣，值日队长偷窃	一致而坚定地驱逐	试图保护犯事者，但没有成功
列娜	成熟的集体	比较恶劣，偷同伴的钱	过度打压，试图驱逐犯事者	成功地保护了犯事者
万尼亚与菲利卡	成熟的集体	不太恶劣，为了生产偷用机油	不惩罚，在犯事者与被窃者之间调解	监督并支持集体的处理方式
雷日科夫	成熟的集体	极端恶劣，被定性为破坏集体利益的敌人	齐心协力揪出犯事者，提交执法部门	监督并支持集体的处理方式

从表 6-2 中可以看出，最直接影响如何处理内部偷窃事件的因素是集体所处的状态。以"陀罗什柯案"为例，确切地说，这件事情并不是发生在

"高-捷集体"中,而是发生在当时将要被高尔基工学团消化并改造的库里亚日的儿童群体里。用马卡连柯的话来说,这是一个"腐败到了极点"的儿童群体,陀罗什柯的挨打就证明在这个群体中儿童们处理内部矛盾的方式是多么原始粗暴。如果换了别的教师,可能会选择抓住打人者然后以院长的身份对他们进行惩罚,然而马卡连柯——站在集体教育的角度——知道这样做是毫无意义的,在集体还没有形成之前,他最明智的选择就是什么都不做。所以马卡连柯反而会去惩罚已经向自己靠拢的万尼亚,即对万尼亚应用"尊重与要求相结合"的原则,这是当时在培养集体的方向上唯一可以做的事。与此同时,对于被打的偷窃者,马卡连柯也同后来集体对待新人的方式一样,没有对他施以任何惩罚,因为马卡连柯知道,在没有认识到惩罚意义的情况下,"在童年时期,如果因为偷窃行为去惩罚儿童是得不到任何结果的"。[①] 此外,"陀罗什柯案"也有比较积极的意义,那就是间接体现了库里亚日儿童群体中一息尚存的正义——打人是偷窃的惩罚而不仅仅是恃强凌弱——虽然这种正义不是以光明正大的公开审判而是以偷偷摸摸的滥用私刑来实现的,但却是这些儿童心里实实在在存在着的正义。这也为之后以万尼亚为代表的库里亚日儿童群体中的先进分子迅速地接受来自马卡连柯和高尔基工学团的改造,并且很快成为集体中的模范分队埋下了伏笔。

在"布隆案"中,集体正在形成但还很不成熟,此时儿童们已经具有最初的集体意识,他们知道布隆偷的是"我们的东西",并且可以感觉到一种群体的力量和共同的义愤,而促使这种义愤产生的实际上是共同利益或者说集体目标的存在。在"高-捷集体"诞生初期这个目标不是由教师或者上级机关设定的,而是一个非常自然地摆在所有人面前的目标,那就是"共同生活下去",整个集体必须通过共同合作才能解决最基本的温饱问题。而

---

① 〔苏〕马卡连柯.马卡连柯教育文集:上卷[M].吴式颖,等,编.北京:人民教育出版社,1985:54.

对于每个学童来说，如果他们离开教养院回到街上（这方面他们是完全自由的）重新去过打架和偷窃的生活，要想解决温饱问题会困难得多。在这种情况下，持续不断发生的内部偷窃就是对这一共同目标的阻挠——糖被偷了大家就要一起重新想办法弄糖来，油被偷了大家又要去买油——当大家充分认识到这一共同生活的事实后，一起对付内部"蛀虫"的必要性就变得显而易见了。虽然由于集体传统还没形成，最后的惩罚是由马卡连柯而不是（在一个成熟的集体中）由集体决定的，但这充其量不过是一个操作上的细节，真正的集体教育在布隆受到整个集体谴责的时候就已经出现了。这一点也说明集体教育的实现或者说集体的教育力量的发挥并不一定需要非常成熟的集体组织和日积月累的集体传统。这些条件的存在确实能够提高集体教育的质量和效率，但并不是集体教育得以发生的必要条件。集体教育得以发生的必要条件仅仅是集体的"在场"和集体生活的进行，而这一切最终都是以集体目标的存在为起点的。当一群人由于某个共同目标而联合起来的时候，集体和集体生活就开始存在了，集体教育也就获得了它的力量之源。事实证明，"布隆案"对于布隆本人的教育是非常成功的，读者可能还记得布隆后来在收获节（参见本书第一章第三节）上所扮演的角色——从集体里的第一个小偷到最优秀的队长，布隆的变化何其令人赞叹！

除了"陀罗什柯案"和"布隆案"之外，其他的偷窃事件都发生在比较成熟的集体中，其中又可以根据性质的恶劣程度分为两类，一类是性质不那么恶劣的偷窃，包括以格里先科为代表的新人偷窃和万尼亚与菲利卡的"偷用机油案"；另一类则是剩下的乌席柯夫、伊凡诺夫、列娜和雷日科夫四个人，他们都是公社里的老社员，熟悉公社的传统，理解集体的纪律和对自己的要求，但是却仍然在集体中偷窃。从性质上来说，这四个人都有意识地反对集体，性质比较恶劣（乌席柯夫和列娜）甚至非常恶劣（伊凡诺夫和雷日科夫）。

很明显，对于上面所说的第一类偷窃，集体的应对方式是比较温和的。

在"高-捷集体"中，对新人不惩罚已经成了一个有趣的传统，而其中的教育意蕴是富有启示的："新人来了，偷窃了东西，大家要'别'他一阵，但不惩罚。如果第二次偷窃了，第三次偷窃了，仍然是不惩罚……于是，新人就要设想什么时候开始惩罚他，因为在这里包含着对他个人人格的信任。"[①]

反过来说，惩罚代表一种要求，而要求的基础是尊重，所以不惩罚也就意味着"不尊重"。因此在表面上看似玩笑的"你还要偷两次"的"预言"中，实际上隐藏了一种轻微的、淡淡的但却非常真实的对新人人格上的否定，而这种否定对于新人的自尊心实际上构成了一种微痛但却非常有益的刺激，比如在《塔上旗》里同"格里先科案"类似的"波德韦西科案"中：

> 托尔斯基挠了挠后脑勺，微笑地看了看扎哈罗夫，说："回到自己的位子上去吧，波德韦西科！你可能还会再偷的。"
>
> 波德韦西科的眼睛突然亮了起来。他从托尔斯基的话中感觉到了某种屈辱的暗示。
>
> 托尔斯基重复了一遍："你还会偷，是吗？"
>
> 波德韦西科突然容光焕发了，他说："我保证不会偷了。这是最后一次。"
>
> "为什么是最后一次？"
>
> "我不想再偷了。"[②]

尽管波德韦西科信誓旦旦地保证自己不会再偷，但是集体似乎并不信任他，而是重复地说"波德韦西科一定还要偷一两回的""咱们往后瞧吧"之类的话。这时，新人不仅会感到有些受侮辱甚至可能会很气愤：为什么你们就是不相信我的保证呢？新人的这种反应里所包含的对他自己的尊严的

---

① 〔苏〕马卡连柯. 马卡连柯教育文集：上卷[M]. 吴式颖，等，编. 北京：人民教育出版社，1985：222.

② 〔苏〕马卡连柯. 塔上旗[M]. 诸惠芳，译. 北京：人民教育出版社，2019：404-405.

在乎与捍卫，正是他的道德人格因为"受了刺激"而开始生长的标志。

万尼亚和菲利卡的情况则有些不同。实际上，在所有这些偷窃案里，万尼亚与菲利卡的偷窃动机是最不一样的——他们是为了更好地从事生产工作，在屡次讨要未果的情况下盗用了好朋友的高级机油。这种行为与其说是出于一己私利的犯罪行为不如说是两个孩子因为过于投入生产而出现的行为，再加上因为他们误打误撞反而揪出了集体内部那个"黑黝黝的东西"，所以整个集体的反应（非常自然地）是最温和的以调解为主的不惩罚。

当一个成熟的集体内发生了第二类也就是比较恶劣的偷窃事件时，集体的舆论与方式（至少在刚开始时）是空前一致和彻底的，那就是驱逐。在捷尔任斯基公社后期，任何偷窃了的老社员几乎都会被要求离开集体。

很多苏联教师和教育学者对"高-捷集体"里这种似乎过于无情和在教育上不负责任的方式持有异议，马卡连柯却认为这种对偷窃事件的严厉态度对于集体的健康发展来说是绝对必要的："把小偷留在集体里——这就必然会助长偷窃的行为，这就会加倍地扩大由于猜疑无辜的同志而引起的纠缠不清的冲突，这就会迫使集体的每个成员锁起自己的东西并用猜忌的眼光注视着邻人，这就会消灭集体的自由，我们且不说这还意味着物质方面的损失。承认盗窃合法并容许盗窃，集体就会崩溃和瓦解，反之，集体就会巩固起来。只有对于集体的力量和权利有了共同的感受，集体的巩固才是可能的。"[1] 与此同时，对于犯事者来说，被集体驱逐本身也并不是个人的世界末日，而在很多时候是一种更为彻底的教育："集体从自己的队伍中抛弃了的那些人，经受到非常强烈的道德上的震动。集体通常并非真正把人赶到街头上，而是把他送到流浪儿收容所。我们知道在很多情形之下，这样的被驱逐者在社会道德规范的问题上找到了正确的方向……当他第二次

---

① 〔苏〕马卡连柯. 马卡连柯教育文集：上卷[M]. 吴式颖, 等, 编. 北京：人民教育出版社, 1985: 30.

被送回公社来的时候，已经永远忘记了自己偷窃的经验了。"① 马卡连柯还强调："那些证实说不能把顽劣的学生赶出教室门外，不能把小偷赶出公社门外（'你应当纠正他，而不应驱逐他'）的教育学理论，是资产阶级个人主义的空谈，这种个人主义同情个人的悲剧和'遭遇'，却看不见由于这种同情而毁灭数以百计的集体，好像这些集体并不是由这些人组成似的。"②

实际上，虽然集体对偷窃的态度是严厉的、决绝的，尤其是在个人与集体发生正面冲突时，如马卡连柯所说会"达到无情的地步"，但是从最后的结果来看，这四次性质恶劣的偷窃事件里最后真的被驱逐的只有伊凡诺夫和雷日科夫——伊凡诺夫玷污了值日队长的荣誉，而雷日科夫则是集体的敌人。这种似乎有些"雷声大雨点小"的结果主要受到两方面的影响。一方面，集体虽然在维护自身利益时是坚决的和无情的，但正如马卡连柯所言，这只是"在逻辑上"无情。事实上，"高-捷集体"富有战斗性，也是一个很有人情味的集体——儿童们的同情心和怜悯心并没有因为自觉严明的集体纪律而减弱，相反，集体中的每个人都能感受到一种大家庭般的温暖——法理之外，人情犹在。这也是为什么当乌席柯夫（见教育案例20）努力表现希望获得集体原谅时，很快就得到了善良的孩子们的回应。另一方面，作为成年教育者和整个集体的领导者的马卡连柯也一直注意不让集体做出过于极端的决议，尤其是那些面临着被集体驱逐的个人，除了雷日科夫之外，几乎都受到了马卡连柯的保护——乌席柯夫、列娜、伊凡诺夫还有兹维亚金茨（第六章第二节里提到的因为打小同学而被赶下船的学童）都是如此。在这样的刻意保护下，唯有最恶劣的、真正为整个集体所唾弃的人才会难逃被驱逐的命运。集中体现这两方面影响的就是"列娜案"——作为唯一一次恶劣的但又没有受到任何惩罚的偷窃事件，"列娜案"的处理方式似乎与我们迄今为止所提到的大多数集体教育的原则相悖，然而其背

①② 〔苏〕马卡连柯.马卡连柯教育文集：上卷[M].吴式颖，等，编.北京：人民教育出版社，1985：30-31.

后却隐藏着马卡连柯教育思想和实践中比较容易被人们忽略的一些细节。

首先，在"高-捷集体"中，虽然所有集体规则对于男女儿童都是一视同仁的，但是在具体操作的时候，往往会对女孩子更加温和也更有人情味。以禁闭为例，马卡连柯发现："女孩子们对禁闭是怀着某种恐惧感的，她们认为坐了禁闭，就是在全体社员面前丢了脸。"[①]因此，在"高-捷集体"里，获得了社员称号的女孩子一般是不受禁闭的，适用于女学生的惩罚也要相对宽松些。其次，"列娜案"发生在集体已经非常成熟的时候，如果按照"要求的发展阶段"来划分，这时的集体已经处于第三阶段，即集体已经开始以非常强大的姿态向个人提出不可妥协的要求，在这个阶段，成年领导者的责任就从"向集体提出更高的要求"转向了"防止集体向个人提出过分的要求"，尤其是要防止集体因为舆论的空前一致而作出极端的决议，使犯过者沦落到悲惨乃至绝望的地步。马卡连柯之所以冒着教育上的巨大风险在全体大会上说谎，正是因为当时"我看到集体被激怒了，可能把她赶出去"，这时，"正面打击一个人是不可以的，这样做，他就会处于孤立无援的境地。全集体反对他，我也来反对他，他会被毁掉的"。[②]对此时的马卡连柯来说，在集体的强压下把列娜保护起来是非常必要的——"当时列娜知道我为了她欺骗了全体大会，知道我们两人有了共同的秘密，这就能使她完全成为我的教育对象。"[③]当然，马卡连柯对于把自己置于集体对立面这一点也是很谨慎的："这种迂回曲折的办法是很难运用的，也是非常复杂的，只有在极少的情况下才能下决心去应用它。"[④]

总的来说，在偷窃问题上，马卡连柯的思路与他整个集体教育的原则是一致的，那就是如果没有集体，就先培养集体；有了集体以后，就把偷窃问题主要交给集体去解决，"如果教师把偷窃的事件交给集体去审查，我

①〔苏〕马卡连柯.马卡连柯教育文集：下卷[M].吴式颖，等，编.北京：人民教育出版社，1985：61.
② 同上：90-91.
③④ 同上：92.

甚至建议交给集体去解决，那时候每一个学生必定积极地参加集体的斗争，那时教师就有可能在全班学生面前展开一幅富有道德意义的图画，使儿童认识正当行为的优良榜样"。① 处于不同阶段的集体在面对偷窃事件时也会有不同的表现：如果集体比较弱小，那么教育者对处理过程的必要干涉和刻意影响就要更多些——"布隆案"就是如此；如果集体自身已经足够强大，那么它就会根据发生事件的具体情况采取灵活的应对措施。正如我们在这些案件中所看到的，在绝大多数情况下，集体的自然反应往往是合适的，甚至从许多方面来看都可以说是正确的。在这个过程中，成人教育者所要做的仅仅是防止集体力量的失控，尤其是要注意保护那些被置于集体对立面的个人，使其不致陷入过于悲惨的境地。

马卡连柯的集体教育思想体系正如他所领导的"高-捷集体"，是一个有机的、复杂的、系统的整体，其中的三大原则之间存在千丝万缕的联系，并且在现实中也表现为各种错综复杂和相互交融的形态。马卡连柯的集体教育不仅仅是一种教育思想或教育理论，更是一整套令人赞叹的教育艺术。在当时的社会背景、经济基础和教育环境下，马卡连柯取得的成就是卓越而辉煌的。也许以现在的理念来审视，这个体系存在某些历史局限性，但这并不妨碍马卡连柯作为人类教育史上的丰碑所散发的光芒。

---

① 〔苏〕马卡连柯. 马卡连柯教育文集：上卷[M]. 吴式颖，等，编. 北京：人民教育出版社，1985：78.

第三部分

回　　响

第七章　社会主义教育的一面旗帜

> 马卡连柯曾培养三千个调皮的儿童，其中很多是孤儿和没有家庭到处流浪的小孩。资产阶级教育专家在他面前简直渺小得不能比。[①]
>
> ——陈唯实

　　"社会主义教育的一面旗帜"来自我国学者方苹 1988 年发表的一篇纪念马卡连柯的文章标题。这个说法似乎源自同年《真理报》上苏联教育科学院通讯院士阿列克辛提到"马卡连柯被正式承认为苏联教育的一面旗帜"[②]的说法。这一概括是对马卡连柯历史地位非常准确的评价——尽管笔者可能更倾向于把马卡连柯看作人类教育史上一面写着"集体教育"的旗帜。

　　本章借用这个标题来梳理对马卡连柯的评价（包括正面的和负面的）与马卡连柯产生的影响。受时间、精力和所掌握资料的限制，本章梳理的内容——正如标题本身所暗示的——限于以苏联和中国为代表的社会主义国家。

[①] 转引自：何国华，燕国材. 马卡连柯教育思想研究[M]. 长沙：湖南教育出版社，1986: 261-262.
[②] 方苹. 马卡连柯——社会主义教育的一面旗帜[J]. 外国教育动态，1988(05): 29-33.

第一节　马卡连柯与儿童学的恩怨

正如历史上所有在某方面超越了自己所处时代的人物，马卡连柯在世时——尤其在《教育诗》出版之前——并没有得到同时代人的正确评价。相反，马卡连柯在早期遭受误解、歪曲、质疑和批判反倒是家常便饭，而这些对其工作的否定的一个主要来源是当时在苏联教育学界盛行的儿童学。

马卡连柯在1928年高尔基工学团各项工作热火朝天的时候愤然离开这个他苦心经营多年的集体，导火索正是由儿童学家主导的会议作出的"报告人提出的教育方法的制度并非苏维埃的制度"的决议。不仅如此，在《教育诗》中，我们常可以看到教育官僚对马卡连柯的工作持否定甚至是敌意的态度。

这些否定和敌意的背后主要是双方教育观念的冲突，而这种冲突的本质是马卡连柯的许多做法和原则几乎完全无法被当时苏联教育理论界的主流认同，尤其与当时乌克兰人民教育委员会内部推崇的儿童学水火不容。从某个角度来说，马卡连柯的许多教育思想和信念就是在与儿童学斗争中逐渐形成和发展起来的。那么，这个处处与马卡连柯"作对"的儿童学究竟是怎么一回事呢？

就性质来说，儿童学是20世纪20—30年代在苏联教育学界风行的一种教育心理学理论。儿童学号称一切从儿童出发，但是其有关儿童的观点建立在生物决定论和环境决定论的基础上。儿童学的主要观点是，儿童的命运是由生物学因素、社会因素、遗传和某种不变的环境的影响决定的，不同阶级出身、不同种族的儿童之间的智力差异是注定不变的，主张将某些所谓"智力落后"的儿童从学校排除出去。虽然儿童学最后被定性为伪科学，但在马卡连柯所处的时代，这种学说几乎成了整个苏联教育学界的主流。即使是马卡连柯本人在1922年申请进入中央教育行政干部学院参与短期学习的时候，也不得不曲意逢迎地宣称"我自己在工学团设立了一个心理观察实验室"，[①] 而我们知道高尔基工学团根本就没有这样的地方。马卡连柯曾经就儿童学研究室的问题和两个来工学团了解情况的女大学生（瓦尔斯卡亚与兰斯堡）有过一次谈话：

"你们这里有没有儿童学研究室？"

"没有儿童学研究室。"

"那么你们怎样研究个性呢？"

"研究孩子的个性吗？"我尽力严肃地问。

"嗯，是啊。你们学生的个性。"

"为什么要研究个性呢？"

"怎么叫'为什么'？不然你们怎么工作呢？你们怎样去应付你们不知道的东西呢？"

…………

"在你们学生中间有什么样的显性占着优势？"喀·瓦尔斯卡亚严厉地、单刀直入地问。

"如果教养院里不研究个性，你问他显性也是白问，"拉·兰斯堡轻轻地说。

"不，为什么是白问？"我态度严肃地说。"关于显性我可以谈一点。在这里占优势的显性跟你们那里的一样……"

"您怎么知道我们是什么样的人？"喀·瓦尔斯卡亚态度生硬地问。

"你们现在不是坐在我面前跟我谈话吗？"

"那又怎么样呢？"

---

① 〔苏〕马卡连柯. 马卡连柯全集：第七卷[M]. 陈世杰，邓步银，等，译. 北京：人民教育出版社，1959：420. 对儿童进行实验性质的观察是儿童学经常采用的研究方法之一，除此之外还有日记法、谈话法、诊断法、智力测验法、人体测量法，等等。

"这样我就可以看透你们。你们坐在这里就像玻璃人一样，你们内心的变化我都看得见。"①

当时苏联流行的儿童学其实是实验心理学初创时期在教育领域中一次不成功的探索，其创立初期的宗旨是"运用关于儿童的各门学科的知识整体地研究各个年龄阶段的儿童的发展问题"。②然而，在后来的发展过程中，儿童学越来越体现出生物决定论、机械论和唯科学主义的倾向，以儿童学的名义进行的许多工作变得越来越荒谬：比如某个学生没有被教育学院录取，是因为根据儿童学的测定，他的力气不足16千克。③由于当时整个苏联人民教育委员部都受到了这种错误理论的主导，全苏联的教育实践都受到了很大的影响。1936年7月4日，联共（布）中央就儿童学的问题作出了《关于教育人民委员部系统中的儿童学曲解的决定》，决定中指出：

> 联共（布）中央委员会查明，俄罗斯联邦和其他加盟共和国的教育人民委员部在对学校的领导方面倒行逆施，其表现是在学校中大量安插所谓"儿童学者"，并委托他们行使领导学校和教育学生的最重要的职权。……
> ……儿童学者的实际工作是跟教师和教学完全脱节的，基本上只限于进行伪科学的实验和在学生及其家长中间进行没完没了的调查，而调查的形式是采用早就被我们党批判过的、毫无意义的那些有害的问卷或测验。……其目的是想从现代儿童学的似乎是"科学的"、"社会生物学的"观点来证明学生的不及格或品行上的某些缺陷是受遗传和社会所制约的，是想最大限度地发现学生本身、他的家庭、亲属、祖先及社会环境的不良影响和病态，并且是想从中找到借口把某些学生从正常的学校集体中开除出去。

---

① 〔苏〕马卡连柯．教育诗[M]．磊然，译．北京：人民教育出版社，2011：257.
②③ 朱佩荣．苏联20—30年代儿童学问题的再认识（上）[J]．外国教育资料，1993(02)：25-31+60.

……这种方法完全是侮弄学生的，是跟苏维埃学校的任务和健康的头脑相矛盾的。向六七岁的儿童提一些公式化的迂于狡辩的问题，然后判定他的所谓"儿童学的"年龄以及他的智力天赋程度。这一切的结果是把愈来愈多的儿童划为智力落后的、有缺陷的和"难教的"学生。

　　…………

　　联共（布）中央斥责现在的所谓儿童学的理论和实践。联共（布）中央认为所谓儿童学的理论和实践都是建立在伪科学的、反马克思主义原理的基础之上的。

　　……这样的理论之所以能够出现，完全是由于把反科学的资产阶级儿童学的观点和原则不加批判地搬用到苏维埃教育学中来的结果。……[①]

　　历史是如此讽刺：曾经把马卡连柯的教育方法说成"并非苏维埃的教育制度"的儿童学理论自己却最终被认定为是"伪科学的""反马克思主义的"。可以想见，这对儿童学的否定是极为彻底的。《决定》颁布之后，儿童学被完全取缔了，所有已经出版的儿童学著作和所有的儿童学学者都开始遭到严厉的批判。[②]

　　以这项决议为分界线，马卡连柯在1936年7月以前所受到的批评基本上都是基于儿童学的角度。他曾表示："反对我的人用'儿童学'的原理来指责我，他们专门要从'儿童'出发。"[③] 这些儿童学学者和持有儿童学观点的人将马卡连柯的教育方法批评得体无完肤。比如，他们对马卡连柯半军

---

① 瞿葆奎，主编.教育学文集：苏联教育改革（上册）[M].北京：人民教育出版社，1993：287-290.
② 对儿童学的否定在当时还掺杂着政治因素，并且有矫枉过正之嫌。此后苏联教育学在很长一段时间都不研究儿童的心理、个性特点，儿童心理学的研究也几乎停滞，苏联的教育学成了"没有儿童的教育学"，这一情况直到20世纪50年代赞科夫（Леоннд Владимнрович Занков，1901—1977）开始勇敢地重新研究儿童的个性发展时才得到改善。但这些情况与马卡连柯的遭遇关系不大，故不在此展开论述。
③〔苏〕马卡连柯.教育诗[M].磊然，译.北京：人民教育出版社，2011：119.

事化的工学团制度，尤其是其中的队长制持否定态度，认为这些类军事制度是彻头彻尾的专制教育——"我们要禁止您的这种宪兵制度。要建立的是社会教育，而不是拷问室。"① 他们甚至给高尔基工学团起了个绰号叫"兵营"，而马卡连柯本人则被带有侮辱性地称为"丘八"。不仅如此，他们还对马卡连柯集体教育中几乎所有的具体观点进行了"批驳"——1925 年 5 月初，乌克兰人民教育委员部部长勃列盖尔等人来到高尔基工学团考察马卡连柯的工作方法，随同的还有一名当时颇为知名的儿童学教授恰依京。在这些对自己的集体教育方法持高度怀疑态度的人面前，马卡连柯尝试阐明自己的整个教育体系——"把我五年来积累起来的印象、思考、疑虑和试验用言语说出来。我认为我讲得很生动，能够找到恰切的字眼来表现非常细致的理解，用解剖刀细心而大胆地揭露了到目前为止还是神秘不可解的领域，扼要地描绘出未来的远景和明天的困难。"② 听完马卡连柯的汇报，恰依京（"在书里那时我并没有称他们为儿童学者，但是所指恰恰就是那些儿童学者。"③）作出这样的评价：

> 恰依京在试图把眼镜扶正，他埋头看着笔记本，像学者那样彬彬有礼地、带着种种不自然的殷勤的态度和一副故意装出来的恭恭敬敬的神气说出这样一番话来："这当然是好的，应该把一切情况都说明白，是的……不过甚至到现在，我对于您费心那样热情地给我们解释的某些，嗯，如果可以这样说的话，某些定理，还是有些怀疑，当然，这些定理是说明了您的信念的。很好。比方说，有的事我们已经知道了，可是您好像没有提到。你们在学生中间组织了某种所谓竞赛：谁做得多，就受表扬；谁做得少，就挨批评。你们耕田，也举行这样的竞赛，对吗？这

---

① 〔苏〕马卡连柯. 教育诗[M]. 磊然，译. 北京：人民教育出版社，2011: 118-119.
② 同上：372.
③ 〔苏〕马卡连柯. 马卡连柯教育文集：上卷[M]. 吴式颖，等，编. 北京：人民教育出版社，1985: 41-42.

记住马卡连柯：集体教育的思想与实践

一点您没有提，大概是无意的吧。我很愿意向您领教一下：您知不知道，我们认为竞赛是一种彻头彻尾的资产阶级的方法？因为它是用间接的态度来代替对事物的直接态度。此其一。第二，您还发零用钱给学生，这固然是过节日的时候才发，而且发的时候不是大家一律，而是所谓论功行赏。您有没有觉得，您是在用外界刺激代替内在的刺激，而且用的是纯粹物质的刺激？此外，还有您所说的惩罚。您应该知道，惩罚教育出来的是奴隶，而我们需要的是自由的人，决定他的行为的不是对于棍子或是其他威逼方法的惧怕，而是内在刺激或是政治自觉……"①

虽然在这段话里恰依京并没有提出那些儿童学的标志性观点，但是这段发言基本上代表了当时绝大多数儿童学学者对马卡连柯的基本态度。除此之外，儿童学也对马卡连柯教育思想中个人对集体的义务概念提出了质疑：

> 马卡连柯同志想把教育过程建立在义务这一观念上。虽然他在这上面加了"无产阶级的"这样一个词，但是，同志们，这不能掩饰这一观念的真正实质。我们劝告马卡连柯同志仔细地考察义务这一观念的历史起源。这是资产阶级关系的思想，纯粹是唯利是图的思想。苏维埃教育学力求培养人自由表现其创造力、他的爱好和主动性，而决不是培养资产阶级范畴的义务。②

对于这段来自儿童学学者的批评，马卡连柯后来是这样回应的：

> 什么是自由表现？这就是不折不扣的儿童学。当研究了一个人以

---

① 〔苏〕马卡连柯. 教育诗[M]. 磊然，译. 北京：人民教育出版社，2011：373.
② 〔苏〕马卡连柯. 马卡连柯教育文集：上卷[M]. 吴式颖，等，编. 北京：人民教育出版社，1985：42.

后，就得出结论并注明他的意志是 A，情绪是 Б，本能是 B，可是以后应当怎么办，怎样处理这些符号，谁也不知道。由于没有目的，自然，我们只能袖手旁观：是的，有了 A、Б、B，那就让他们自由地表现吧，走到哪里就算哪里。①

马卡连柯不仅指出了儿童学方法在教育实践中的无力，更进一步指出"儿童学是建立在没有政治目的的教育上的"，②换言之，儿童学只研究儿童"是什么"，却不研究儿童"应该成为什么"，也就没有教育目的。因此儿童学的研究从本质上来说是不可能得出任何教育结论的，只能提出一些诸如"让儿童的个性自由发展"之类的空话。

此外，马卡连柯还认为，至少就当时的心理学发展水平而言，对儿童的个性心理成分进行所谓"科学性分析"是毫无教育价值的："我们还远远没有权利去分解一个人，尤其是由此去作出任何的实际结论。相反地，我们应当尽力掌握综合的方法，全面了解一个完整的、未被分割的人，并学会这样地组织教育，使我们的成就能表现在培养出完美的全人上。"③

针对儿童学惯常使用的教条主义式的论证，马卡连柯也从方法论角度予以了驳斥。比如针对"惩罚是培养奴隶的"这一观点，马卡连柯指出这犯了"孤立方法类"的错误："一般地说，任何一种方法，不管哪一种方法，如果我们脱离开其他方法，脱离开整个的体系，脱离开整个的综合影响来单独分析的话，那就既不能认为它是好的，也不能认为它是坏的。惩罚可以培养出奴隶，但有时也可以培养出很好的人来，可以培养出自由和自豪的人来。……在我的工作实践中，当提出培养人的尊严和自豪精神的任务

————————————
①② 〔苏〕马卡连柯.马卡连柯教育文集：上卷[M].吴式颖，等，编.北京：人民教育出版社，1985：42.
③ 〔苏〕马卡连柯.马卡连柯全集：第七卷[M].陈世杰，邓步银，等，译.北京：人民教育出版社，1959：469.

时，我就是通过惩罚来达到这种目的的。"①

马卡连柯对儿童学质疑的回应主要是他后期反思的结果——当时在现场面对这些质疑时，被认为"理论水平不高"的马卡连柯颇有一些"鸡同鸭讲"的无奈。不过，虽然马卡连柯在当时还不能有理有据地反驳儿童学，但是他却非常明白：对那些完全不了解他的集体生活以及各种集体传统对集体的意义的人来说，要使他们理解自己充满辩证性的教育方式是近乎不可能的任务。比如，针对那些指向队长制的批评，马卡连柯曾说："反对我们的制度的人拼命攻击队长制的教育法，因为他们从没有看到我们的队长们工作的情形。不过这还不十分重要。更重要的是他们甚至从来没有听到过混合联队这个名称，那就是说，他们对于我们制度里最主要的和最起决定性作用的集体毫不了解。"②

基于这种清醒的认识，马卡连柯在面对来自儿童学的非难时，从刚开始的尽力解释慢慢转变成一种无所谓的态度。比如上文提到的，在恰依京发表了他那一通"理论性的"质问之后，马卡连柯也只好笑笑说："我们还是吃饭吧。"③当然，这种"我知道你理解不了我并且我也不指望你理解我"的无奈态度并不意味着马卡连柯屈服于儿童学的观点，正相反，在联共（布）中央的决议发布多年以前，马卡连柯就对整个儿童学的理论嗤之以鼻，尤其是儿童学学者们那神化了的儿童观，更是遭到了马卡连柯无情的嘲讽：

在天上，在靠近天上，在教育界的"奥林普山"的巅顶上，教育部门里一切教育技术都被视为异端。

在"天上"，儿童被看作一种充满特殊成分的气体的生物，而这种气体的名称还没有想出来。还是，这仍然是早已由使徒们提出处理办法

①〔苏〕马卡连柯.马卡连柯教育文集：下卷[M].吴式颖，等，编.北京：人民教育出版社，1985：14.
②〔苏〕马卡连柯.教育诗[M].磊然，译.北京：人民教育出版社，2011：191.
③ 同上：374.

的旧式所谓的灵魂。他们假定（一种有用的假定），这种气体具有自我发展的能力，只要不去妨碍它就行。关于这种说法写了许许多多的书，实质上，他们都是拾人牙慧，一再重复着卢梭的名言："必须崇敬童年时代……""小心不要干涉人的天性……"

这个教义的主要定理是：在对天性如此崇拜和关切的环境里，上面讲的那种气体必然会长成共产主义的人。实质上，在纯粹自然的环境里，只能长出天然能长出来的东西，也就是田里普通的野草，可是对这一点谁也不以为意——天上的诸神所珍视的是原则和思想。如果我指出，这种野草和我们拟定的制造共产主义的人的方案在实践上是不对头的，他们就会给我扣上一顶"事务主义"的帽子；如果他们要揭露我的真面目，他们就说："马卡连柯做实际工作很好，可是他的理论水平太差。"①

当然，用文学的手法嘲讽儿童学是一回事，从理论上反驳甚至令人信服地批判儿童学则是另一回事。在马卡连柯领导高尔基工学团和捷尔任斯基公社的时期，马卡连柯无论从时间精力上还是从理论水平上来说都难以做到从理论角度有理有据地批判儿童学。直到1937年马卡连柯迁居莫斯科成为职业作家之后，才有条件从理论上对儿童学的歪理邪说进行驳斥。他首先从集体教育角度批判了他最不能接受的儿童学的集体观：

我们在理论方面已弄到这样的地步，如一方面在道德问题上否认任何生物学的倾向，认为一切都决定于环境和教育，但同时另一方面，却想求助反射论来进行人的一切教育，并且指望完全根据条件反射来造就新人。例如有一位类似这样的理论家对集体所下的定义是："集体是一群行动一致的人，他们对于某种刺激发生共同的反应。"这在没有一切

① 〔苏〕马卡连柯.教育诗[M].磊然,译.北京：人民教育出版社,2011:548–549.

　　　　　　　　　　　记住马卡连柯：集体教育的思想与实践

成见的人看来，显然是青蛙、猿猴、软体动物、水螅，你愿意说什么就是什么的集体的定义，只不过不是人的集体的定义。①

马卡连柯在这里明显批判的是儿童学中最为机械的反射学派，这种学派的儿童学甚至不研究儿童的意识和个性，而是研究人的心理活动与神经系统过程的相互关系，试图用高级神经活动的生理学的资料来解释心理活动、儿童的积极性等问题。② 根据吴式颖的考证，马卡连柯在这里引用的关于集体的定义正是这一派的儿童学家查鲁日内伊的观点（见查鲁日内伊 1928 年出版的《儿童学与教育》第 76 页 ③）。

除此之外，迁居莫斯科不久后，马卡连柯对整个儿童学的基本逻辑进行了分析：

> 儿童学的基本特点就是它有一定的逻辑方法。它的方法是这样的：必须研究每个儿童。我们从研究儿童里就能有所发现，根据这些发现就可作出结论。作出怎样的结论呢？就是作出应该怎样对待每个儿童的结论。这就是儿童学派的基本逻辑。④

马卡连柯认为，儿童学的这种分类方法最终会把儿童分为可以教育的、不可以教育的、智力有缺陷的、道德有缺陷的等，从而形成一种与法西斯教育学极其相近的教育上的种族主义。因此，"儿童学给社会主义建设事业最重要的方面——青年的教育工作——带来了难以估计的损害"。⑤

---

① 〔苏〕马卡连柯. 马卡连柯教育文集：上卷[M]. 吴式颖，等，编. 北京：人民教育出版社，1985：24-25.
② 朱佩荣. 苏联 20—30 年代儿童学问题的再认识（上）[J]. 外国教育资料，1993(C2)：25-31+60.
③ 〔苏〕马卡连柯. 马卡连柯教育文集：上卷[M]. 吴式颖，等，编. 北京：人民教育出版社，1985：341.
④ 同上：40.
⑤ 同上：72.

从原理上看，儿童学可以追溯到近代历史上的实验教育学，其代表人物是德国的拉伊（Wilhelm August Lay, 1862—1926）和梅伊曼（Ernst Meumann, 1862—1915），他们主张用实验方法去分析和研究教育问题。马卡连柯在批判儿童学的同时也批判了作为其源头的实验教育学，他认为："实验教育学的特征就是对于儿童的研究与对他的培养之间的脱节。20世纪初期，资产阶级教育学分裂成许多学派和'革新派'，它们永远在极端个人主义和不固定的、非创造性的生物学观点之间摆来摆去；当时资产阶级教育学摆出革命的科学的面孔，因为它打着跟官办学校的军事化的教育以及官样文章的虚伪作斗争的旗帜。但是，对于头脑清醒的人说来，当时就已经有根据来极度怀疑这种没有真正科学基础的'科学'。"[①]

1936年联共（布）中央关于儿童学的决定颁布后，马卡连柯终于在这场与儿童学之间长达十几年的"战斗"中取得了胜利。这场胜利也给他带来了一些意想不到的收获——早在1935年就全文出版了的《教育诗》三部曲里黑纸白字地表明马卡连柯是一位"长期坚持与错误的儿童学作坚决斗争的教育家"，这在一定程度上进一步提升了马卡连柯后期在苏联教育界的声望。

第二节　具有世界意义的卓越教育家

马卡连柯尽管在生前曾受到过许多不公正的质疑和批评，但他逝世后，苏联社会对他在教育领域里的贡献作出了极高的评价。1939年4月2日，马卡连柯逝世后的第二天，苏联《真理报》发出讣闻，称马卡连柯是一位教育革新家和革命家。

---

① 〔苏〕马卡连柯.马卡连柯教育文集：上卷[M].吴式颖，等，编.北京：人民教育出版社，1985：73.

1940 年，苏联教育家卡尔巴诺夫斯基率先在苏联杂志《红色处女地》第 4 期上发表了《苏联的教育革新家》一文，向大众介绍了马卡连柯的生平事迹。到了 1953 年，马卡连柯的著作在苏联已经用 18 种民族文字出版，并且在世界各国也已被翻译为多种文字出版。苏联大百科全书中的"马卡连柯"词条这么写道："安·谢·马卡连柯是卓越的苏维埃教育家和作家；科学地论证儿童集体教育工作方法的首创者……马卡连柯的教育著作是整个苏维埃教育学的卓越成就。"[①]

　　苏联的广大中小学教师非常喜爱阅读马卡连柯的《教育诗》，并且在马卡连柯逝世后掀起了一轮在教育实践中仿效和应用马卡连柯教育思想的热潮。人们首先肯定了马卡连柯的教育思想对于实践的指导意义，比如当时苏联的一名中小学校长卢金在担任级任教师时就和自己的同事在日常教育工作中采用了马卡连柯的方法，解决了许多教育难题。卢金据此提出："根据我们的经验，我可以确具信心地说：马卡连柯的基本教育观点，是有价值的，是正确的。"[②]卢金也指出中小学教师必须根据自己学校和班级的具体情况创造性地继承和发展马卡连柯的教育思想，而不是生搬硬套其具体方法，"有一些教师和学校校长，原封原样地在进行着马卡连柯各种教育方法的'拷贝'工作，认为这是自己的主要任务。当然，这样的企图是要徒劳的。教育事业，需要创造性的方法，机械地应用某种工作方式，不考虑条件、情况和时间场合的不同，那是注定要失败的"。[③]马卡连柯在苏联中小学教师群体里的这种声望一直持续了几十年，主要生活在二十世纪六七十年代的苏霍姆林斯基同样对马卡连柯非常推崇，并且常常自称为马卡连柯的学生，他曾说："我们是安东·谢苗诺维奇·马卡连柯的伟大事业和整个

---

① 人民教育出版社，编译．苏联大百科全书选译·教育学与教育史（第 1 辑）[M]．北京：人民教育出版社，1956：137-140．
②〔苏〕卢金．和祖国生活在一起[M]//〔苏〕维格多洛娃，等．论马卡连柯的教育学遗产．维加，天浪，译．北京：中外出版社，1952：118．
③ 同上：107-108．

思想财富的继承者。"①苏霍姆林斯基在逝世前不久还写道："我完全相信，我全部的生活和创造，我们学校所有的一切，都是马卡连柯的产物。"②

除了在中小学引起了广泛的关注外，马卡连柯也在一定程度上——考虑到他在世时与儿童学的斗争其实颇为令人意外——受到了教育理论界的肯定。凯洛夫曾说："马卡连柯的教育学就是我们苏联的教育学。……马卡连柯的教育学和我们在教育学方面的其他工作比较起来，是更为成熟、有天才，更为明确和生动的。"③

不仅如此，马卡连柯的教育实践和思想也很快成了教育理论界的研究对象。1944年，苏联教育家科兹洛夫第一个将马卡连柯的教育思想作为自己副博士论文的选题。在整个二十世纪四五十年代，苏联出版了多本研究马卡连柯的专著，比如盖文江的《马卡连柯的生平及其教育学说》、格沃强的《马卡连柯的教育体系》、麦丁斯基的《马卡连柯的教育学说》、高德曼的《马卡连柯的教育事业》、米定斯基的《马卡连柯的生平和教育学说》、达金柯夫的《马卡连柯的生平活动和教育思想》、巴拉巴诺维奇的《马卡连柯的生平及其创作》、米定斯基和康士坦丁诺夫合编的《马卡连柯的教育活动》等，这些专著中有许多都已经有了中译本。马卡连柯逝世后，俄罗斯联邦教育科学院还成立了"马卡连柯教育遗产研究室"，由马卡连柯的妻子担任研究室主任，同时出版了由苏联教育史学家米定斯基所著的反映马卡连柯生平和教育活动的著作《安·谢·马卡连柯》。此外，苏联教育科学博士、教授伊凡诺夫在当时的列宁格勒赫尔岑师范学院成立并领导了一个"马卡连柯公社"，被称为研究、学习、宣传和运用马卡连柯教育思想的典范。④

苏联《文学报》曾经在20世纪50年代组织过一场关于马卡连柯教育遗

①② 转引自：顾明远.马卡连柯教育思想的普遍意义——纪念马卡连柯诞辰100周年[M]//全国比较教育研究会，全国教育史研究会.马卡连柯教育思想研究论文集.北京：北京师范大学出版社，1988: 2.
③〔苏〕《文学报》编辑部.马卡连柯是我们同时代的人[M]//〔苏〕维格多洛娃，等.论马卡连柯的教育学遗产.维加，天浪，译.北京：中外出版社，1952: 124.
④ 方苹.马卡连柯——社会主义教育的一面旗帜[J].外国教育动态，1988(05): 29-33.

产的大讨论，在讨论的过程中收到了来自苏联各地的教师、学者、教育工作人员甚至马卡连柯以前学生的来信，因此这场讨论可以说是比较全面地反映了当时整个苏联社会对马卡连柯的评价。

这些来信对马卡连柯的实践和思想的评价以肯定为主，并且其中有许多充满热情的溢美之词。比如苏联资深教师波米兰柴娃写道："马卡连柯的创造性的思想，他那种寻觅新方法的精神和他所'发现'的方法，都是苏维埃教师必须知道的，因为所有这一切给苏维埃教师指出了共产主义教育的新方法和路径。马卡连柯的著作，能帮助年轻的教师明白共产主义教育学的本质，使他热爱自己的职业。不仅仅是要热爱自己的职业，还要使他在自己的职业中成为一个创造者。"[1]另一位教师列昂奇也娃也说："马卡连柯的思想，是与实践紧密结合的科学创造的辉煌范例，对于苏维埃教育科学也是一个巨大贡献。"[2]当时在加里宁省的一位教育工作者莫什昌斯基也对马卡连柯抒发了难以抑制的赞美之情："对于在学校里工作了三十年左右的我和我的许多同事说来，阅读马卡连柯的著作，是教师职业上的宝贵收获和无限快乐。"[3]并且认为"马卡连柯底极其丰富的科学的教育学遗产，经过详细研究并从现在与未来的教育任务的角度加以概括和批判地修正后，应当构成将要生活在共产主义社会中的青年一代的教育方法宝库的一部分"。[4]另一位苏联中小学校长卢金也认为："优秀的苏维埃教育学家的著作，是从事教育职业者的最好榜样。有一些教育学家的思想，对苏维埃学校的教育工作，起着极大的影响，马卡连柯就是属于这一类的教育家。"[5]苏联海军学校的老教授马特林对马卡连柯的评价则是："马卡连柯是卓

①〔苏〕波米兰柴娃.枯燥无味的纸上空谈[M]//〔苏〕维格多洛娃，等.论马卡连柯的教育学遗产.维加，天浪，译.北京：中外出版社，1952：27.

②〔苏〕列昂奇也娃.论今日的教育学[M]//〔苏〕维格多洛娃，等.论马卡连柯的教育学遗产.维加，天浪，译.北京：中外出版社，1952：76.

③④〔苏〕莫什昌斯基.争取"教育技术"[M]//〔苏〕维格多洛娃，等.论马卡连柯的教育学遗产.维加，天浪，译.北京：中外出版社，1952：91-92.

⑤〔苏〕卢金.和祖国生活在一起[M]//〔苏〕维格多洛娃，等.论马卡连柯的教育学遗产.维加，天浪，译.北京：中外出版社，1952：107.

越的苏维埃教育学家，他的教育学遗产，毫无疑问是最有价值的东西。"①

　　在马卡连柯的诸多拥护者当中，维格多洛娃的观点比较有典型性，在她看来："马卡连柯是一个布尔什维克和教育革新家，他在实践中实现了共产主义教育的任务，丰富了苏维埃的教育科学。"②作为马卡连柯的坚定"粉丝"，维格多洛娃甚至提出："马卡连柯在马克思列宁主义关于共产主义教育学说的基础上，勇敢地开辟了教育科学与教育实践的新道路。……马卡连柯凭借着自己的经验，天才地综合了我们优良学校的实践工作，深思熟虑地分析了苏维埃民众的教育的经验，规定了儿童共产主义教育的最主要的原则并制订了它的方法。"③

　　当然，在这次大讨论当中，也出现了一些对马卡连柯的成就持保留意见甚至质疑和批评的声音，其中以教育学学者申毕列夫教授为代表。申毕列夫主要认为马卡连柯的许多经验是不能在普通中小学里照搬的，他在当时自己编写的一本师范专科学校的教材中写道："马卡连柯的经验，大部分是在特殊情况之下可以应用的，不能原封不动地把它应用于我们的学校里，因为我们学校学生，是正常的儿童……"④不仅如此，申毕列夫也对当时存在的一种有些"神化马卡连柯"的倾向提出了批评："某一些过于热心崇拜马卡连柯的人们对于苏维埃教育学起了不良作用，因为他们想要叫我们的学校不加批判地应用马卡连柯的教育学遗产，甚至不容许别人对马卡连柯的个别理论稍微加以批评。显然这些人当真以为马卡连柯建立了完整的'明天的教育学'，说他预见了几十年以后的一切。"⑤

---

① 〔苏〕《文学报》编辑部.马卡连柯是我们同时代的人[M]//〔苏〕维格多洛娃，等.论马卡连柯的教育学遗产.维加，天浪，译.北京：中外出版社，1952：123.
② 〔苏〕维格多洛娃.宝贵的遗产[M]//〔苏〕维格多洛娃，等.论马卡连柯的教育学遗产.维加，天浪，译.北京：中外出版社，1952：22.
③ 同上：25.
④ 同上：2.
⑤ 〔苏〕申毕列夫.论《枯燥无味的纸上空谈》与马卡连柯教育学遗产[M]//〔苏〕维格多洛娃，等.论马卡连柯的教育学遗产.维加，天浪，译.北京：中外出版社，1952：53.

申毕列夫对马卡连柯教育学说提出的其他质疑包括：第一，马卡连柯没有研究过教育学最重要的部分——教学法问题；第二，马卡连柯否认学校教学与生产联系的必要性，没有在工学团里实现高质量的综合技术教育；第三，马卡连柯提倡的一种"爆炸式的方法"是反教育学的；第四，马卡连柯的分队是由不同年龄的儿童所组成的，申毕列夫认为在这样的集体里将不会有低幼儿童的独立活动，这也是马卡连柯没有把少先队搞好的主要原因；第五，马卡连柯认为有时候对犯过的学生可以免除惩罚的观点对学校纪律建设是不利的；第六，马卡连柯的某些惩罚形式，比如让年幼的儿童去教育年长的儿童是一种典型的"左"倾教育方法。总而言之，"马卡连柯的教育学遗产不能作为一个体系完全应用于教育工作方面，而只能应用它的个别部分"。①

在笔者看来，申毕列夫对马卡连柯的质疑中，有些确实是准确的、合理的——比如马卡连柯的确没有研究过教学法问题；有些是由于申毕列夫并没有真正理解马卡连柯——比如"综合技术教育"对于半工半读的"高-捷集体"本来就是没有必要的；有些是受当时主流教育学的局限，比如对于"爆炸式方法"的不理解和对低幼儿童独立活动的看法；有些则带有强烈的"戴帽子""打棒子"的色彩，比如对马卡连柯的惩罚原则的批评。

不过，尽管对马卡连柯提出了这么多质疑，整体上申毕列夫对其教育成就是肯定的，他说："马卡连柯的著作对于教育科学说来，是极其宝贵的贡献，这是毫无疑义的。一般说来，马卡连柯的著作正确而有科学根据地解决了共产主义教育的许多理论与实践问题。经马卡连柯解决了的，是培养集体、自觉纪律、劳动教育和家庭教育的许多问题。"②

相比申毕列夫较严格的质疑，《文学报》的编辑在综合了各方观点后梳

① 〔苏〕申毕列夫. 论《枯燥无味的纸上空谈》与马卡连柯教育学遗产[M]//〔苏〕维格多洛娃，等. 论马卡连柯的教育学遗产. 维加，天浪，译. 北京：中外出版社，1952: 52.
② 同上：47-48.

理的马卡连柯教育学说的"不足之处"显得更加客观和温和。

第一，马卡连柯没有严格完整的教育观点的理论体系。"在马卡连柯的教育遗产中，没有一种著作对整个教育问题作过完整系统的叙述。就是将马卡连柯的选作合为一本书，也得不出详尽的'教育学教程'。"[1] 此外，马卡连柯对教学法、学校的组织管理问题、体育问题、少先队和共青团的组织问题也没有进行深入的研究。

第二，马卡连柯没有研究教学过程中和授课时的教育问题。"关于教学过程中的教育问题，我们在马卡连柯的著作中所能吸取的经验，是非常有限的。"[2] 更为严重的是，马卡连柯似乎把德育和教学严格地划分开来了，并且从未描述过捷尔任斯基公社里的十年制学校教学方面的情况，这也构成了马卡连柯理论体系中的缺憾。

第三，马卡连柯提出过的一种所谓"爆炸式的方法"，是一种引起争议的方法。

第四，马卡连柯一些具体的教育观点有待商榷。比如他曾说过惩罚不能引起精神上的痛苦，而这根本是不可能的；又比如他说过五岁以前的教育占整个教育过程的百分之九十，这也是过于夸张了，等等。

尽管指出了马卡连柯教育学说的上述缺点，《文学报》编辑部依然认为："这些个别错误、不正确的说法，以及马卡连柯教育体系中所存在的'空白点'，决不会掩蔽住他勇敢地、独创地在苏维埃教育科学中所创造出来的有价值的东西。"[3] 总的来说，"马卡连柯是'人类灵魂的工程师'，他不仅仅是作家，而且是优秀的苏维埃教育革新家：他不仅是开辟苏维埃教育学新道路的理论家，而且是实践的教育家。依据高尔基的看法，他的教育

---

[1] 〔苏〕《文学报》编辑部.关于马卡连柯的教育学遗产[M]//〔苏〕维格多洛娃，等.论马卡连柯的教育学遗产.维加，天浪，译.北京：中外出版社，1952：145.
[2] 同上：146.
[3] 同上：148.

记住马卡连柯：集体教育的思想与实践

经验，是'具有世界意义的'"。① 我们认为，《文学报》编辑部的上述观点可以认为是当时整个苏联社会对于马卡连柯教育思想与实践的主流看法。

第三节　马卡连柯在中国

他的成就，就其影响所及，诚如高尔基所说，是具有世界意义的。马卡连柯虽然逝世了，但他加之共产主义教育理论中的新结论、新原则，他的宝贵的教育遗产是永存不灭的，是永远值得我们学习的。②

——张方旭

马卡连柯所建立的是"明日的教育学"，他的许多理论和经验，不仅现在没有失去其指导意义，而且今后仍是我们教育工作者的指针。③

——何国华、燕国材

实践证明，马卡连柯关于培养集体的几个阶段（或步骤）、培养集体的核心力量、"平行影响原则"与"个别影响的教育方法"、"前景"教育、形成集体的传统和传统在教育中的作用以及教育集体等有关集体教育的原则和方法，是行之有效的。④

——胡守棻

马卡连柯是伟大的，他不仅完成了自己的历史使命，为创建社会主义教育学作出了不朽的贡献，而且他的教育思想还在现实的教育实践中起作用。⑤

——顾明远

---

① 〔苏〕《文学报》编辑部 . 关于马卡连柯的教育学遗产[M] // 〔苏〕维格多洛娃，等 . 论马卡连柯的教育学遗产 . 维加，天浪，译 . 北京：中外出版社，1952: 129.
② 张方旭 . 学习马卡连柯教育学说的初步体会[M]. 上海：新知识出版社，1956: 3.
③ 何国华，燕国材 . 马卡连柯教育思想研究[M]. 长沙：湖南教育出版社，1986: 265
④ 胡守棻 . 正确评价马卡连柯的教育思想[J]. 教育研究丛刊，1979(01): 29-30.
⑤ 顾明远 . 马卡连柯教育思想的普遍意义——纪念马卡连柯诞辰 100 周年[M] // 全国比较教育研究会，全国教育史研究会 . 马卡连柯教育思想研究论文集 . 北京：北京师范大学出版社，1983: 8.

在马卡连柯的教育理论中是包含着许多令人深思的宝贵思想和教育智慧的。①

——吴式颖

马卡连柯的教育思想蕴涵着深刻的教育哲理与教育智慧，体现了教育的普遍规律，至今仍具有现实意义。②

——方苹

尽管马卡连柯的教育思想体系并不是尽善尽美的，但是，它适应苏联社会主义社会的需要，指出了培养新人的道路，是共产主义教育的宝贵的精神财富。③

——单中惠

这些都是我国学者对马卡连柯的评价。早在 1950 年 4 月，《人民日报》连续以大幅版面刊载了苏联教育学者盖文江的长文《马卡连柯的生平与其教育学说》，这可以说是我国最早译介的有关马卡连柯的文章。不久，中苏友好协会出版了该文的单行本，这成了广大教育工作者了解马卡连柯教育思想的主要途径。

当时的中国百废待兴，社会主义教育方面的理论建设可以说是一片空白，马卡连柯的出现立刻引起了我国教育界的极大兴趣。"无论是教育理论工作者还是教师，都在马卡连柯身上找到了自己学习的光辉榜样。他们热切盼望能从他的著作中直接吸取丰富的思想营养。一个翻译出版、学习和研究马卡连柯教育著作的高潮就在这样的时代背景下产生了。"④

---

① 吴式颖. 马卡连柯及其教育思想评介[M]//〔苏〕马卡连柯. 马卡连柯教育文集：上卷. 吴式颖，等，编. 北京：人民教育出版社，1985：前言 30.
② 方苹. 马卡连柯的教育思想——纪念马卡连柯诞辰 100 周年[J]. 苏联问题参考资料，1988(02)：39.
③ 单中惠. 试论马卡连柯教育思想体系的形成[M]// 全国比较教育研究会，全国教育史研究会. 马卡连柯教育思想研究论文集. 北京：北京师范大学出版社，1988：49.
④ 吴式颖. 马卡连柯在中国[M]// 全国比较教育研究会，全国教育史研究会. 马卡连柯教育思想研究论文集. 北京：北京师范大学出版社，1988：299.

在 20 世纪 50 年代，仅在我国出版的马卡连柯原著译本就有：《苏联儿童教育讲座》（高天浪译，中外出版社 1950 年版）、《马卡连柯教育论文选》全四册（石光、天浪等译，中外出版社 1951 年版）、《新教育五讲》（柏嘉译，作家书屋 1951 年版）、《家庭与学校的儿童教育》（汪孟华译，中外出版社 1951 年版）、《塔上旗》全三册（陆庚译，正风出版社 1952 年版）、《儿童教育讲座》（高天浪译，人民教育出版社 1955 年版）、《双亲读物》第一册（即《父母必读》，天浪译，五十年代出版社 1955 年版）、《论共产主义教育》（刘长松、杨慕之译，人民教育出版社 1955 年版）、《塔上旗》（文颖译，人民教育出版社 1957 年版）、《教育诗》全三册（磊然译，人民文学出版社 1957 年版）、《父母必读》（耿济安译，人民教育出版社 1958 年版），以及 1956—1959 年人民教育出版社出版的《马卡连柯全集》七卷本。"至此，苏联当时出版的马卡连柯著作在我国已经被全部翻译出版了。"[①]

与此同时，我国还翻译出版了大量苏联及外国学者研究马卡连柯的专著，除了盖文江的那篇文章之外，主要还有教育史学家米定斯基《马卡连柯的教育学说》的两个译本（天浪译，五十年代出版社 1951 年版；杨慕之译，人民教育出版社 1955 年版）、费列所著《我的老师》（方予译，新文艺出版社 1957 年版）、英国学者高德曼所著《马卡连柯的教育事业》（郭希言译，五十年代出版社 1952 年版）以及苏联《文学报》在 20 世纪 50 年代初进行的关于马卡连柯教育遗产大讨论的论文集《论马卡连柯的教育学遗产》（维格多洛娃等著，维加、天浪译，中外出版社 1952 年版）。

除了上述译介工作以外，我国教育工作者在报纸和期刊上对马卡连柯思想展开广泛研究与讨论。在当时学习与研究马卡连柯教育思想的前辈中，张方旭与燕国材的贡献较大。1954 年起，张方旭陆续在《光明日报》发表

---

① 吴式颖.马卡连柯在中国[M]// 全国比较教育研究会, 全国教育史研究会.马卡连柯教育思想研究论文集.北京：北京师范大学出版社, 1988: 300.

了《学习马卡连柯论集体主义教育》《对马卡连柯教育目的和教育方法理论的一些理解和体会》《对马卡连柯教育学说中教师问题的理解》等文章；同年，燕国材在《文汇报》上发表《马卡连柯关于劳动教育的学说》《马卡连柯关于集体教育的学说》《马卡连柯论要求性原则》《关于马卡连柯的明日欢喜理论》《马卡连柯论惩罚》等文章。两人分别对自己学习和研究马卡连柯教育思想的心得进行了总结。1956年，上海新知识出版社和湖北人民出版社相继出版张方旭的《学习马卡连柯教育学说的心得体会》和燕国材的《马卡连柯的教育理论和方法》，这两本著作也代表了当时我国教育工作者研究马卡连柯的高度。除了他们两人之外，当时积极研究马卡连柯的还有何国华、文冰、陈侠等人。

正如我国著名教育史学家吴式颖所言："我国教育工作者在50年代学习马卡连柯及其教育思想是异常热忱和认真的。当时，中小学和师范院校的领导都号召向马卡连柯学习，教研组经常组织马卡连柯教育思想研讨会。许多人系统地阅读了马卡连柯的著作，写下了详细的笔记。"[1]何国华和燕国材同样指出，马卡连柯"创造性的教育思想，在当时无论对我国的教育理论或教育实践，都曾发生深刻的积极的影响"。[2]在当时我国的普通中小学中，教师们根据马卡连柯的集体教育理论开始尝试建立基层班集体和学校集体，并且自觉地、有意识地在教育过程中运用马卡连柯的集体运动理论、前景教育思想、"平行教育影响"、"尊重与要求相结合"等。一时间，"班集体建设""学生自治"等成为时髦话语，我国中小学教育中的集体教育传统就在这一过程中确立了起来。

与此同时，为了解决当时我国社会同样存在的"失足少年"问题，在普通中小学与少管、少教之间创建一种用于教育处于"犯罪边缘"的青少

---

① 吴式颖.马卡连柯在中国[M]//全国比较教育研究会,全国教育史研究会.马卡连柯教育思想研究论文集.北京:北京师范大学出版社,1988:302.
② 何国华,燕国材.马卡连柯教育思想研究[M].长沙:湖南教育出版社,1986:292.

年的教育形式，我国还根据马卡连柯领导高尔基工学团的经验，将"工学团"演绎为"工读学校"，在北京郊区海淀温泉村创办了我国第一所工读学校——北京市温泉工读学校，①自此拉开了新中国工读教育发展的序幕。温泉工读学校的第二任校长王胜川甚至被誉为"中国马卡连柯式的校长"——像马卡连柯一样，他在10年的时间里教育和转化了超过1 000名"问题学生"。②

"文化大革命"期间，包括马卡连柯在内的苏联教育家的学说成了"人人喊打"的对象，马卡连柯甚至一度被诬为资产阶级教育家。直到"文化大革命"结束，马卡连柯才同苏霍姆林斯基、赞科夫等苏联教育家一起重新受到我国教育界的重视。1979年著名德育学者胡守棻教授率先在《教育研究丛刊》上发表《正确评价马卡连柯的教育思想》一文。在这篇文章中，胡守棻教授一方面对"文化大革命"时期出现的全盘否定马卡连柯的观点予以驳斥，另一方面对马卡连柯"通过集体进行教育""在劳动中教育""尊重和严格要求的统一"等教育原则做了正面阐述，拉开了20世纪80年代我国学习和研究马卡连柯的序幕。

自那时起，马卡连柯重新回到我国教育工作者的视野。1980年初，甘肃人民广播电台连播了马卡连柯的《教育诗》，该节目后来又被青海人民广播电台重播，唤醒了人们对马卡连柯的记忆。曾在20世纪50年代研究马卡连柯者开始继续他们三十年前未能完成的学习之旅，张方旭、燕国材、何国华等陆续在学术期刊发表相关文章，何国华与燕国材还将之前研究马卡连柯的成果总结、整理，写成《马卡连柯教育思想研究》（湖南教育出版社1986年版）一书，成为我国学者研究马卡连柯教育思想的一座里程碑。

与此同时，又有许多对马卡连柯感兴趣的研究者加入进来，掀起一股回顾和重温马卡连柯教育思想的"小高潮"。1988年2月《马卡连柯教育思想

---

① 夏秀蓉，兰宏生 . 工读教育史[M]. 海口：海南出版社，2000: 11.
② 鞠青 . 中国工读教育研究报告[M]. 北京：中国人民公安大学出版社，2007: 105.

研究论文集》（北京师范大学出版社）的出版可以说是这段时期研究成果的重要总结。我国学者也积极翻译了多篇当时苏联学界研究马卡连柯的代表性论文。在"中国知网"上搜索篇名中包含"马卡连柯"的论文，会发现发表于 1980 年到 1989 年的论文多达 79 篇，显著地高于 1990 年到 1999 年的 17 篇以及 2000 年到 2009 年的 42 篇。同期，我国还再版了马卡连柯的《塔上旗》和《教育诗》两本代表作，出版了吴式颖等人编的《马卡连柯教育文集》（人民教育出版社 1985 年版），邱国梁编的马卡连柯的语录集《马卡连柯论青少年教育》（中国青年出版社 1984 年版）也同时问世。

1988 年 3 月 13 日是马卡连柯 100 周年诞辰，联合国教科文组织将该年定为"马卡连柯年"，号召在全世界范围内进一步研究和发展马卡连柯的教育成就。我国也于当年 9 月 13—15 日在北京师范大学召开"纪念马卡连柯100 周年诞辰学术讨论会"，来自全国各地的 50 多名代表在大会和分组会上宣读了自己的论文要点，并展开了热烈的讨论。①

尽管如此，同 20 世纪 50 年代几乎全国中小学教师都在学习马卡连柯的盛况相比，20 世纪 80 年代"纪念马卡连柯"的热潮的影响力是有限的，正如方苹在当时的一篇文章里所说："近几年来我国又出版了马卡连柯教育文集和研究马卡连柯教育思想的专著与论文集。遗憾的是它们的数量太少了，而且目前对马卡连柯的研究主要停留在少数教育家的论文中，并未成为广大教师实践中的理论武器，甚至一些青年教师还不了解马卡连柯的教育思想。"② 从前面提到的论文发表数量来看，方苹感受到的这种遗憾后来并没有发生太大的改变——人们对苏联教育家的关注逐渐降温，开始把目光转向以杜威为代表的欧美教育学界的各种流派。

进入 20 世纪 90 年代，学习和研究马卡连柯的新成果虽然继续涌现，

---

① 正义高.效法马卡连柯更新教育思想——纪念马卡连柯诞辰 100 周年学术讨论会综述 [J].中国教育学刊，1988(06): 58.作者似乎有误，疑为"王义高"。
② 方苹.马卡连柯——社会主义教育的一面旗帜 [J].外国教育动态，1988(05): 29-33.

却早已不复之前的热闹，马卡连柯在我国的影响力更难与 20 世纪 50 年代相提并论。专著方面，河北人民出版社 1997 年重泽了《儿童教育讲座》，2005 年人民教育出版社再版《马卡连柯教育文集》。此后，直到 2011 年，漓江出版社和上海人民出版社分别出版《马卡连柯教育名篇》《家庭和儿童教育》两本马卡连柯的文选。同年出版的《和优秀教师一起读马卡连柯》（沈伟编著，中国青年出版社）是一本马卡连柯教育思想的述评类作品，作者根据现有的研究成果将马卡连柯的教育思想划分为集体教育、前景教育、纪律教育、惩罚教育、劳动教育和教育技巧六个部分，并在摘编马卡连柯著作中精彩段落的同时写下了自己的教育学思考，使读者能够更好地理解马卡连柯的教育智慧。2015 年出版的《教师要学马卡连柯》则汇集了一线教师将马卡连柯的教育原则应用于教学实践中的案例与思考。

以上初步梳理了马卡连柯在苏联和我国所受到的评价以及产生的影响。需要强调的是，尽管我们只介绍了苏联和我国的情况，但马卡连柯的影响与声望本身是世界性的。比如，1955 年民主德国的莱比锡大学曾经举行过一次为期三天的以学校运用马卡连柯培养自觉纪律经验为主题的全国性教育会议，与会者对马卡连柯纪律教育的经验进行了充分的讨论与学习；[1] 日本最早研究马卡连柯的学者之一藤井敏言在其论文《马卡连柯——集体主义教育的先驱》中详细地介绍了马卡连柯的生平、教育实践活动、教育思想，认为马卡连柯的思想对同样崇尚集体文化的日本的教育有很大的启示；[2] 澳大利亚著名教育史学家康纳尔在自己的教育史著作中同样认为马卡连柯"成功地为许多无家可归的被遗弃的儿童提供了高度令人满意的教育

---

① 何国华，燕国材 . 马卡连柯教育思想研究 [M]. 长沙：湖南教育出版社，1986: 260–261.
② 苏真 . 日本的马卡连柯研究 [M] // 全国比较教育研究会，全国教育史研究会 . 马卡连柯教育思想研究论文集 . 北京：北京师范大学出版社，1988: 291.

计划"。^① 前面提到，联合国教科文组织在 1988 年马卡连柯 100 周年诞辰之际将这一年命名为"马卡连柯年"，足以说明马卡连柯不仅是社会主义教育的一面旗帜，更是人类教育史上一座不朽的丰碑。

---

① 〔澳〕康纳尔. 二十世纪世界教育史[M]. 孟湘砥, 胡若愚, 译. 长沙 : 湖南教育出版社, 1991: 396.

第八章　再思马卡连柯与集体教育

儿童集体的力量是强大的，其强大程度几乎是无与伦比的。但是，这样的集体，自然也是容易解体的。种种错误、领导的种种更替，能够使集体变为人群。[①]

——马卡连柯

第一节　马卡连柯究竟解决了什么问题

从表面上来看，马卡连柯主要解决的是当时苏联社会所面对的流浪与违法犯罪少年儿童的教育问题——他建立了世界范围内堪称模范的教育改造机构，摸索出了一套行之有效的培养模式，使这些原本处境悲惨的少年儿童过上了一种健康、温暖而富有前景的生活，最终把他们培养成了合格的国家公民和社会主义建设者。不仅如此，马卡连柯从自身的教育实践中得出的许多结论、方法和模式也同样适用于普通中小学里的儿童。马卡连柯

---

① 〔苏〕马卡连柯. 马卡连柯教育文集：下卷[M]. 吴式颖，等，编. 北京：人民教育出版社，1985: 23.

自己对此十分笃信："我在很短的时间里，就顺利地使流浪儿童达到了正常状况，使继续教育他们的工作和教育正常儿童完全一样了……因此，我的实际结论不仅可以适用于不好教育的流浪儿童，而且可以适用于所有的儿童集体，因而也就可以适用于一切教育工作者。"① 在马卡连柯离世后的几十年里，这一点已为苏联和我国的教育理论与实践工作者所确证。由此看来，马卡连柯圆满完成了他在《教育诗》开头提到的任务——"用新的方法培养新人"，他用毕生的工作为"什么是新的苏维埃的教育方法"给出了一个堪称圆满的回答，也因此成了"社会主义教育的一面旗帜"。

然而，"社会主义教育的一面旗帜"这个说法并不足以概括马卡连柯的历史地位，尤其是他对教育学这门学科作出的世界级贡献——正如夸美纽斯绝不仅仅是"基督教教育的一面旗帜"一样。尽管马卡连柯的教育成就是在特定的时代和社会取得的，但是他在完成自己特殊历史使命的过程中发现的具有普遍意义的教育规律——更准确地说是对于某个特定的教育学问题所给出的迄今为止可能是最优的解答——是属于全人类的。

那么，马卡连柯解答的那个教育学问题究竟是什么呢？这个问题就是近现代以来由教育对象的制度化集中所产生的同辈群体影响如何发挥教育作用的问题。

同辈影响本身是人类社会一个很普遍的现象，未成年人在成长过程中除了接受来自父母和老师的培养和教导外，也必然会受到与同龄伙伴、朋友、同学的影响。我国古代儒家很早就意识到了这一点，并由此提出"择友"的重要性，比如《论语》里就有"益者三友，损者三友"的说法，《学记》里也认为"独学而无友，则孤陋而寡闻"，并提出"七年视论学取友，谓之小成"——将"取友"与"论学"并列，作为学业获得"小成"的标志。同辈群体同样是一种很常见的现象：人类在生活和劳动中总是倾向于三五

---

① 〔苏〕马卡连柯.马卡连柯教育文集：下卷[M].吴式颖，等，编.北京：人民教育出版社，1985：8.

成群地聚在一起，儿童和青少年在玩耍和学习的过程中自然形成的相对固定的"小群体"就是所谓同辈群体，比如《论语》里以颜回、子贡、子路为代表的孔子的学生们，《理想国》里以格劳孔、阿得曼托斯为代表的古希腊青年，以及《红楼梦》大观园家塾里以贾宝玉、薛蟠、秦钟为代表的少年都属于同辈群体。

　　尽管同辈影响对个人发展非常重要，同辈群体也十分常见，但在很长一段时间内，"同辈群体影响"（或者更准确地说是"同辈教育对象群体影响"）的概念却鲜为教育者们所注意——苏格拉底或许会和格劳孔讨论类似"正当的友谊"的话题，孔子或许会关心颜回是否在和"益友"交往，贾代儒也许会操心贾宝玉会不会被薛蟠带坏，但他们基本上都不会思考自己所教的学生群体作为一个整体对其成员所产生的影响，因为由这些教育对象构成的群体本身是比较松散的（属于苏联社会心理学里的"松散群体"）——没有明确的共同目标，更没有为了实现共同目标建立起来的权责关系，其整体性非常微弱。在人类社会，最主要和最重要的"社会细胞"（即马卡连柯所说的"基层组织"）一直是家庭——无论是格劳孔、颜回还是贾宝玉，从自己老师那里求学结束后都要"各回各家"，他们的家庭则隶属于某个氏族或城邦。在制度化教育和近代学校出现以前，那些在古代"教育机构"里被集中起来的教育对象之间的关系，要么是家庭或氏族关系的某种延续——比如各种宫廷学校里的王侯子弟们（贾宝玉和薛蟠的关系也属此类），要么仅仅是最浅层意义上的"同学"（同时同地共同学习的人）——比如私塾、书院里的学生们。我国学者陈桂生曾回忆自己的私塾生涯："在私塾里，同学之间互不来往。哪怕同学数年，彼此之间亦无交谈的机会，只在同桌的同学之间，常常偷偷地游戏。"[①] 高质量的同学关系也可能存在，比如书院里求道问学的士子在学业上相互切磋、共同精进，但这依然没有超

---

① 陈桂生. 学校实话[M]. 上海：华东师范大学出版社，2010: 236-237.

出"学友"的私人关系范畴。当然，任何一个稳定存在一段时间的群体都会对其成员产生一定的影响（比如北宋书院里严谨治学的风气、中世纪修道院里强调禁欲的传统等）。然而，教育对象群体本身的松散导致这种影响十分有限，通常只有在教育对象已经成年的时候才变得显著，更何况"由教育对象构成的稳定的群体"在古代本来就稀有，所以其影响即使存在也谈不上重要。

但是，上述情况在班级授课制和围绕班级授课制建构起来的"制度化教育"出现后发生了重大的变化。班级授课制的核心设计——"同龄儿童同时起步学习同一序列的课程"，使"教育对象群体"的性质发生了变化：一方面，从教师角度来看，教育工作的性质从过去的"个别指导为主"转向"课堂教学（以全班为对象的教学）为主，个别指导为辅"的新模式，这导致"教育对象群体"的内涵从"由（个别）教育对象构成的群体"转变为"作为教育对象的群体"；另一方面，从学生角度来看，由于全班同学被"强迫"同时学习同样的内容，同学之间可供交流的共同关注的精神内容增加了，彼此之间的相似性由此提高，涂尔干所说的"相似性所致的团结"①（机械团结）由此增强，这一效应同近现代以来学生在校时长的增加相叠加，共同提升了这个"作为教育对象的群体"的凝聚力和整体性，使其不再像以前那样"松散"，获得了更容易发展成对其成员的影响力更大的"合作群体"甚至是"集体"（尽管不一定符合马卡连柯的集体标准）的潜能。

近代以来，教育成为国家公共事业，制度化教育尤其是基于班级授课制的公立学校的大量建立，一方面削弱了家庭对受教育者的影响，另一方面则使上述情况在全社会范围内广泛存在。如果说古代受教育者群体对其成员的影响是稀有的、微弱的因而总体上来说是不重要的，那么近现代以来

---

① 〔法〕涂尔干. 社会分工论[M]. 渠东，译. 北京：生活·读书·新知三联书店，2000：33.

　　　　　　　　　　　　　　记住马卡连柯：集体教育的思想与实践

这种影响无论是强度还是范围都极大地增强，进而演变成一种教育者无法忽视也不应该忽视的力量。

最早明确意识到这种力量存在的正是发明班级授课制的夸美纽斯本人，并且——正如人类社会里任何一种被持续放任、强化和利用的力量一样——夸美纽斯首先注意到的是这种影响的正面价值，也就是它可能对学习产生的促进作用："在学生方面，大群的伴侣不仅可以产生效用，而且也可以产生愉快（因为人人乐于劳动的时候有伴侣）；因为他们可以互相激励，互相帮助。对于这种年龄的孩子，竞争确是一种最好的刺激。并且……一个人的心灵可以激励另一个人的心灵，一个人的记忆也可以激励另一个人的记忆。"①

作为"以群体为教育对象"的倡导者，夸美纽斯自然不会过多提及这一安排的缺点或危险，但几百年后的我们已经可以看得较为清楚：一方面，从教师和学生的关系来看，由于教师在大多数时候是以整个群体（班级）为教育对象的，教师花在每个学生个体身上的时间就少了——"在把学生集体作为教师与各个学生之间的中介时，使得师生之间的关系疏远化与抽象化，衍生出教育过程社会化与个性化的矛盾"；②另一方面，就学生群体对其内部个体的影响性质来说，既然存在正面的、积极的影响，自然也就存在负面的、消极的影响，学生们既有可能形成共同进步的良好集体，也有可能形成共同作恶的不良团体。

也就是说，作为以班级授课制为核心的现代学制的普及导致的一个意料之外且不易察觉的后果是，"强大的受教育者群体"的存在首次在历史上成了可能，或者说，现代学制通过增加受教育者之间的相似性并长时间把这些相似的受教育者集中在一起，大大提升了"受教育者群体"所可能具有的（对其内部成员的）影响力。"受教育者群体"成为一种具有巨大教育

---

① 〔捷克〕夸美纽斯. 大教学论[M]. 傅任敢，译. 北京：人民教育出版社，1984: 139.
② 陈桂生. 教育原理[M]. 3 版. 上海：华东师范大学出版社，2012: 30.

潜力的存在。

当然，一种事物具有巨大的潜力是一回事，真正有效地利用这种潜力是另一回事，在实现有效利用后如何防止或消除由此产生的副（负）作用又是一回事。在很长一段历史时期内，"受教育者群体的潜在影响力"仅仅是一种客观的、背景性的存在，并没有得到教育者的明确关注和研究，更谈不上进行系统性的开发和利用，这主要是由于开发和利用这种力量所需要的条件和技术较为复杂，难度较大，并且对教育者能力和投入的要求也较高，而现代教师所拥有的其他教育手段通常已经足够帮助教育者完成其教育目标。

如果把教育问题类比为一个地区的能源问题，那么"受教育者群体"就好比是核能——它也许能够一劳永逸地满足一个地区全部的能源需求，但涉及的技术过于复杂，前期的投入较为巨大，并且安全运行需要的保障条件也很高。考虑上述情况，人类对于核能的基本态度就是：一方面，只有那些具有足够高的科研技术水平，愿意付出前期成本并确信有能力保障核设施安全的地区才会建设和使用核电站；另一方面，但凡一个地区有足够的煤炭、石油、天然气或风能、水力资源，基本上就不会完全依赖核能，因为这种能源本身存在着巨大风险。那么，假设一个地区能源供给的90%以上来自核能，那么我们完全可以合理猜测：这一定是一个煤炭资源严重匮乏，几乎没有石油和天然气，水力和风力条件都很不理想的地区。

同样的道理，如果一个教育者不得不去开发和使用"受教育者群体"这件"终极武器"，需要动用学生的力量来教育学生——那一定是因为他除此之外别无选择：所在的地区想必是经济困难、百废待兴，难以为教育事业提供足够的财力和物力；所在的社会必然是各项制度不健全，难以为学校运转提供充分的保障和支持；所面对的学生想来也是顽劣至极且不敬师长，教师的个人权威毫无效果；学生家长也一定是出于某些原因完全指望不上，家校合力无从谈起。而这正是马卡连柯在1921年春天面临的情况。也就是说，马卡连柯正是那个在其他所有教育手段都几近无效的绝境下被逼无奈祭出"受教育者群体"这一"大杀器"并通过一步一个"血印"的探索，最终造出了整座"核电站"的教育者。

不得不走上"通过集体来教育个人"这条路后，马卡连柯接下来需要完成的就是由此派生的三个子任务：（1）如何培养对个人具有强大影响力的集体？（2）如何通过这个集体来教育个人？（3）如何防止集体力量的失控导致教育事故？如果这三个任务全都能妥善完成，那么教育者就会获得一个强大的集体所能提供的全方位的、强有力的帮助（即第六章原则二要求的发展阶段中的"第三阶段"），"这是由于我们在第一阶段付出不同程度的劳动而得到的一种报酬"①。正是这种"集体教育的红利"，使马卡连柯得以在捷尔任斯基公社的工作步入正轨后有更多的时间用于写作（《教育诗》三部曲就是在这期间完成的）。我国许多优秀的班主任，比如魏书生，可以离开班级一两个月而不会对日常教育教学工作产生显见的负面影响也是基于同样的原理——高度成熟的班集体已经可以解决几乎所有日常问题。

正如核电站建成后最重要的工作是安全保障，在强大的集体已经建成并开始持续对个人产生教育影响后，教育者的工作重点就应当转向上述三个任务中需要持续跟进的第三个任务——防止集体"犯错误""走歪路"，为集体这台机器的健康运转"正方向""降邪火""踩刹车"——正如1933年以后马卡连柯在公社里扮演的角色："最近五年来，我在捷尔任斯基公社已经不提出任何要求了。相反，我已经成了集体要求的阻碍者了，因为，集体一般地已经赶到前面去了，往往向个人提出了过多的要求。"②越是绝世武功就越怕走火入魔，敢于（或者是不得不）使用集体力量的教育者必须时刻紧盯着集体的各个方面，及时调整各个"重要参数"以防集体这列列车"脱轨"，就好像战士要时不时检查枪支以防走火一样。

---

①②〔苏〕马卡连柯.马卡连柯教育文集：下卷[M].吴式颖，等，编.北京：人民教育出版社，1985：51.

总而言之，自"教育对象的制度化集中"在世界范围内成为普遍现实以来，"受教育者群体"的力量长期蛰伏在各个制度化教育机构里，一直没有被真正启用——主要是因为没有必要（尽管许多教师都曾经意识到这股力量的存在）。直到20世纪20年代，一位苏联教师在极端困窘和无助的境况下试图改造一群有违法犯罪前科的特别难以管教的青少年。这位名叫马卡连柯的教育英雄最终为所有以群体为教育对象的教师找到了一张"底牌"——一个古代教师没有而现代教师在很长一段时间里并没有意识到自己已经有了的"最后的选择"：把普通的受教育者群体培养成一个"集体"，然后就可以借助集体的力量——这股通常远比教师自己的力量要强大得多的力量，实现对个人来说往往是十分有效的教育。

这就是马卡连柯真正留给全人类的遗产。

第二节　那些迟来百年的理论依据

和"马卡连柯做对了什么"同样重要的另一个问题是：为什么马卡连柯是对的？

正如第七章第一节里谈到的，马卡连柯在世时未能在理论上向他那个时代的教育学者证明其正确性——或者更准确地说，那个时代的教育学（马卡连柯戏称为"知识分子的教育学"）辜负了这位与他们同时代的天才教育家。除了在《教育诗》里记录的几次与儿童学家鸡同鸭讲的交锋之外，马卡连柯还曾在写给捷尔任斯基公社理事会的一份报告里明确表达了对当时苏联主流教育学的不满：

> 我坚信并且深信，我的教育工作过去一向是，现在也仍然是真正的苏维埃工作。因此，我很不甘心在所谓社会教育的教育学的许多论断和

原理前面，只是因为它们是以苏维埃学说的名义被提出来而拜下风……我确信（我觉得我对这一点看得很清楚，我没有丝毫怀疑），这种"教育学"实际上在很大程度上是知识分子的不负责任的臆想。[①]

然而，坦率地说，马卡连柯的成就无法为当时的教育学者所理解，除了后者自身的傲慢和落后以外，另一个主要原因是当时确实尚不存在任何理论——哪怕只是部分地解释马卡连柯所做的工作背后的原理。我们现在的道德发展心理学、社会心理学、组织行为学等相关学科在当时都还不存在。即使马卡连柯本人在其论著里其实都只是"说明"了他"是怎么做的"，而非"证明"了"为什么这么做会有效"（马卡连柯自己知道并且确信这样做是有效的是另一回事）。也就是说他并没有对集体教育的原理进行理论上的论证，因为完成这样的论证所需要的更为一般性的"基础理论"（从逻辑上来说应该是心理学理论）在当时还不存在——这种处境类似于 19 世纪的妇产科医生知道洗手可以降低产妇死亡率，但是在细菌学出现之前，没有人能说清楚原因。

以上情况造成了马卡连柯的很多工作哪怕是在他自己看来都是"神奇"的——因为就连他自己也说不清其背后的原理。比如，在库里亚日那场"钢铁之师"收编"乌合之众"的"战斗"（见教育案例 16）中，马卡连柯就曾表达自己的这种"惊异感"：

> 这个教育学真是一门难死了人的学问！他们留神听我讲话，总不会仅仅是因为有高尔基人的军团做我的后盾，或是因为在这个军团的右翼庄严肃穆地竖着套着缎套的旗帜吧？这不能成为理由，因为这样的解释会跟一切的教育定理和教育理论相抵触的。[②]

① 〔苏〕马卡连柯. 马卡连柯全集：第七卷[M]. 陈世杰，邓步银，等，译. 北京：人民教育出版社，1959: 435.
② 〔苏〕马卡连柯. 教育诗[M]. 磊然，译. 北京：人民教育出版社，2011: 516.

在这种局面下，每当马卡连柯被要求向同时代的质疑者解释自己的工作时，他能做的最多只是"找到恰切的字眼来表现非常细致的理解，用解剖刀细心而大胆地揭露了到目前为止还是神秘不可解的领域"①。马卡连柯至死都没能等来那些能够对他的工作进行科学解释的"理论依据"，想来令人唏嘘。

今时今日，距离马卡连柯接手高尔基工学团已经过去一百多年。在这一多百年里，马卡连柯没能等到的"理论依据"终于出现了：百年前马卡连柯眼中那个"神秘不可解的领域"——即当代社会心理学领域——已发展成熟。虽然许多重要研究依然"在路上"，但是现有的实验和理论已经基本上可以解释当年马卡连柯自己"相信"但却"讲不清"，而其他人因为"看不懂"所以"不相信"的绝大多数事情了。

首先，现代社会心理学已经基本能够解释"为什么同辈群体有发展为集体的潜力"——其背后是三种力量的同时作用：第一种力量是相似个体的聚集有自发产生"集体意识"（也就是涂尔干所说的"由相似性所致的团结"）的倾向；第二种力量是仅把一些个体在形式上划分在一起（比如随机宣布某群人是"一组"）就会使这些个体之间产生"彼此同化"（相同点被放大而不同点被抑制）的趋势，而这种彼此同化的结果反过来又加强了第一种力量；第三种力量是当一个群体感知到某个与之构成竞争关系的群体存在时，这个群体自身会迅速变得空前团结（一致对外）。1954 年，美国社会心理学鼻祖谢里夫（Muzafer Sherif, 1906—1988）等人设计并实施的"罗伯斯山洞实验"充分展现了上述三种力量的存在。在这个实验里，22 名由实验人员专门挑选的彼此间没有任何显著差异的普通男孩被随机分成两队，来到罗伯斯山洞国家公园的童子军营地参加夏令营，其中一队后来自称"响尾蛇队"，另一队则自称"老鹰队"……两队很快就形成了各自的"部落图腾"（两队都把自己的图腾印在了帽子和衣服上）和"文化传统"（比如响尾蛇队

---

① 〔苏〕马卡连柯.教育诗[M].磊然，译.北京：人民教育出版社，2011：372.

的一个男孩扭伤了脚但忍住没有哭，于是坚忍就成了响尾蛇队的核心价值观）。当男孩们意识到彼此存在领地上的竞争关系时，"响尾蛇队"和"老鹰队"队之间就产生了强烈的敌意并且开始相互攻击，这种敌意直到研究人员虚构了一个不存在的"共同敌人"后才得到缓和。[①]

由此反观"高-捷集体"的历史，我们也就明白：是学童们相似的"流浪与违法犯罪"背景为集体的形成提供了必要的基础；从他们自称"高尔基工学团"，进而把自己同其他教养院在形式上区分开之后，集体的传统和作风有了生长的土壤；在一次次与"外部敌人"——先是盗伐者，再是当地农民，后期是库里亚日教养院——斗争的过程中，集体获得了不断发展和壮大的机会。

其次，马卡连柯自己感到最难向同时代教育学家解释的问题，即为什么集体对个人具有强大的影响力并且可以利用这种力量来教育个人，在 20 世纪 90 年代美国心理学家哈里斯（Judith Rich Harris, 1938—2019）提出的群体社会化发展理论（group socialization theory of development）中得到了解答。

群体社会化发展理论直接挑战了"家庭是影响儿童社会性发展的第一个也是最重要的环境"这一传统观点，提出父母对孩子性格形成的影响其实是微乎其微的——顶多决定了儿童在家庭之内的表现，而在家庭之外的学校和社会里，儿童的表现更多受到同辈群体影响，其社会化过程也主要是在同辈群体中完成的——"无论是在狩猎采集社会中，还是在发达社会中，孩子都是在群体中得到社会化"；[②] "孩子认同他们的同伴，并依据所在群体的行为规范来调整自己的行为，而群体对照使他们采取与其他群体不同的行为。"[③] 哈里斯认为，至少在促进学生的社会化和人格形成方面，教师的主

---

① SHERIF M. The Robbers Cave Experiment: Intergroup Conflict and Cooperation [M]. Middletown: Wesleyan University Press, 1988.
② 〔美〕哈里斯 . 教养的迷思 [M]. 张庆宗，译 . 上海：上海译文出版社，2015: 168.
③ 同上：309.

要职责并不是直接教学生些什么，而应当是成为学生群体的"领导者"，使学生得以在一个高认同感的同辈群体里完成自己的社会化过程。"尽管老师不是群体成员，但她可以是影响某一个群体的领导者……一位真正有才华的教师能阻止班上的学生四分五裂，将全班同学凝练成'我们'——把自己当作学者的'我们'，把自己当作能干、勤奋的'我们'。"① 总之，"教师的任务是给学生设定一个共同的目标，将他们凝聚起来"。②

哈里斯所说的"教师应当成为学生群体的领导者""给学生设定一个共同目标""将全班同学凝练成'我们'"，不正是马卡连柯在"高-捷集体"里所做的吗？

群体社会化发展理论不仅确证了马卡连柯工作的正当性与合理性，也为我们进一步理解集体教育的底层原理提供了重要的启发。一方面，群体社会化发展理论认为，即使在制度化教育出现之前，同辈群体对儿童社会化的主导影响也是存在的——尽管这种影响发生在凝聚力比班级要弱的"游戏群体"，"正是在游戏群体里，孩子才得以真正地成长。孩子的社会化主要发生在游戏群体中"③。这也就意味着同辈群体的教育力量并不是（像我们在上一节所认为的）制度化教育背景下教师"最后的选择"，而本来就是促进儿童社会性和人格发展的主导力量，这就为教师在日常工作中（而不仅仅是走投无路时）实践集体教育提供了理由。另一方面，群体社会化发展理论对群体影响个人的过程进行了科学的分析，比如提出群体可能影响个人的五种机制：群体内的友好行为、群体外的敌对行为、群体间的对比行为、群体内的同化行为、群体内的异化行为等。其中许多观点与第五章对"高-捷集体"的分析不谋而合，也为未来可能出现的集体教育科学理论奠定了重要的基础。

最后，马卡连柯在"高-捷集体"发展过程中发现的"集体力量可能失

---

① 〔美〕哈里斯. 教养的迷思[M]. 张庆宗，译. 上海：上海译文出版社，2015: 284-285.
② 同上：305.
③ 同上：188.

控"的危险以及后期"集体赶到前面去了""向个人提出了过多的要求"等现象，在社会心理学中得到了科学印证。比如：集体力量的失控来源于个人在群体活动中可能因"个体匿名性"而产生"去个体化"（个体不把失范行为理解为自己的个人行为而是理解为集体行为——大家都这么干，所以"法不责众"）的倾向；"集体向个人提出过多的要求"的趋势则主要是由过度的"群体同化"（要求成员保持一致，"大家都做的事你不能不做"）和"群体极化"（群体决策的结果会更极端，比如驱逐一个犯了小错的学童）现象共同导致的，等等。

除了社会心理学对马卡连柯的集体教育进行了全方位的科学论证以外，马卡连柯教育实践中许多细节的科学性也得到各个领域研究的确证，比如：发展心理学中科尔伯格对"公正团体法"的研究确认了通过集体教育促进儿童道德发展的科学性；团体心理学关于"群体操练"（包括舞蹈）会加强群体认同感的研究确证了"高-捷集体"运用军事操练和军事游戏的科学性；管理学关于组织战略发展的研究确证了马卡连柯集体运动理论的科学性；脑科学关于多巴胺性质的研究确证了马卡连柯前景教育理论的科学性等。

我们相信，随着时间的推移，马卡连柯一生"求而不得"的集体教育的理论依据会越来越多，或许有一天我们可以基于这些研究重新写一本基于科学理论而不仅仅是马卡连柯个人经验的《集体教育论》。

第三节　集体教育：社会主义国家的教育珍奇[①]

一、被误解与被淡忘的集体教育

集体教育是我国学校教育的优良传统。本书第四章末尾提到我国教育领

---

① 本节内容曾发表在《中国德育》2018 年第 8 期上，因行文需要有修改。

域的班集体建设传统。然而，令人感到惋惜的是，自 20 世纪 80 年代开始，我国中小学就"存在着一种忽视通过集体进行教育的倾向"。[①]进入 21 世纪以来，集体教育不仅在理论上鲜有建树，就连"班集体建设"这个概念也几乎被充满管理学色彩的"班级管理"取代，在实践中也出现了相应的"管理主义倾向"[②]。现如今，许多教师似乎只知道班级是需要"管理"的，而忘记了班级首先应当是教育的对象，至于班集体作为一种重要的（甚至可能是最强大的）教育手段，更是早已淡出大家的视野。陈桂生曾无不惋惜地写道："我国在 20 世纪，先后进行过'学生自治'和建立'学生集体'的尝试，并取得一定成效。可惜以往的建树到如今恐怕只在为数甚少的教师中，剩下些微残余和模糊的记忆了。"[③]

造成上述现象的原因无疑是复杂的，而笔者认为观念层面关于集体教育的两个比较常见的误解可能起了重要的作用。作为一种教育手段，集体教育的价值应当仅与它实现其所服务的教育目的的效能有关，而与人们对其可能服务的某个教育目的的理解无关，更与人们在使用它的过程中所犯的其他错误无关。这就好比"背诵"是一种方法，而我们知道以下两个事实：其一，这种方法曾被大量用于学习儒家典籍，而我们现在对儒家典籍的评价与古人不同；其二，古代私塾的教师在指导学生背诵的过程中很可能大量使用了体罚，而我们现在认为体罚是不可接受的。问题在于：这两个事实与"背诵"本身是无关的，也不应当成为我们质疑乃至在教学中不使用背诵的理由。可惜的是，人们对于集体教育的两个误解恰恰正是上述情况的翻版。

第一种误解源于没有严格地区分集体教育与集体主义教育。改革开放

---

① 江苏省教育理论讨论会秘书组.探索青少年思想政治教育过程的规律——江苏省 1980 年教育理论讨论会纪要[M]// 瞿保奎，主编.教育学文集：德育.北京：人民教育出版社，1989: 247.
② 谢维和.论班级活动中的管理主义倾向——兼答吴康宁教授的商榷文章[J].教育研究，2000(06): 54-59.
③ 陈桂生.中国德育问题[M].福州：福建教育出版社，2001: 159.

以来，我国社会对于计划经济时代的社会主义集体主义道德原则做了许多与时俱进的思考，比如在伦理学领域就有关于"市场经济条件下的集体主义"①以及建构所谓"新集体主义"②的讨论。类似的思考在教育学领域体现为"新形势下集体主义教育面临的挑战"问题，也产生了许多高质量的研究成果，比如有人认为面对当下蔓延的个人主义倾向，更有必要重申集体主义教育的价值；③有人提出应当根据社会利益格局的变化来重新定位集体主义教育；④也有人主张树立以个人自由发展为主线的集体主义教育理念⑤；等等。这些讨论充分表明：我国的集体主义教育进入了反思和转型期，我们对于集体主义教育的理解可能正在发生深刻的变化。

然而，假使我们同意集体教育与集体主义教育在逻辑上是两回事（见本书第四章第三节），那么这些讨论对集体教育来说就是无关的。如果我们把两者混为一谈，就很容易把关于集体主义和集体主义教育的反思错误地迁移到集体教育。比如，有人将我国从 1949 年至今的班级教育理想类型依次归纳为"集体至上型""集体与个性共生型"和"个性至上型"，认为未来应当走向一种"个性与集体共生型"的班级教育，并认为这种班级教育"彰显的是一种基于个体的新集体主义精神"。⑥类似这样的观点就是把对集体主义（教育）的思考——无论这些思考是否正确——嫁接到了集体教育上，从而用以集体主义为对象的价值研究取代了以集体教育为对象的科学研究，使具有独立地位和价值的集体教育被强行捆绑在本身很重要但又的确处于

① 王岩 . 试论社会主义市场经济条件下的集体主义重构[J]. 哲学研究，2003(03): 10-14+95; 李立锋 . 全球化背景与市场体制下的当代集体主义价值[J]. 社会主义研究，2005(01): 15-18; 吴育林 . 论中国社会主义市场经济奉行集体主义原则的必然性[J]. 岭南学刊，2007(03): 10-14.
② 孙玉石 . "新集体主义"构建论[J]. 通化师范学院学报，2010(01): 26-29; 李春梅，昌灏 . 全球化背景下的中国价值观念变迁与新型集体主义建构[J]. 河南教育（高校版），2005(Z1): 84-85.
③ 石中英 . 重申集体主义教育[J]. 北京教育（普教版），2017(09): 18-19.
④ 钟志凌 . 社会利益格局变化背景下集体主义教育的定位思考[J]. 思想理论教育导刊，2014(08): 37-40.
⑤ 杨建朝 . 从虚假到真实：集体主义教育反思[J]. 教育学报，2011(05): 41-47.
⑥ 刘力，戎庭伟，黄小莲 . 集体与个性：建国以来我国班级教育价值取向的社会学观照[J]. 上海教育科研，2014(05): 31-35.

调整与转型过程中的集体主义教育上，导致前者在新时代的发展出现了停滞，甚至可以说是被完全遗忘了。

集体教育还一直受到"扼杀个性"的误解，而"扼杀个性"之于"集体教育"恰似前面所举"体罚"之于"背诵"的例子，本质上是将传统教育的某个不相干的缺点错误地同集体教育关联起来。这一误解的内部逻辑包含两个环节：先是把教育手段的社会化（集体教育）等同于教育目的的社会化（可以理解为所谓"个体社会化"）；再把理应包含个性与共性两方面的"个体社会化"片面地理解为"个体共性化"①，于是就得出"集体教育只培养共性（因此扼杀个性）"的错误结论。真实的情况恰恰相反："集体教育学的技术和个性化的教育过程丝毫也没有不一致的地方。因为事实上，一个方向正确、管理完善的集体是不会对个人施加抑制性的影响的。"② 马卡连柯早在 20 世纪 30 年代就意识到集体教育正是解决儿童个性的无限性与教育手段的有限性之矛盾的一条明路："只有创造一种方法，它既是一般的和统一的，同时又能使个人有发展自己的才能，保持自己的个性，按照自己的意愿前进的可能……我们着手解决这个任务的时候，已经不可能只是为个别的'儿童'而奔忙了。在我们的面前立刻出现一个集体，这个集体就是我们教育的对象。因此，个人的培养就获得了新的解决条件。"③ 笔者曾撰文具体说明通过集体教育实现学生个性化发展的内在机理："作为教育手段的集体是'活'的，因此尽管教育者每次都采用同一种方法——通过集体——进行教育，集体对其成员的次生影响却会因人而异，加上集体成员之间所存在的错综复杂的相互关系，集体对个体的实际影响将会有无数种可能。正是在这丰富的多样性之中，每个人的个性发展都有机会得到充分

---

① 徐俊."个体个性化"与"个体社会化"究竟是什么关系——兼论学校的教育功能[J].上海教育科研，2015(08)：18–21.
② 联合国教科文组织国际教育发展委员会.学会生存——教育世界的今天和明天[M].北京：教育科学出版社，1996：154.
③〔苏〕马卡连柯.马卡连柯教育文集：上卷[M].吴式颖，等，编.北京：人民教育出版社，1985：7.

的滋养。"①

　　以上两种误解与其他一些因素（尤其是苏联解体这个重大历史事件）的共同作用，造成了当前——除极少数继续坚守在"班集体建设"领域的教研团队外②——集体教育无论在理论上还是实践中的发展都陷入了停滞。我们这么说并非否定当下的班级教育或班主任工作——现实中依然不断涌现出发展良好的班集体和杰出优秀的班主任，而只是想指出如今人们看待和处理学校班级工作的基本观念和实践模式同以"班集体建设"为核心的集体教育传统之间可能存在不小的断裂，而这种断裂在我们看来是十分可惜的。

二、继承和发展集体教育传统的必要性

　　从原理上来看，集体教育模式中起教育作用的力量实际上是群体（更准确地说是"内群体"）对个人的影响，而这一影响正是人类社会最强大的力量之一。自 19 世纪末勒庞（Gustave Le Bon, 1841—1931）在《乌合之众》里第一次揭示个体心理受群体影响后发生的剧烈变化以来，这一机制就成了社会学和心理学重要的研究对象。

　　群体对个人的影响力在现实中是如此强大，以至于我们更多的是对它的失控和滥用——尤其是在历史上各种极权主义、政治运动和群体事件里——对社会与人性所造成的巨大破坏心有余悸。不仅如此，在各种具有反人类性质的极端组织——恐怖组织、邪教组织或传销组织里，群体对个人的影响也常与各种洗脑方式相结合，成为这些组织控制成员的主要手段之一。

　　魔之杀人枪，佛之渡人桨。人类自古以来一直在利用群体对个人的影响实现使人向善、成人的教育目的：早在母系社会末期，就出现把青年男子

---

① 徐俊 . 个体化社会中的教育使命 [J]. 教育发展研究，2014(Z2): 35-41.
② 唐云增 . 一万个日日夜夜：全国班集体建设研究三十年 [M]. 南京：江苏凤凰科学技术出版社，2015.

组织在一起进行教育的"男子之家";① 在古希腊，雅典和斯巴达的青年 18 岁以后就进入名为"埃弗比"（Ephebia，也译士官团）的机构接受群体化的教育;② 近现代建立各种青少年儿童组织——包括西方的童子军和我国的少先队、共青团也都是基于这一心理机制。最显而易见且历史悠久的应用是在军事教育领域——军队对统一和效率的要求使集体对个人的改造效果达到了极致，这也是为什么任何一个试图将群体对个人的影响最大化的教育机构看起来都会像军队，或至少被贴上"军事化管理"的标签。马卡连柯的高尔基工学团就曾被批评者蔑称为"兵营"。③

近现代以来，随着社会科学研究的不断深入，群体（或群体生活）作为教育手段尤其是道德教育手段的价值和必要性已经在社会学、心理学和教育学领域形成很大程度的共识。早在 20 世纪初，法国社会学家涂尔干就提出个人对其所属群体的依恋是道德教育的要素之一，并认为"要学会热爱集体生活，我们就得过集体生活，不仅在我们的内心和想象中过集体生活，而且在现实中过集体生活"。④ 著名道德发展心理学家科尔伯格则十分推崇所谓"公正团体法"，并将其称为"道德教育的新柏拉图法"，而"公正团体法"最初效仿的以色列集体农庄所实行的正是与高尔基工学团十分类似的集体教育模式。⑤ 美国教育哲学家杜威同样认为："最好的和最深刻的道德训练恰恰是人们在工作和思想的统一中跟别人发生适当的关系而得来的……儿童应当通过集体生活在他的活动中受到刺激和控制。"⑥

诚然，在世界范围内，围绕良好群体生活开展的教育模式远不止一种：在英国，尼尔（Alexander Sutherland Neill, 1883—1973）通过混龄班级和学

---

① 曹孚，滕大春，吴式颖，等 . 外国古代教育史[M]. 北京：人民教育出版社，1981：3.
②〔英〕弗里曼 . 希腊的学校[M]. 朱静人，译 . 济南：山东教育出版社，2009：171-182.
③〔苏〕马卡连柯 . 教育诗[M]. 磊然，译 . 北京：人民教育出版社，1958：232.
④〔法〕涂尔干 . 道德教育[M]. 陈光金，沈杰，朱谐汉，译 . 上海：上海人民出版社，2006：168.
⑤ 魏贤超 . 道德心理学与道德教育学：柯尔伯格研究[M]. 杭州：浙江大学出版社，1996：351-373.
⑥〔美〕杜威 . 我的教育信条[M]//〔美〕杜威 . 杜威教育文集：第 1 卷 . 吕达，刘立德，邹海燕，等，译 . 北京：人民教育出版社，2008：5.

生自治会等形式使夏山学校拥有了一种"超越时代的集体精神"①；在美国，厄内斯特·L.波伊尔（Ernest L. Boyer, 1928—1995）博士在多年研究的基础上提出将小学建设成学习化社区大家庭的构想；②在日本，佐藤学倡导的走向"学习共同体"教育改革在滨之乡小学取得的成绩令人印象深刻。③

那么，与这些实践模式相比，集体教育究竟具有哪些优势呢？

首先，集体教育不是某个天才教师或科研项目的孤例，而是已经形成了十分成熟和完善的理论与实践体系。在苏联解体前，集体教育历经了至少五代教育理论与实践工作者的传承与发展：克鲁普斯卡娅最早将儿童的集体生活理解为教育手段，主张通过集体自治培养学生的自觉纪律和共同生活的能力；④马卡连柯在高尔基工学团与捷尔任斯基公社的工作成为集体教育的典范，初步奠定了集体教育的理论基础；苏霍姆林斯基将马卡连柯的遗产转换成适用于普通中小学的学校集体教育模式，并在帕夫雷什中学的具体实践中积累了宝贵的经验；以彼得罗夫斯基为代表的社会心理学家专门创立了"集体的社会心理学"，夯实了集体教育的心理学基础；⑤诺维科娃等人编著的《中小学集体教育学》则进一步丰富和完善了集体教育的理论体系。⑥我们认为，类似集体教育这样兼具理论体系和实践历史的教育模式，在整个近现代教育史上是比较罕见的，也是其他类似的教育模式不可比拟的。

其次，集体教育并非只是社会主义国家的敝帚自珍，它获得了国际社会的广泛肯定与极高赞誉。以马卡连柯为例，捷尔任斯基公社在马卡连柯领

---

① 〔英〕尼尔.夏山学校[M].王克难，译.海口：南海出版公司，2009: 47.

② 〔美〕波伊尔.基础学校：一个学习化的社区大家庭[M].王晓平，等，译.北京：人民教育出版社，1998.

③ 〔日〕佐藤学.静悄悄的革命：创造活动、合作、反思的综合学习课程[M].李季湄，译.北京：教育科学出版社，2014.

④ 〔苏〕克鲁普斯卡雅.克鲁普斯卡雅教育文选：下卷[M].卫道治，译.北京：人民教育出版社，1987: 274.

⑤ 〔苏〕彼得罗夫斯基，施巴林斯基.集体的社会心理学[M].卢盛忠，龚浩然，张世臣，译.北京：人民教育出版社，1984.

⑥ 〔苏〕诺维科娃，等.中小学集体教育概论[M].吴盘生，译.北京：工人出版社，1988.

导期间就成了世界范围内收容流浪儿童和工读教育的模范机构，接待过来自中国、德国、法国、英国、波兰、保加利亚、捷克、荷兰、意大利、西班牙、菲律宾等三十多个国家的 214 个代表团参观公社，参观者在公社意见簿上写下了三百多条意见，其中对公社的劳动教育尤其推崇，一致认为具有非常重大的意义；马卡连柯记录高尔基工学团集体历史的小说《教育诗》曾被翻译为中、德、法、英等多国文字出版，在世界范围内造成了广泛的影响；在非社会主义国家的教育史著作里，马卡连柯也被认为"成功地为许多无家可归的被遗弃的儿童提供了高度令人满意的教育计划"；[①]1988 年马卡连柯诞辰 100 周年时，联合国教科文组织将该年定为"马卡连柯年"，以便在世界范围内进一步研究和发展马卡连柯的教育思想。

最后，尽管集体教育严格来说在我国也属于"舶来品"，但由于自身的社会主义教育基因，它对于我国的学校教育而言，无论在思想观念，还是组织结构上都具有很高的兼容性。实际上，"集体教育与个别教育相结合"这条德育原则之所以在我国德育理论中存在，正是源于 20 世纪 50 年代全国范围大规模学习马卡连柯。集体教育不仅是苏联的传统，而且早已成为我国的传统——这一传统积淀在长期的班集体建设实践与理论成果里，固化在无数中小学的集体活动与班级规范里，更凝结在广大教育理论与实践工作者的血液甚至灵魂里。就实现同样的目的来说，相对于引入其他国家类似的教育模式可能出现的"水土不服"问题，回归集体教育其实是一种更安全可靠的选择。

诚然，集体教育并不是毫无缺点的万能的教育模式，尤其是受到相关政治历史的影响，它必然存在许多不足和局限。实际上，集体教育本身正是在不断地自我否定和自我批判的过程中得到发展的。我们这里提出要继承和发展集体教育，绝不是要将计划经济时代的某些经验或苏联教育家的某

---

①〔澳〕康纳尔.二十世纪世界教育史[M].孟湘砥,胡若愚,译.长沙:湖南教育出版社,1991:396.

记住马卡连柯：集体教育的思想与实践

些言论教条化，而是应当结合当代中国学校教育的实际对集体教育传统进行与时俱进的改造与创生。

在个体价值过度膨胀的当代社会语境中，我们可能比以往任何时候都更需要集体教育："从目的到手段全盘'个性化'必然导致个性的'神圣化'，使社会团结所必须的个性妥协与共性底线无从生长，而高度以个人为中心的教育环境也无疑是滋生极端利己主义的温床。为了避免'走向个人'的个性化教育最终走上一条低社会性发展的'不归路'，就有必要在教育目的个性化的同时辅助以教育手段的社会化，这就指向了一种'回归集体'的个性化教育。"① 面对这样的历史挑战，集体教育似乎是不应被忽略的一个可选项。我们呼吁广大教育理论与实践工作者重新正视和承认集体教育的价值，盼望能有更多的人加入继承和发展集体教育传统的道路上来，或者至少不要再出于某些奇怪的理由（比如"扼杀个性"之类）而将其弃之如敝屣。

---

① 徐俊. 个体化社会中的教育使命[J]. 教育发展研究, 2014(Z2): 35-41.

后 记

　　马卡连柯是谁？他做了什么？为什么我们要记住他？这三个问题，诸君现在有答案了吗？

　　说实话，用祈使句作为书名是需要一点勇气的，我当时也纠结很久才做出了这个决定。令人庆幸的是，至少在写下这篇后记的当下，我依然没有任何修改书名的想法。

　　正如"前言"中所言，本书是我在过去10多年里时断时续写成的。全书主要内容脱胎于我的硕士论文《蒙尘的遗产——苏联集体教育理论述评》的第二章和第三章；在攻读博士学位期间，我提交了一份题为《马卡连柯集体教育理论的科学性分析》的报告作为"教育研究方法论"这门课的作业，这份报告的内容也就顺理成章成了本书的一部分；入职上海师范大学以后，我又陆续了完成《教育诗》的解读（本书第二章）和其余部分的写作。如此碎片化的写作经历难免会留下遗憾——原本计划里的个别主题因为各种原因未能成稿，比如作为第二章"教育的诗篇"姐妹篇的"塔上的旗帜"，苏霍姆林斯基与马卡连柯的关系（包括如何看待《前进》这篇文章），从更多的学科视角（比如演化心理学和组织行为学）来论证集体教育的科学性等。未来我是否还有机会弥补这些遗憾，尚未可知。

　　感谢我的硕导黄向阳教授自我攻读硕士至今一路不间断地指导和帮助，如果不是黄老师当年允许我去翻苏联教育的"旧账"，容忍我任性地选择了一个"半史半原理"的"怪选题"，并且在论文写到20万字的时候丝毫没有出手"纠偏"的意思，就不会有读者面前的这本书。黄老师给予我的不仅仅是学业和科研上的帮助，更重要的是使我从硕士阶段起就树立起"学术研究应该是严谨且有趣的"这一信念——从那时起我就一直试图把这个信念传递给自己的学生和读者们。

感谢我的博导魏贤超教授，在我读博期间允许我继续研究集体教育这个"貌似过时"的主题，并且在"集体教育的当代价值"这个重要问题上为我的研究指明了方向。可惜我在读博期间的研究能力和精力投入有限，没能在博士论文里真正走完魏老师给我指明的道路，而这也是我将来一定会补上的功课。

感谢陈桂生先生，虽然在我到华东师范大学攻读硕士学位的时候，陈先生已经退休，但他一直是除了上面两位导师以外对我影响最大的学者。我在学术道路上遇到的许多问题，都在陈先生的论著中得到了解答——正如我在博士论文的"致谢"里所言，"没有陈先生的这些研究，就没有我的博士论文"。2011年12月14日，陈先生在华东师大教育学系举办"教育人生"讲座，我和其他硕士生、博士生一起一睹这位中国教育学"燃灯古佛"的风采。和其他同学相比，我当时年龄更大，故而脸皮也就更"厚"些，讲座结束后还继续追着陈先生问各种问题——从教室追到电梯，从电梯追到校园，直到丽娃河畔师大新村的入口处，陈先生略显尴尬地说了句"回家吃饭了"，我方肯罢休。在那天下午的这段"纠缠"中，陈先生得知我在研究马卡连柯时，同我说了一句："这个是有意义的，做下去。"多年以后，当我有幸同陈先生通信，并在登门拜访时再次提及此事，先生表示他完全不记得自己曾经这般鼓励过一位深为自己论文的研究价值而迷茫的硕士生。陈先生不知道的是，正是他的这句话成了我后来10多年里一直没有放弃马卡连柯的"压舱石"——无论是文章发表无门还是课题申请受阻，都无法让我动摇分毫，只因为"陈桂生说过我的研究是有意义的"。

感谢上海师范大学教育学系的三位教授——陈建华教授、夏正江教授和刘次林教授自我入职以来对我各方面的支持和帮助。陈建华教授是我硕士论文答辩时的答辩专家，本书中的许多内容陈老师早在12年前就看过，我至今仍清晰地记得陈老师在答辩现场对我投来的赞许和鼓励的眼神。夏正江教授是我博士后工作期间的教学合作导师，他也是我硕士论文的外审专家之一——同陈老师一样读过本书的原稿——当年夏老师在外审意见里对我的论文给出了很高的评价，是国内除了我的导师以外第一位对我的学术水平给予肯定的学者。刘次林教授是我博士后工作期间的科研合作导师，也是我进入上师大以来的恩师和德育学术道路的领路人。刘老师对国内外德育领域前沿研究的关注和知识更新速度令我这个"80后"汗颜。对于我长期把自己锚定在"集体教育"和"教育戏剧"这两个都不太被看好的研究方向上的学术任性行为，刘老师也毫不在意，反而在许多关键节点对我全力托举，两年前更是推荐我加入全国德育学术委员会，使我有机会向国内顶尖的德育学者请教学习。

特别要感谢北京师范大学肖甦教授。本书定稿之际，因为实在耐不住长时间的"学术寂寞"，我萌生了寻找一位专门研究苏俄教育的学者交流学习的强烈愿望。通过我的同事——肖甦教授的学生廖青老师的"牵线搭桥"（感谢廖老师），我加上了肖甦教授的微信。肖教授在得知"现在居然还有人在研究马卡连柯"后十分高兴，对我的工作给予了高度肯定，还帮我找到了人民教育出版社新版《教育诗》《塔上旗》和《父母必读》的译者诸惠芳老师。我和诸老师在电话里相谈甚欢，诸老师和我分享了她对马卡连柯和苏霍姆林斯基的理解，还告诉了我重译两位教育家著作的一些背景。令人意想不到的是，肖甦老师还特地为我联系上了已经95岁高龄的吴式颖先生（本书中引用最多的《马卡连柯教育文集》的译者），使我有幸获得向这位外国教育史泰斗汇报自己工作的机会。

2024年4月29日，经过了一周的思想和心理准备，我终于鼓起勇气拨通了吴式颖先生的电话。我在电话里表达了对先生早年工作的致敬，并向先生请教了几个史料方面的问题，先生都一一为我做了耐心解答。耄耋之年的吴先生十分健谈并且博闻强记，在谈及她40年前引用过的某个材料的细节时依然严丝合缝，仿佛就像昨天刚看过的一样。吴先生回忆起她当年翻译马卡连柯文集的经历，并和我讲述了她对苏霍姆林斯基与马卡连柯的关系、马卡连柯的劳动教育思想以及当前俄乌战争的一些看法。先生还告诉我，她刚刚花了半年的时间研究乌申斯基的教育思想，未来还要写一本《俄国教育思想史》——这就是一位95岁学者的工作节奏和强度。我和吴先生分享了自己研究过程中最有感触的几个点，比如高尔基在1935年2月回复马卡连柯的那封信。我们也都对马卡连柯和苏霍姆林斯基两位教育家的英年早逝感到惋惜。和吴先生的这次交流让我感受到学术探索的快乐并且深受鼓舞，更加坚定了继续和马卡连柯"纠缠下去"的决心。感谢吴式颖先生！

感谢浙江大学的肖朗教授、吴雪萍教授和刘力教授在我读博期间对我研究马卡连柯的鼓励和赞赏。感谢单中惠教授在"外国教育思想史"的课堂上为我提供了一次梳理和汇报本书初稿内容的机会，单老师的课后点评也为当时的我增添了不少信心。感谢我读博时的老师现在又成为我的领导的阎亚军教授一直以来的指导和帮助。感谢上海教育出版社的董洪老师和整个编辑团队的辛勤工作。

感谢我的爱人谭慧容一直以来对我生活和工作上的支持。12年前完成硕士论文的时候她就在我身边，如今我们的婚姻已经走过第一个10年，我们的儿子徐行也已经是一个整天爱问各种"怪问题"（感谢人工智能替我们回答他的这些问题）的小学生了。12年前曾有老师善意地提醒我不要把女朋友的名字写在学位论文的致谢里，我很理解这一提醒背后的善意，也十分庆幸自己当年没有采纳这个建议。

最后，再回到本书的书名。本人确实相信，中国教育界有充分的理由不应当忘记马卡连柯。尽管如此，我也深知有些趋势并非个人所能改变，自己在硕士毕业以后许下的宏愿——"为马卡连柯在中国续命"——最终能实现多少恐怕也只有天知道。不过，借用陈桂生先生所引马克思的一句话——"我已经说了，我已经拯救了自己的灵魂"。百年以后若是在九泉之下有幸见到安东，我大概也能厚着脸皮拍着他的肩膀说上一句："兄弟我尽力了哈。"

徐 俊

2024 年 7 月 11 日

上海师范大学 徐汇校区

图书在版编目（CIP）数据

记住马卡连柯：集体教育的思想与实践 / 徐俊著.
上海：上海教育出版社，2025. 7. -- ISBN 978-7-5720-
3105-2

Ⅰ. G40-095.12

中国国家版本馆CIP数据核字第20242UP014号

责任编辑　董　洪
助理编辑　李彦慧
书籍设计　陆　弦

JIZHU MAKALIANKE: JITI JIAOYU DE SIXIANG YU SHIJIAN
记住马卡连柯：集体教育的思想与实践
徐　俊　著

出版发行　上海教育出版社有限公司
官　　网　www.seph.com.cn
地　　址　上海市闵行区号景路159弄C座
邮　　编　201101
印　　刷　启东市人民印刷有限公司
开　　本　700×1000　1/16　印张 25.5　插页 1
字　　数　340 千字
版　　次　2025年7月第1版
印　　次　2025年7月第1次印刷
书　　号　ISBN 978-7-5720-3105-2/G·2758
定　　价　88.00 元

如发现质量问题，读者可向本社调换　电话：021-64373213